Utilize este código QR para se cadastrar de forma mais rápida:

Ou, se preferir, entre em:

www.moderna.com.br/ac/livroportal

e siga as instruções para ter acesso aos conteúdos exclusivos do

Portal e Livro Digital

CÓDIGO DE ACESSO:

A 00198 ARPPORT5E 9 45047

Faça apenas um cadastro. Ele será válido para:

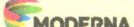

Da semente ao livro,
sustentabilidade por todo o caminho

Plantar florestas
A madeira que serve de matéria-prima para nosso papel vem de plantio renovável, ou seja, não é fruto de desmatamento. Essa prática gera milhares de empregos para agricultores e ajuda a recuperar áreas ambientais degradadas.

Fabricar papel e imprimir livros
Toda a cadeia produtiva do papel, desde a produção de celulose até a encadernação do livro, é certificada, cumprindo padrões internacionais de processamento sustentável e boas práticas ambientais.

Criar conteúdos
Os profissionais envolvidos na elaboração de nossas soluções educacionais buscam uma educação para a vida pautada por curadoria editorial, diversidade de olhares e responsabilidade socioambiental.

Construir projetos de vida
Oferecer uma solução educacional Moderna é um ato de comprometimento com o futuro das novas gerações, possibilitando uma relação de parceria entre escolas e famílias na missão de educar!

Tacito Comunicação, Alexandre Santana e Estúdio Pingado

Apoio:
www.twosides.org.br

Fotografe o Código QR e conheça melhor esse caminho.
Saiba mais em *moderna.com.br/sustentavel*

ARARIBÁ PLUS

Português

9

Organizadora: Editora Moderna
Obra coletiva concebida, desenvolvida
e produzida pela Editora Moderna.

Editora Executiva:
Mônica Franco Jacintho

CÓPIA NÃO AUTORIZADA É CRIME
ABDR
ASSOCIAÇÃO BRASILEIRA DE DIREITOS REPROGRÁFICOS
RESPEITE O DIREITO AUTORAL

5ª edição

MODERNA

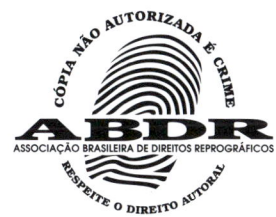

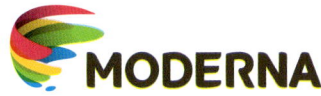

© Editora Moderna, 2018

Elaboração de originais

Mônica Franco Jacintho
Bacharel em Comunicação Social pela Escola de Comunicações e Artes da Universidade de São Paulo. Especialização em Língua Portuguesa pela Pontifícia Universidade Católica de São Paulo. Editora.

Debora Silvestre Missias Alves
Bacharel e licenciada em Letras pela Universidade de São Paulo. Editora.

Pedro Paulo da Silva
Bacharel e licenciado em Letras pela Universidade de São Paulo. Mestre em Filosofia (Estudos Culturais) pela Universidade de São Paulo. Editor.

Thelma de Carvalho Guimarães
Bacharel em Letras pela Universidade de São Paulo. Mestre em Linguística Aplicada pela Universidade Federal do Rio de Janeiro. Editora.

Jordana Lima de Moura Thadei
Mestre em Linguística Aplicada e Estudos da Linguagem pela Pontifícia Universidade Católica de São Paulo. Professora.

Glaucia Amaral de Lana
Bacharel em Letras pela Universidade Estadual Paulista Júlio de Mesquita Filho. Editora.

Ariete Alves de Andrade
Licenciada em Letras pela Pontifícia Universidade Católica de Campinas. Professora.

Alexandre Marques Silva
Bacharel e licenciado em Letras pela Universidade de São Paulo. Mestre em Letras pela Universidade de São Paulo. Professor.

Edsel Rodrigues Teles
Licenciado em Letras pela Universidade Estadual de Campinas. Revisor técnico.

Daniela Cristina Calviño Pinheiro
Bacharel em Letras pela Universidade de São Paulo. Editora.

José Gabriel Arroio
Bacharel e licenciado em Letras pela Faculdade de Filosofia, Ciências e Letras Nossa Senhora Medianeira. Editor.

Átila Augusto Morand
Bacharel e licenciado em Letras pela Pontifícia Universidade Católica de São Paulo. Editor.

Luiz Carlos Gonçalves de Oliveira
Bacharel e licenciado em Letras e Pedagogia pela Universidade de São Paulo. Mestre em Educação pela Universidade de São Paulo. Professor e editor.

Yuri Ortin Elste Bileski
Bacharel em Letras pela Universidade de São Paulo. Editor.

Adriana Saporito
Licenciada em Letras pela Faculdade Ibero-Americana de Letras e Ciências Humanas. Professora e editora.

Maria Helena Ramos Lopes
Bacharel e licenciada em Letras pela Universidade de São Paulo. Editora.

Andréia Tenorio dos Santos
Bacharel e licenciada em Letras pela Universidade de São Paulo. Mestre em Educação pela Universidade de São Paulo. Editora.

Imagem de capa
A imagem da capa destaca o uso do celular como ferramenta de comunicação, estudo ou entretenimento.

Coordenação editorial: Debora Silvestre Missias Alves
Edição de texto: Debora Silvestre Missias Alves, Maria Cecília Kinker Caliendo, Ademir Garcia Telles, Pedro Paulo da Silva, Solange Scattolini, Nanci Ricci, Luiz Oliveira, José Gabriel Arroio
Edição de conteúdo digital: Átila Augusto Morand, Yuri Ortin Elste Bileski
Leitura técnica: Jordana Lima de Moura Thadei, Luiz Carlos Gonçalves de Oliveira
Assistência editorial: Áurea Faria, Carol Felix
Preparação de texto: Anabel Ly Maduar
Gerência de *design* e produção gráfica: Sandra Botelho de Carvalho Homma
Coordenação de produção: Everson de Paula, Patrícia Costa
Suporte administrativo editorial: Maria de Lourdes Rodrigues (coord.)
Coordenação de *design* e projetos visuais: Marta Cerqueira Leite
Projeto gráfico e capa: Daniel Messias, Otávio dos Santos
Pesquisa iconográfica para capa: Daniel Messias, Otávio dos Santos, Bruno Tonel
  Foto: Stace Stock/Shutterstock
Coordenação de arte: Carolina de Oliveira
Edição de arte: Edivar Goularth
Editoração eletrônica: Teclas Editorial
Edição de infografia: Luiz Iria, Priscilla Boffo, Giselle Hirata
Coordenação de revisão: Elaine C. del Nero
Revisão: Célia Cassis, Érika Kurihara, Márcia Leme, Nancy H. Dias, Renata Palermo, Roseli Simões, Salete Brentan
Coordenação de pesquisa iconográfica: Luciano Baneza Gabarron
Pesquisa iconográfica: Cristina Mota, Márcia Sato, Maria Marques
Coordenação de *bureau*: Rubens M. Rodrigues
Tratamento de imagens: Fernando Bertolo, Joel Aparecido, Luiz Carlos Costa, Marina M. Buzzinaro
Pré-impressão: Alexandre Petreca, Everton L. de Oliveira, Marcio H. Kamoto, Vitória Souza
Coordenação de produção industrial: Wendel Monteiro
Impressão e acabamento: EGL Editores
Lote: 293657

Dados Internacionais de Catalogação na Publicação (CIP)
(Câmara Brasileira do Livro, SP, Brasil)

Araribá plus : português / organizadora Editora Moderna ; obra coletiva concebida, desenvolvida e produzida pela Editora Moderna ; editora executiva Mônica Franco Jacintho — 5. ed. — São Paulo : Editora Moderna, 2018. — (Araribá Plus)

Obra em 4 v. para alunos do 6º ao 9º ano.
Bibliografia.

1. Português (Ensino fundamental) I. Jacintho, Mônica Franco. II. Série.

18-13915   CDD-372.6

Índices para catálogo sistemático:
1. Português : Ensino fundamental   372.6

ISBN 978-85-16-11180-9 (LA)
ISBN 978-85-16-11181-6 (LP)

Reprodução proibida. Art. 184 do Código Penal e Lei 9.610 de 19 de fevereiro de 1998.
Todos os direitos reservados
EDITORA MODERNA LTDA.
Rua Padre Adelino, 758 – Belenzinho
São Paulo – SP – Brasil – CEP 03303-904
Vendas e Atendimento: Tel. (0__11) 2602-5510
Fax (0__11) 2790-1501
www.moderna.com.br
2021
Impresso no Brasil

1 3 5 7 9 10 8 6 4 2

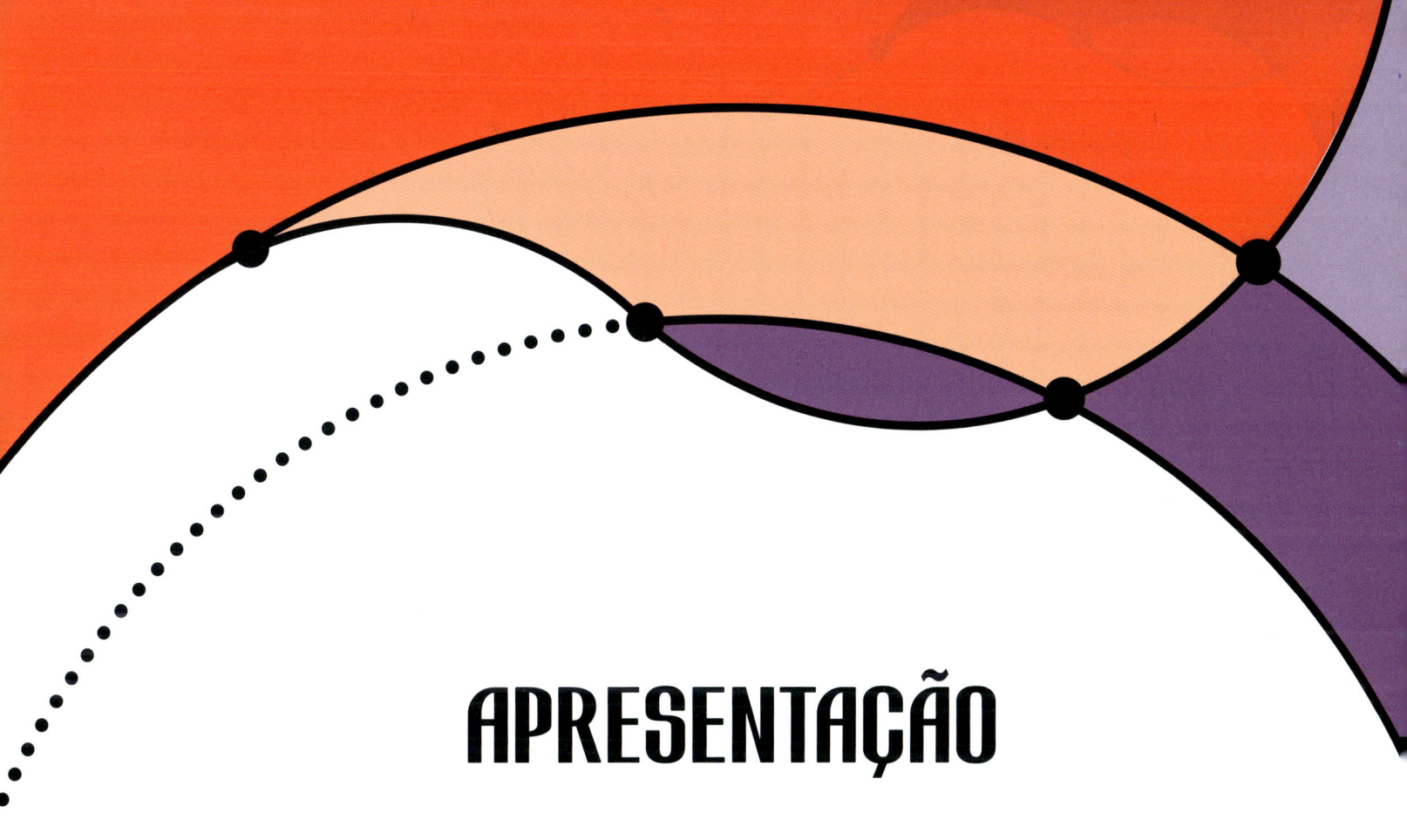

APRESENTAÇÃO

Muitos alunos questionam: "Por que preciso frequentar as aulas da disciplina Língua Portuguesa se já sei falar português?".

Esta quinta edição foi elaborada para ajudá-lo a compreender em quais situações o português que você já sabe e usa é adequado e em que contextos precisa utilizar outros recursos da língua para que o seu texto, falado ou escrito, seja compreendido e respeitado. A coleção apresenta esses recursos para que as aulas de Língua Portuguesa sejam significativas para você.

Antes de mais nada, porém, desejamos que você, assim como todos os que participaram da elaboração desta edição, goste de ler este livro. Esperamos que encontre, nos textos que selecionamos, aventuras e reflexões que o levem a sonhar e a transformar o mundo.

ATITUDES PARA A VIDA

11 ATITUDES MUITO ÚTEIS PARA O SEU DIA A DIA!

As Atitudes para a vida *trabalham competências socioemocionais e nos ajudam a resolver situações e desafios em todas as áreas, inclusive no estudo de português.*

1. Persistir
Se a primeira tentativa para encontrar a resposta não der certo, **não desista**, busque outra estratégia para resolver a questão.

2. Controlar a impulsividade
Pense antes de agir. Reflita sobre os caminhos que pode escolher para resolver uma situação.

3. Escutar os outros com atenção e empatia
Dar atenção e escutar os outros são ações importantes para se relacionar bem com as pessoas.

4. Pensar com flexibilidade
Considere diferentes possibilidades para chegar à solução. Use os recursos disponíveis e dê asas à imaginação!

5. Esforçar-se por exatidão e precisão
Confira os dados do seu trabalho. Informação incorreta ou apresentação desleixada podem prejudicar a sua credibilidade e comprometer todo o seu esforço.

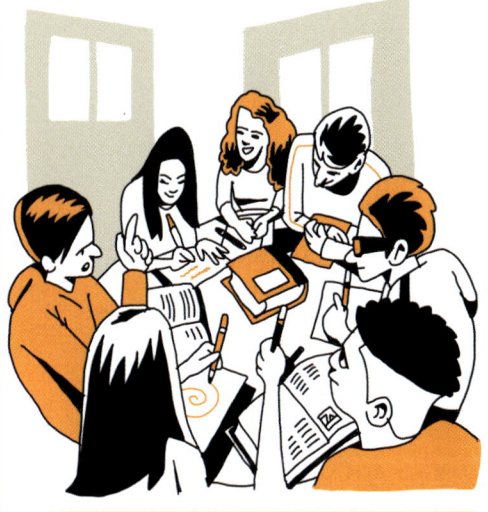

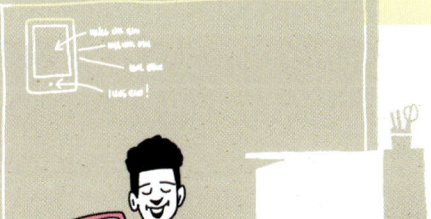

6. Questionar e levantar problemas

Fazer as perguntas certas pode ser determinante para esclarecer suas dúvidas. Esteja alerta: indague, questione e levante problemas que possam ajudá-lo a compreender melhor o que está ao seu redor.

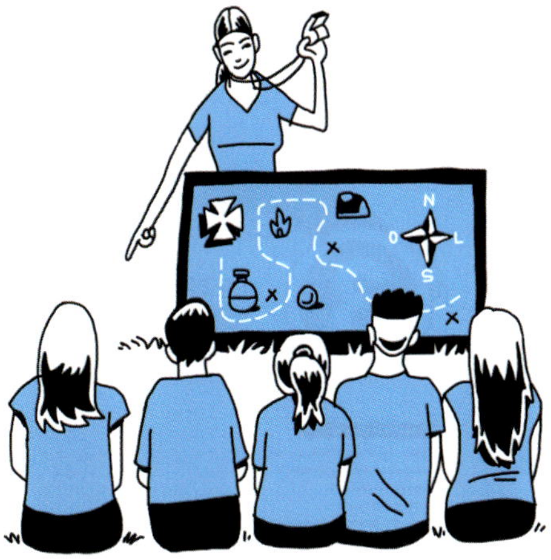

7. Aplicar conhecimentos prévios a novas situações

Use o que você já sabe!
O que você já aprendeu pode ajudá-lo a entender o novo e a resolver até os maiores desafios.

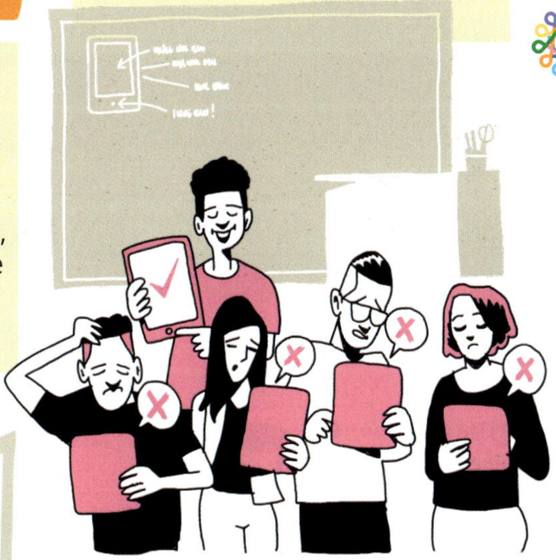

8. Pensar e comunicar-se com clareza

Organize suas ideias e comunique-se com clareza.
Quanto mais claro você for, mais fácil será estruturar um plano de ação para realizar seus trabalhos.

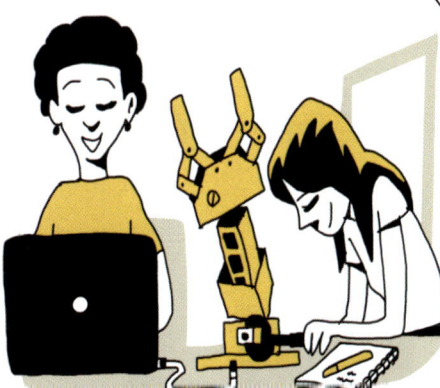

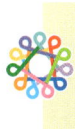

9. Imaginar, criar e inovar

Desenvolva a criatividade conhecendo outros pontos de vista, imaginando-se em outros papéis, melhorando continuamente suas criações.

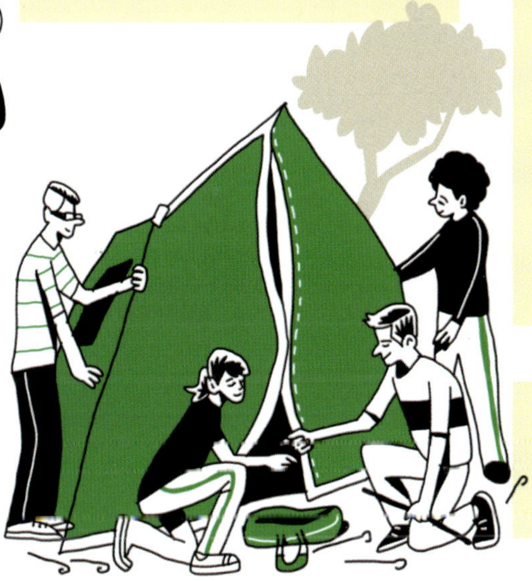

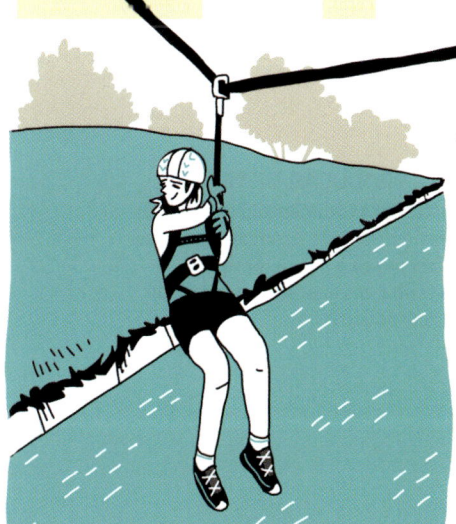

10. Assumir riscos com responsabilidade

Explore suas capacidades!
Estudar é uma aventura; não tenha medo de ousar. Busque informação sobre os resultados possíveis e você se sentirá mais seguro para arriscar um palpite.

11. Pensar de maneira interdependente

Trabalhe em grupo, colabore. Unindo ideias e força com seus colegas, vocês podem criar e executar projetos que ninguém poderia fazer sozinho.

No Portal *Araribá Plus* e ao final do seu livro, você poderá saber mais sobre as *Atitudes para a vida*. Veja <www.moderna.com.br/araribaplus> em **Competências socioemocionais**.

ILUSTRAÇÃO: MILTON TRAJANO; INFOGRAFIA: FÁBIO BOSQUÉ E LAVÍNIA FÁVERO

CONHEÇA O SEU LIVRO

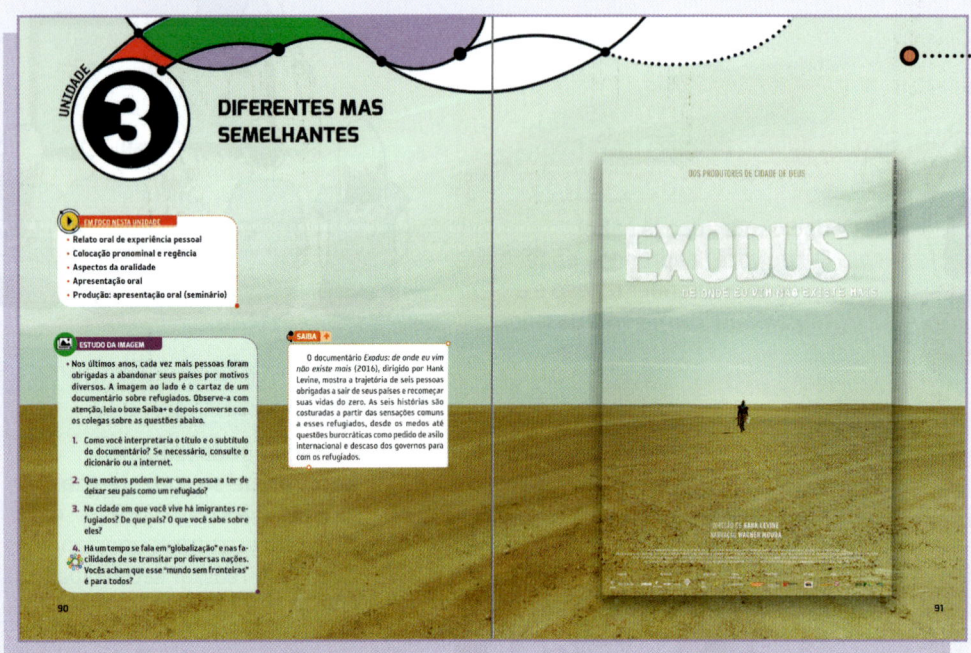

ABERTURA DA UNIDADE
No início de cada unidade, você vai conversar com seus colegas a respeito de imagens que apresentam o tema explorado nos textos que vai ler.

LEITURA
Você vai ler textos de diversos gêneros e, ao analisá-los por meio de questões, vai compreender a importância dos elementos que contribuem para a construção dos sentidos do texto. Uma breve exposição teórica e esquemas-resumo vão ajudá-lo na hora de estudar e de se preparar para as provas.

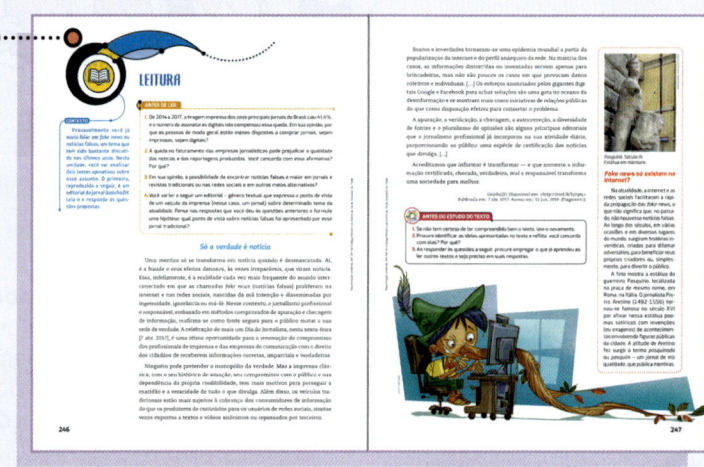

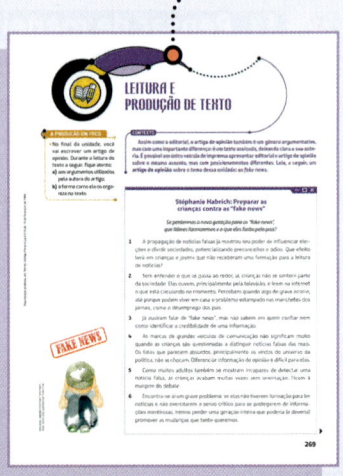
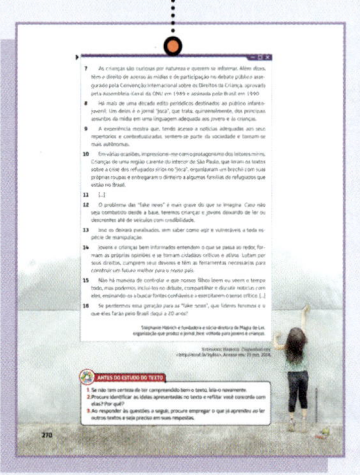

LEITURA E PRODUÇÃO DE TEXTO
As propostas de produção são precedidas por análise de textos e acompanhadas por orientações passo a passo, para que você tenha os recursos necessários na hora de produzir.

ESTUDO DA LÍNGUA

Nesta seção, a partir de trechos dos textos da seção Leitura, você vai aprender conceitos importantes para que possa usar os recursos da Língua Portuguesa com mais segurança.

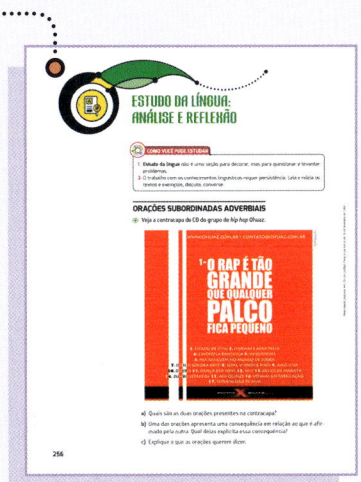

E POR FALAR NISSO...

Ao conversar com seus colegas a respeito das imagens e questões propostas nesta seção, as discussões feitas na seção Leitura serão ampliadas e você conquistará mais recursos para a hora de produzir.

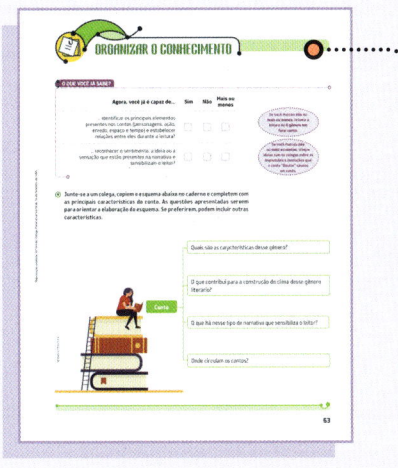

ORGANIZAR O CONHECIMENTO

Os esquemas e tabelas apresentados serão um material útil para estudo.

TESTE SEUS CONHECIMENTOS

Nesta seção, você vai encontrar questões do Enem ou vestibular com comentários que orientam a resolução.

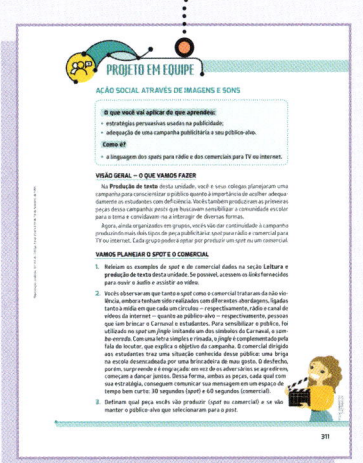

PROJETO EM EQUIPE

Nesta seção, você vai encontrar propostas de produção de exposições orais, seminários, programas de rádio e vídeos, além de exercitar a apresentação dessas produções.

CONHEÇA SEU LIVRO

LUDOFICINA
Este é o momento de utilizar todo seu conhecimento e criatividade para confeccionar um jogo e se divertir com seus amigos!

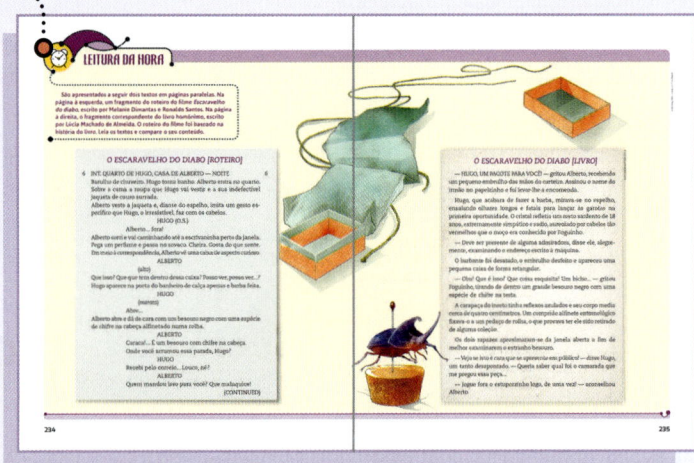

LEITURA DA HORA
Esta seção é para você curtir! Conheça personagens incríveis e descubra quantas aventuras e histórias maravilhosas acontecem no mundo da literatura!

ATITUDES PARA A VIDA
Nesta seção, você terá a oportunidade de conversar mais sobre atitudes importantes que podem ajudá-lo a enfrentar situações desafiadoras no dia a dia.

PARA SE PREPARAR PARA A PRÓXIMA UNIDADE
Aqui você encontrará *links* selecionados especialmente para você! Navegue pela internet, acesse o objeto digital e prepare-se para o estudo da próxima unidade.

ÍCONES DA COLEÇÃO

 Glossário

 Atitudes para a vida

 Indica conteúdos que podem ser trabalhados de forma interdisciplinar

 Indica que existem jogos, vídeos, atividades ou outros recursos no **livro digital** ou no **portal** da coleção.

Reprodução proibida. Art. 184 do Código Penal e Lei 9.610 de 19 de fevereiro de 1998.

8

CONTEÚDO DOS MATERIAIS DIGITAIS

O *Projeto Araribá Plus* apresenta um Portal exclusivo, com ferramentas diferenciadas e motivadoras para o seu estudo. Tudo integrado com o livro para tornar a experiência de aprendizagem mais intensa e significativa.

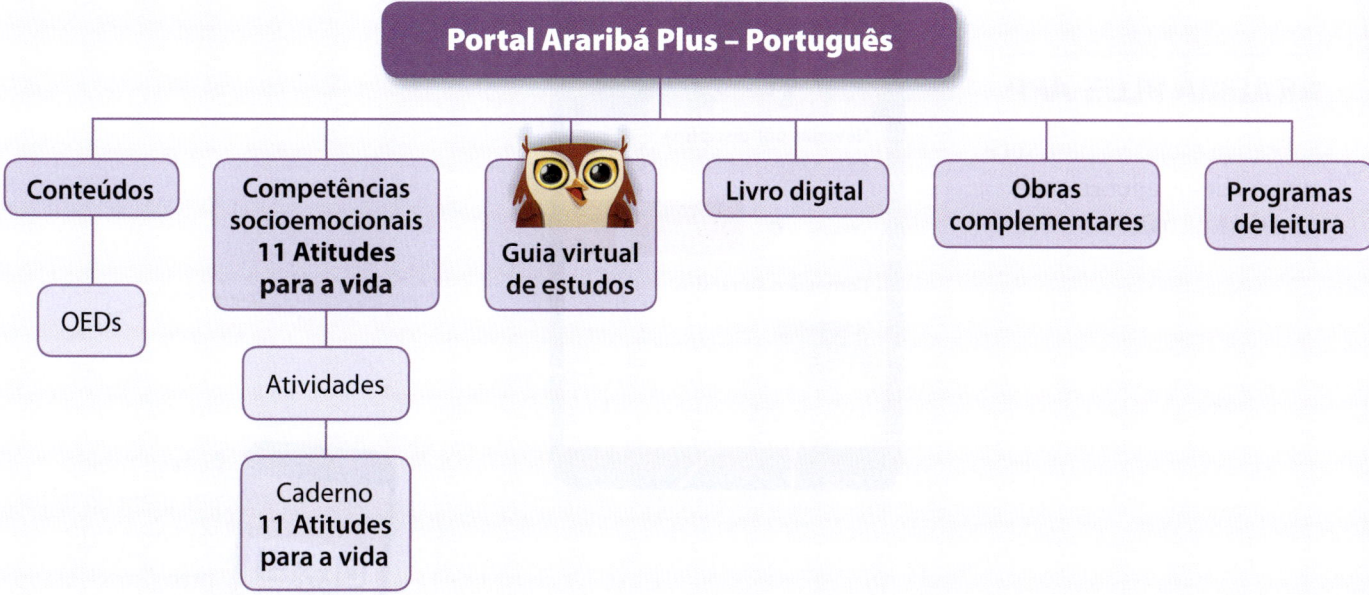

Livro digital com tecnologia *HTML5* para garantir melhor usabilidade e ferramentas que possibilitam buscar termos, destacar trechos e fazer anotações para posterior consulta. O livro digital é enriquecido com objetos educacionais digitais (OEDs) integrados aos conteúdos. Você pode acessá-lo de diversas maneiras: no *smartphone*, no *tablet* (Android e iOS), no *desktop* e *on-line* no *site*:

http://mod.lk/livdig

CONTEÚDO DOS MATERIAIS DIGITAIS

ARARIBÁ PLUS *APP*

Aplicativo exclusivo para você com recursos educacionais na palma da mão!

Acesso rápido por meio do leitor de código *QR*.
http://mod.lk/app

Objetos educacionais digitais diretamente no seu *smartphone* para uso *on-line* e *off-line*.

Stryx, um guia virtual criado especialmente para você! Ele ajudará a entender temas importantes e achar videoaulas e outros conteúdos confiáveis e alinhados com o seu livro.

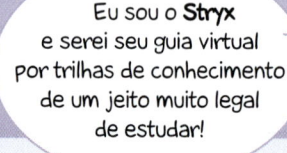

Eu sou o **Stryx** e serei seu guia virtual por trilhas de conhecimento de um jeito muito legal de estudar!

Reprodução proibida. Art.184 do Código Penal e Lei 9.610 de 19 de fevereiro de 1998.

BETO UECHI

LISTA DOS OEDS DO 9º ANO

PÁGINA	TÍTULO DO OBJETO DIGITAL
30	Neologismo e estrangeirismo
51	Revisão: morfologia e sintaxe
89	Colocação pronominal
129	Complemento nominal
144	Aposto e vocativo
161	Pronome relativo
161	*Recordação*
197	Orações subordinadas adjetivas
208	*O palhaço*
243	Orações subordinadas adverbiais I
261	Orações subordinadas adverbiais II
283	Emprego da vírgula nas orações subordinadas

http://mod.lk/app

SUMÁRIO

UNIDADE 1 — O DELICADO TECER DE HISTÓRIAS

- **Imagem de abertura** 16
  Manto da apresentação, de Arthur Bispo do Rosário
- **Leitura** 18
  Texto: "A moça tecelã", de Marina Colasanti
  O gênero em foco: conto fantástico
- **E por falar nisso...** 24
  Bordado das irmãs Dumont
- **Estudo da língua:** Neologismo e estrangeirismo 25
- **Teste seus conhecimentos** 34
- **Leitura e produção de texto** 36
  Texto: "O crocodilo I", de Amilcar Bettega
- **Produção de texto:** conto fantástico 41
- **Atitudes para a vida** 43
- **Leitura da hora** 47
  Texto: "O menino no sapatinho", de Mia Couto
- **Para se preparar para a próxima unidade** 51

UNIDADE 2 — OS CONFLITOS DE TODOS NÓS

- **Imagem de abertura** 52
  Cena de *Malévola*, de Robert Stromberg
- **Leitura** 54
  Texto: "O menino", de Lygia Fagundes Telles
  O gênero em foco: conto
- **E por falar nisso...** 64
  Obra *O grito*, de Edvard Munch
- **Estudo da língua:** Revisão: morfologia e sintaxe 65
- **Teste seus conhecimentos** 72
- **Leitura e produção de texto** 73
  Textos: Miniconto de Leonardo Sakamoto e "Fim de papo",
  de Antônio Carlos Secchin
  O gênero em foco: miniconto
- **Produção de texto:** miniconto 77
- **Atitudes para a vida** 79
- **Leitura da hora** 81
  Textos: "Só", de Fernando Bonassi, "Monólogo com a sombra", de Rogério Augusto,
  "Arco-íris" e "Alegria", de Helena Kolody, e haicai de Angela Leite de Souza
- **Ludoficina:** *Contos de cartas* 82
- **Para se preparar para a próxima unidade** 89

UNIDADE 3 — DIFERENTES MAS SEMELHANTES

- **Imagem de abertura** 90
  Pôster de *Exodus*, de Hank Levine

- **Leitura** 92
  Texto: Transcrições de relatos de Vilma, Tatiana Tibúrcio e Cyda Baú
  O gênero em foco: relato oral de experiência pessoal

- **E por falar nisso...** 102
  Instalação *SOS Save our Souls*, de Achilleas Souras

- **Estudo da língua:** Colocação pronominal 103

- **Teste seus conhecimentos** 111

- **Leitura e produção de texto** 112
  Texto: "Todos nós devemos ser feministas", de Chimamanda Ngozi Adichie
  O gênero em foco: apresentação oral

- **E por falar nisso...** 121
  Imagens de campanhas contra a violência doméstica

- **Produção de texto:** apresentação oral 123

- **Atitudes para a vida** 125

- **Para se preparar para a próxima unidade** 129

UNIDADE 4 — RESPEITO AOS DIREITOS DE TODOS

- **Imagem de abertura** 130
  Foto da atleta Man Kaur no World Masters Games

- **Leitura** 132
  Texto: "Carta aberta à população", de Iadya Gama Maio (Presidente da AMPID)
  O gênero em foco: carta aberta

- **E por falar nisso...** 140
  Projeto Lata 65

- **Estudo da língua:** Complemento nominal, aposto e vocativo 141

- **Teste seus conhecimentos** 151

- **Leitura e produção de texto** 152
  Texto: "Carta aberta das mulheres negras de São Paulo às/aos deputadas/os da Assembleia Legislativa de São Paulo", de Geledés

- **Produção de texto:** carta aberta 154

- **Atitudes para a vida** 157

- **Para se preparar para a próxima unidade** 161

SUMÁRIO

UNIDADE 5 — PARA RIR OU REFLETIR

- **Imagem de abertura** 162
  Estátua de Carlos Drummond de Andrade e charge referente à estátua

- **Leitura** 164
  Texto: "Estátuas", de Luis Fernando Verissimo
  O gênero em foco: crônica de humor

- **E por falar nisso...** 170
  Cartum: *Xilogravuras japonesas — A onda*, de João Montanaro
  Xilogravura: *A grande onda de Kanagawa*, de Katsushika Hokusai

- **Estudo da língua:** Pronomes relativos 171

- **Teste seus conhecimentos** 182

- **Leitura e produção de texto** 184
  Texto: "Recordação", de Antonio Prata
  O gênero em foco: crônica lírica

- **Produção de texto:** crônica lírica 190

- **Atitudes para a vida** 192

- **Leitura da hora** 196
  Texto: "O amigo do vento", de Heloisa Seixas

- **Para se preparar para a próxima unidade** 197

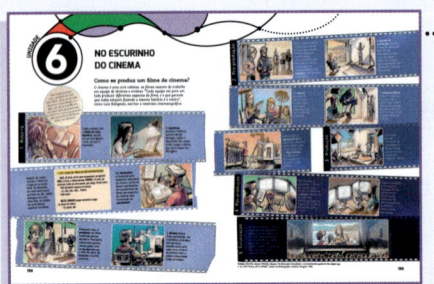

UNIDADE 6 — NO ESCURINHO DO CINEMA

- **Imagem de abertura** 198
  Infográfico e cartaz do filme *O palhaço*

- **Leitura** 201
  Texto: *O palhaço*, de Selton Mello e Marcelo Vindicatto
  O gênero em foco: roteiro de cinema

- **E por falar nisso...** 210
  Díptico de Marilyn e *100 latas de sopa Campbell's*, de Andy Warhol

- **Estudo da língua:** Orações subordinadas adjetivas 211

- **Teste seus conhecimentos** 220

- **Leitura e produção de texto** 221
  Texto: *O ano em que meus pais saíram de férias*, de Cláudio Galperin, Bráulio Mantovani, Anna Muylaert, Cao Hamburguer

- **Produção de texto:** roteiro de uma cena 228

- **Atitudes para a vida** 231

- **Leitura da hora** 234
  Texto: Roteiro do filme "Escaravelho do diabo", de Melanie Dimantas e Ronaldo Santos, e trecho do livro homônimo, de Lúcia Machado de Almeida

- **Para se preparar para a próxima unidade** 242

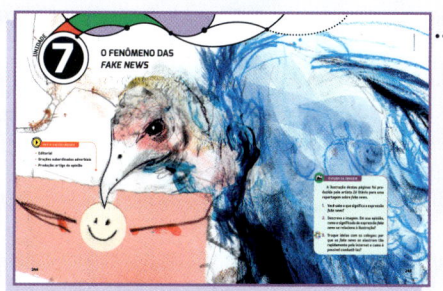

UNIDADE 7 — O FENÔMENO DAS FAKE NEWS

- **Imagem de abertura** 244
  Ilustração de Zé Otávio

- **Leitura** 246
  Texto: "Só a verdade é notícia", publicado em *GaúchaZH*
  O gênero em foco: editorial

- **E por falar nisso...** 253
  Charge: *Fake news*, de João Montanaro

- **Infográfico:** Muitos lados da mesma moeda 254

- **Estudo da língua:** Orações subordinadas adverbiais 256

- **Teste seus conhecimentos** 267

- **Leitura e produção de texto** 269
  Texto: "Preparar as crianças contra as 'fake news'", de Stéphanie Habrich
  O gênero em foco: artigo de opinião

- **Produção de texto:** artigo de opinião 275

- **Atitudes para a vida** 278

- **Para se preparar para a próxima unidade** 282

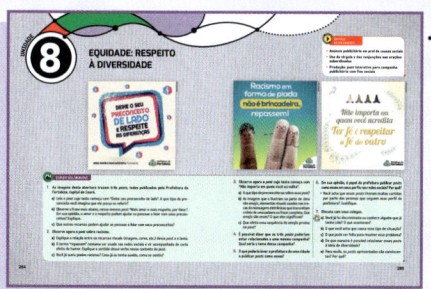

UNIDADE 8 — EQUIDADE: RESPEITO À DIVERSIDADE

- **Imagem de abertura** 284
  Posts da prefeitura de Fortaleza

- **Leitura** 286
  Texto: anúncio da prefeitura de Santa Cruz do Sul
  O gênero em foco: anúncio publicitário em prol de causas sociais

- **E por falar nisso...** 292
  Posts de Carol Rossetti

- **Estudo da língua:** Emprego da vírgula e das
  conjunções no período composto por subordinação 294

- **Teste seus conhecimentos** 300

- **Leitura e produção de texto** 302
  Textos: *Posts* "Menos intolerância, mais respeito" e "Faça barulho";
  spot *Samba enredo da paz* e vídeo do Conselho Nacional do Ministério Público

- **Produção de texto:** *Post* interativo de campanha
  publicitária com fins sociais 307

- **Projeto em equipe:** Ação social através de imagens e sons 310

- **Atitudes para a vida** 313

- **Leitura da hora** 318
  Texto: "Para Maria da Graça", de Paulo Mendes Campos

ATITUDES PARA A VIDA 321

UNIDADE

1 O DELICADO TECER DE HISTÓRIAS

ROSÁRIO, Arthur Bispo do. (1911-1989). *Manto da apresentação* (frente), s.d. Tecido bordado, 118,5 × 141 × 20 cm.

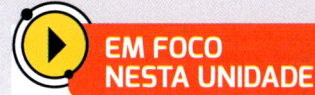

EM FOCO NESTA UNIDADE

- Conto fantástico
- Neologismo e estrangeirismo
- Produção: conto fantástico

ESTUDO DA IMAGEM

1. Observe a reprodução de uma obra do artista Arthur Bispo do Rosário. Leia as informações do boxe **Saiba+** e da legenda e converse com os colegas.

   a) Quais foram os materiais utilizados pelo artista nessa obra?

   b) Que impressões essa obra provoca em vocês?

   c) Segundo o texto do boxe, essa e outras obras do artista foram descobertas e reconhecidas somente após a morte dele. Você acha que o fato de ele estar internado em um hospital psiquiátrico pode estar relacionado a esse reconhecimento tardio? Explique.

2. Tanto o artista Arthur Bispo do Rosário quanto a personagem do conto fantástico que você vai ler a seguir teceram grandes criações utilizando elementos que estavam ao seu redor. Em sua opinião, que elementos inusitados do cotidiano podem estar presentes em obras artísticas e literárias?

SAIBA +

Arthur Bispo do Rosário nasceu em Japaratuba (SE), em 1911. No final da década de 1930, no Rio de Janeiro, foi diagnosticado como esquizofrênico-paranoide e foi enviado a um manicômio. Foi lá que deu início à sua obra artística, marcada pelo uso de objetos descartados e por trabalhos em tecidos, nos quais bordava desenhos, poesias e nomes de pessoas.

Entre as mais de mil obras que produziu, uma das mais famosas é *Manto da apresentação*. Criada ao longo de vários anos, trata-se de um cobertor do hospital bordado com as linhas que desfiava dos uniformes de interno. Segundo o artista, essa seria a roupa com que se apresentaria a Deus.

Ele faleceu em 1989, tendo passado a maior parte da sua vida em um hospício. Nos anos 1990, sua obra começou a ser descoberta e hoje é assunto de livros, filmes e trabalhos acadêmicos.

RODRIGO LOPES - COLEÇÃO MUSEU BISPO DO ROSÁRIO ARTE CONTEMPORÂNEA/PREFEITURA DA CIDADE DO RIO DE JANEIRO

LEITURA

CONTEXTO

Tecer, além de entrelaçar fios (ou outro material), significa criar com a imaginação e, durante esse processo, incorporar fantasia à realidade. O conto fantástico a seguir foi escrito por Marina Colasanti, uma autora que costuma abordar em sua obra o universo feminino, o papel da mulher na sociedade e a opressão. Em "A moça tecelã", você vai conhecer uma mulher que faz uma reflexão a respeito das próprias escolhas e muda o seu destino de uma maneira bem particular. Tudo isso dentro de um universo fantástico, envolvente, em que as situações mais extraordinárias são narradas com toda naturalidade e de maneira poética.

ANTES DE LER

1. Observe o título do texto que você vai ler. O que ele sugere a respeito do enredo do conto?

2. Da mesma forma que um fotógrafo escolhe um ponto de vista para tirar uma foto, a escritora Marina Colasanti escolheu que sua história fosse contada por um narrador que não participasse da história. Você conhece outras histórias narradas dessa forma? Quais?

A moça tecelã

Acordava ainda no escuro, como se ouvisse o sol chegando atrás das beiradas da noite. E logo sentava-se ao tear.

Linha clara, para começar o dia. Delicado traço cor da luz, que ela ia passando entre os fios estendidos, enquanto lá fora a claridade da manhã desenhava o horizonte.

Depois lãs mais vivas, quentes lãs iam tecendo hora a hora, em longo tapete que nunca acabava.

Se era forte demais o sol, e no jardim pendiam as pétalas, a moça colocava na **lançadeira** grossos fios cinzentos do algodão mais felpudo. Em breve, na **penumbra** trazida pelas nuvens, escolhia um fio de prata, que em pontos longos rebordava sobre o tecido. Leve, a chuva vinha cumprimentá-la à janela.

Mas se durante muitos dias o vento e o frio brigavam com as folhas e espantavam os pássaros, bastava a moça tecer com seus belos fios dourados, para que o sol voltasse a acalmar a natureza.

Assim, jogando a lançadeira de um lado para o outro e batendo os grandes pentes do tear para frente e para trás, a moça passava seus dias.

Nada lhe faltava. Na hora da fome tecia um lindo peixe, com cuidado de escamas. E eis que o peixe estava na mesa, pronto para ser comido. Se sede vinha, suave era a lã cor de leite que entremeava o tapete. E à noite, depois de lançar seu fio de escuridão, dormia tranquila.

Tecer era tudo o que fazia. Tecer era tudo o que queria fazer.

Mas tecendo e tecendo, ela própria trouxe o tempo em que se sentiu sozinha, e pela primeira vez pensou como seria bom ter um marido ao lado.

Não esperou o dia seguinte. Com capricho de quem tenta uma coisa nunca conhecida, começou a entremear no tapete as lãs e as cores que lhe dariam companhia. E aos poucos seu desejo foi aparecendo, chapéu emplumado, rosto barbado, corpo **aprumado**, sapato engraxado.

Glossário

Lançadeira: peça do tear, espécie de máquina de madeira usada para a fabricação de tecidos, malhas, tapetes etc.

Penumbra: ponto de transição da luz para a sombra.

Aprumado: que tem boa postura; alinhado.

Estava justamente acabando de entremear o último fio da ponta dos sapatos, quando bateram à porta.

Nem precisou abrir. O moço meteu a mão na maçaneta, tirou o chapéu de pluma, e foi entrando na sua vida.

Aquela noite, deitada contra o ombro dele, a moça pensou nos lindos filhos que teceria para aumentar ainda mais sua felicidade.

E feliz foi, por algum tempo. Mas se o homem tinha pensado em filhos, logo os esqueceu. Porque, descoberto o poder do tear, em nada mais pensou a não ser nas coisas todas que ele poderia lhe dar.

— Uma casa melhor é necessária — disse para a mulher. E parecia justo, agora que eram dois. Exigiu que escolhesse as mais belas lãs cor de tijolo, fios verdes para os batentes, e pressa para a casa acontecer.

Mas pronta a casa, já não lhe pareceu suficiente. — Por que ter casa, se podemos ter palácio? — perguntou. Sem querer resposta, imediatamente ordenou que fosse de pedra com arremates de prata.

Dias e dias, semanas e meses trabalhou a moça tecendo tetos e portas, e pátios e escadas, e salas e poços. A neve caía lá fora, e ela não tinha tempo para chamar o sol. A noite chegava, e ela não tinha tempo para arrematar o dia. Tecia e entristecia, enquanto sem parar batiam os pentes acompanhando o ritmo da lançadeira.

Afinal, o palácio ficou pronto. E entre tantos cômodos, o marido escolheu para ela e seu tear o mais alto quarto da mais alta torre.

— É para que ninguém saiba do tapete — disse. E antes de trancar a porta a chave advertiu: — Faltam as estrebarias. E não se esqueça dos cavalos!

Sem descanso tecia a mulher os caprichos do marido, enchendo o palácio de luxos, os cofres de moedas, as salas de criados. Tecer era tudo o que fazia. Tecer era tudo o que queria fazer.

E tecendo, ela própria trouxe o tempo em que sua tristeza lhe pareceu maior que o palácio com todos os seus tesouros. E pela primeira vez pensou como seria bom estar sozinha de novo.

Só esperou anoitecer. Levantou-se enquanto o marido dormia sonhando com novas exigências. E descalça, para não fazer barulho, subiu a longa escada da torre, sentou-se ao tear.

Desta vez não precisou escolher linha nenhuma. Segurou a lançadeira ao contrário, e, jogando-a veloz de um lado para o outro, começou a desfazer seu tecido. Desteceu os cavalos, as carruagens, as estrebarias, os jardins. Depois desteceu os criados e o palácio e todas as maravilhas que continha. E novamente se viu na sua casa pequena e sorriu para o jardim além da janela.

A noite acabava quando o marido, estranhando a cama dura, acordou, e espantado olhou em volta. Não teve tempo de se levantar. Ela já desfazia o desenho escuro dos sapatos, e ele viu seus pés desaparecendo, sumindo as pernas. Rápido, o nada subiu-lhe pelo corpo, tomou o peito aprumado, o emplumado chapéu.

Então, como se ouvisse a chegada do sol, a moça escolheu uma linha clara. E foi passando-a devagar entre os fios, delicado traço de luz, que a manhã repetiu na linha do horizonte.

Marina Colasanti. In: Para gostar de ler: histórias de amor.
São Paulo: Ática, 1997. p. 33-36. (Fragmento). © by Marina Colasanti.

Biografia

Marina Colasanti em foto de 2017.

Jornalista e escritora, nasceu em 1937, em Asmara, Eritreia (antiga Etiópia), e veio para o Brasil aos 11 anos. Desde cedo, revelou-se como artista plástica, apresentadora de TV e roteirista. É autora de várias obras, entre elas *23 histórias de um viajante*, *Antes de virar gigante e outras histórias* e *Um espinho de marfim e outras histórias*.

ANTES DO ESTUDO DO TEXTO

1. Se não tem certeza de ter compreendido bem o texto, leia-o novamente.
2. Ao responder às questões a seguir, procure empregar o que já aprendeu ao ler outros textos e seja preciso em suas respostas.

ESTUDO DO TEXTO

COMPREENSÃO DO TEXTO

1. Responda oralmente às questões a seguir.
   a) Reconte de forma sintética a história que você acabou de ler.
   b) Você gostou do conto? Qual parte chamou mais sua atenção?

2. No conto, o que é visto como solução para a solidão da personagem principal?
   a) Essa solução surtiu o efeito esperado?
   b) Em sua opinião, haveria outras possibilidades para suprir a solidão, além da desejada pela moça tecelã? Quais?

3. Motivada pelo desejo de estar sozinha novamente, a jovem tecelã desfaz o tecido da parte de sua vida que passou ao lado do marido.
   a) Descreva que imagem de mulher a tecelã transmitiu durante os diferentes momentos da narrativa.
   b) Quem foi o(a) responsável pela mudança de vida da tecelã?

4. A personagem central do conto tece o mundo ao seu redor e seu próprio destino.
   a) De que forma você caracterizaria essa personagem feminina? Lembre-se de alguns adjetivos que podem ser mobilizados nessa caracterização.
   b) E quanto à personagem masculina? Como ela poderia ser caracterizada?

5. Releia o último parágrafo do conto.

   > "Então, como se ouvisse a chegada do sol, a moça escolheu uma linha clara. E foi passando-a devagar entre os fios, delicado traço de luz, que a manhã repetiu na linha do horizonte."

   • Que mensagem esse trecho pretende transmitir, já que faz referência direta ao início do conto?

DE OLHO NA CONSTRUÇÃO DOS SENTIDOS

1. Pode-se dizer que a linguagem empregada no conto "A moça tecelã" se aproxima da linguagem poética.
   a) Que elementos presentes no conto justificam essa aproximação?
   b) Retire do texto alguns trechos que confirmam a presença da poeticidade no conto.

2. Tempos depois de arranjar uma companhia, a moça tecelã percebe-se frustrada. Alguns recursos expressivos auxiliam na construção dessa ideia.

O realismo mágico na literatura

A história da literatura latino-americana ficou marcada por um momento conhecido como "*boom* do realismo mágico". Esse período ocorreu principalmente entre as décadas de 1960 e 1970, quando diversos autores produziram contos e romances que traziam elementos fantásticos associados a aspectos cotidianos. Entre os principais autores estão o colombiano Gabriel García Márquez, o peruano Mario Vargas Llosa, o mexicano Carlos Fuentes, a chilena Isabel Allende, o cubano Alejo Carpentier, o argentino Julio Cortázar, entre outros.

No Brasil, essa vertente esteve associada principalmente aos trabalhos dos escritores Dias Gomes, Murilo Rubião e José J. Veiga.

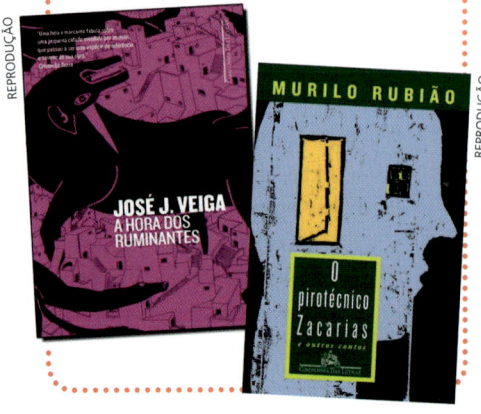

a) As sensações de alegria e tristeza são associadas a aspectos climáticos e temporais. Quais são eles?

b) Retire do texto uma frase que reflita a subjetividade da personagem em um momento de tristeza.

3. Qual é o efeito de sentido criado pelo jogo de palavras no trecho em destaque a seguir?

> "**Tecia** e **entristecia**, enquanto sem parar batiam os pentes acompanhando o ritmo da lançadeira."

O tear é um aparelho mecânico usado para tecelagem.

4. Releia:

> "— Uma casa melhor é necessária — disse para a mulher. E parecia justo, agora que eram dois. Exigiu que escolhesse as mais belas lãs cor de tijolo, fios verdes para os batentes, e pressa para a casa acontecer.
> Mas pronta a casa, já não lhe pareceu suficiente. — Por que ter casa, se podemos ter palácio? — perguntou. Sem querer resposta, imediatamente ordenou que fosse de pedra com arremates de prata."

- Nesse trecho, algumas palavras ajudam a caracterizar uma postura autoritária da personagem masculina da história. Que termos evidenciam esse autoritarismo?

5. Ao final do conto, temos o retorno à situação inicial. Releia o antepenúltimo parágrafo do conto.

a) Cite os dois verbos que sintetizam a ação realizada pela personagem nesse momento.

b) Os dois verbos são formados por um prefixo que indica negação ou ação contrária. Cite esse prefixo e apresente outras palavras com formação semelhante.

O CONTO FANTÁSTICO

1. Escreva no caderno os principais momentos da ação nesse conto.
   a) Situação inicial.
   b) Conflito.
   c) Clímax.
   d) Desfecho.

2. Responda às perguntas a respeito dos elementos que compõem o conto.
   a) Quem são as personagens do conto "A moça tecelã"?
   b) Em que espaço acontece a narrativa? Ele é sempre o mesmo?
   c) Que informações temos sobre o tempo em que ocorre essa narrativa?

3. Toda narrativa literária é contada a partir de um ponto de vista específico.
   a) Em que pessoa do discurso é narrado o conto de Marina Colasanti?
   b) Quais são as marcas linguísticas que confirmam a resposta ao item anterior?
   c) Se o narrador fosse outra pessoa do discurso, os efeitos de sentido seriam os mesmos? Por quê?

4. No conto de Marina Colasanti, muitos acontecimentos são fora do comum, ou seja, não poderiam ocorrer fora da ficção.
   a) Que acontecimentos são esses?
   b) No contexto da história, porém, esses acontecimentos parecem ser fora do comum? Por quê?
   c) Esses acontecimentos não causam estranhamento ao leitor. Que relação, então, pode haver entre a ficção e a realidade que permita a um leitor não estranhar histórias como essas?

5. Nos dicionários, o sentido da palavra *fantástico* está associado a algo *fantasioso*, *inacreditável* ou *extraordinário*, isto é, que está além da ordem natural das coisas.

- Que elementos do conto "A moça tecelã" permitem caracterizá-lo como fantástico?

21

O GÊNERO EM FOCO: CONTO FANTÁSTICO

O texto "A moça tecelã" é considerado um *conto fantástico*.

> **Conto** é um gênero narrativo por meio do qual é contada uma história de ficção. Caracteriza-se por apresentar um único conflito e por ter um número reduzido de personagens. Nesse gênero, o tempo e o espaço são restritos.
>
> O **conto fantástico**, além de apresentar as características de um conto, traz elementos sobrenaturais.

Pode-se chamar de elementos sobrenaturais o fato de uma moça criar um marido e um palácio somente com o ato de tecer e depois renovar sua realidade destecendo-os, algo incomum, impossível no mundo fora da ficção. Contudo, parece perfeitamente possível nesse conto de Marina Colasanti, pois os elementos são apresentados de forma coerente, verossímil.

Lembre-se

A verossimilhança é um efeito construído pela relação lógica entre os elementos de uma obra.

O FOCO NARRATIVO NO CONTO E EM OUTROS TEXTOS NARRATIVOS

Em textos narrativos, o *narrador* é aquele que conta a história e responde pela organização do texto.

> O **foco narrativo** é o ponto de vista do narrador, a perspectiva a partir da qual ele conta a história.

O foco narrativo pode estar na 1ª ou na 3ª pessoa do discurso.

Não se deve confundir, porém, *autor* com *narrador*. O autor inventa narradores, estejam eles em 1ª ou em 3ª pessoa. O autor existe de fato, enquanto o narrador é uma criação literária.

Em "A moça tecelã", por exemplo, o narrador está em 3ª pessoa.

> O **narrador em 3ª pessoa** não toma parte dos acontecimentos, apenas os observa, por isso é chamado **narrador-observador**.
>
> Ele vê tudo "de cima" e conhece o presente, o passado e o futuro das personagens, assim como sabe o que elas estão pensando e sentindo. Por isso, esse tipo de narrador também é conhecido como **narrador onisciente** — palavra que vem do latim *omni* ("tudo") + *sciente* ("que sabe, que está ciente").

Já no trecho a seguir, o narrador está em 1ª pessoa.

> A casa onde nasci, embora não seja minha, permanece intacta em mim como a escultura de uma caravela em uma garrafa: uma casa dentro da memória.
>
> Nunca mais foi como aquele o cheiro de lençóis limpos nem o aroma das comidas, a música das vozes amadas e o crepitar das lareiras, nunca mais a mesma sensação de acolhimento, nunca mais pertencer a nada com tamanha certeza.
>
> [...]

Lya Luft. *Mar de dentro*. 3. ed. São Paulo: ARX, 2002. p. 19. (Fragmento).

> O **narrador em 1ª pessoa** frequentemente é a personagem central da narrativa, ou seja, é um **narrador-protagonista**.
>
> Ele também pode ser testemunha ou personagem secundária. Nesse caso, é chamado de **narrador-testemunha**.

A narração em 1ª pessoa estabelece uma relação de intimidade entre narrador e leitor, visto que reflete sentimentos, emoções e percepções do próprio narrador. O foco narrativo, nesse caso, confere subjetividade, isto é, individualidade, particularidade à narração.

Em alguns casos, porém, mesmo quando o narrador está em 3ª pessoa, é possível encontrar no texto a expressão de suas opiniões ou tentativas de estabelecer contato mais próximo com o leitor.

ORGANIZAR O CONHECIMENTO

O QUE VOCÊ JÁ SABE?

Agora, você já é capaz de...	Sim	Não	Mais ou menos
... ler e compreender contos fantásticos?	☐	☐	☐
... diferenciar os contos fantásticos de outros contos?	☐	☐	☐
... reconhecer a presença de valores sociais e culturais e as diferentes visões de mundo que eles trazem?	☐	☐	☐
... realizar uma leitura expressiva e fluente, que respeite o ritmo, as pausas, as hesitações e a entonação indicados pela pontuação e outros recursos textuais?	☐	☐	☐

Se você marcou não ou mais ou menos, retome a leitura de Compreensão do texto e De olho na construção dos sentidos.

Se você marcou não ou mais ou menos, retome a leitura de O gênero em foco: conto fantástico.

Se você marcou não ou mais ou menos, leia para um colega o conto fantástico "A moça tecelã".

• Junte-se a um colega, copiem o esquema a seguir no caderno e completem com as principais características do conto fantástico. As questões apresentadas servem para orientar a elaboração do esquema, mas, se quiserem, vocês poderão incluir outras características.

Conto fantástico
- Como se caracteriza essa narrativa de ficção?
- Em que pessoa pode estar o foco narrativo?
- Como se caracterizam as ações e o tempo nesse gênero?
- Como o enredo se configura no conto fantástico?

E POR FALAR NISSO...

Há três gerações que o bordado faz parte da tradição da família Dumont. Tudo começou em Pirapora, Minas Gerais, com a criação de peças utilitárias elaboradas com diferentes materiais. Nessa família de artistas, o trabalho é realizado conjuntamente e, desde 1988, a família confecciona imagens para ilustrar livros de autores brasileiros. Veja um de seus bordados.

1. **Observe todos os elementos que compõem o bordado. Como você descreveria as pessoas que aparecem na cena?**
    a) As finas linhas azuis que aparecem em todo o bordado representam o Rio Amazonas e seus afluentes. O que a maneira como eles estão apresentados expressa?
    b) As cores e as posições dos seres e das plantas representados demonstram movimento ou imobilidade? Explique.

2. **A intenção comunicativa da imagem seria retratar de modo realista a biodiversidade local ou estimular a imaginação do observador?**

3. **Leia a frase de apresentação do *site* da família Dumont.**

> Um grupo de artistas que há mais de 30 anos borda a brasilidade com uma linguagem poética livre e entre águas e seres transforma a vida das pessoas!

Matizes Dumont. Disponível em: <http://mod.lk/khwvo>. Acesso em: 3 set. 2018.

   a) Você reconhece a linguagem poética nessa obra? De que forma?
   b) Como essa arte revelada por meio dos bordados transforma a vida das pessoas?

ESTUDO DA LÍNGUA: ANÁLISE E REFLEXÃO

COMO VOCÊ PODE ESTUDAR

1. **Estudo da língua** não é uma seção para decorar, mas para questionar e levantar problemas.
2. O trabalho com os conhecimentos linguísticos requer persistência. Leia e releia os textos e exemplos, discuta, converse.

NEOLOGISMO E ESTRANGEIRISMO

NEOLOGISMO

Leia o trecho inicial de um conto fantástico de Mia Couto. Observe como a palavra *distraiçoeiras* foi empregada.

R-STUDIO/SHUTTERSTOCK

A infinita fiadeira

A aranha, aquela aranha, era tão única: não parava de fazer teias! Fazia-as de todos os tamanhos e formas. Havia, contudo, um senão: ela fazia-as, mas não lhes dava utilidade. O bicho repaginava o mundo. Contudo, sempre inacabava as suas obras. Ao fio e ao cabo, ela já **amealhava** uma porção de teias que só ganhavam senso no rebrilho das manhãs.

E dia e noite: dos seus **palpos** primavam obras, com belezas de **cacimbo** gotejando, rendas e rendilhados. Tudo sem fim nem finalidade. Todo o bom aracnídeo sabe que a teia cumpre as fatais funções: lençol de núpcias, armadilha de caçador. Todos sabem, menos a nossa aranhinha, em suas ***distraiçoeiras*** funções.

[...]

MIA COUTO. *O fio das missangas*. São Paulo: Companhia das Letras, 2009. p. 73. (Fragmento).

Glossário

Amealhava: acumulava.

Palpos: partes sensoriais do corpo de determinados artrópodes.

Cacimbo: garoa, sereno.

a) A palavra *distraiçoeiras* foi criada pelo autor Mia Couto; não existe em dicionários. Ela é formada por quais outras palavras? Quais os significados delas?

b) Sendo assim, qual seria o significado de "distraiçoeiras funções"?

c) Como você classificaria a palavra *distraiçoeira* no contexto em que foi empregada: substantivo, adjetivo, pronome, verbo ou advérbio? Por quê?

Biografia

FRANÇOIS GUILLOT/AFP

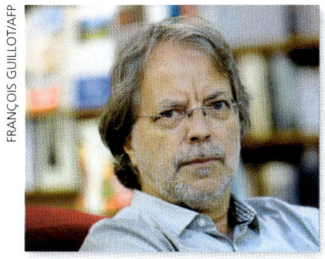

O escritor moçambicano em foto de 2015.

Nascido em Beira, Moçambique, em 1955, **Mia Couto** estreou na literatura escrevendo poesias. A linguagem poética com que tece suas histórias, escolhendo cuidadosamente as palavras, recriando e inventando outras em contos permeados pela riquíssima cultura de seu povo, conquista leitores pelo mundo e faz do escritor, que também é jornalista e biólogo, um dos principais nomes da literatura africana em língua portuguesa atualmente.

Reprodução proibida. Art.184 do Código Penal e Lei 9.610 de 19 de fevereiro de 1998.

NEOLOGISMO

Como você viu no trecho do conto "A infinita fiadeira", Mia Couto inventou uma palavra formada por outras duas, dando mais expressividade para o que aconteceria com a aranha na narrativa. Esse fenômeno linguístico – chamado **neologismo** – é bastante utilizado por vários autores, por exemplo: *teadorar*, verbo criado pelo poeta Manuel Bandeira; *patifento*, criado pelo dramaturgo Dias Gomes.

STEFAN MALLOCH/SHUTTERSTOCK

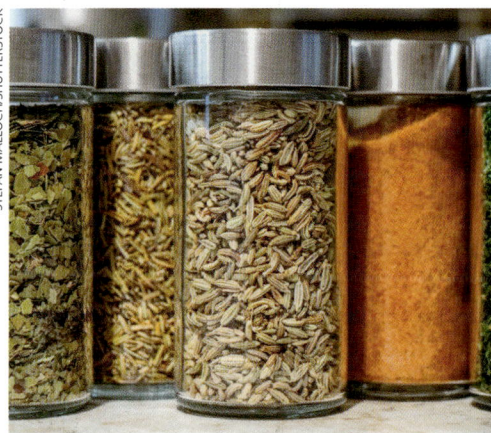

Porta-temperos é um neologismo formado pela composição de palavras já existentes na língua que adquirem um novo significado.

Neologismo é a criação de novas palavras ou a atribuição de novos sentidos a palavras que já existem. Nesse processo, os falantes inventam novas palavras ou empregam novos sentidos às palavras existentes.

O surgimento de neologismo ocorre quando os falantes precisam expressar, comunicar, definir e especificar algo novo (objetos, conceitos, ideias, processos etc.), mas não encontram uma palavra para isso. Essa inovação ou renovação vocabular resulta dos processos de formação de palavras existentes na língua portuguesa (composição, derivação, abreviação, entre outros).

O uso pelos falantes é que vai definir se um determinado neologismo será um modismo passageiro e logo esquecido ou, então, se será incorporado ao léxico da língua e dicionarizado.

Além da literatura, encontramos neologismos em várias áreas, sobretudo na ciência e na tecnologia, para nomear novos equipamentos, procedimentos, invenções ou descobertas.

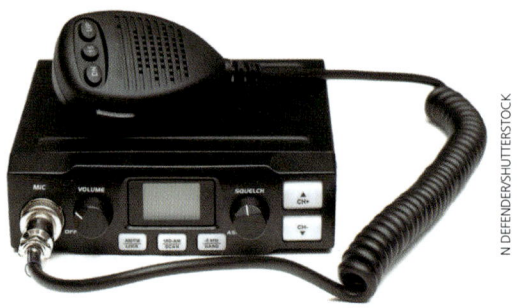

Transreceptor é um neologismo formado por partes de duas palavras (***trans****missor* + ***receptor***), designa um aparelho que utiliza os mesmos componentes para a dupla função de transmissor e receptor.

N DEFENDER/SHUTTERSTOCK

Na língua portuguesa, os neologismos podem surgir de diferentes maneiras. Leia a seguir um texto que trata de um procedimento artificial para reproduzir organismos geneticamente idênticos de seres vivos: a *clonagem*.

Cientistas chineses anunciaram o nascimento de Zhong Zhong e Hua Hua, os primeiros macacos **clonados** com sucesso usando a mesma técnica que fez nascer a ovelha Dolly, nos anos 1990. As duas fêmeas representam um novo marco histórico na ciência, pelo fato de ser muito mais complexo **clonar** um primata do que ovelhas, abrindo caminho, possivelmente, para uma futura **clonagem** de seres humanos (isto é, caso as barreiras éticas, religiosas e morais sejam derrubadas). Desde a clonagem de Dolly, 23 espécies de mamíferos já foram **clonadas**, incluindo porcos, gatos, cachorros e ratos.

[...]

Canaltech. Disponível em: <http://mod.lk/7a4yz>. Acesso em: 16 mar. 2018. (Fragmento).

Reprodução proibida. Art.184 do Código Penal e Lei 9.610 de 19 de fevereiro de 1998.

O termo *clonagem* é formado de *clone* (que tem origem grega) e de *-agem* (sufixo formador de substantivo). Assim como *clonagem*, as outras palavras destacadas no texto são neologismos formados por derivação sufixal. *Clonados* e *clonadas* são adjetivos flexionados conforme os substantivos a que se referem, no caso *os* "macacos" e *as* "espécies", respectivamente. Já *clonar* é um verbo da 1ª conjugação, terminado em *-ar*.

Na manchete a seguir, você verá um exemplo em que uma expressão mudou e adquiriu um novo sentido, dando origem a um neologismo.

Dê uma repaginada na sua casa

Disponível em: <http://mod.lk/nikip>. Acesso em: 16 mar. 2018.

No contexto da manchete, *dar uma repaginada* quer dizer "mudar a aparência e o visual de algo (no exemplo, a casa)". O termo *repaginada* é formado pelo prefixo *re-* (que significa "repetição") e pelo sufixo *-ada* (que forma substantivo), e origina-se do termo *repaginar*. O sentido literal e dicionarizado da palavra *repaginar* é "tornar a paginar, numerar de novo sequencialmente as páginas"; mas, como neologismo, pode significar: "interpretar algo de uma forma contemporânea, mudar algo com um formato renovado, atual, melhorado".

Em contextos coloquiais, os neologismos também se fazem bastante presentes. Leia estas duas manchetes que utilizaram o mesmo verbo.

Empresa lacra parquímetros irregulares no Centro de Itajaí

Disponível: <http://mod.lk/fty7k>. Acesso em: 16 mar. 2018.

Sete vezes que Maísa Silva lacrou e conquistou o título de rainha

Disponível: <http://mod.lk/khdye>. Acesso em: 16 mar. 2018.

Nos dois textos, *lacrar* está na 3ª pessoa do singular. Na primeira manchete, o termo significa "fechar com um lacre, isolar algo, selar hermeticamente" e foi usado em sentido literal e dicionarizado para explicar que parquímetros foram fechados por estarem irregulares.

Maísa Silva em foto de 2017.

Já na segunda manchete, o verbo é um neologismo que tem uma atribuição de um novo sentido a uma palavra já existente. *Lacrou* corresponde a um elogio a alguém que foi muito bem em algo ou argumentou com eficácia, deixando os outros sem fala ou reação. Como sinônimo para essa gíria, poderíamos citar outros neologismos populares: *arrasou, mandou bem*.

27

ESTRANGEIRISMO

- Agora observe um anúncio do Ministério Público Federal a respeito de um assunto importante.

Disponível em: <http://mod.lk/fi0wf>. Acesso em: 16 mar. 2018.

a) A palavra *hater* significa "aquele que odeia". Na sua opinião, ela é apropriada para ser utilizada nesse anúncio? Por quê?

b) Além da linguagem verbal, o anúncio trabalha com elementos da linguagem não verbal. Quais são e o que significam esses elementos no contexto?

c) Há três palavras no anúncio que foram "emprestadas" de outra língua. Quais são? Elas se originam de qual língua?

ESTRANGEIRISMO

Outro fenômeno linguístico bastante comum na língua portuguesa é o *estrangeirismo*. No anúncio do Ministério Público contra o *bullying* virtual, você analisou os termos *hater*, *bullying* e *internet*, que vieram do inglês.

Essa incorporação de palavras de outras línguas pode acontecer por meio de um processo natural de assimilação de cultura, por proximidade geográfica, entre outros. Os estrangeirismos podem conservar sua grafia original (como *outdoor*) ou passar por um processo de aportuguesamento (como *shampoo* e *xampu*).

> **Estrangeirismo** é o empréstimo de palavras ou expressões de outros idiomas. Nesse processo, os falantes introduzem palavras de outras línguas, mantendo a grafia original do termo estrangeiro ou encontrando uma forma correspondente na nossa língua.

O português brasileiro é rico em palavras de origem francesa, espanhola, árabe, chinesa, iorubá, quimbundo, tupi etc. Atualmente em nosso país, grande parte dos empréstimos linguísticos originam-se do inglês, por exemplo: *trailer, camping, black music, fashion, designer*. Leia este texto que apresenta outros exemplos.

> Quem tem *Twitter* há muito tempo pode querer se livrar de seu passado comprometedor ou só fazer uma limpa no que tuitou há um certo período. O problema é que a rede social não tem um jeito oficial de apagar mais de um *tweet* de uma vez.
>
> Uma alternativa é usar algum serviço confiável de terceiros que faz o trabalho para você.
>
> [...]

JEAN PRADO. Como apagar os seus *tweets* de uma só vez. *Tecnoblog*. Disponível em: <http://mod.lk/v2cpu>. Acesso em: 18 abr. 2018. (Fragmento).

Twitter é um *microblog* para enviar e receber *tweets*, que são publicações curtas com até 280 caracteres com texto, imagem, GIF e/ou vídeo.

A palavra *tweet* é um estrangeirismo de origem inglesa; sua forma aportuguesada é *tuíte*. Nesse exemplo, temos também um neologismo: *tuitou*, verbo flexionado do infinitivo *tuitar* que veio do nome dessa rede social.

Embora os dois fenômenos linguísticos estejam ligados aos significados das palavras, o neologismo cria ou adapta vocábulos (mesmo a partir de um empréstimo linguístico) e o estrangeirismo inclui palavras de outras línguas.

ACONTECE NA LÍNGUA

A compreensão de um texto (oral ou escrito) pode, às vezes, ficar comprometida se os interlocutores não são de um mesmo grupo. Existem variedades linguísticas porque os falantes de uma língua empregam gírias e expressões conforme sua classe social, idade, nível de escolaridade, profissão etc. Os falantes, portanto, modificam a língua introduzindo novas palavras e formas de se expressar. Observe como esse assunto foi abordado nesta manchete de um *site* humorístico.

> **A frase "Kéfera shippando o crush no Snapchat" pode derreter o cérebro de quem nasceu antes de 1996**

Sensacionalista. Disponível em: <http://mod.lk/6tyyx>. Acesso em: 19 abr. 2018.

Muitas pessoas nascidas antes de 1996 provavelmente não têm referência para entender e decodificar palavras como *crush, shippando* (associadas a relacionamentos amorosos) e *Snapchat* (aplicativo de mensagens) porque provavelmente não utilizam tanto as redes sociais quanto os adolescentes e não estão familiarizadas com as gírias atuais.

Língua, um organismo vivo

A língua, assim como a sociedade, está em constante mudança: recebe influências de culturas estrangeiras, "empresta" palavras e expressões de outras línguas, cria seus mecanismos internos para aceitar ou rejeitar novas palavras.

A vivacidade de uma língua está ligada à capacidade de seus falantes criarem novas palavras, emprestarem termos, darem novos sentidos.

O neologismo e o estrangeirismo podem ser considerados não apenas fenômenos linguísticos, mas também fenômenos sociais, pois as interações linguísticas refletem as interações sociais, econômicas, culturais e políticas de uma determinada época e revelam a evolução dos falantes de uma língua.

ORGANIZAR O CONHECIMENTO

Neologismo e estrangeirismo

Este objeto digital trata do que você acabou de estudar nesta seção: neologismo e estrangeirismo. Acesse o conteúdo e, depois, responda às perguntas apresentadas a seguir: <http://mod.lk/bzuzt>.

O QUE VOCÊ JÁ SABE?

Agora, você já é capaz de...	Sim	Não	Mais ou menos
... perceber o uso de neologismos em textos literários?	☐	☐	☐
... identificar o emprego de estrangeirismos em textos jornalísticos?	☐	☐	☐

> Se você marcou não ou mais ou menos como resposta, retome a leitura de **Neologismo**.

> Se você marcou não ou mais ou menos como resposta, retome a leitura de **Estrangeirismo**.

- Junte-se a um colega, copiem o esquema no caderno e completem com exemplos de neologismos e estrangeirismos.

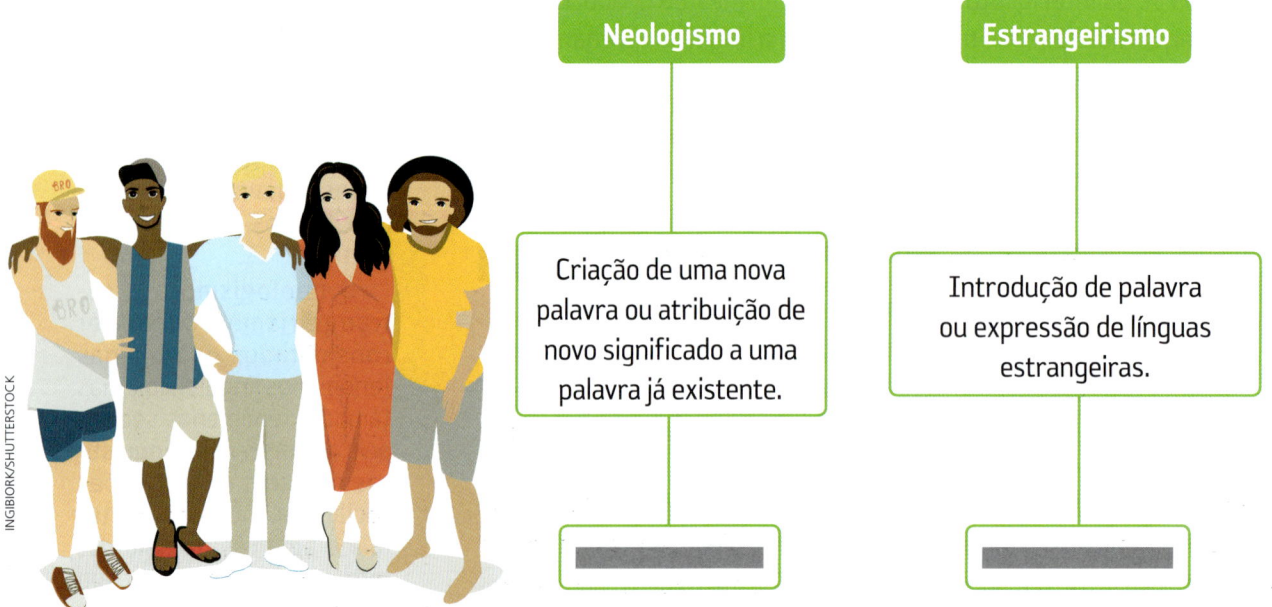

Neologismo: Criação de uma nova palavra ou atribuição de novo significado a uma palavra já existente.

Estrangeirismo: Introdução de palavra ou expressão de línguas estrangeiras.

ATIVIDADES

ATITUDES PARA A VIDA

Ao responder às questões, busque exatidão e precisão para garantir que você entendeu o que estudou.

1. Leia esta tira.

DONA NEIDE — GILMAR

a) O contexto da tira faz o leitor pensar em quais personagens e em qual ambiente?

b) A fala do primeiro quadrinho justifica a atitude de Dona Neide. Você concorda com essa afirmação? Por quê?

c) O último quadrinho apresenta um neologismo. Identifique esse neologismo, seu significado e a formação dessa palavra.

d) O termo criado por Dona Neide remete a um adjetivo. Qual é esse outro termo?

e) Esse neologismo estabelece o humor da tira. Explique como isso ocorre.

2. A tira abaixo é ambientada em uma empresa. Leia-a e, em seguida, responda às questões.

MUNDO CORPORATIVO — RUBENS BUENO

a) Encontre o significado de cada estrangeirismo no quadro de palavras.

- Treinamento para motivar e conhecer as equipes.
- Todos os grupos de pessoas influenciados direta ou indiretamente pelo negócio da empresa.
- Oficina para discutir ou exercitar técnicas sob orientação de um especialista.
- Reunião de profissionais.

ATIVIDADES

b) Qual é o recurso gráfico usado na fala do homem de bigode, no 2º quadrinho? E o que significa?

c) A tira faz uma crítica bem-humorada ao mundo corporativo. O efeito de humor se dá sobretudo no último quadrinho. Explique.

3. Leia esta notícia.

Facebook apoia curso "Vaza, Falsiane!" para combater *fake news*

Facebook apoia projetos no Brasil para combater desinformação

O Facebook está empenhado em construir uma comunidade mais informada e anuncia hoje o apoio a dois projetos de **news literacy** no Brasil para ajudar no consumo de informações na era digital.

O primeiro projeto, batizado de "Vaza, **Falsiane**!", é um curso **online** gratuito contra notícias falsas voltado ao público em geral, especialmente adolescentes, jovens adultos e educadores, a ser desenvolvido pelos professores Ivan Paganotti (MidiAto ECA-USP), Leonardo Sakamoto (PUC-SP) e Rodrigo Ratier (Faculdade Cásper Líbero).

A segunda iniciativa é o desenvolvimento de um **bot** no Messenger que orientará as pessoas sobre como **trafegar** no universo de informações na **internet**, para que elas próprias possam checar informações. A ideia do **bot** "**Fátima**" – que vem de "FactMa", abreviação de "FactMachine" – é da plataforma de checagem Aos Fatos, integrante da International Fact-Checking Network.

[...]

O "Vaza, Falsiane!" busca ampliar a competência para a leitura de notícias, incentivar uma postura crítica sobre as fontes de informação e contribuir para a qualidade do debate na rede. Os conteúdos educacionais incluirão vídeos curtos com personalidades, **memes**, listas e testes, com o uso do Facebook para disseminar as mensagens e interagir com os usuários.

"Identificar as 'Falsianes' que circulam no noticiário é competência fundamental no mundo de hoje. Assim como identificar seus diferentes subtipos, que vão de informações claramente falsas a verdades editadas e dados enviesados", diz o professor Paganotti.

O **chatbot** "Fátima", por sua vez, conversará com as pessoas pelo Messenger para auxiliá-las no processo de verificação de conteúdo *online*, para que possam checar informações de maneira autônoma e se sintam seguras para trafegar na rede de modo confiável e sem intermediários.

"Mais do que dizer se uma notícia é falsa, verdadeira ou algo no meio do caminho, será possível mostrar como reconhecer fontes confiáveis e se adaptar ao ambiente informativo", explica a diretora executiva e cofundadora do Aos Fatos, a jornalista Tai Nalon.

[...]

Newsroom. Disponível em: <http://mod.lk/ejvbw>. Acesso em: 16 mar. 2018. (Fragmento).

a) A expressão *fake news* é um neologismo ou um estrangeirismo? O que significa *fake news*? Por que elas precisam ser combatidas?

b) O texto apresenta dois projetos para ajudar no consumo de informações na era digital. Resuma qual é a definição, o público e a finalidade de cada um.

c) Os termos *Falsiane* e *Fátima* são neologismos. Você concorda com essa afirmação? Por quê?

d) No texto há outras palavras destacadas. Quais são neologismos e quais são estrangeirismos?

4. Leia a tira a seguir.

WILLTIRANDO **WILL LEITE**

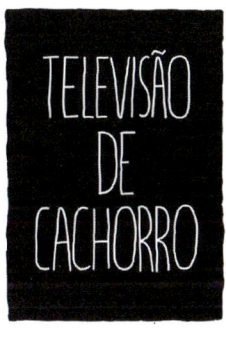

a) Identifique o estrangeirismo presente na tira e explique o seu significado.

b) Como o uso desse estrangeirismo se relaciona com a situação da tira e é fundamental para construir o humor no texto?

5. Agora leia esta manchete.

— ☐ ×
Memetrospectiva: os melhores memes das redes sociais brasileiras em 2017

Disponível em: <http://mod.lk/jncxa>. Acesso em: 19 abr. 2018.

- O termo *memetrospectiva* é um neologismo? Qual é a formação dessa palavra e seu significado?

6. Observe o cartum de Orlando.

a) Na sua opinião, por que o estabelecimento comercial optou por usar termos em inglês e não em português?

b) O cartum apresenta uma crítica quanto ao uso excessivo de palavras estrangeiras na língua portuguesa. O que você acha sobre isso: devemos ou não usar estrangeirismos? Por quê?

Mais questões no livro digital

TESTE SEUS CONHECIMENTOS

> Na questão a seguir, há dois textos cujo tema é a formação da palavra **sambódromo**. Em ambos, discute-se o uso da terminação **-dromo** e sua adequação na composição dessa palavra. Assim, após ler atentamente cada um desses textos, você deverá responder às perguntas que acompanham cada uma das alternativas e, por fim, indicar aquela cuja resposta seja **SIM**.

(Enem)

Texto 1

Um ato de criatividade pode gerar um modelo produtivo. Foi o que aconteceu com a palavra *sambódromo*, criativamente formada com a terminação -(o)dromo (= corrida), que figura em *hipódromo*, *autódromo*, *cartódromo*, formas que designam itens culturais da alta burguesia. Não demoraram a circular, a partir de então, formas populares como *rangódromo*, *beijódromo*, *camelódromo*.

José Carlos de Azeredo. Gramática Houaiss da língua portuguesa.
São Paulo: Publifolha, 2008.

Texto 2

Existe coisa mais descabida do que chamar de sambódromo uma passarela para desfile de escolas de samba? Em grego, **-dromo** que quer dizer "ação de correr, lugar de corrida", daí as palavras *autódromo* e *hipódromo*. É certo que, às vezes, durante o desfile, a escola se atrasa e é obrigada a correr para não perder pontos, mas não se descoloca a velocidade de um cavalo ou de um carro de Fórmula 1.

Ferreira Gullar. Disponível em: <www1.folha.uol.com.br>.
Acesso em: 3 ago. 2012.

Há, nas línguas, mecanismos geradores de palavras. Embora o texto 2 apresente um julgamento de valor sobre a formação da palavra *sambódromo*, o processo de formação dessa palavra reflete:

a) o dinamismo da língua na criação de novas palavras.

> De acordo com o texto 1, é possível reconhecer que, a partir do termo *sambódromo* utilizado como exemplo, a criatividade é um elemento capaz de impulsionar a elaboração de novas palavras?

b) uma nova realidade limitando o aparecimento de novas palavras.

> De acordo com os dois textos, a formação da palavra *sambódromo* é considerada inadequada porque não respeita o significado do sufixo *-dromo*, o qual só deve ser usado em termos que indiquem a "ação de correr"?

c) a apropriação inadequada de mecanismos de criação de palavras por leigos.

> De acordo com o texto 1, a palavra *sambódromo* é formada por um sufixo que se relaciona à cultura da alta burguesia e isso é inadequado, pois essa palavra é de origem popular?

d) o reconhecimento da impropriedade semântica dos neologismos.

> O texto 2 defende a ideia de que a formação da palavra *sambódromo* é adequada, uma vez que o sufixo *-dromo* indica a ação de correr?

e) a restrição na produção de novas palavras com o radical grego.

> Nos dois textos, os autores deixam claro que palavras não devem ser criadas sem que se saibam os significados dos sufixos e usam o termo *sambódromo* como exemplo disso?

LEITURA E PRODUÇÃO DE TEXTO

A PRODUÇÃO EM FOCO

- Nesta unidade, você vai produzir um conto fantástico. Durante a leitura do texto, fique atento:
  a) ao enredo;
  b) à construção do suspense;
  c) aos elementos fantásticos.

CONTEXTO

Os contos fantásticos tornaram-se mais conhecidos no século XIX, com as obras do estadunidense Edgar Allan Poe (1809-1849). No Brasil, Lygia Fagundes Telles, Murilo Rubião, Moacyr Scliar, J. J. Veiga e Ignácio de Loyola Brandão são alguns dos autores do século XX que se destacaram também na produção desse gênero.

Você vai ler a seguir o conto "O crocodilo I", de Amilcar Bettega, autor contemporâneo de destaque da literatura fantástica do século XXI.

O crocodilo I

O crocodilo entrou no meu quarto mansamente, com passos arrastados que deixaram a ponta do tapete virada. Ele subiu no colchão onde eu estava deitado, se aninhou junto dos meus pés e ficou me olhando.

Estou enlouquecendo, pensei, e com muito cuidado espichei a ponta do pé até a altura do que seria a barriga dele. Senti a pele grossa e levemente fria, de uma textura molhada. O crocodilo fez um movimento brusco para trás, como quem se defende de uma cócega, e me sorriu.

Numa reação automática, sorri para ele também e pensei de novo: estou enlouquecendo. Nunca tive dúvidas de que acabaria louco, mas jamais desconfiei que a loucura chegaria assim, mansamente, na forma de um crocodilo de passos cansados subindo no meu colchão. Sempre achei que não escaparia de crises histéricas, gritos lancinantes, golpes com a cabeça contra a parede e todos esses clichês que nos ajudam a fazer uma ideia e ter opinião sobre as coisas. Enlouqueceria dentro da mais pura normalidade. Um louco padrão. Havia o calor, e nesse ponto minha ideia do que seria o processo de enlouquecer não fora traída. Tinha certeza de que jamais enlouqueceria no inverno, por exemplo. Teria de ser sob um calor sufocante como o das últimas semanas, este calor que me atira sobre o colchão e me deixa sem forças para nada que não seja olhar para o teto e sentir asco do meu corpo melado de suor.

Devia fazer uns cinco dias que eu estava deitado no colchão, com nojo de mim. Só levantava dali para ir à parede oposta à da janela e grudar as costas nela. Era a única das paredes do meu quarto que não fervia com o calor do sol lá de fora. Talvez fizesse divisa com outro apartamento, não sei, mas por alguma razão ficava mais protegida do calor, e durante a madrugada até conseguia passar certo frescor às minhas costas.

[...]

Levantei e fui para a parede. Só de cueca, colei as costas na parede e fiquei ali, me refrescando. Era sempre um momento de prazer. Eu fechava os olhos e até perdia a noção do tempo. Claro que não havia mais nenhum sentido naquilo, pois todo louco já perdeu por completo a noção de tempo. A parede delicadamente fria nas minhas costas já não era responsável por eu cair fora do tempo, a culpa era da loucura, o que me fez sentir ainda mais relaxado.

Glossário

Guturalmente: profundamente; som que provém da garganta.
Gretas: rachaduras.
Insólita: incomum.
Oblongo: alongado.
Flancos: laterais do corpo.

Por motivos óbvios, não sei quanto tempo fiquei encostado à parede, mas ao erguer os braços, que durante o relaxamento iam deslizando em direção ao meu tronco (aquela forma em cruz, com as palmas voltadas para a parede, era a que melhor refrescava), rocei a ponta dos dedos numa casca, um toco, que a princípio não identifiquei e até me assustou. Recolhi ligeiro a mão. Mas me recompus e fui espichando o braço outra vez, na tentativa de confirmar pelo tato aquilo que já calculava. Fui tocando e descobrindo aquele toquinho que terminava em dedinhos chatos e curtos revestidos por uma pele grossa, quase uma casca. Abri os olhos e ele estava ali. Estava ao meu lado, junto à parede, também com suas costas (ou lombo, ou seja lá o que for essa parte de cima do seu corpo que vai do rabo até a cabeça) pegadas à parede. Sabe-se lá com que esforço ele conseguiu manter-se naquela posição, de pé, com as costas em contato com a parede. Ele se sustentava pelo rabo. Era o rabo, de músculos incrivelmente enrijecidos, que lhe servia de base. A ponta estava um pouco dobrada e era a única parte do corpo dele que tocava o piso. Aquela posição de pé e de costas para a parede que, para mim, era muito relaxante, para o crocodilo devia ser um martírio. Com a boca levemente aberta, roncando **guturalmente** a buscar um ar que lhe fugia, ele suava. E seus olhos fechados não significavam concentração ou algum suposto prazer que a parede fresca sobre suas costas lhe trazia, mas era a forma que ele encontrara para se defender do suor que escorria desde a ponta do bico, por entre as **gretas** da pele dura e enrugada.

Num impulso, agarrei com força a mão dele, aquela mãozinha dobrada, o toquinho, pouco mais do que uma pequena saliência do seu corpo, quase um defeito. Sua atitude, seu esforço, seu sofrimento, aquilo tudo me deixou comovido, não posso negar.

Voltei para o colchão e fiquei olhando a cruz **insólita** na parede: o corpo **oblongo** e as quatro patinhas soltas no vazio, a pele de um amarelo quase branco na barriga que se mostrava inteira (a sensação de frio e delicadeza que a pele da sua barriga transmitia estava, de certo modo, ligada àquela cor pálida).

Eu olhava para a barriga dele e percebia os **flancos** subindo e descendo ao ritmo do esforço. Via também o movimento da garganta, quando ele engolia em seco para logo buscar o ar outra vez, com impaciência e a boca entreaberta. Via ainda o suor escorrendo-lhe por toda a extensão da barriga e deixando sua pele mais úmida e brilhosa. Virei-me de lado no colchão, para a parede oposta à do crocodilo, e dormi.

Quando acordei, ele já estava em mim. Acho que é esse o fato. Ele veio e ficou em mim. E talvez tenha sido por isso que dormi tanto. Porque não senti calor, porque senti até certo conforto no meu sono, porque me senti bem, me senti calmo, como havia muito não me sentia. O crocodilo estava colado em mim, e a delícia e o frescor que eu experimentava vinham do contato da pele amarelo-pálido da sua barriga com as minhas costas. Havia o som da sua respiração, um ruído seco e asmático que roçava meu ouvido, mas aquilo era quase nada comparado ao prazer que me dava sua pele em contato com minhas costas. Eu não tinha certeza se ele dormia ou não. Movimentei-me devagar no colchão e levantei com cuidado. E ele veio junto — ele vinha junto, sempre agarrado às minhas costas. O peso não chegava a ser excessivo, mas suas mãozinhas feriam delicadamente os meus ombros. Andei pelo quarto para me acostumar à nova situação e percebi que, não fossem as mãos machucando meus ombros, o arranjo seria perfeito. Voltei ao colchão, para que os ombros descansassem.

Dormi de novo e acordei com o interfone tocando. Deixei tocar, esperando que desistissem. Não desistiram.

— Estão chamando no interfone — eu disse.

O crocodilo deu um suspiro quase imperceptível, se desgrudou das minhas costas e foi atender.

— É pra você — ele disse, enquanto subia outra vez para o colchão e para as minhas costas.

A voz do zelador me chegou deformada pelo interfone:

— Você não pagou o aluguel de novo. Desta vez tem de ir embora. Estou pedindo com jeito, mas se for preciso subo aí e arranco você a tapa.

— Já tô descendo.

Agora que estou louco, pensei, não preciso mais de casa.

— Tem razão — disse o crocodilo.

Meu quarto tinha apenas o colchão e o tapete com a ponta virada pelo crocodilo. Limitei-me a apanhar o colchão e deixei o resto como estava. Quando abri a porta, dei de cara com o zelador. Gostei de ver a atrapalhação dele. Enquanto perguntava se eu queria ajuda para descer o colchão, mantinha um olhar embasbacado para a cabeça do crocodilo, que sobressaía à minha como se fosse um boné.

Disse-lhe que ficaria muito grato, e ele fez questão de pegar na ponta de trás do colchão, certamente para ver de outro ângulo o crocodilo agarrado em mim.

Dois eram os inconvenientes, talvez os únicos. O colchão, que pesava e era difícil de carregar, e as mãozinhas machucando meus ombros. O colchão, abandonei na rua — se um louco não precisa de casa, pensei, também não precisa de colchão. "Tem razão", ouvi o crocodilo dizer em meu ouvido. Quanto aos ombros, passei num camelô e pedi dois cintos. Amarrei um deles convencionalmente em torno da cintura, o que correspondia mais ou menos ao início do rabo do crocodilo, e o outro em torno do peito, logo abaixo das axilas, na altura daquilo que seria o segmento final do pescoço do meu crocodilo. Falei para o camelô que não podia pagar, ele relutou um pouco, mas acabou entendendo. Inclusive me ajudou a amarrar os cintos.

— Meu pai tinha um problema desses — ele disse —, só que era um macaco.

Eu não quis perguntar de que raio de macaco ele falava, mas fiquei profundamente agradecido quando senti que meus ombros já não eram castigados e que a única sensação que me restava era a de um delicioso frescor nas costas.

Antes de ir embora, vi que também o camelô tinha alguma coisa sobre as costas. Não era muito grande, porque dependendo do ângulo o volume sob a jaqueta se tornava imperceptível.

Imperceptível, apesar de eu estar vendo. Sim, alguma coisa mudava em mim.

Comecei a ver que muitos homens e mulheres que passavam apressados, metidos em seus ternos e *tailleurs* e carregando suas pastas ou dirigindo seus automóveis sabe-se lá para onde, muitos deles levavam às costas um gato, um cachorro, às vezes uma pomba. Por vezes só se via uma cabecinha sobressaindo à gola da camisa, junto à nuca. Outros deixavam escapar um rabo, uma pata. E em vários era apenas o volume sob a roupa, uma suave elevação no dorso, o que para mim já dizia tudo. Agora que fiquei louco, eu pensava, estou vendo coisas. Era então que eu me dava conta de que trazia o crocodilo nas costas, porque ele não se aguentava e emitia aquela risada rouca no meu ouvido e dizia: "tem razão". Eu não lhe dava muita bola. Aliás, além de reconhecer o bem-estar que ele me transmitia, nunca lhe dei bola.

AMILCAR BETTEGA e outros. *No restaurante submarino*: contos fantásticos. São Paulo: Companhia das Letras, 2012. (eBook). (Fragmento).

Glossário

Tailleurs: roupas femininas compostas de saia e casaco.

Biografia

Amilcar Bettega Barbosa é escritor e tradutor. Nasceu em São Gabriel (RS), em 1964. É formado em engenharia civil e mestre em literatura brasileira. Começou sua produção literária em 1991, aos 27 anos. É autor dos livros de contos *O voo da trapezista* (1994), *Deixe o quarto como está*: ou estudos para a composição sobre o cansaço (2002), *Os lados do círculo* (2003) e do romance *Barreira* (2013).

ANTES DO ESTUDO DO TEXTO

1. Se não tem certeza de ter compreendido bem o texto, leia-o novamente.
2. Ao responder às questões a seguir, procure empregar o que já aprendeu ao ler outros textos e seja preciso em suas respostas.

O crocodilo I

Leia o texto na íntegra no livro digital ou no Portal Araribá.

ESTUDO DO TEXTO

DE OLHO NAS CARACTERÍSTICAS DO GÊNERO

1. No caderno, complete o quadro identificando os momentos da narrativa.

Situação inicial	Conflito	Clímax	Desfecho

2. Leia alguns trechos extraídos do conto fantástico que você leu.

> I. — Estão chamando no interfone — eu disse.
>
> II. "Tem razão", ouvi o crocodilo dizer em meu ouvido.
>
> III. Falei para o camelô que não podia pagar, ele relutou um pouco, mas acabou entendendo.

a) O foco narrativo desse conto está em 1ª ou 3ª pessoa? O narrador é protagonista ou observador?

b) Considerando sua resposta no item *a*, o que disse cada personagem? Como são indicadas essas falas das personagens?

3. Leia esta fala de outra personagem.

> "A voz do zelador me chegou deformada pelo interfone:
>
> — Você não pagou o aluguel de novo. Desta vez tem de ir embora. Estou pedindo com jeito, mas se for preciso subo aí e arranco você a tapa."

a) Quem fala e a quem se dirige? Essa fala se refere a qual fato?

b) Por que este episódio contribui para que o acontecimento seja coerente, verossímil dentro da narrativa? Justifique sua resposta.

c) Além dessas personagens, quais são as outras que fazem parte da história?

d) Na sua opinião, por que as personagens não têm nome?

4. Os trechos a seguir se referem à simbiose entre o homem e o animal, na narrativa que você acabou de ler.

> I. "O crocodilo entrou no meu quarto mansamente [...]. Ele subiu no colchão onde eu estava deitado, se aninhou junto dos meus pés e ficou me olhando."
>
> II. "Voltei para o colchão e fiquei olhando a cruz insólita na parede: o corpo oblongo e as quatro patinhas soltas no vazio, a pele de um amarelo quase branco na barriga que se mostrava inteira [...]."

a) Como você caracterizaria essa relação entre o homem e o crocodilo?

b) O crocodilo é visto pelo narrador como um animal domesticado ou selvagem? Justifique sua resposta com exemplos dos trechos I e II.

c) Se o crocodilo não é um animal incomum, por que seu aparecimento como personagem pode ser considerado um fato inusitado nessa narrativa?

5. Nesse conto, é possível verificar que o crocodilo age e sente como se fosse uma pessoa.

a) Volte ao texto e encontre trechos que exemplifiquem esse aspecto.

b) No quadro abaixo, indique a figura de linguagem que atribui a objetos inanimados ou seres irracionais ações e sentimentos próprios dos seres humanos.

> hipérbole   antítese   onomatopeia   personificação

6. O espaço é um dos elementos de uma narrativa.

a) Nesse conto, o protagonista começa em um lugar e termina em outro. Quais são esses espaços e como são eles?

b) O que esses lugares representam na narrativa? E como o protagonista se sente em cada um deles?

7. Agora releia este trecho.

> "Quando acordei, ele já estava em mim. Acho que é esse o fato. Ele veio e ficou em mim. E talvez tenha sido por isso que dormi tanto. Porque não senti calor, porque senti até certo conforto no meu sono, porque me senti bem, me senti calmo, como havia muito não me sentia. O crocodilo estava colado em mim, e a delícia e o frescor que eu experimentava vinham do contato da pele amarelo-pálido da sua barriga com as minhas costas."

a) Algumas expressões delimitam e definem o tempo na narrativa. Cite uma expressão que se refere ao tempo nesse trecho.

b) Volte ao texto e encontre mais uma expressão de tempo e situe-a nos acontecimentos da história.

c) A *metamorfose* é uma transformação de um ser em outro, com mudanças na aparência física, no estado psicológico ou no comportamento. Com base nessa afirmação, ocorreu uma metamorfose entre o homem e o crocodilo? Por quê?

d) Quais elementos podem ser considerados fantásticos nesse trecho? Eles fazem parte de fatos verossímeis, coerentes dentro da narrativa? Justifique sua resposta.

8. Releia o trecho a seguir, prestando atenção nos termos em destaque.

> "[...] E ele veio junto – ele vinha junto, sempre agarrado às minhas costas. O peso não chegava a ser excessivo, mas suas **mãozinhas** feriam **delicadamente** os meus ombros. Andei pelo quarto para me acostumar à nova situação e percebi que, não fossem as mãos machucando meus ombros, o arranjo seria perfeito."

a) Por que o narrador emprega a palavra *mãozinhas* e não *patas* como seria o usual e esperado para se referir a um animal selvagem?

b) O diminutivo *mãozinha*, nesse exemplo, indica apenas que se trata de uma mão pequena? Por quê?

c) O advérbio *delicadamente* opõe-se ao significado do verbo *ferir*. Explique a oposição, considerando o contexto no qual o narrador reconhece que "o arranjo seria perfeito".

9. A loucura e o suspense são elementos característicos dos contos fantásticos.

• Em sua opinião, o crocodilo existe efetivamente ou não passa de um devaneio, um surto psicótico do narrador? Por quê?

10. O narrador afirma "Dois eram os inconvenientes, talvez os únicos".

a) Quais são esses dois inconvenientes para o narrador ter um crocodilo colado às suas costas? E por que incomodam tanto o narrador?

b) Como o narrador resolve isso?

11. Releia o parágrafo a seguir e responda às questões.

> "Imperceptível, apesar de eu estar vendo. Sim, alguma coisa mudava em mim."

a) O que o narrador passa a ver que o faz lembrar-se do crocodilo grudado nele?

b) Como o narrador descreve essas pessoas que ele vê na rua?

c) Na narrativa, é possível observar uma diferença e uma semelhança entre o narrador e essas pessoas que ele observa na rua. Explique quais seriam essa diferença e essa semelhança.

Trilha de estudo

Vai estudar? Stryx pode ajudar!
<http://mod.lk/trilhas>

PRODUÇÃO DE TEXTO

CONTO FANTÁSTICO

O que você vai produzir

Você vai escrever um conto fantástico, em que ocorrem fatos sobrenaturais. Seu conto será postado no *blog* de contos fantásticos da turma e poderá receber comentários dos colegas e de outros leitores.

NA HORA DE PRODUZIR

1. Siga as orientações apresentadas nesta seção. Seu texto deve ser coerente com a proposta.
2. Lembre-se de que você já leu e analisou textos do gênero que vai produzir. Se for o caso, retome o **Estudo do texto**.
3. Diante da folha em branco, persista. Nenhum texto fica pronto na primeira versão.

PLANEJE SEU TEXTO

1. Pense em que história você gostaria de contar.
2. Defina os momentos da narrativa: situação inicial, conflito, clímax e desfecho.
3. Determine o tempo, o espaço e quais personagens vão entrar na sua história.
4. Defina se o foco narrativo será em 1ª ou em 3ª pessoa.
5. Defina quais serão os elementos fantásticos que vão surgir em sua história. Lembre-se: ela pode ter elementos estranhos, inusitados, sobrenaturais, mas que se misturem com elementos reais; precisa ser coerente com o contexto, ou seja, os fatos precisam ser verossímeis dentro da história.

ESCREVA SEU TEXTO

1. Escreva o conto de acordo com o que planejou.
2. Você deve empregar a linguagem adequada ao tipo do narrador e às características das personagens.
3. Use o suspense como recurso.
4. É importante que sua narrativa seja curta e envolva o leitor.
5. Crie um título para o conto.

REVISE SEU TEXTO

1. Releia seu conto observando se você cumpriu ou não cada um dos itens apresentados na tabela a seguir. Caso seja necessário, reescreva o texto incluindo alterações.

Aspectos importantes em relação à proposta e ao sentido do texto
Conto
1. Em que pessoa está escrito o conto?
2. O foco narrativo está bem definido?
3. A linguagem está adequada ao narrador e às personagens?
4. É possível identificar no texto os momentos da narrativa: situação inicial, conflito, clímax e desfecho?
5. O conto apresenta elementos sobrenaturais ou outros elementos fantásticos?
6. Os elementos fantásticos são verossímeis, estão coerentes dentro da história?
7. O suspense foi usado como recurso?
8. A narrativa envolve o leitor?
9. O desfecho é convincente?
Aspectos importantes em relação à ortografia, à pontuação e às demais normas gramaticais
1. Está livre de problemas de acentuação e ortografia relacionados a conteúdos gramaticais já estudados?
2. Está livre de problemas relacionados à concordância?
3. Os tempos e modos verbais foram utilizados de forma adequada?
Aspectos importantes na apresentação da produção escrita
1. Há um título criativo relacionado ao conteúdo do conto?

2. Passe a limpo seu conto. Ele deve ser digitado.
3. Coloque seu nome ao final.
4. Escolha, na internet, uma imagem que tenha relação com o conto fantástico que você criou, para ilustrá-lo. Pode ser uma pintura, um grafite, uma ilustração, uma escultura, uma fotografia etc.

PUBLIQUE SEU TEXTO

1. Criem, coletivamente, o *blog* de contos fantásticos da turma.
2. Publique seu texto, que já foi digitado, juntamente com a imagem que escolheu para ilustrá-lo. Coloque a referência da imagem.
3. Leia os contos escritos por seus colegas e deixe um comentário positivo sobre algum deles.
4. Se alguém deixar um comentário sobre o seu conto, responda-o.
5. Divulguem o endereço do *blog* na escola e também entre amigos e familiares, para que mais pessoas leiam os contos fantásticos produzidos pela turma.

ATITUDES PARA A VIDA

As **Atitudes para a vida** são posturas que assumimos diante das diferentes situações que vivenciamos no nosso cotidiano. Elas nos ajudam a resolver problemas, tomar decisões e pensar de forma criativa e inovadora, permitindo-nos lidar com um mundo cada vez mais complexo e em constante mudança.

As atitudes que tomamos influenciam nossas relações. Ao cultivarmos a paz em nossas ações e relações, temos boas chances de colher atos de paz e semear uma cultura de paz.

Pensando nisso, observe a imagem e leia o texto do boxe a seguir. Trata-se do *Monumento das crianças pela paz*, que está no *Peace Memorial Park* (Parque Memorial da Paz), em Hiroshima, no Japão, lugar em que foi atirada a bomba atômica em agosto de 1945 em ocasião da 2ª Guerra Mundial. Antes de ser um parque, o local era o centro comercial e financeiro da cidade e, por esse motivo, foi escolhido como alvo pelos Estados Unidos.

Monumento das crianças pela paz. Parque Memorial da Paz, em Hiroshima, Japão. No detalhe, origamis de *tsurus*.

ATITUDES PARA A VIDA

> ***Monumento das crianças pela paz*, Sadako Sasaki e a lenda dos mil *tsurus***
>
> *O monumento das crianças pela paz*, que integra o parque, foi erguido em homenagem a uma menina que faleceu de leucemia em decorrência da contaminação radioativa causada pela explosão da bomba e a todas as crianças vítimas dessa tragédia. A estátua representa Sadako Sasaki com os braços estendidos segurando um origami de *tsuru*, representação do grou, uma ave símbolo no Japão de paz e longevidade. Na esperança de curar-se, a menina se pôs a fazer mil *tsurus* como os que você vê dentro das estruturas de vidro, pois conta uma lenda que quem fizesse mil dessas peças poderia ter um pedido atendido. Sadako inicialmente pedia por sua cura, mas, em seguida, passou a desejar que os *tsurus* que fazia levassem a paz para o mundo todo: "Eu escreverei paz em suas asas e você voará o mundo inteiro". Ela faleceu em 1955, aos 12 anos, e até hoje crianças do mundo todo continuam a fazer *tsurus* e a enviá-los para o parque expressando seu desejo de paz mundial. A inscrição gravada na pedra em frente ao monumento diz: "Este é o nosso grito. Esta é a nossa oração. Para a construção da paz no mundo".

Agora, responda às questões a seguir.

1. A imagem é de um monumento pela paz. Em sua opinião, qual é a finalidade de monumentos como esse?

2. Discuta com seus colegas: qual é a importância de serem construídos monumentos pela paz em locais destruídos pela guerra?

> Quando um povo esquece ou não (re)conhece a própria história está condenado a repeti-la. Os fatos históricos, por mais atrozes que sejam, devem ser lembrados sempre, pois apenas com a lembrança há a possibilidade de mudança.

3. Em sua opinião, entre as atitudes relacionadas a seguir, quais podem ter sido fundamentais para a idealização e construção do *Monumento das crianças pela paz*? Justifique sua resposta.

Persistir
Controlar a impulsividade
Escutar os outros com atenção e empatia
Pensar com flexibilidade
Esforçar-se por exatidão e precisão
Questionar e levantar problemas
Aplicar conhecimentos prévios a novas situações
Pensar e comunicar-se com clareza
Imaginar, criar e inovar
Assumir riscos com responsabilidade
Pensar de maneira interdependente

4. Compartilhe sua resposta com seus colegas. Eles fizeram as mesmas escolhas que você?

5. Na seção anterior, você produziu um conto fantástico. Quais das atitudes apresentadas foram mais significativas para você nesse processo? E quais foram menos significativas? Por quê?

6. O conto que você produziu foi disponibilizado para a leitura de outras pessoas. De que forma você recebeu os comentários dessas pessoas? Você apresentou uma atitude pacífica, escutando-os com atenção, ou reagiu impulsivamente a eles?

> A mudança acontece quando passamos a refletir sobre nossas próprias ações e nos responsabilizamos por elas; quando mudamos nossas atitudes e deixamos de esperar que "o outro mude primeiro". A mudança começa no indivíduo para ir além dele: do individual para o universal.

7. Discuta com seus colegas: o fato de o Brasil não estar em guerra com outros países é suficiente para que se possa afirmar que aqui existe paz? Por quê?

> Cultura de paz é a não violência, a não violação de direitos, a prevenção e a resolução não violenta de conflitos. Cultura de paz é o cultivo diário de uma filosofia pacifista que visa a tolerância, a solidariedade, o respeito à vida, às diferenças, ao pluralismo.

8. A história de Sadako Sasaki mostra que a cultura de paz começa por pequenas ações. Que atitudes das mencionadas na lista da atividade 3 você tem praticado no seu dia a dia de forma a fomentar uma cultura de paz? O que tem feito para transformar a sua realidade? Compartilhe com seus colegas.

ATITUDES PARA A VIDA

AUTOAVALIAÇÃO

Na segunda coluna (item 1) da tabela abaixo, marque com um X as atitudes que foram mais mobilizadas por você na produção de texto desta unidade.

Na terceira coluna (item 2), descreva a forma como você mobilizou cada uma das atitudes marcadas. Por exemplo: *Persistir: procurei diferentes estratégias para resolver problemas difíceis e não desisti com facilidade.*

Use o campo *Observações/Melhorias* para anotar o que pode ser melhorado tanto nos trabalhos a serem desenvolvidos nas próximas unidades como em outros momentos de seu cotidiano.

Atitudes para a vida	1. Atitudes mobilizadas	2. Descreva a forma como mobilizou a atitude assinalada
Persistir		
Controlar a impulsividade		
Escutar os outros com atenção e empatia		
Pensar com flexibilidade		
Esforçar-se por exatidão e precisão		
Questionar e levantar problemas		
Aplicar conhecimentos prévios a novas situações		
Pensar e comunicar-se com clareza		
Imaginar, criar e inovar		
Assumir riscos com responsabilidade		
Pensar de maneira interdependente		
Observações/Melhorias		

LEITURA DA HORA

O escritor moçambicano Mia Couto criou uma narrativa poética envolvente para contar a história da chegada de um novo membro a uma família. O que essa personagem terá de especial? O que ele representará para os seus pais? Quais elementos fantásticos poderiam fazer parte dessa história?

O menino no sapatinho

Era uma vez o menino pequenito, tão minimozito que todos seus dedos eram mindinhos. Dito assim, fino modo, ele, quando nasceu, nem foi dado à luz mas a uma simples fresta de claridade.

De tão miserenta, a mãe se alegrou com o destamanho do rebento — assim pediria apenas os menores alimentos. A mulher, em si, deu graças: que é bom a criança nascer assim desprovida de peso que é para não chamar os maus espíritos. E suspirava, enquanto contemplava a diminuta criatura. Olhar de mãe, quem mais pode apagar as feiuras e defeitos nos viventes?

Ao menino nem se lhe ouvia o choro. Sabia-se de sua tristeza pelas lágrimas. Mas estas, de tão leves, nem lhe desciam pelo rosto. As lagriminhas subiam pelo ar e vogavam suspensas. Depois, se fixavam no teto e ali se grutavam, missangas tremeluzentes.

Ela pegava no menino, com uma só mão. E falava, mansinho, para essa concha. Na realidade, não falava: assobiava, feita uma ave. Dizia que o filho não tinha entendimento para palavra. Só língua de pássaro lhe tocaria o reduzido coração. Quem podia entender? Ele há dessas coisas tão subtis, incapazes mesmo de existir. Como essas estrelas que chegam até nós mesmo depois de terem morrido. A senhora não se importava com os dizquedizeres. Ela mesmo tinha aprendido a ser de outra dimensão, florindo como o capim: sem cor nem cheiro.

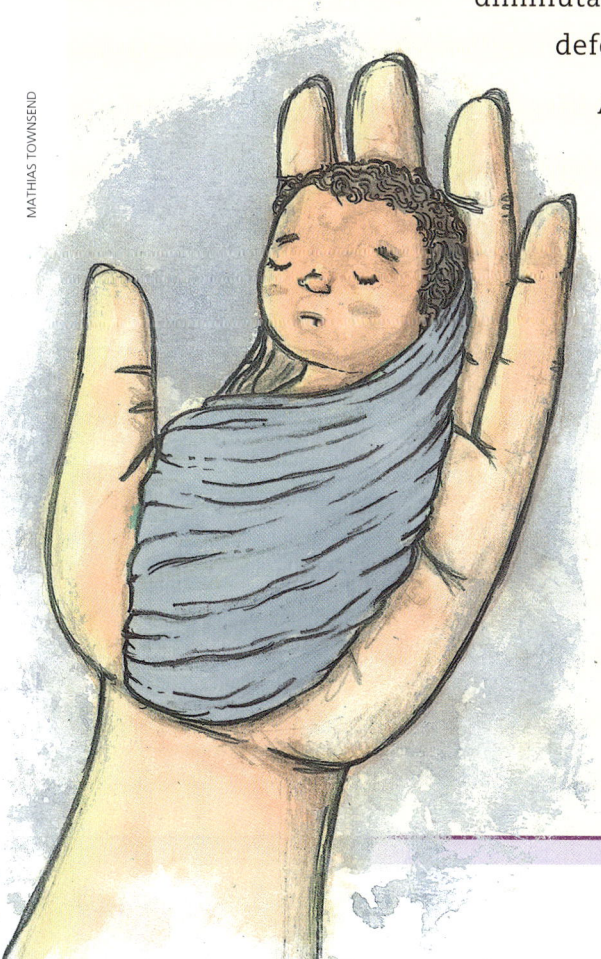

47

A mãe só tinha fala na igreja. No resto, pouco falava. O marido, descrente de tudo, nem tinha tempo para ser desempregado. [...]

Pois, aconteceu o seguinte: dadas as dimensões de sua vida e não havendo berço à medida, a mãe colocou o menininho num sapato. E cujo era o esquerdo do único par, o do marido. De então em diante, o homem passou a calçar de um só pé. Só na ida isso o incomodava. [...]

Em casa, na quentura da palmilha, o miúdo aprendia já o lugar do pobre: nos embaixos do mundo. Junto ao chão, tão rés e rasteiro que, em morrendo, dispensaria quase o ser enterrado. Uma peúga desirmandada lhe fazia de cobertor. O frio estreitasse e a mulher se levantava de noite para repuxar a trança dos atacadores. Assim lhe calçava um aconchego. Todas as manhãs, de prevenção, ela avisava os demais e demasiados:

— *Cuidado, já dentrei o menino no sapato.*

Que ninguém, por descuido, o calçasse. [...] A mulher não deixava que o berço fugisse da vislembrança dela. Porque o marido já se outorgava, cheio de queixa:

— *Então, ando para aqui improvisar um coxinho?*

— *É seu filho, pois não?*

— *O diabo que te descarregue!*

E apontava o filhote: o individuozito interrompia o seu calçado? Pois que, sendo aqueles seus exclusivos e únicos sapatos, ele se despromoveria para um chinelado?

— *Sim* — respondeu a mulher. — *Eu já lhe dei os meus chinelos.*

Mas não dava jeito naqueles areais do bairro. Ela devia saber: a pessoa pisa o chão e não sabe se há mais areia em baixo que em cima do pé.

— *Além disso, eu é que paguei os tais sapatos.*

Palavras. Porque a mãe respondia com sentimentos:

— *Veja o seu filho, parece o Jesuzinho empalhado, todo embrulhadinho nos bichos de cabedal.*

Ainda o filho estava melhor que Cristo — ao menos um sapato já não é bicho em bruto. Era o argumento dela mas ele, nem querendo saber, subia de tom:

— *Cá se fazem, cá se apagam!*

O marido azedava e começou a ameaçar [...]. A mãe, estarrecida, fosse o fim de todos os mundos:

— *Vai o quê fazer?*

— *Vou é desfazer.*

Ela prometia-lhe um tempo, na espera que o bebé graudasse. [...] Ela sabia que os anjos da guarda estão a preços que os pobres nem ousam.

Até que o ano findou, esgotada a última folha do calendário. Vinda da igreja, a mãe descobriu-se do véu e anunciou que iria compor a árvore de Natal. Sem despesa nem sobrepeso. Tirou à lenha um tosco arbusto. [...] Junto à árvore ela rezou com devoção de Eva antes de haver a macieira. Pediu a Deus que fosse dado ao seu menino o tamanho que lhe era devido. Só isso, mais nada. Talvez, depois, um adequado berço. Ou quem sabe, um calçado novo para o seu homem. Que aquele sapato já espreitava pelo umbigo, o buraco na frente autorizando o frio.

Na sagrada antenoite, a mulher fez como aprendera dos brancos: deixou o sapatinho na árvore para uma qualquer improbabilíssima oferta que lhe miraculasse o lar.

No escuro dessa noite, a mãe não dormiu, seus ouvidos não esmoreceram. Despontavam as primeiras horas quando lhe pareceu escutar passos na sala. E depois, o silêncio. Tão espesso que tudo se afundou e a mãe foi engolida pelo cansaço.

Acordou cedo e foi direta ao arbusto de Natal. Dentro do sapato, porém, só o vago vazio, a redonda concavidade do nada. O filho desaparecera? Não para os olhos da mãe. Que ele tinha sido levado por Jesus, rumo aos céus, onde há um mundo apto para crianças. Descida em seus joelhos, agradeceu a bondade divina. De relance, ainda notou que lá no teto já não brilhavam as lágrimas do seu menino. Mas ela desviou o olhar, que essa é a competência de mãe: o não enxergar nunca a curva onde o escuro faz extinguir o mundo.

Mia Couto. *Na berna de nenhuma estrada e outros contos*.
São Paulo: Companhia das Letras, 2016. p. 11-15. (Fragmento).

PARA SE PREPARAR PARA A PRÓXIMA UNIDADE

Já ouviu falar em minicontos? Na próxima unidade, você vai aprender a importância da concisão para fisgar o leitor! Prepare-se para o estudo acessando os *links* a seguir. Depois disso, leia as orientações do boxe "O que você já sabe?".

> Pesquise em livros, *sites*, *vlogs*, *podcasts* sobre contos e minicontos. Compare a estrutura dos dois gêneros. Depois, compartilhe com os colegas o resultado de sua pesquisa.

1 Conheça neste vídeo a história da escritora Thalita Rebouças, que transformou sua paixão por escrever em uma carreira de sucesso. Assista: <http://mod.lk/6ccxr>.

2 Na próxima unidade, você analisará um miniconto do jornalista Leonardo Sakamoto. Conheça mais sobre ele e confira outros minicontos em: <http://mod.lk/o5rvt>.

3 Neste vídeo você poderá conferir uma animação de "Confissão", de Lygia Fagundes Telles. Acesse: <http://mod.lk/iivxb>.

4 Veja aqui a atriz Vera Holtz declamando vários minicontos da escritora Marina Colasanti: <http://mod.lk/z7wab>.

5 **Revisão: morfologia e sintaxe**

Este objeto digital apresenta uma revisão de um conteúdo que você já estudou nos anos anteriores: morfologia e sintaxe. Acesse: <http://mod.lk/8sbex>.

O QUE VOCÊ JÁ SABE?

Até este momento, você seria capaz de...	Sim	Não	Mais ou menos
... identificar os principais elementos presentes nos contos (personagens, ação, enredo, espaço e tempo) e estabelecer relações entre eles durante a leitura?	☐	☐	☐
... reconhecer o sentimento, a ideia ou a sensação que estão presentes na narrativa e sensibilizam o leitor?	☐	☐	☐
... criar um miniconto, usando os conhecimentos sobre a estrutura e os recursos expressivos típicos desse gênero narrativo?	☐	☐	☐
De acordo com o conteúdo do objeto digital *Revisão: morfologia e sintaxe*, você seria capaz de...	**Sim**	**Não**	**Mais ou menos**
... reconhecer que a morfologia se refere ao estudo da classe gramatical das palavras?	☐	☐	☐
... entender que a sintaxe se refere à função que uma palavra exerce dentro de uma oração?	☐	☐	☐

UNIDADE 2
OS CONFLITOS DE TODOS NÓS

ESTUDO DA IMAGEM

- A cena ao lado pertence à mais recente versão da Disney para o conto "A Bela Adormecida". Nessa versão, Malévola é traída por Stefan e, para se vingar, amaldiçoa a filha dele, Aurora.

a) Que outros tipos de desentendimento podem ocorrer entre as pessoas? Discuta com seus colegas.

b) Você já esteve em conflito com outras pessoas? Se sim, o que aconteceu?

c) Você já se sentiu em conflito consigo mesmo? Se sim, o que motivou essa situação?

EM FOCO NESTA UNIDADE

- Conto e miniconto
- Revisão: morfologia e sintaxe
- Produção: miniconto

Cena do filme *Malévola* (Direção: Robert Stromberg. EUA, 2014), em que aparecem as personagens Malévola (Angelina Jolie) e Aurora (interpretada nessa cena por Vivienne Jolie-Pitt).

LEITURA

CONTEXTO

Quem nunca vivenciou situações conflituosas que deixaram em evidência limites, fraquezas ou sentimentos até então desconhecidos?

No conto a seguir, escrito em 1949, as personagens são apresentadas ao leitor como legítimos seres humanos: imperfeitos e cheios de conflitos.

O menino

Sentou-se num **tamborete**, fincou os cotovelos nos joelhos, apoiou o queixo nas mãos e ficou olhando para a mãe. Agora ela escovava os cabelos muito louros e curtos, puxando-os para trás. […] Deixou a escova, apanhou um frasco de perfume, molhou as pontas dos dedos, passou-os nos lóbulos das orelhas, no vértice do decote e em seguida umedeceu um lencinho de rendas. Através do espelho olhou para o menino. Sorriu. Ele sorriu também, era linda, linda, linda! Em todo o bairro não havia uma moça linda assim.

— Quantos anos você tem, mamãe?

— Ah, que pergunta!... Acho que trinta ou trinta e um, por aí, meu amor, por aí... Quer se perfumar também?

— Homem não bota perfume.

— Homem, homem... — Ela inclinou-se para beijá-lo. — Você é um nenenzinho, ouviu, bem? É o meu nenenzinho.

O menino afundou a cabeça no colo perfumado. Quando não havia ninguém olhando, achava maravilhoso ser afagado como uma criancinha. Mas era preciso mesmo que não houvesse ninguém por perto.

— Agora vamos, a sessão começa às oito — avisou ela, retocando apressadamente os lábios.

O menino deu um grito, montou no corrimão da escada e foi esperá-la embaixo. Da porta, ouviu-a dizer à empregada que avisasse ao doutor que tinha ido ao cinema.

Na rua, ele andava pisando forte, o queixo erguido, os olhos acesos. Tão bom sair de mãos dadas com a mãe. Melhor ainda quando o pai não ia junto porque assim ficava sendo o cavalheiro dela. Quando crescesse haveria de se casar com uma moça igual. Anita não servia que Anita era sardenta. Nem Maria Inês com aqueles dentes saltados. Tinha que ser igualzinha à mãe.

[…]

— Olha, mãe, a casa do Júlio...

ANTES DE LER

1. O texto que você vai ler trata de conflitos. Que espécie de conflito poderia estar relacionado ao título "O menino"?

2. Como você imagina que seja a história que vai ler? Por quê?

Júlio conversava com alguns colegas no portão. O menino fez questão de cumprimentá-los em voz alta para que todos se voltassem e ficassem assim mudos, olhando. Vejam, esta é minha mãe! — teve vontade de gritar-lhes. Nenhum de vocês tem uma mãe linda assim! E lembrou deliciado que a mãe de Júlio era grandalhona e sem graça, sempre de chinelo e consertando meia. Júlio devia estar agora roxo de inveja.

[...]

— Que **fita** a gente vai ver?

— Não sei, meu bem.

— Você não viu no jornal? Se for fita de amor, não quero! Você não viu no jornal, hein, mamãe?

Ela não respondeu. Andava agora tão rapidamente que às vezes o menino precisava andar aos pulos para acompanhá-la. Quando chegaram à porta do cinema, ele **arfava**. Mas tinha no rosto uma vermelhidão feliz.

A sala de espera estava vazia. Ela comprou os ingressos e em seguida, como se tivesse perdido toda pressa, ficou tranquilamente encostada a uma coluna, lendo o programa. O menino deu-lhe um puxão na saia.

— Mãe, mas o que é que você está fazendo?! A sessão já começou, já entrou todo mundo, pô!

Ela inclinou-se para ele. Falou num tom muito suave, mas os lábios se apertavam comprimindo as palavras e os olhos tinham aquela expressão que o menino conhecia muito bem: nunca se exaltava, nunca elevava a voz. Mas ele sabia que, quando ela falava assim, nem súplicas nem lágrimas conseguiam fazê-la voltar atrás.

— Sei que já começou, mas não vamos entrar agora, ouviu? Não vamos entrar agora, espera.

O menino enfiou as mãos nos bolsos e enterrou o queixo no peito. Lançou à mãe um olhar sombrio. Por que é que não entravam logo?... Tinham corrido feito dois loucos e agora aquela calma, *espera*. Espera o quê, pô?!...

— É que a gente já está atrasado, mãe.

— Vá ali no balcão comprar chocolate — ordenou ela, entregando-lhe uma nota nervosamente amarfanhada.

Ele atravessou a sala num andar arrastado, chutando as pontas de cigarro pela frente. Ora, chocolate. Quem é que quer chocolate? E se o enredo fosse de crime, quem é que ia entender chegando assim começado? Sem nenhum entusiasmo, pediu um tablete de chocolate. Vacilou um instante e pediu em seguida um tubo de drágeas de limão e um pacote de caramelos de leite, pronto, também gastava à beça. Recebeu o troco de cara fechada. Ouviu então os passos apressados da mãe que lhe estendeu a mão com impaciência:

— Vamos, meu bem, vamos entrar.

Glossário

Tamborete: Banquinho sem encosto ou braços.

Fita: Filme.

Arfava: Respirava de maneira ofegante.

55

[...]

Na escuridão, ficaram um instante parados, envolvidos por um grupo de pessoas, algumas entrando, outras saindo. Foi quando ela resolveu.

— Venha vindo atrás de mim.

Os olhos do menino devassavam a penumbra. Apontou para duas poltronas vazias.

— Lá, mãezinha, lá tem duas, vamos lá!

Ela olhava para um lado, para outro e não se decidia.

[...]

Ela adiantou-se até as primeiras filas e voltou em seguida até o meio do corredor. Vacilou ainda um momento. E decidiu-se. Impeliu-o suave, mas resolutamente.

— Entre aí.

— Licença? Licença?... — ele foi pedindo. Sentou-se na primeira poltrona desocupada que encontrou, ao lado de uma outra desocupada também. — Aqui, não é, mãe?

— Não, meu bem, ali adiante — murmurou ela, fazendo-o levantar-se. Indicou os três lugares vagos quase no fim da fileira. — Lá é melhor.

Ele resmungou, pediu "licença, licença?", e deixou-se cair pesadamente no primeiro dos três lugares. Ela sentou-se em seguida.

[...]

O menino pôs-se na beirada da poltrona. Esticou o pescoço, olhou para a direita, para a esquerda, remexeu-se:

— Essa bruta cabeçona aí na frente!

— Quieto, já disse.

— Mas é que não estou enxergando direito, mãe! Troca comigo que não estou enxergando!

Ela apertou-lhe o braço. Esse gesto ele conhecia bem e significava apenas: não insista!

[...]

— Não quero que mude de lugar, está me escutando? Não quero. E não insista mais.

Contendo-se para não dar um forte pontapé na poltrona da frente, ele enrolou o **pulôver** como uma bola e sentou-se em cima. [...] Voltou-se então para lembrar-lhe que estava chegando muita gente, se não mudasse de lugar imediatamente, depois não poderia mais porque aquele era o último lugar vago que restava, "olha aí, mamãe, acho que aquele homem vem pra cá!" Veio. Veio e sentou-se na poltrona vazia ao lado dela.

O menino gemeu, "ai! Meu Deus..." Pronto. Agora é que não haveria mesmo nenhuma esperança. [...] E a cabeçona da mulher na sua frente indo e vindo para esquerda, para direita, os cabelos armados a flutuarem na tela como teias monstruosas de uma aranha. Um punhado de fios formava um frouxo topete que chegava até o queixo da artista. O menino deu uma gargalhada.

— Mãe, daqui eu vejo a mocinha de cavanhaque!

— Não faça assim, filho, a fita é triste... Olha, presta atenção agora ele vai ter que fugir com outro nome... O padre vai arrumar o passaporte.

— Mas por que ele não vai pra guerra duma vez?

— Porque ele é contra a guerra, filho, ele não quer matar ninguém — sussurrou-lhe a mãe num tom meigo. Devia estar sorrindo e ele sorriu também, ah! que bom, a mãe não estava mais nervosa, não estava mais nervosa! As coisas começavam a melhorar e, para maior alegria, a mulher da poltrona da frente levantou-se e saiu. Diante dos seus olhos apareceu o retângulo inteiro da tela.

— Agora sim! — disse baixinho, desembrulhando o tablete de chocolate. Meteu-o inteiro na boca e tirou os caramelos do bolso para oferecê-los à mãe. Então viu: a mão pequena e branca, muito branca, deslizou pelo braço da poltrona e pousou devagarinho nos joelhos do homem que acabara de chegar.

O menino continuou olhando, imóvel. Pasmado. Por que a mãe fazia aquilo?! Por que a mãe fazia aquilo?!... Ficou olhando sem nenhum pensamento, sem nenhum gesto. Foi então que as mãos grandes e morenas do homem tomaram **avidamente** a mão pequena e branca. Apertaram-na com tanta força que pareciam esmagá-la.

O menino estremeceu. Sentiu o coração bater descompassado, bater como só batera naquele dia na fazenda quando teve de correr como louco, perseguido de perto por um touro. O susto ressecou-lhe a boca. O chocolate foi-se transformando numa massa viscosa e amarga. Engoliu-o com esforço, como se fosse uma bolota de papel. Redondos e estáticos, os olhos cravaram-se na tela. Moviam-se as imagens sem sentido, como num sonho fragmentado. Os letreiros dançavam e se fundiam pesadamente, como chumbo derretido. Mas o menino continuava imóvel, olhando obstinadamente. Um bar em Tóquio, brigas, a fuga do moço de capa perseguido pela **sereia** da polícia, mais brigas numa esquina, tiros. A mão pequena e branca a deslizar no escuro como um bicho. [...] O carro derrapando sem freios. Tiros. Espantosamente nítido em meio do fervilhar de sons e falas — e ele não queria, não queria ouvir! — o **ciciar** delicado dos dois num diálogo entre os dentes.

Glossário

Pulôver: Agasalho de lã.
Avidamente: Com ardor, com paixão.
Sereia: Sirene.
Ciciar: Sussurrar.

Antes de terminar a sessão — mas isso não acaba mais, não acaba? —, ele sentiu, mais do que sentiu, adivinhou a mão pequena e branca desprender-se das mãos morenas. E, do mesmo modo manso como avançara, recuar deslizando pela poltrona e voltar a se unir à mão que ficara descansando no regaço. Ali ficaram entrelaçadas e quietas como estiveram antes.

— Está gostando, meu bem? — perguntou ela, inclinando-se para o menino.

Ele fez que sim com a cabeça, os olhos duramente fixos na cena final. Abriu a boca quando o moço também abriu a sua para beijar a enfermeira. Apertou os olhos enquanto durou o beijo. Então o homem levantou-se **embuçado** na mesma escuridão em que chegara. O menino **retesou**-se, os maxilares contraídos, trêmulo. Fechou os punhos. "Eu pulo no pescoço dele, eu esgano ele!"

O olhar desvairado estava agora nas **espáduas** largas interceptando a tela como um muro negro. Por um brevíssimo instante ficaram paradas na sua frente. Próximas, tão próximas. Sentiu a perna musculosa do homem roçar no seu joelho, esgueirando-se rápida. Aquele contato foi como ponta de um alfinete num balão de ar. O menino foi-se descontraindo. Encolheu-se murcho no fundo da poltrona e pendeu a cabeça para o peito.

Quando as luzes se acenderam, teve um olhar para a poltrona vazia. Olhou para a mãe. Ela sorria com aquela mesma expressão que tivera diante do espelho, enquanto se perfumava. Estava corada, brilhante.

— Vamos, filhote?

Estremeceu quando a mão dela pousou no seu ombro. Sentiu-lhe o perfume. E voltou depressa a cabeça para o outro lado, a cara pálida, a boca apertada como se fosse cuspir. Engoliu penosamente. De assalto, a mão dela agarrou a sua. Sentiu-a quente, macia. Endureceu as pontas dos dedos, retesado como se se preparasse para cravar as unhas naquela carne.

[...]

Na caminhada de volta, ela falou sem parar, comentando excitada o enredo do filme. Explicando. Ele respondia por monossílabos.

— Mas que é que você tem filho? Ficou mudo...

— Está me doendo o dente.

— Outra vez? Quer dizer que fugiu do dentista? Você tinha hora ontem, não tinha?

— Ele botou uma massa. Está doendo — murmurou, inclinando-se para apanhar uma folha seca. Triturou-a no fundo do bolso. E respirou abrindo a boca. — Como dói, pô.

— Assim que chegarmos você toma uma aspirina. Mas não diga, por favor, essa palavrinha que detesto.

— Não digo mais.

Diante da casa de Júlio, instintivamente ele retardou o passo. Teve um olhar para a janela acesa, chegou a sorrir quando vislumbrou uma sombra disforme passar através da cortina.

Biografia

Lygia Fagundes Telles em foto de 2016.

Nasceu em São Paulo, em 1923. **Lygia** considera como sua obra de estreia o romance *Ciranda de pedra*, de 1954, apesar de ter iniciado sua carreira com outra publicação em 1938 que, segundo ela, não representaria o que teria produzido de melhor. Seus contos e romances foram traduzidos para diversas línguas e entre suas obras mais conhecidas estão *Venha ver o pôr do sol e outros contos* (1988) e *As meninas* (1973).

— Dona Margarida...

— Hum?

— A mãe do Júlio.

Quando entraram na sala, o pai estava sentado na cadeira de balanço, lendo jornal. Como todas as noites, como todas as noites. O menino estacou na porta. A certeza de que alguma coisa terrível ia acontecer paralisou-o atônito, **obumbrado**. O olhar em pânico procurou as mãos do pai.

— Então, meu amor, lendo o seu jornalzinho? — perguntou ela, beijando o homem na face. — Mas a luz não está muito fraca?

— A lâmpada maior queimou, liguei essa por enquanto — disse ele, tomando a mão da mulher. Beijou-a demoradamente. — Tudo bem?

— Tudo bem.

O menino mordeu o lábio até sentir gosto de sangue na boca. Como nas outras noites, igual. Igual.

— Então, filho? Gostou da fita? — perguntou o pai dobrando o jornal. Estendeu a mão ao menino e com a outra começou a acariciar o braço nu da mulher. — Pela sua cara, desconfio que não...

— Gostei, sim.

— Ah, confessa, filhote, você detestou, não foi? — contestou ela, rindo. — Nem eu entendi direito, uma complicação dos diabos, espionagem, guerra, máfia... Você não podia ter entendido.

— Entendi. Entendi tudo — ele quis gritar, e a voz saiu num sopro tão débil que só ele ouviu.

— E ainda com dor de dente! — acrescentou ela, desprendendo-se do homem e subindo a escada. — Ah, já ia esquecendo a aspirina...

O menino voltou para a escada os olhos cheios de lágrimas.

— Que é isso? — estranhou o pai. — Parece até que você viu assombração. Que foi?

O menino encarou-o demoradamente. Aquele era o pai. O pai. Os cabelos grisalhos. Os óculos pesados. O rosto feio e bom.

— Pai... — murmurou, aproximando-se. E repetiu num fio de voz: — Pai...

— Mas meu filho, que aconteceu? Vamos, diga!

— Nada. Nada...

Fechou os olhos para prender as lágrimas. Envolveu o pai num apertado abraço.

LYGIA FAGUNDES TELLES.
Antes do baile verde. 4. ed. Rio de Janeiro: José Olympio, 1978. p. 129-137. (Fragmento).

Glossário

Embuçado: Disfarçado; discreto.
Retesou: Enrijeceu.
Espáduas: Ombros.
Obumbrado: Entristecido.

ESTUDO DO TEXTO

> **ANTES DO ESTUDO DO TEXTO**
>
> 1. Se não tem certeza de ter compreendido bem o texto, leia-o novamente.
> 2. Ao responder às questões, procure empregar o que já aprendeu ao ler outros textos e seja preciso em suas respostas.

COMPREENSÃO DO TEXTO

1. Durante os preparativos para o passeio, o percurso e a chegada ao cinema, é possível perceber que o menino e a mãe mantinham um relacionamento de cumplicidade.

    • Qual era a visão que o menino tinha de sua mãe? Justifique utilizando trechos do texto.

2. O menino ora quer ser tratado como homem, ora como criança.

    a) Copie em seu caderno um trecho em ele que procura se mostrar mais adulto e outro em que se permite ser criança.

    b) Por que ele não desejava que o vissem sendo tratado como criança?

3. O menino estranhou o comportamento da mãe ao chegarem ao cinema.

    a) O que poderia estar acontecendo?

    b) Por que o menino decide gastar "à beça"?

4. Dentro do cinema parecia que o comportamento da mãe havia voltado ao normal. Porém, um acontecimento muda a história.

    a) Que acontecimento é esse?

    b) Antes de o filme terminar, a mãe pergunta ao filho se ele está gostando do filme. Contudo, considerando os sentimentos do garoto nesse momento, essa pergunta é angustiante para ele e para o leitor. Por quê?

5. Releia esta passagem.

    > "Aquele contato foi como a ponta de um alfinete num balão de ar. O menino foi-se descontraindo. [...]
    >
    > Quando as luzes se acenderam, teve um olhar para a poltrona vazia. Olhou para a mãe. Ela sorria com aquela mesma expressão que tivera diante do espelho, enquanto se perfumava. Estava corada, brilhante."

    a) Descreva qual pode ter sido a sensação do menino expressa pela comparação com a "ponta de um alfinete num balão de ar".

b) Por que o menino teria se sentido dessa maneira?

c) Quando as luzes se acendem, que efeito é produzido pelo fato de o menino comparar a poltrona que o desconhecido deixara vazia à expressão da mãe quando se perfumava?

6. De volta para casa, ao ver o pai, o menino teve a certeza de que algo terrível iria acontecer.

• Qual poderia ser a expectativa dele?

7. Releia o trecho a seguir.

> "— Ah, confessa, filhote, você detestou, não foi? — contestou ela, rindo. — Nem eu entendi direito [...], uma complicação dos diabos, espionagem, guerra, máfia... Você não podia ter entendido.
>
> — Entendi. Entendi tudo [...]."

a) Mãe e filho estão se referindo ao mesmo assunto? Explique.

b) Em sua opinião, a mãe queria revelar o seu amante ao menino ou acreditava ter sido discreta no cinema?

8. Em sua opinião, por que o menino não disse a verdade ao pai?

9. Que importância poderia ter o episódio narrado no conto para o amadurecimento do menino?

DE OLHO NA CONSTRUÇÃO DOS SENTIDOS

1. As mãos da mãe são um elemento significativo do texto. Explique como estão descritas e relacionadas às diferentes situações do conto.

2. O texto alterna a descrição das ações que se passam no filme com o que está acontecendo ao lado do menino. Releia.

> "[...] O carro derrapando sem freios. Tiros. Espantosamente nítido em meio do fervilhar de sons e falas — e ele não queria, não queria ouvir! — o ciciar delicado dos dois num diálogo entre os dentes."

• Que efeito esse modo de narrar cria no texto em relação ao que sente a personagem?

3. Observe as palavras destacadas no trecho.

> "Quando entraram na sala, o pai estava sentado na cadeira de balanço, lendo jornal. **Como todas as noites, como todas as noites**."

a) Qual é o efeito causado por essa repetição?

b) Esse efeito é reforçado em outra repetição.

> "O menino mordeu o lábio até sentir gosto de sangue na boca. **Como nas outras noites, igual. Igual**."

I. A comparação feita refere-se a morder os lábios ou à cena que o menino presencia?

II. Estava tudo igual para o menino?

4. Observe a maneira como foram empregados os adjetivos **feio** e **bom** no parágrafo reproduzido a seguir.

> "O menino encarou-o demoradamente. Aquele era o pai. O pai. Os cabelos grisalhos. Os óculos pesados. O rosto feio e bom."

• Essa oposição marca a comparação que o menino estabelece entre a mãe e o pai. Como seria essa comparação?

O CONTO

1. Em que pessoa está o foco narrativo no conto "O menino"? Classifique o tipo de narrador.

• A escolha desse tipo de narrador permitiu ao leitor enxergar as ações da mãe, do menino e do pai em detalhes. Se o narrador fosse em outra pessoa do discurso isso também seria possível?

2. Em que parágrafo se instala o conflito?

3. Identifique o clímax da ação.

4. O que é possível dizer a respeito do tempo da narrativa?

5. Observe que nenhuma das personagens do conto tem nome próprio. Qual a intenção da autora ao não nomeá-las?

O GÊNERO EM FOCO: CONTO

> **Conto** é um gênero narrativo que, em geral, apresenta poucas personagens e um único conflito, desenvolvido e resolvido em espaço e tempo definidos. Pode ser publicado em livros ou em revistas (impressos ou digitais).

Em um conto, além dos fatos narrados, há sempre um sentimento, uma ideia ou uma sensação que estão presentes na narrativa e sensibilizam o leitor. No conto que você leu, por exemplo, essa sensação é representada pelos sentimentos contraditórios vividos pelo menino ao descobrir o segredo de sua mãe.

Contribui para a construção desse clima o emprego das diferentes vozes do discurso, fazendo com que o leitor "experimente" as sensações do menino, como se as vivenciasse no momento da narrativa.

O DISCURSO INDIRETO LIVRE

No trecho a seguir, de "O menino", a fala da mãe está reproduzida em discurso direto: o narrador dá voz à personagem. Observe.

> "— Agora vamos, a sessão começa às oito — avisou ela, retocando apressadamente os lábios."

A fala da personagem é introduzida por travessão e indicada pelo narrador – *avisou ela*.

Neste outro trecho, é o próprio narrador quem diz, em discurso indireto, o que a mãe falou.

> "O menino deu um grito, montou no corrimão da escada e foi esperá-la embaixo. Da porta, ouviu-a dizer à empregada que avisasse ao doutor que tinha ido ao cinema."

Agora, releia o parágrafo reproduzido a seguir.

> "Ele atravessou a sala num andar arrastado, chutando as pontas de cigarro pela frente. Ora, chocolate. Quem é que quer chocolate? E se o enredo fosse de crime, quem é que ia entender chegando assim começado? Sem nenhum entusiasmo, pediu um tablete de chocolate."

Nesse trecho as vozes do narrador e da personagem se entrecruzam. Note que é o narrador quem conta o que acontece, mas o trecho "Ora, chocolate. Quem é que quer chocolate? E se o enredo fosse de crime, quem é que ia entender chegando assim começado?" é uma manifestação da personagem expressa pela voz do narrador. Trata-se do **discurso indireto livre**.

Essa modalidade de discurso possibilita ao leitor conhecer os sentimentos e as impressões da personagem. Nela, pronomes e tempos verbais são mantidos em 3ª pessoa.

> **Lembre-se**
>
> **Discurso direto** é aquele em que a fala da personagem é transcrita sem a intervenção do narrador e sinalizada pelo uso do travessão ou das aspas.
>
> **Discurso indireto** é aquele em que o narrador é quem conta o que disse a personagem.

ORGANIZAR O CONHECIMENTO

O QUE VOCÊ JÁ SABE?

Agora, você já é capaz de...	Sim	Não	Mais ou menos
... identificar os principais elementos presentes nos contos (personagens, ação, enredo, espaço e tempo) e estabelecer relações entre eles durante a leitura?	☐	☐	☐
... distinguir os discursos direto, indireto e indireto livre?	☐	☐	☐
... reconhecer o sentimento, a ideia ou a sensação que estão presentes na narrativa e sensibilizam o leitor?	☐	☐	☐

Se você marcou não ou mais ou menos, retome a leitura de O gênero em foco: conto.

Se você marcou não ou mais ou menos, troque ideias com os colegas sobre as impressões e sensações que o conto "O menino" causou em vocês.

- Junte-se a um colega, copiem o esquema abaixo no caderno e completem com as principais características do conto. As questões apresentadas servem para orientar a elaboração do esquema. Se preferirem, podem incluir outras características.

Conto
- Quais são as características desse gênero?
- Como o foco narrativo contribui para a construção de sentidos desse gênero?
- O que há nesse tipo de narrativa que sensibiliza o leitor?
- Onde circulam os contos?

E POR FALAR NISSO...

Decepção, angústia, medo e tristeza são alguns dos sentimentos que alimentaram obras na literatura e na arte. Uma das mais famosas pinturas da história da arte, a tela *O grito*, do pintor norueguês Edvard Munch (1863-1944), explora justamente sensações como essas. Observe-a atentamente.

MUNCH, Edvard. *O grito*. 1893. Óleo, têmpera e pastel sobre tela, 91 cm × 73 cm.

- Converse com seus colegas sobre os aspectos que compõem essa obra de Munch e as sensações que ela é capaz de despertar em nós.
   a) Que elementos da tela contribuem para a sensação de angústia e desespero?
   b) A obra *O grito* é profundamente emotiva. Você já teve alguma experiência de decepção, de medo ou de angústia que pudesse remeter ao quadro? Como você lidou com isso? Lembre-se: é importante escutar com atenção e expressar-se com clareza.

ESTUDO DA LÍNGUA: ANÁLISE E REFLEXÃO

COMO VOCÊ PODE ESTUDAR

1. **Estudo da língua** não é uma seção para decorar, mas para questionar e levantar problemas.
2. O trabalho com os conhecimentos linguísticos requer persistência. Leia e releia os textos e exemplos, discuta, converse.

REVISÃO: MORFOLOGIA E SINTAXE

1. Leia a seguir um trecho do conto "Doutor", de Luiz Schwarcz.

> Minha **mãe** queria que eu fosse médico. Coitada. Meu **pai** até ria. Meu filho médico, ele dizia, e gargalhava. Se conseguir ser pedreiro ou encanador, está bom. Ela fechava a cara e continuava dizendo que eu iria ser médico, que eu estudaria para isso, faculdade e essas coisas, que eu era inteligente, olha a cara do menino, Oswaldo, ele tem cara de doutor.
> [...]
> O primeiro brinquedo que eu ganhei de Natal foi um jogo de consultório médico. O primeiro e o último. Depois disso a nossa situação ficou mais difícil. Meu pai nem procurava mais emprego. Entrava em casa, me via brincando com o jogo que minha mãe escolhera, e dizia: "E aí, doutor, dá para escutar o meu coração?". Eu passava as tardes brincando de médico. Colocava o termômetro no gato que vivia no terreno baldio colado à minha casa, ele miava, louco de raiva, mas eu não me importava. Com o jaleco branco, óculos de plástico, eu precisava praticar. [...]

Luiz Schwarcz. In: Vários autores. *Boa companhia*: contos. São Paulo: Companhia das Letras, 2003. p. 25. (Fragmento).

a) A que classe gramatical pertencem as palavras destacadas?

b) Em cada frase em que essas palavras aparecem, há uma forma verbal que declara algo a respeito delas. Identifique a forma verbal em cada caso.

c) As formas verbais identificadas necessitam de complemento? Se a resposta for afirmativa, aponte qual é o complemento.

d) Qual é a função sintática da palavra *mãe* e da palavra *pai* nessas frases?

e) Agora, observe o emprego da palavra *mãe* na frase a seguir.
*Reconheceram a mulher como **mãe**.*

- Nessa frase, a palavra *mãe* refere-se ao sujeito indeterminado ou completa o objeto "a mulher"? Qual é a função sintática de "como mãe": sujeito, objeto direto, objeto indireto, predicativo do sujeito ou predicativo do objeto?

Biografia

O escritor e editor em foto de 2016.

Luiz Schwarcz nasceu em São Paulo em 1956. Trabalhou durante muitos anos na Editora Brasiliense. Em 1986, fundou a editora Companhia das Letras. É autor das obras *Em busca do Thesouro da Juventude* e *Minha vida de goleiro*, entre outras, ambas voltadas para o público infantojuvenil.

65

f) Identifique a função sintática da palavra *mãe* na frase abaixo e classifique a função sintática da expressão destacada.

*A mãe foi reconhecida **por todos**.*

2. Você notou que as palavras destacadas no trecho do texto "Doutor" apresentado na atividade anterior estão acompanhadas, respectivamente, pelas palavras *minha* e *meu*.

   a) Qual é a classe gramatical das palavras *minha* e *meu*?

   b) Qual é a função sintática desempenhada por elas nas frases?

   c) Se em vez de *minha* e *meu* viessem as palavras *a* e *o*, qual função sintática essas novas palavras desempenhariam nas frases? E qual seria a classe gramatical delas?

   d) Agora, escreva frases em que as palavras *minha* e *meu* sejam o núcleo do sujeito. Em seguida, explique o que você precisou fazer para compor as frases.

   e) Deduza: Qualquer classe gramatical pode desempenhar a função de sujeito? Explique sua resposta.

MORFOLOGIA E SINTAXE

Como você viu, uma mesma palavra, um mesmo substantivo pode ter diferentes funções.

Quando falamos em classe gramatical de uma palavra, referimo-nos à **morfologia**. Ao falarmos da função que uma palavra exerce dentro de uma oração, fazemos referência à **sintaxe**.

As diferentes funções sintáticas (sujeito, predicado, objeto direto, objeto indireto, predicativo do sujeito, adjunto adverbial etc.) que as palavras exercem nas orações estão relacionadas à sua classe morfológica (substantivo, adjetivo, artigo, pronome, numeral, verbo, advérbio, preposição, conjunção e interjeição). Por exemplo, a função de sujeito só pode ser desempenhada por **substantivo** ou por **palavra** com valor de substantivo.

Veja no quadro a seguir a relação entre as classes gramaticais e as funções sintáticas específicas que elas podem desempenhar.

Função sintática	Classes gramaticais que podem exercer a função (como núcleo)
Sujeito	Substantivo ou palavra de valor equivalente (pronome e numeral substantivos) e qualquer palavra substantivada. • *Os garotos eram gêmeos.* • *Ela nadava muito bem.* • *O anoitecer pegou-nos de surpresa.* O sujeito pode ser classificado como: • **sujeito simples**. Exemplo: ***Nila** corre feliz pela grama.* • **sujeito composto**. Exemplo: ***Leo e Caio** viajarão juntos.* • **sujeito oculto**. Exemplo: ***Caminhei** cinco quilômetros.* • **sujeito indeterminado**. Exemplo: ***Tocaram** a campainha.*
Predicativo (do sujeito ou do objeto)	Substantivo, adjetivo (ou locução adjetiva), numeral, pronome e advérbio. • *A mãe dele era **atriz**.* (predicativo do sujeito) • *Acho **bela** a vida.* (predicativo do objeto)
Predicado	Verbo (como base do predicado). • *Os alunos falaram com o diretor.* O predicado pode ser classificado como: • **nominal** (há verbo de ligação). Exemplo: *O dia **está ensolarado**.* • **verbal**. Exemplo: *Meire **nada todos os dias**.* • **verbo-nominal**. Exemplo: *A equipe **trabalha feliz**.*
Agente da passiva	Substantivo ou palavra substantivada, pronome e numeral. • *A ordem foi ignorada **por todos**.*
Objeto direto	Substantivo, pronome, numeral e palavra substantivada. • *Comprei **óculos** novos.*
Objeto indireto	Substantivo, pronome, numeral e palavra substantivada. • *Gosto muito **de ti**.*
Adjunto adnominal	Artigo, adjetivo (ou locução adjetiva), pronome e numeral. • ***Meus** amigos fizeram **um belo** passeio de barco.*
Adjunto adverbial	Advérbio (ou locução adverbial). • ***Às vezes** durmo **tarde**.*

Lembre-se

As **orações** são construídas sempre em torno de um verbo. Seus termos essenciais são o **sujeito** e o **predicado**, mas há orações que apresentam somente o predicado. São chamadas **orações sem sujeito**.

Lembre-se

É preciso observar atentamente para identificar se os **verbos de ligação** são mesmo de ligação no contexto em que estão inseridos. Na frase "Eu estou estressado", por exemplo, o verbo *estar* é de ligação (predicado nominal). Porém, em "Eu estou no trânsito", esse verbo é de ação (predicado verbal), porque não indica uma condição emocional do sujeito, mas o lugar onde ele se encontra.

ORGANIZAR O CONHECIMENTO

O QUE VOCÊ JÁ SABE?

Agora, você já é capaz de...	Sim	Não	Mais ou menos
... compreender que a morfologia se refere ao estudo da classe gramatical das palavras?	☐	☐	☐
... concluir que a sintaxe se refere à função que uma palavra exerce dentro de uma oração?	☐	☐	☐
... perceber que as funções sintáticas das palavras estão relacionadas à sua classe morfológica?	☐	☐	☐
... identificar o sujeito e o predicado como os termos essenciais da oração?	☐	☐	☐

Se você marcou não ou mais ou menos como resposta, retome a leitura de Morfologia e sintaxe.

ATIVIDADES

ATITUDES PARA A VIDA

Ao responder às questões, busque exatidão e precisão para garantir que você entendeu o que estudou.

1. Observe o título de um livro de Ondjaki, escritor angolano.

   a) O título *os da minha rua* é composto por uma frase nominal. Transforme-o em uma frase verbal.

   b) Reescreva o título do livro com o verbo *ficar*, ora como verbo de ligação, ora como verbo de ação.

   c) Leia a frase a seguir.

   Os da minha rua deram a bola aos meninos da rua de trás.

   • Identifique: o sujeito; o predicado; o núcleo do sujeito e sua classe gramatical.

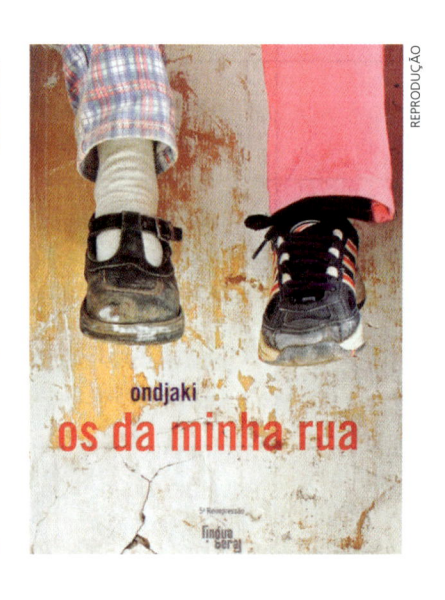

2. Leia uma história em quadrinhos que tem como protagonistas as andorinhas Lola e Juju.

LOLA E JUJU — Laerte

[Quadrinhos: Lola e Juju — "Virei de ferro.", "Virei de vidro!", "Virei de papel.", "Virei de fumaça.", "Virei de pudim de coco?", "Hm!", "Virei de borracha.", "Virei do avesso.", "Tive um sonho." / "Eu vi."]

a) Explique como, nessa HQ, a linguagem não verbal (desenhos) reforça o sentido da linguagem verbal (palavras nos balões).

b) Qual é o único quadrinho em que *virar* não foi usado como verbo de ligação? Justifique sua resposta.

c) Nesse quadrinho em que *virar* não é verbo de ligação, como se classifica morfologicamente a locução que o acompanha? Por quê?

d) Nos quadrinhos em que *virar* funciona como verbo de ligação, qual substantivo está subentendido após a forma verbal? Que função sintática esse substantivo exerce?

3. Leia o trecho de um conto originário da Índia chamado "A árvore de Amrita".

> Amrita recostou-se na sua árvore predileta e descansou. Em contraste com o sol abrasador do deserto, ali ela encontrava verde e frescor. Às vezes Amrita subia na árvore. Às vezes o vento a balançava, e ela se tornava a rainha da floresta. Às vezes ela conversava com a árvore, compartilhando seus devaneios e segredos. Mas hoje o dia estava tão tranquilo que ela ficou ali sentada em silêncio.

Dawn Casey. *Contos da natureza*. São Paulo: WMF Martins Fontes, 2010. p. 72. (Fragmento).

a) Que informações podemos obter da personagem Amrita pela leitura desse trecho?

b) Localize, no trecho, um substantivo, um adjetivo, um pronome e um advérbio.

c) Agora, identifique um verbo intransitivo, um verbo de ligação e o respectivo predicativo, classificando-o em predicativo do sujeito ou do objeto.

ATIVIDADES

d) Na frase "Às vezes o vento a balançava", classifique o sujeito e o predicado. Em seguida, identifique o adjunto adnominal e o adjunto adverbial.

e) Nesse trecho, há um objeto direto cuja palavra é um pronome. Qual é essa palavra?

f) Observe as frases a seguir.

> "e ela se tornava a rainha da floresta."
>
> A bruxa tornava a menina rainha da floresta.

- Qual delas apresenta um predicado nominal e qual apresenta um predicado verbo-nominal? Justifique.

4. Veja o anúncio de uma campanha.

Campanha "Somos Todos Iguais". Prefeitura de Curitiba.
Disponível em: <http://mod.lk/8fomc>. Acesso em: 19 jul. 2018.

a) Explique qual é o objetivo dessa campanha. Para responder, observe o sentido do verbo *ser* nas frases "A alegria é igual" e "Somos todos iguais".

b) Identifique o núcleo do sujeito na frase "A alegria é igual". Qual é a classe gramatical da palavra *igual* e qual função sintática ela exerce na frase?

c) Crie uma frase com a utilização das palavras *alegria* e *igual* em que o predicado seja verbo-nominal.

d) O verbo *ser*, nas frases do anúncio, transmite a ideia de permanência. Reescreva as frases de forma que seja transmitida a ideia de transitoriedade, e não de permanência.

5. Ozzy é um adolescente rebelde que adora *heavy metal* e detesta sopa de legumes. Leia um de seus quadrinhos.

OZZY ANGELI

Quadrinho 1: Colocarei em prática o meu método para escapar da sopa de legumes da minha mãe.

Quadrinho 2: A) Ativar o ultra sugador de matérias.

Quadrinho 3: B) Introduzi-lo no recipiente ou na área desejada.

Quadrinho 4: C) Ativar a função hiper mega-aspiração.

Quadrinho 5: D) Armazenar o material sugado no compartimento de segurança.

Quadrinho 6: E) Por fim, ativar o expelidor de comidas indesejáveis.

a) Em que gêneros de texto costumamos encontrar construções, sempre iniciadas por um verbo no infinitivo, como as que aparecem nesses quadrinhos?

b) Esse tipo de construção sintática está de acordo com o objetivo de Ozzy, no contexto da tira? Por quê?

c) Que substantivos Ozzy usa para se referir ao alimento preparado pela mãe?

d) A escolha desses substantivos é neutra ou revela a opinião de Ozzy sobre a comida? Explique.

Mais questões no livro digital

TESTE SEUS CONHECIMENTOS

Na questão a seguir, é preciso que você reconheça algumas funções sintáticas do período simples. Por isso, é fundamental analisar a relação estabelecida entre os termos das orações. Leia o enunciado, as alternativas e os quadros com perguntas que vão orientar sua resposta. Identifique a única alternativa que tenha **SIM** como resposta.

(Unesp – adaptado)

> Nós criamos **produtos**; fixamos **preços**; definimos **os locais** onde vendê-los; e fazemos **anúncios**. Nós controlamos **a mensagem**.

Nas orações que compõem os dois períodos transcritos, os termos destacados exercem a função de:

a) sujeito.

> Os termos *produtos*, *preços*, *os locais*, *anúncios* e *a mensagem* concordam em número e pessoa com os verbos que os antecedem, respectivamente: *criamos*, *fixamos*, *definimos*, *fazemos* e *controlamos*?

b) objeto direto.

> Os termos *produtos*, *preços*, *os locais*, *anúncios* e *a mensagem* ligam-se sem preposição obrigatória aos verbos transitivos diretos que os antecedem, respectivamente, *criamos*, *fixamos*, *definimos*, *fazemos* e *controlamos*, completando seu sentido?

c) objeto indireto.

> Os termos *produtos*, *preços*, *os locais*, *anúncios* e *a mensagem* ligam-se com preposição obrigatória aos verbos transitivos que os antecedem, respectivamente, *criamos*, *fixamos*, *definimos*, *fazemos* e *controlamos*, completando o seu sentido?

d) predicativo do sujeito.

> Os termos *produtos*, *preços*, *os locais*, *anúncios* e *a mensagem* são expressões presentes no predicado que se referem a características do sujeito das orações que, em todos os casos, é *Nós*?

e) predicativo do objeto.

> Os termos *produtos*, *preços*, *os locais*, *anúncios* e *a mensagem* são características, estado ou modo de ser atribuídas aos objetos das orações?

LEITURA E PRODUÇÃO DE TEXTO

A PRODUÇÃO EM FOCO

- A proposta final desta unidade será elaborar um miniconto. Durante a leitura, fique atento:
  a) à extensão dos textos.
  b) ao que está explícito na narrativa.
  c) ao que fica implícito na narrativa.

CONTEXTO

Você vai ler dois minicontos, que são narrativas breves.

Observe como, em poucas palavras, tanta coisa pode ser dita e tantos sentimentos podem ser expressos.

Fique atento, também, ao que está presente nas entrelinhas, ou seja, ao que não foi dito de forma explícita no texto.

Texto A

Vó curava os dias tristes com bolinhos de chuva e esticava as manhãs leves com broas de milho. Cair da bicicleta dava em galinhada; perder um dente, em sorvete de nata. E para dor de saudade, vó? Ela sabia que, para isso, não havia receita, pois durante anos tentara cozinhar a perda do vô. E jogou o soluçar do neto no ombro, tirando o amargo de sua boca e enganando o vazio.

LEONARDO SAKAMOTO. *Pequenos contos para começar o dia.* São Paulo: Expressão Popular, 2012. p. 107.

Biografia

O jornalista e professor **Leonardo Sakamoto**, autor do primeiro miniconto da unidade, nasceu em 1977, em São Paulo. Entre seus livros publicados estão: *Pequenos Contos para começar o dia* e *O que aprendi sendo xingado na internet*.

Texto B

FIM DE PAPO

Na milésima segunda noite,
Sherazade degolou o sultão.

ANTÔNIO CARLOS SECCHIN. In: MARCELINO FREIRE (Org.). *Os cem menores contos brasileiros do século.* Cotia: Ateliê Editorial, 2004. (Coleção 5 minutinhos.)

Biografia

O autor de "Fim de papo", **Antonio Carlos Secchin**, nasceu no Rio de Janeiro, em 1952. O poeta, crítico literário, ensaísta e professor tornou-se membro da Academia Brasileira de Letras em 2004.

ESTUDO DOS TEXTOS

DE OLHO NAS CARACTERÍSTICAS DO GÊNERO

SOBRE O TEXTO A

1. Quem são as personagens desse miniconto?
2. Qual é o tempo em que acontece o que é narrado nele?
3. É possível determinar com exatidão o lugar dos acontecimentos desse miniconto? Se sim, qual é esse lugar? Se não, crie uma hipótese de que lugar poderia ser e a justifique.
4. Qual é a situação inicial, o conflito, o clímax e o desfecho nesse miniconto?
5. Transcreva, do miniconto, um exemplo de discurso indireto livre.
6. Explique a expressão em destaque no trecho a seguir: "pois durante anos tentara *cozinhar a perda do vô*". Dê exemplos de outras expressões presentes no miniconto em que foi utilizada uma linguagem poética.

SOBRE O TEXTO B

- Leia o quadro "Saiba +" e responda às questões a seguir.

ANTES DO ESTUDO DOS TEXTOS

1. Se não tem certeza de ter compreendido bem o texto, leia-o novamente.
2. Ao responder às questões a seguir, procure empregar o que já aprendeu ao ler outros textos e seja preciso em suas respostas.

Lembre-se

No **discurso indireto livre** há uma mistura do discurso direto e do discurso indireto: a fala da personagem é transcrita, mas está no meio do texto, misturada à voz do narrador, sem a utilização de travessão ou aspas.

Trilha de estudo

Vai estudar? Stryx pode ajudar!
<http://mod.lk/trilhas>

SAIBA +

Sherazade é a personagem-narradora de *As mil e uma noites*, uma coleção de contos em língua árabe compilados a partir do século IX.

De acordo com essa coletânea de contos, Sherazade se casa com o sultão Shariar, rei da Pérsia, que dorme com uma mulher a cada noite e manda matá-las na manhã seguinte. Para evitar esse destino, Sherazade conta histórias ao rei, que sempre poupa sua vida para que continue a história na noite seguinte. Completando as mil e uma noites que nomeiam a obra, o rei decide permanecer com Sherazade e eles vivem juntos e felizes por muitos anos.

1. O que há em comum entre a história de *As mil e uma noites* e o miniconto?
2. Que fato novo em relação a essa antiga história é apresentado no miniconto?

3. Justifique o desfecho do miniconto. Quais efeitos esse desfecho provoca no leitor?

4. Levando em conta as informações do quadro, explique a ambiguidade presente no título do miniconto.

5. Sem conhecer as informações contidas no quadro "Saiba +", é possível o leitor compreender o miniconto? Explique.

O MINICONTO

- Leia, a seguir, a resposta dada em uma entrevista por Marcelo Spalding, autor brasileiro de minicontos, quando lhe pediram que definisse o que é o miniconto.

> O miniconto é um tipo de texto narrativo extremamente curto que deve conter nele todas as técnicas do conto, assim como o bonsai tem todo o feitio da árvore. Cortázar dizia que o romance vence por pontos e o conto, por nocaute. **O miniconto é o nocaute no primeiro soco do primeiro *round*.**
>
> *Como escrever minicontos*: orientações de Marcelo Spalding. Disponível em: <http://mod.lk/axqgf>. Acesso em: 26 abr. 2018.

- Além do bonsai, Marcelo Spalding usa como exemplo o boxe para estabelecer relações entre os gêneros narrativos. Considere o que você já sabe sobre os gêneros romance e conto e indique quais são as características do miniconto a partir das comparações apresentadas nesse trecho.

O GÊNERO EM FOCO: MINICONTO

Os dois minicontos que você leu são narrativas breves — o último ainda mais breve que o primeiro — que, independentemente da extensão, trazem em si as características do conto. Todo miniconto, por mais breve que seja, tem que contar uma história. Perceba que nos dois casos é possível identificar personagens, espaço e momentos da narrativa.

Por ser um gênero curto, conciso, o texto traz apenas o essencial, deixando para o leitor a tarefa de preencher as entrelinhas e complementar a história do seu jeito, a partir dos elementos sugeridos pelo texto. Ou seja, a participação do leitor é fundamental para que o sentido total da história seja alcançado. Vale ressaltar que um texto conciso não significa somente que o texto é curto, mas que é preciso, com palavras escolhidas cuidadosamente para garantir a qualidade da narrativa.

Os minicontos podem ser publicados em livros impressos, mas não há dúvida que essa narrativa interativa e com ritmo rápido achou espaço ideal no meio digital. Atualmente é comum encontrar perfis em *microblogs*, *posts* em *blogs* ou redes sociais dedicados à produção de minicontos.

> **Miniconto** é um gênero narrativo caracterizado pela curta extensão e pelo registro apenas do essencial, o que exige maior participação do leitor para compreender o que está implícito no texto. Pode ser publicado em meio impresso ou digital.

ORGANIZAR O CONHECIMENTO

O QUE VOCÊ JÁ SABE?

Agora, você já é capaz de...	Sim	Não	Mais ou menos
... reconhecer aspectos dos gêneros narrativos em minicontos?	☐	☐	☐
... identificar as principais características do gênero miniconto?	☐	☐	☐
... criar um miniconto, usando os conhecimentos sobre a estrutura e os recursos expressivos típicos desse gênero narrativo?	☐	☐	☐

Se você marcou não ou mais ou menos, retome a leitura de O gênero em foco: miniconto.

- Junte-se a um colega, copiem o esquema no caderno e completem com as principais características do miniconto. As questões apresentadas servem para orientar a elaboração do esquema. Se preferirem, poderão incluir outras características.

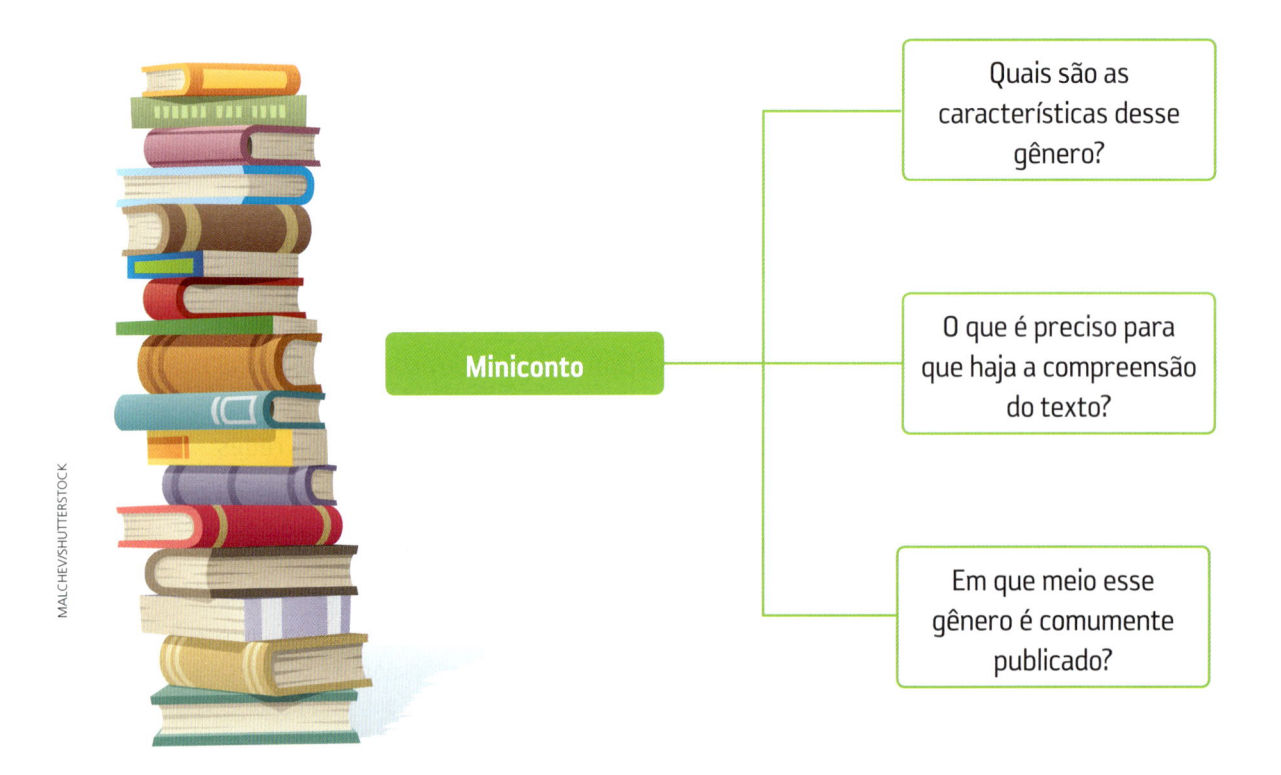

Miniconto
- Quais são as características desse gênero?
- O que é preciso para que haja a compreensão do texto?
- Em que meio esse gênero é comumente publicado?

PRODUÇÃO DE TEXTO

MINICONTO

O que você vai produzir

Você vai produzir um miniconto com, no máximo, 280 caracteres. Ele será publicado no *blog* ou na conta de *microblog* da turma, e divulgado entre seus amigos e familiares.

NA HORA DE PRODUZIR

1. Siga as orientações apresentadas nesta seção. Seu texto deve ser coerente com a proposta.
2. Lembre-se de que você já leu e analisou textos do gênero que vai produzir. Se for o caso, retome a seção **Estudo do texto**.
3. Diante da folha em branco, persista. Nenhum texto fica pronto na primeira versão.

PLANEJE SEU TEXTO

1. Imagine uma situação para dar origem ao seu miniconto. Pode ser algo do cotidiano ou inspirado em outra história ou obra de arte que você conheça.
2. Decida se o foco narrativo será em 1ª ou em 3ª pessoa.
3. Determine o espaço e o tempo da narrativa.
4. Defina os elementos da ação (situação inicial, conflito, clímax e desfecho).

ESCREVA SEU TEXTO

1. Escreva uma primeira versão de seu miniconto. Essa versão, provavelmente, ultrapassará os 280 caracteres que seu texto deve ter.
2. Reescreva o texto quantas vezes forem necessárias, até atingir o número de caracteres desejado. Vá cortando do texto tudo que não for essencial, deixando elementos implícitos para o leitor desvendar. No entanto, lembre-se de que o sentido precisa ser completo.
3. Empregue uma linguagem adequada ao seu texto.
4. Dê um título a seu miniconto.
5. Digite seu texto.

Lembre-se

O **tempo** é um dos elementos que compõem um texto narrativo. Ele indica quando os fatos narrados acontecem, a duração de uma história, o momento da narração etc.

O **tempo narrativo** pode ser expresso na ordem em que os fatos acontecem, ou seja, na **ordem cronológica** (passado – presente – futuro). Sempre que a narrativa obedece a essa ordem, dizemos que apresenta **tempo linear**. Mas, se preferir, você pode subverter essa lógica buscando outros efeitos de sentido para o texto.

AVALIE E REVISE SUA PRODUÇÃO

1. Concluído o trabalho, avalie a produção de acordo com os critérios apresentados no quadro a seguir.

Aspectos importantes em relação à proposta e ao sentido do texto
Miniconto
1. O miniconto tem, no máximo, 280 caracteres?
2. Os pronomes e os verbos estão adequados ao tipo de narrador?
3. Os elementos da ação (situação inicial, conflito, clímax e desfecho) estão presentes no miniconto?
4. É possível perceber o tempo e o espaço da narrativa?
5. A linguagem está adequada?
Aspectos importantes em relação à ortografia, à pontuação e às demais normas gramaticais
1. O miniconto está livre de problemas de ortografia relacionados a regras já estudadas?
2. Está bem pontuado?
Aspectos importantes na apresentação da produção escrita
O texto manuscrito foi digitado corretamente?

2. Após avaliar seu miniconto, revise sua produção. Se possível, faça a edição de seu texto no arquivo em que o digitou.

PUBLIQUE SEU TEXTO

1. Com a orientação do professor, publique seu texto na conta de *microblog* da turma.

2. Divulgue a conta de *microblog* da turma a seus amigos e familiares, para que tenham acesso e leiam os minicontos produzidos por você e seus colegas.

3. Em um dia combinado com o professor, leia em voz alta, para a turma, um dos minicontos escritos por seus colegas do qual você tenha gostado e compartilhe com a turma as impressões que ele causou em você.

ATITUDES PARA A VIDA

Você já parou para pensar que as atitudes que temos no nosso dia a dia falam muito sobre nós? Elas revelam como agimos, sentimos, pensamos e somos. Tendo isso em mente, leia o poema visual a seguir e responda às questões propostas.

> Dê rotas à sua vitória
>
> Eu me chamo Antônio

© PEDRO GABRIEL

1. Qual é a mensagem do poema? Se quiser, compartilhe suas ideias com os colegas.

2. O poema brinca com dois termos que se contrapõem. Um aparece no texto, o outro não. Indique que termos são esses e como suas ideias se contrapõem.

3. Leia as atitudes a seguir e escolha a que vem primeiro à sua mente ao ler o poema e explique sua resposta.

Pensar com flexibilidade
Aplicar conhecimentos prévios a novas situações
Esforçar-se por exatidão e precisão
Pensar e comunicar-se com clareza
Imaginar, criar e inovar
Persistir
Pensar de maneira interdependente

Fazer escolhas nem sempre é fácil, não é mesmo? Antes de tomar decisões e fazer escolhas, é importante avaliar os impactos que isso pode causar na nossa vida e na dos outros.

ATITUDES PARA A VIDA

4. Para que uma pessoa possa fazer escolhas e tomar boas decisões, que atitudes das relacionadas na página anterior você acha que ela deve procurar desenvolver em si? Por quê?

5. Qual das atitudes indicadas você considera que foi mais importante na produção do seu miniconto? E a menos importante? Justifique sua resposta.

- Você se sentiu desafiado ao elaborar o texto? Qual foi sua sensação ao conseguir finalizá-lo?

> Você já parou para pensar que saber controlar a impulsividade é uma atitude importante para tomadas de decisão? Quando controlamos nossas emoções e pensamos mais sobre o que queremos dizer e fazer, podemos escolher de forma mais consciente e isso reflete positivamente na nossa vida e nas nossas relações.

6. O convívio social nos coloca em contato com diversas pessoas, que muitas vezes nos transmitem mensagens de incentivo e direcionamento, como a do poema lido. Você já se sentiu influenciado positivamente por alguém fora do ambiente escolar? Por quem e por quê? Se quiser, compartilhe sua experiência com seus colegas.

7. A vida em sociedade possibilita a troca de experiência e a aprendizagem; no entanto, ela também pode ser bastante conflituosa. Em sua opinião, quais atitudes das elencadas anteriormente contribuiriam para um convívio pacífico entre as pessoas? E o que fazer para que essas atitudes sejam aplicadas diariamente?

AUTOAVALIAÇÃO

Na segunda coluna (item 1) da tabela abaixo, marque com um X as atitudes que foram mais mobilizadas por você na produção de texto desta unidade.

Na terceira coluna (item 2), descreva as atitudes que você mobilizou e seu desempenho quanto a ela. Por exemplo: *Imaginar, criar e inovar: busquei usar minha imaginação e criatividade e ousei na apresentação do meu texto.*

Use o campo *Observações/Melhorias* para anotar suas observações quanto às atitudes que você julga importante melhorar nas próximas unidades e em outros momentos de seu cotidiano.

Atitudes para a vida	1. Atitudes mobilizadas	2. Descreva a forma como mobilizou a atitude assinalada
Persistir		
Controlar a impulsividade		
Escutar os outros com atenção e empatia		
Pensar com flexibilidade		
Esforçar-se por exatidão e precisão		
Questionar e levantar problemas		
Aplicar conhecimentos prévios a novas situações		
Pensar e comunicar-se com clareza		
Imaginar, criar e inovar		
Assumir riscos com responsabilidade		
Pensar de maneira interdependente		
Observações/Melhorias		

LEITURA DA HORA

Como você já viu, um **miniconto** conta uma história, por mais breve que seja o texto. A partir dos elementos que estão presentes na narrativa, é preciso explorar a própria sensibilidade e fazer uma reflexão para completar o que não está escrito.

Essa também é uma característica de outro gênero de curta extensão: **o haicai**. O haicai (ou haikai) é um poema breve, conciso. Surgiu no Japão e se espalhou pelo mundo. Originalmente, seus versos não ultrapassavam 17 sílabas poéticas, mas em português há versos de até 21. As palavras que o formam são distribuídas em três versos, podendo ou não conter rima e outros elementos poéticos; pode ou não ter título.

Leia os minicontos e os haicais a seguir e reflita sobre o que eles dizem a você.

MINICONTOS

SÓ

Se eu soubesse o que procuro
com esse controle remoto...

Fernando Bonassi. In: Marcelino Freire (Org.). *Os cem menores contos brasileiros do século.* Cotia: Ateliê Editorial, 2004. p. 30. (Coleção 5 minutinhos.)

MONÓLOGO COM A SOMBRA

Não adianta me seguir.
Estou tão perdido quanto você.

Rogério Augusto. In: Marcelino Freire (Org.). *Os cem menores contos brasileiros do século.* Cotia: Ateliê Editorial, 2004. p. 30. (Coleção 5 minutinhos.)

HAICAIS

ALEGRIA

Trêmula gota de orvalho
presa na teia de aranha,
rebrilhando como estrela.

Helena Kolody. Disponível em: <http://mod.lk/btlya>. Acesso em: 19 jul. 2018.

Gota de sereno:
lágrima da madrugada
Que a folha enxugou.

Angela Leite de Souza. *Três gotas de poesia (haicais).* 2. ed. São Paulo: Moderna, 2002. p. 14.

ARCO-ÍRIS

Arco-íris no céu
Está sorrindo o menino
Que há pouco chorou.

Helena Kolody. Disponível em: <http://mod.lk/btlya>. Acesso em: 19 jul. 2018.

LUDOFICINA

CONTOS DE CARTAS

> **O que é?**
>
> Jogo no qual os participantes criam histórias usando um baralho narrativo.
>
> **Como é?**
>
> O baralho narrativo é formado por quatro grupos de cartas: Personagens, Cenários, Objetos e Sorte/Revés. Cada carta apresenta um símbolo que deve ser usado como elemento narrativo nas histórias criadas pelos jogadores.

COMO FAZER

Contos de cartas é um jogo de inventar e contar histórias, por isso a ferramenta mais importante que você precisa para fazer esse jogo acontecer é uma meleca multiforme e colorida dentro da sua cabeça que costumamos chamar de IMAGINAÇÃO. A outra ferramenta é um Baralho Narrativo.

Você e seus amigos vão precisar de imaginação para fazer o Baralho Narrativo e também de papel, caneta, lápis e todo e qualquer material que considerarem útil para confeccionar as cartas. O baralho é composto por 36 cartas separadas em quatro grupos: Personagens (6); Cenários (6); Objetos (12); e Sorte/Revés (12).

Esse baralho vai ser usado para ajudar a imaginação de vocês, e não para limitá-la. Por isso, se quiserem, vocês podem criar mais grupos e/ou mais cartas e tornar o Baralho Narrativo muito maior do que o que apresentamos aqui. No entanto, o mais importante é que as cartas tenham um tamanho padronizado e que cada grupo tenha uma cor própria para diferenciá-lo dos demais.

Seguindo essas orientações, vocês podem confeccionar as cartas da maneira que acharem mais divertida. Elas podem ser simples, contendo apenas elementos textuais, ou podem ser ilustradas com desenhos, fotos, colagens etc.

Vale destacar que cada carta serve como um modelo ou uma forma de um elemento narrativo e que vocês vão usar a imaginação para preencher essas formas quando contarem suas histórias. Isso quer dizer que você pode usar algumas cartas para contar uma história de amor que se passa em outro planeta no futuro enquanto seus amigos usam as mesmas cartas para contar uma história de terror num castelo medieval ou uma aventura urbana nos tempos atuais.

A seguir, vamos conhecer um pouco mais de cada grupo de cartas. E, para já entrar no clima de *Contos de cartas*, vamos fazer isso por meio de breves narrativas criadas com o nosso baralho.

AS CARTAS DO GRUPO PERSONAGENS

Uma vez, numa praia distante e deserta, um menino de cabelos azuis encontrou uma bela sereia com uma longa cabeleira laranja e uma cauda ainda mais longa e lilás reluzindo à luz do sol. Ela segurava em suas mãos um estranho pacote enrolado com algas e disse:

— Ei, rapazinho! Venha aqui e deixe-me mostrar um segredo!

O menino de cabelos azuis hesitou, mas, estando completamente encantado pelo sorriso da sereia, acabou se aproximando. Ela abriu o pacote e mostrou a ele as seis cartas de Personagens do Baralho Narrativo.

— Veja — ela disse — as seis cartas são: O Garoto e A Garota; O Homem e A Mulher; O Velho e A Velha.

O menino se surpreendeu ao perceber que, apesar dos nomes fixos, as cartas podiam ser muitas coisas dependendo de como ele as olhasse. Na carta O Garoto, por exemplo, ele viu a si mesmo com seus cabelos azuis e, logo depois, viu um jovem mago com uma cicatriz na testa. Já na carta A Mulher, ele viu uma sereia, mas viu também uma espiã interplanetária.

— As cartas — a sereia sussurrou no ouvido do menino — são apenas modelos vazios. Mas, dependendo do que você falar, elas podem ser o que você quiser, do jeito que você quiser...

LUDOFICINA

Sem conseguir tirar os olhos das cartas, o menino de cabelos azuis perguntou:

— E o que eu vou fazer com elas?

A sereia riu baixinho e respondeu:

— Você vai contar histórias. E vai usar essas cartas para definir as personagens dessas histórias... os protagonistas, os antagonistas, os heróis, os vilões, a vítima, o monstro das profundezas do mar...

O menino estava tão hipnotizado pelas cartas que não percebeu quando o maxilar da bela sereia se arreganhou até o chão, revelando incontáveis dentes pequenos e afiados como serras encharcadas de saliva.

A agora não tão bela sereia só precisou de uma bocada para engolir o menino de cabelos azuis.

AS CARTAS DO GRUPO *CENÁRIOS*

Assim que pousou na superfície do asteroide B613, Trix Stelar saltou de sua nave camuflada e correu em direção à torre onde ficava o laboratório secreto plutoniano. A missão, pelo menos neste ponto, era simples: ela só precisava acessar a central de dados do laboratório e roubar um arquivo.

Depois de anos de treino, passar pelas câmeras e *lasers* de segurança ao redor da torre foi uma tarefa fácil. Dentro do laboratório, porém, as coisas se complicaram um pouco. Trix precisou de quatro golpes certeiros para nocautear o insetoide de dois metros que guardava a sala do *mainframe*. Se o embate tivesse durado mais do que dez segundos, aquela barata de Plutão poderia ter disparado o alarme.

Com agilidade e precisão, Trix acessou o computador principal. Fez uma varredura em todos os diretórios até encontrar seu alvo. A tela do computador mostrava:

```
{
:: projeto baralho narrativo
>seis_cartas_cenarios:
A Montanha | A Floresta |   A Cidade |
    A Torre |    A Praia | A Caverna |
> especificacoes_projeto:
as cartas são usadas para definir o espaço em que a história se passa ou se inicia.
```

    as características do cenário são definidas pelas escolhas do narrador.
    > exemplos_modelos:
    "A Torre" pode ser: arranha-céu; castelo; laboratório secreto; farol etc.
    "A Caverna" pode ser: gruta; mina de confecção de baralho narrativo; esconderijo de tesouro etc.
    - deseja ver mais exemplos? [s/n]
    }

Trix não conteve um breve sorriso de vitória. Salvou o arquivo em suas lentes de contato e ativou o código de autodestruição do laboratório.

Os demais guardas dentro da torre foram surpreendidos com os alarmes e a contagem regressiva de 30 segundos. Quando finalmente conseguiram entender a situação, já era tarde demais para se salvarem.

Enquanto todo o asteroide B613 se estilhaçava nas profundezas do antigo Sistema Solar, Trix já estava muito longe, ativando o propulsor quântico de sua nave e seguindo para a próxima etapa de sua missão.

AS CARTAS DO GRUPO *OBJETOS*

Os mais velhos da aldeia sempre falavam para a gente não chegar muito perto da montanha. Diziam que o lugar era assombrado por uma garota mágica trancada dentro de um espelho. Eles tinham muitas histórias incríveis sobre os tempos antigos. Eu gostava dessas histórias, mesmo que já não conseguisse acreditar que fosse possível guardar lembranças nas nuvens ou trancar uma garota num espelho.

Mas, um dia, uma ovelha se desgarrou do rebanho e tudo mudou.

A noite estava chegando e achei que não iria demorar para encontrar o animal. Poucos minutos depois, eu já havia me perdido completamente no bosque ao pé da montanha. Antes que pudesse me preocupar com isso, no entanto, um brilho avermelhado em uma moita chamou minha atenção.

O brilho vinha de uma placa retangular, feita de um metal estranho. Peguei-a com uma mão. Era leve e fina. De um lado, era feita desse metal que eu nunca tinha visto e no qual havia o desenho do que parecia ser uma maçã mordida. Do outro lado, era coberta por uma espécie de vidro. Assim que meus dedos tocaram nesse vidro, a tábua se iluminou. Meu susto foi ainda maior quando, no instante seguinte, ela começou a falar comigo. Havia de verdade uma garota presa dentro de um espelho na montanha!

LUDOFICINA

"... e estas são as 12 cartas de *Objetos* do Baralho Narrativo: A Caixa, A Carta, A Nave, A Vara, O Livro, A Chave, O Anel, O Carro, A Tela, A Joia, A Espada e A Coroa...",

Ela disse isso enquanto uma série de imagens surgiam, rodopiavam e pulsavam no vidro da tábua. A garota do espelho continuou a falar:

"Nas histórias que vocês forem contar, essas cartas vão definir os elementos cênicos que devem ser usados pelas Personagens para o desenvolvimento da narrativa."

Comecei a interagir com aquele espelho mágico quase institivamente. Minha mente estava maravilhada com a sensação de eu estar dentro de uma das histórias fantásticas sobre os tempos antigos que os mais velhos contavam para as crianças na aldeia.

"Mas atenção!"

Mesmo sem entender quase nada até então, segurei a respiração como se minha vida dependesse daquele importante aviso que a garota do espelho estava me passando.

"Vocês precisam usar a criatividade para descrever o que é e como é cada um dos objetos indicados nas cartas deste grupo. Por exemplo, a carta *A Nave* pode ser usada como uma nave espacial, um navio ou um dirigível. Da mesma forma, a carta *A Vara* pode se tornar um cajado, uma bengala, um pincel ou um cetro."

É claro que eu levei muito tempo para decifrar o significado de tudo aquilo. De volta à aldeia, revi aquele vídeo muitas vezes antes mesmo de saber o que era um vídeo. Acabei descobrindo o que era isso e muitas outras coisas conversando com a garota do espelho mágico.

Nos anos que se passaram desde então, eu e o povo da aldeia aprendemos com ela muitas outras histórias sobre o povo antigo, sobre sua glória e sua ruína. E hoje, são essas histórias que nós contamos para nossos filhos e os filhos deles.

AS CARTAS DO GRUPO *SORTE/REVÉS*

A cidade dormia profundamente quando a lanterna do escafandrista rompeu sua noite eterna. Ele saltou da parte de cima do ônibus para o que talvez tivesse sido uma avenida ou um estacionamento muito antes de ser um jardim de algas.

— *Papillon*, na escuta? Cheguei ao fundo. Câmbio.

— Na escuta, Nei. Recebendo som e imagem com nitidez. Pode prosseguir. Câmbio.

— Você deve estar próximo do edifício. Consegue ver alguma coisa? Câmbio.

O cenário ao redor de Nei se desenhava com vultos verticais de prédios fantasmagóricos. Ele caminhava por um cemitério de histórias inacabadas engolidas pelo Oceano. Parou diante de uma construção mais horizontal que vertical. Diante dela, uma placa enferrujada indicava aos carros afogados que ali costumava ser a travessia de alunos.

— Acho que encontrei a escola, *Papillon*. Câmbio.

Nei entrou no edifício por uma janela lateral. Um conjunto de carteiras permanecia em fileiras diante de uma parede incrustada por corais. Ainda era possível reconhecer alguns materiais escolares espalhados pelo recinto.

Na *Papillon*, os pesquisadores assistiam a Nei folhear cuidadosamente um livro. A imagem era nítida o suficiente para que pudessem ler:

"O grupo Sorte/Revés é composto de 12 cartas: *Vida, Morte, Roubo, O Presente, Perder, Encontrar, Amor, Ódio, Alegria, Tristeza, Medo e Coragem.* Elas podem ser usadas para definir a ambientação de uma história, os sentimentos de uma personagem ou um evento que dê início ou fim à narrativa. Lembre-se..."

A imagem ficou congelada naquele ponto e um alarme disparou por toda a embarcação.

— Nei, responda! Câmbio. Nei, o que aconteceu?!

Nenhuma resposta veio das profundezas. Quando terminaram de recolher o duto de ar e comunicação, viram que ele parecia ter sido mastigado na ponta em que deveria haver um escafandro e Nei.

Depois de 200 anos, a cidade submersa ganhou um novo cidadão.

LUDOFICINA

COMO JOGAR

Você pode imaginar infinitas maneiras de usar o Baralho Narrativo e jogar *Contos de cartas* sozinho ou com seus amigos. Vamos indicar a seguir dois modos simples de jogar: histórias individuais e histórias compartilhadas. Mas lembre-se de que nada impede você e seus amigos de criarem outros modos de jogar.

HISTÓRIAS INDIVIDUAIS

Neste modo, você e seus amigos vão desenvolver suas histórias separadamente. Cada um assume o papel de um narrador e escolhe se vai contar sua história na 1ª ou na 3ª pessoa.

As cartas são separadas em seus respectivos grupos (Personagens, Cenários, Objetos e Sorte/Revés), embaralhadas e dispostas com as faces para baixo em quatro montes.

Na primeira rodada, cada narrador pega uma carta do grupo Personagens e apresenta seu protagonista para os demais narradores. Na segunda rodada, uma carta do grupo Cenários é escolhida para cada narrador compor o cenário em que sua história se passa. Na terceira rodada, os narradores pegam uma carta do grupo Objetos e estabelecem uma relação entre o objeto selecionado e o protagonista. Por fim, na última rodada, cada jogador usa uma carta do grupo Sorte/Revés para relacionar com as cartas anteriores e contar sua história.

HISTÓRIAS COMPARTILHADAS

Neste modo, todas as cartas são embaralhadas juntas. Você e seus amigos fazem um sorteio para definir uma sequência de narradores no grupo. O primeiro narrador pega uma carta aleatória e, a partir dela, deve iniciar uma história. O segundo narrador pega outra carta aleatória e deve introduzi-la na história. Os narradores vão se alternando nessa dinâmica até que as cartas do baralho acabem.

RESUMÃO

▶ Faça um Baralho Narrativo.

▶ Cartas Personagens definem os protagonistas e/ou antagonistas.

▶ Cartas Cenários definem o espaço em que a história se passa, onde ela começa ou onde termina.

▶ Cartas Objetos definem os elementos cênicos que podem ser manipulados pelos personagens.

▶ Cartas Sorte/Revés definem as condições que direcionam o desenvolvimento da história.

▶ Use as cartas para montar sua história e contá-la para seus amigos ou para montar uma história junto com eles.

PARA SE PREPARAR PARA A PRÓXIMA UNIDADE

Todo mundo tem algo importante para compartilhar. Na próxima unidade, você vai analisar gêneros orais que têm como temática experiências marcantes que mudaram a vida de algumas pessoas. Prepare-se acessando os *links* indicados. Depois, leia as orientações do boxe "O que você já sabe?".

> Peça a um adulto que você conheça que relate para você, com detalhes, uma experiência importante vivenciada por ele. Ouça-o com atenção. Pense no perfil de quem se interessaria em ouvir esse relato e por quê. Depois, compartilhe o resultado de sua pesquisa.

1 Assista com atenção aos relatos de experiência de Vilma, Tatiana Tibúrcio e Cida Baú, que serão estudados na próxima unidade. Confira os *links*: Vilma: ‹http://mod.lk/gply7›; Tatiana: ‹http://mod.lk/3cbva›; Cida: ‹http://mod.lk/newox›.

2 A adolescente síria Hanan Dacka precisou amadurecer rápido para ajudar sua família e outros refugiados sírios que encontraram no Brasil um lugar para recomeçar. Assista: ‹http://mod.lk/85qpw›.

3 Na próxima unidade, você analisará apresentações orais da escritora Chimamanda Adichie. Acesse: "Todos nós devemos ser feministas": ‹http://mod.lk/n0f5s›; "Os perigos de uma história única": ‹http://mod.lk/pw8gu›.

4 Confira o emocionante relato da professora Diva Guimaraes na Flip 2017 ‹http://mod.lk/8cw2g›.

5 **Colocação pronominal**
Este objeto digital aborda a colocação pronominal. Acesse: ‹http://mod.lk/ca6hn›.

O QUE VOCÊ JÁ SABE?

Até este momento, você seria capaz de...	Sim	Não	Mais ou menos
... diferenciar o relato de outros gêneros orais, indicando suas principais características?	☐	☐	☐
... detectar as marcas de oralidade presentes em relatos e apresentações orais?	☐	☐	☐
... identificar termos e expressões que organizam os textos orais, como "em primeiro lugar", "em segundo lugar", "por outro lado" etc.?	☐	☐	☐

De acordo com o conteúdo do objeto digital *Colocação pronominal*, você seria capaz de...	Sim	Não	Mais ou menos
... perceber as diferenças entre as colocações pronominais utilizadas em contextos formais e informais de uso da língua?	☐	☐	☐
... empregar adequadamente as colocações pronominais?	☐	☐	☐

UNIDADE 3
DIFERENTES MAS SEMELHANTES

EM FOCO NESTA UNIDADE

- Relato oral de experiência pessoal
- Colocação pronominal e regência
- Aspectos da oralidade
- Apresentação oral
- Produção: apresentação oral (seminário)

ESTUDO DA IMAGEM

- Nos últimos anos, cada vez mais pessoas foram obrigadas a abandonar seus países por motivos diversos. A imagem ao lado é o cartaz de um documentário sobre refugiados. Observe-a com atenção, leia o boxe **Saiba+** e depois converse com os colegas sobre as questões abaixo.

1. Como você interpretaria o título e o subtítulo do documentário? Se necessário, consulte o dicionário ou a internet.

2. Que motivos podem levar uma pessoa a ter de deixar seu país como um refugiado?

3. Na cidade em que você vive há imigrantes refugiados? De que país? O que você sabe sobre eles?

4. Há um tempo se fala em "globalização" e nas facilidades de se transitar por diversas nações. Vocês acham que esse "mundo sem fronteiras" é para todos?

SAIBA +

O documentário *Exodus: de onde eu vim não existe mais* (2016), dirigido por Hank Levine, mostra a trajetória de seis pessoas obrigadas a sair de seus países e recomeçar suas vidas do zero. As seis histórias são costuradas a partir das sensações comuns a esses refugiados, desde os medos até questões burocráticas como pedido de asilo internacional e descaso dos governos para com os refugiados.

EXODUS
DE ONDE EU VIM NÃO EXISTE MAIS

DOS PRODUTORES DE CIDADE DE DEUS

DIREÇÃO DE **HANK LEVINE**
NARRAÇÃO **WAGNER MOURA**

LEITURA

ANTES DE LER

1. Você vai ler a transcrição de relatos orais de experiências pessoais de uma estudante angolana e de duas atrizes brasileiras negras.
   a) O que você acha que elas vão dizer nesses relatos?
   b) Além de falarem a língua portuguesa, o que elas teriam em comum?

2. Esses relatos são textos orais.
   a) Que textos orais você conhece?
   b) Quais diferenças pode haver entre um texto oral e um escrito?

CONTEXTO

Com o intuito de dar voz a mulheres refugiadas que vivem na cidade de São Paulo, o projeto "Vidas refugiadas" mostrou as histórias de oito delas, vindas da Nigéria, República Democrática do Congo, Burkina Faso, Síria, Angola e Cuba. A primeira transcrição da unidade é um relato de Vilma, de Angola. Nesta seção, você também vai ler a transcrição de fragmentos dos relatos orais das atrizes brasileiras Tatiana e Cyda, veiculados no *site* do Museu da Pessoa.

Texto A

Meu país é a Angola. Na-nasci na cidade de Luanda, que é a capital... Começou a ter algumas manifestações em Angola, de jovens, professores, praaa... tirar o presidente da república, pelo tempo que ele tááá... no, na presidência. Aí eles queriam fazer o quê? Queriam amedrontar o povo. Então fazer o que... "Ah, já que vocês vão fazer manifestação, então vamo bater em vocês." Aí bateram em pessoas inocentes, sem necessidade. Tinha várias bombas instaladas debaixo da terra, aí... a pessoa tá... a pessoa tá passando normal e aquela bomba explodia. Muitas pessoas morreram assim. Muiiitas! Isso depois da guerra civil. Muitas pessoas morreram, muitas pessoas ficaram sem perna, sem braço... Eles não vão matar você, a intenção não é matar você, a intenção é de torturar e mostrar pra ver quem manda. "Eu mando no país, eu vou fazer... da forma que eu quiser com você." É isso que é a ditadura dooo... presidente, do atual presidente. Nossa,

> Se tiver interesse, procure em sua cidade por instituições que trabalham na assistência de imigrantes e refugiados e veja de que maneira é possível ajudar.

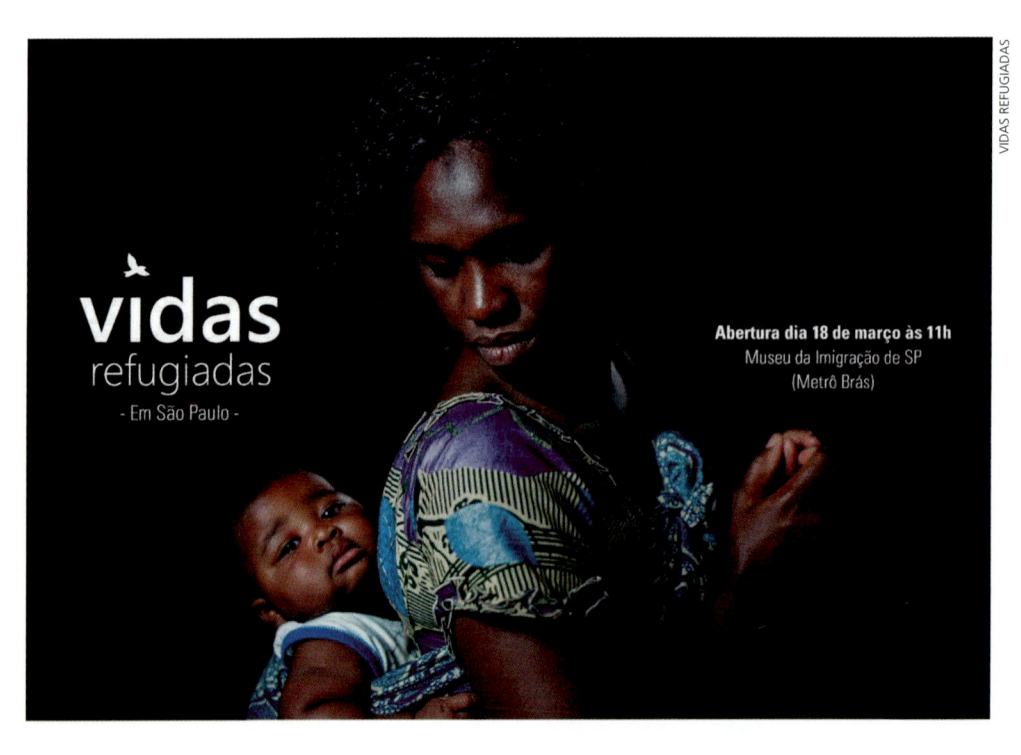

Cartaz de divulgação da exposição *Vidas refugiadas*, no Museu da Imigração do Estado de São Paulo, em 2017.

foi muito difícil! Porque deixar meu pai, minha mãe, meus sobrinhos... minhas amigas! Foi muito difícil, era dia e noite chorar. É muito diferente, comparando a mulher e o homem, na questão de refúgio. A mulher sofre muito mais. Pra mim, ser refugiada é continuar tentando, e ser uma pessoa livre, grata por tudo, pela oportunidade também que o Brasil tá me dando, de trabalhar, de estudar, de correr atrás dos meus sonhos... Coisa que eu, desde queee... eu cresci, meu pai sempre falava: "Você tem que pensar alto, por mais que você não tenha condição. Nunca pense assim: ai, num tenho condição, num posso correr atrás dos meus sonho". Corre atrás dos teus sonho, independentemente. Se você vai... tem condição ou não tem... assim, acredite, e vai atrás. Não deu certo? Tente. E tente. E continua tentando até dar certo.

Vilma. Disponível em: <http://mod.lk/ziqi6>.
Acesso em: 18 abr. 2018.

SAIBA +

Angola é um país localizado na costa ocidental da África. Foi colônia de Portugal por vários séculos; isso explica a língua portuguesa como idioma oficial, embora a maioria da população fale algumas das línguas africanas (umbundo, quimbundo, quicongo, cuanhama etc.).

Após 13 anos de guerra, esse país tornou-se independente do colonialismo português em 1975. No entanto, a disputa de poder entre grupos políticos deflagrou uma guerra civil e culminou em uma ditadura.

Apenas em 2002, terminou a guerra civil em Angola – uma das mais longas e sangrentas do mundo. Ainda hoje são visíveis os danos de 27 anos de guerra: crise na economia, índices alarmantes de pobreza, bairros sem saneamento básico, sistemas de saúde e educação precários e uma das mais altas taxas de mortalidade infantil do mundo.

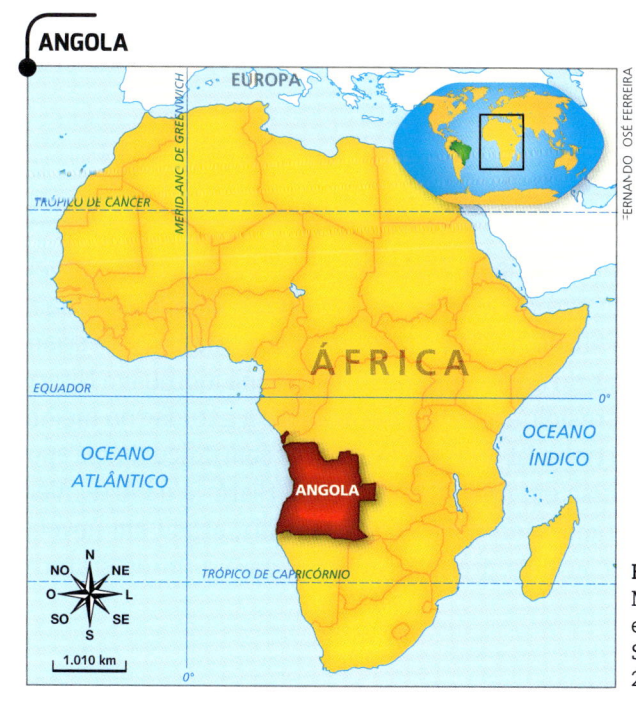

Fonte: FERREIRA, Graça M. L. *Atlas geográfico*: espaço mundial. 4. ed. São Paulo: Moderna, 2013. p. 81.

Biografia

Vilma nasceu em Angola. Quando era estudante secundarista e militante política em Luanda, fez denúncias sobre a condição dos jovens e das mulheres em Angola, lutava pela liberdade de expressão, pelo acesso a uma educação pública de qualidade e pelo fim da ditadura. Em 2012, Vilma começou a ser perseguida pelo governo e acompanhou a prisão e o desaparecimento de muitos estudantes da sua escola. Em 2014, aos 17 anos, ela foi obrigada a fugir de seu país e solicitou refúgio no Brasil por conhecer o idioma e querer uma vida sem ameaças. Aos 21 anos (quando fez o relato transcrito), solteira e sem filhos, cursava Fisioterapia e trabalhava na bilheteria de um cinema na capital de São Paulo.

Texto B

[...] Eu faço parte de uma companhia de teatro negro, chamada Companhia dos Comuns, e a genteee... [o ator Cridemar disse] "Pare-parece que o Cobrinha tá precisando... Cobrinha era o diretor da Companhia. Ele vai montar um outro espetáculo agora, acho que ele tá precisando de atriz, dá uma ligada pra ele." Fiz o teste pra Companhia, passei... E aí foi outra virada na vida, porque aí... aí eu fui entender o que que era ser mulher negra. E tu-tudo aquilo que eu sentia... começou a ter... ter lógica, ter contexto, ter razão. Já não era mais uma neurose da minha cabeça. Agora as coisas tinham sentido. Era fato. Tinha motivo, tinha origem... eee... e tinha principalmente mudança. É uma companhia de teatro negro, e a nossa prática era construir o... o espetáculo, os personagens, a história... tudo surgia a partir de cada um. Eu fiquei na companhia por quatro anos, e aí eu fui fazer uma participação é... numa novela chamada *Sinhá moça*, onde eu conheci a Ruth de Souza, que foi um presente na minha vida porque ela era ídolo, né? Eu olhava assim: "Nooossa! Ruth de Souza". E aí tava do lado dela, trabalhando. E eu... e eu sempre tive na cabeça uma coisa assim: pra fazer televisão, tem que... pra fazer uma parada que... me respeite, que seja de... coerente com aquilo que eu sou e digo hoje. [...]

Tatiana Tibúrcio. Disponível em: <http://mod.lk/o8qiq>.
Acesso em: 4 jun. 2018. (Fragmento).

SAIBA +

O Museu da Pessoa foi fundado em São Paulo em 1991. Esse é um museu virtual que tem como objetivo, segundo o *site*, "contribuir para tornar a história de cada pessoa valorizada pela sociedade". Para isso, o museu divulga relatos que qualquer um pode produzir e enviar por escrito ou gravados em áudio ou vídeo. Assim a história fica preservada no acervo do museu. Acesse: <http://www.museudapessoa.net/pt/home>.

Biografia

Tatiana Tibúrcio da Silva (ou **Tatiana Tibúrcio**, como é conhecida no meio artístico) é atriz, produtora e coreógrafa. Nasceu na cidade do Rio de Janeiro em 1977 e teve uma infância humilde. Filha de empregada doméstica, foi criada e alfabetizada pela avó. Depois do casamento da mãe, Tatiana morou em Niterói e Teresópolis, onde passou a residir em uma casa ampla e a estudar no melhor colégio da cidade. Quando ela tinha 11 anos, voltou a viver com dificuldades após a morte do padrasto. Formou-se em Artes Cênicas e em História da Arte. Além de vários trabalhos em montagens de companhias teatrais, atuou em novelas e séries de televisão e participou de projetos voltados para autores e atores afrodescendentes.

Foto da atriz em 2016.

Texto C

Eu tinha uma televisão, pequenininha assim (*mostra com as mãos*), em cima de um rackzinho que tinham me dado. Era o que eu tinha, então eu tinha... essa televisão. Eu assistia muito pouco, porque... eu nunca... eu num tinha muitooo... eu nun-nunca fui de assistir, assim uma pessoa, ai!, chega em... Não. Não assistia televisão. De vez em quando eu ligava ela. Momento de solidão, né? Vamo vê que que tá acont... né?! Eu olhei pra televisão e falei assim: "Gente, mas o que que esse povo tanto fala, que que esse povo tanto mexe com a boca?". Nas novelas, né? "Por que que eles tanto fala?". Porque eu ainda não entendia ainda esse mundo da arte! Eu falei: "[...] Ééé issooo!!!! Eu vou trabalhar disso, desse trem aí! Eu vou, eu vou trabalhar aí dentro!". Quando você vê um, um... uma artista na televisão, cê quer imediatamente entrar lá. Só que você quer entrar e aí cê imagina ime-i-mediatamente do Rio de Janeiro, que cê acha que... que é lá que faz, né? Cê fala: "Então é pra lá que eu vou". E fui! (*risos*) Ai, gente! Fui pro Rio de Janeiro, cheguei lá... minha tia me... foi me buscar, aquela coisa toda. Me pegou, me recebeu na casa que ela trabalhava. Minha tia morava na Barra da Tijuca, no Rio de Janeiro, num apartamento luxuosíssimo, uma casa enorme... e tal. Há muitos anos que ela trabalhava nessa casa, ela trabalhava há 25 anos... como governanta. ... E aí, quando ela me mostrou, foi me mostrar o quarto pra dormir, onde eu ia ficar... [...] Então eu via que a minha tia mo... dormia numa posição fetal, e eu tinha que dormir mais fetal ainda com ela, porque... num tinha espaço pra aquilo. Essas imagens... esses lugares, esses ta... esses tamanhos de lugares que nos of... que nos é oferecido, né?... que nos... que nos cerca. Eu comecei a questionar isso. Por que que nós estamos nesses lugares? Por que que nós conseguimos chegar só nesses lugares, né? Aí eu comecei me inteirar com as coisas, vendo as pessoas que... que... que trabalhavam, negros que trabalha na televisão... né? as... as atrizes negras que eu vejo... Todas elas! Brancas também... Comecei me inteirar com o mundo de quem faz televisão. Então, eu falei assim: "Gente, eu tenho que fazer uma faculdade!... Ééé issooo!" [...] Aí meu mundo abriu! Aí meu mundo abriu, que eu vi que, que eu era um ser humano... Aí eu comecei a perceber que eu era uma, uma, uma mulher negra, ééé... que nasceu com a possibilidade de ser marginalizada... rejeitada... ééé... de sofrer preconceito... Primeiro por ser mulher, por ser negra, por ser de classe social muito baixa... né?... por ter vindo de um quilombo... Aí a única maneira que eu, que eu vi de... de poder sustentar isso... era na questão de estudar e ir em frente.

CYDA BAÚ. Disponível em: <http://mod.lk/zx2ey>. Acesso em: 4 jun. 2018. (Fragmento).

Biografia

Foto da atriz em 2016.

Maria Aparecida da Silva Santiago (ou **Cyda Baú**, seu nome artístico) é atriz e modelo. Nasceu em Araçaí, Minas Gerais, em 1975. Passou a infância no Quilombo Baú. Criada pela avó, ela foi preparada para o trabalho doméstico, como as outras mulheres da família. Em 1997, enquanto assistia a uma novela na TV, Cyda decidiu ser atriz e foi morar com uma tia no Rio de Janeiro. Ainda trabalhando como doméstica, aos 25 anos ingressou na Escola de Teatro Martins Pena, onde se formou em Artes Cênicas. A partir de então, trabalhou como modelo e atriz, participando de várias montagens teatrais e de novelas e programas televisivos. Cyda também é autora do monólogo "O rastro dos quilombos de Maria em Maria".

ANTES DO ESTUDO DOS TEXTOS

1. Se não tem certeza de ter compreendido bem os textos, leia-os novamente.
2. Procure identificar as ideias apresentadas nos textos e reflita: você concorda com elas? Por quê?
3. Ao responder às questões a seguir, procure empregar o que já aprendeu ao ler outros textos e seja preciso em suas respostas.

ESTUDO DOS TEXTOS

COMPREENSÃO DOS TEXTOS

SOBRE O TEXTO A

1. Em geral, a história dos refugiados é marcada pela resistência cotidiana e pela esperança de um recomeço em um país desconhecido para eles.

    a) Você concorda com essa afirmação? Por quê?

    b) Na sua opinião, como vivem os refugiados e por que se encontram nesta condição?

2. Vilma sofreu perseguição política. Segundo ela, como estava a situação dos angolanos no período em que ela precisou sair de seu país?

3. O projeto "Vidas refugiadas" deu visibilidade a Vilma e a outras refugiadas. Embora Vilma tenha uma história pessoal distinta, ela tem elementos comuns aos da situação de outras mulheres refugiadas. Quais seriam esses elementos?

4. Segundo Vilma, há diferenças entre o homem e a mulher refugiados.

    • Justifique essa afirmação com um trecho do relato dela.

SOBRE O TEXTO B

1. Tatiana Tibúrcio relata que fez parte da Companhia dos Comuns. Como ela definiu a Companhia dos Comuns em seu relato?

2. Ingressar nessa companhia foi importante para Tatiana reconhecer-se e valorizar-se como mulher negra. Encontre, no texto, onde ela faz esse relato e escreva-o com suas palavras.

SOBRE O TEXTO C

1. Cyda Baú fala sobre dois momentos importantes de sua vida. Quais são eles?

2. O que a entrada na faculdade representou para Cyda?

SOBRE OS TEXTOS A, B E C

1. Observando os relatos de experiência da atriz carioca e da atriz mineira, é possível perceber que elas viveram situações semelhantes. Quais são essas situações?

2. Tatiana e Cyda sofreram preconceito racial e social e Vilma foi perseguida. Se você tivesse oportunidade de falar com essas mulheres, o que diria a elas?

DE OLHO NA CONSTRUÇÃO DOS SENTIDOS

SOBRE O TEXTO A

1. Pela entonação do falante, é possível perceber em um texto oral quando há uma fala dentro de outra. Em um texto transcrito, podemos marcar isso com sinais de pontuação.

   a) Na transcrição do texto A, qual sinal de pontuação foi utilizado para diferenciar as falas que não são da própria Vilma?

   b) Identifique um trecho em que aparecem a fala de Vilma e a fala (ou pensamento) de outra pessoa. Identifique quem seria, provavelmente, essa outra pessoa.

2. Observe estes trechos em que Vilma relata a violência contra a população angolana.

   > I. "Aí eles queriam fazer o quê? **Queriam amedrontar** o povo."
   >
   > II. "Aí **bateram** em pessoas inocentes, sem necessidade."

   a) No trecho I, o termo *queriam* se juntou a um verbo no infinitivo. Essa locução verbal tem qual sentido nessa frase?

   b) Nesses trechos, qual verbo é transitivo indireto: *querer* ou *bater*? Por quê?

   c) Conforme o contexto, o verbo **bater** pode vir ou não acompanhado de preposição. No sentido de "espancar, surrar" (como no trecho II), esse verbo precisa de preposição. E no sentido de "fechar com força, fazendo ruído"?

3. Leia outro trecho do relato de experiência oral de Vilma.

   > "Pra mim, ser refugiada é continuar tentando, e ser uma pessoa livre, **grata** por tudo, pela **oportunidade** [...] de trabalhar, de estudar, de correr atrás dos meus sonhos..."

   a) As palavras destacadas nesses trechos são seguidas de preposição. Quais são as preposições regidas por essas palavras? Por que são casos de regência nominal?

   b) Nesse trecho, você viu a expressão "grata por tudo". E se a palavra **tudo** fosse trocada pelo termo *alguém*, a preposição se manteria ou mudaria? Se mudasse, seria para qual?

   c) Alguns verbos intransitivos (como *ir, vir, chegar*) pedem adjunto adverbial de lugar; esse adjunto é representado por locução adverbial iniciada por preposição. No caso do verbo **correr** desse trecho, qual é a locução adverbial? E qual é a preposição dessa locução?

   d) Nos textos orais mais informais, em geral há o uso de reduções nas palavras. Encontre nesse trecho duas reduções.

4. Para finalizar seu relato, Vilma traz uma mensagem em que emprega o imperativo (*corre, acredite, tente* etc.) e o pronome de tratamento *você*.

   a) Qual é essa mensagem?

   b) A qual interlocutor se destina essa mensagem?

> **Lembre-se**
>
> A **regência** pode ser verbal (relação dos verbos com seus complementos) ou nominal (relação do substantivo, do adjetivo ou do advérbio com seus complementos), conforme as diferenças de sentido na frase.
>
> As regras da norma-padrão para a **regência verbal** determinam que um verbo se liga diretamente a seu complemento (como verbo transitivo direto) ou por meio de preposição (como verbo transitivo indireto e, em alguns casos, como verbo intransitivo). Já para a **regência nominal**, determinam se um substantivo, um adjetivo e um advérbio precisam ou não de uma preposição.

SOBRE OS TEXTOS B E C

1. Releia o trecho a seguir, extraído do relato de Tatiana.

   > "Ele vai montar um outro espetáculo agora, acho que ele tá precisando de atriz, **dá uma ligada pra ele**."

   a) Nesse contexto, qual é o complemento da locução verbal *tá precisando*? Ela se liga a seu complemento por qual preposição?

   b) A oração destacada no trecho é informal. Ela é adequada ao relato de Tatiana? Por quê?

   c) Compare a oração destacada com esta: "ligue para ele". Qual delas está mais de acordo com a norma culta? Justifique sua resposta.

   d) Ainda considerando essas duas orações, qual seria mais adequada para um relato escrito? Justifique sua resposta.

2. Releia outro trecho do texto B.

   > "E aí foi outra virada na vida, porque aí... aí eu fui entender o que que era ser mulher negra. E tu-tudo aquilo que eu sentia... começou a ter... ter lógica, ter contexto, ter razão."

   a) Nesse trecho há muitas repetições de palavras? Justifique sua resposta.

   b) Observe que foram usados o hífen e as reticências. Qual é a finalidade desses sinais de pontuação nesse contexto?

3. Agora releia um trecho extraído do relato oral de Cyda.

   > "Minha tia morava na Barra da Tijuca, no Rio de Janeiro, num apartamento luxuosíssimo, uma casa enorme... e tal. Há muitos anos que **ela** trabalhava **nessa casa**, ela trabalhava há 25 anos... como governanta. ... E aí, quando ela **me** mostrou, foi me mostrar o quarto pra dormir, **onde** eu ia ficar... [...] Então eu via que a minha tia mo... dormia numa posição fetal, e eu tinha que dormir mais fetal ainda com ela, porque... num tinha espaço pra aquilo."

   a) Esse trecho descreve dois espaços muito diferentes em uma mesma moradia. Quais são eles, como são e quem os habita?

   b) Os adjetivos *luxuosíssimo* e *enorme* atribuem características a quais substantivos? Qual é a importância desses adjetivos no texto?

   c) Por que as expressões "dormia numa posição fetal" e "num tinha espaço pra aquilo" ressaltam o sentido de oposição ao tamanho do apartamento?

   d) Há palavras que podem ser empregadas pelos falantes da língua para retomar uma ideia ou remeter a alguém. Os termos destacados no trecho referem-se a quais termos das orações anteriores?

O RELATO ORAL DE EXPERIÊNCIA PESSOAL

1. Em uma conversa informal com amigos, os falantes costumam repetir palavras. Nos relatos orais, isso também acontece.

   a) Transcreva do texto A alguns exemplos dessas repetições.

   b) Explique por que a repetição de palavras pode ser considerada um recurso textual significativo no caso do texto de Vilma.

2. Releia um trecho extraído do texto B.

   > "Eu fiquei na companhia por quatro anos, e **aí** eu fui fazer uma participação é... **numa** novela chamada *Sinhá moça*, onde eu conheci a Ruth de Souza, que foi um presente na minha vida porque ela era ídolo, **né**? Eu olhava assim: '**Noooossa!** Ruth de Souza'. E aí **tava** do lado dela, trabalhando."

   a) Com base nas palavras em destaque no trecho, responda se o relato de Tatiana apresenta uma linguagem formal ou informal.

   b) Associe os termos destacados aos itens a seguir, conforme o contexto.

   I. Expressão de apoio para o que foi dito anteriormente.

   II. Termo que dá continuidade à fala, com sentido de "então".

   III. Redução de palavra.

   IV. Interjeição que indica surpresa, admiração ou espanto.

   V. Contração de palavras.

c) Esse trecho está na 1ª pessoa do singular. Encontre nele pronomes e verbos que exemplifiquem essa afirmação.

d) Quais tempos verbais foram usados? Exemplifique.

e) Reescreva o trecho como se fosse um relato escrito para ser publicado em uma revista, seguindo as regras da gramática normativa.

- Compare o trecho original com a reescrita que você fez. As repetições diminuíram? A linguagem manteve o mesmo nível de formalidade? Quais foram as mudanças que você observou?

3. Releia estes trechos.

I. "E eu… e eu sempre tive na cabeça uma coisa assim: pra fazer televisão, tem que… pra fazer uma parada que… me respeite, que seja de… coerente com aquilo que eu sou e digo hoje." (Texto B)

II. "Ééé issooo!!!! Eu vou trabalhar disso, desse trem aí! Eu vou, eu vou trabalhar aí dentro!" (Texto C)

a) É possível identificar as variações linguísticas geográficas por meio da pronúncia, do vocabulário, das construções de frases e expressões típicas de um local. Nos trechos I e II, há dois exemplos. Quais são eles? E a quais localidades eles se referem?

b) Escreva uma expressão típica de onde você mora e explique o que ela significa.

O GÊNERO EM FOCO: RELATO ORAL DE EXPERIÊNCIA PESSOAL

Há duas modalidades de relatos de experiência: orais (como aqueles com que você teve contato nesta unidade) e escritos, mais objetivos ou mais subjetivos, que podem trazer um fato cotidiano, um episódio surpreendente, um experimento etc. O nível de formalidade também varia conforme a situação comunicacional. Neste momento, vamos estudar apenas os relatos orais, que foram transcritos.

> No gênero textual **relato oral de experiência pessoal**, o falante relata, oralmente, fatos marcantes que ele próprio tenha vivenciado. O autor é, ao mesmo tempo, relator e protagonista da própria história, revelando um ponto de vista pessoal a respeito da experiência vivida. Pode ser gravado em áudio ou vídeo para o interlocutor ouvir e/ou ver.

O autor fala de si mesmo, de fatos da própria história, por isso, o texto costuma estar na 1ª pessoa do singular. Os fatos relatados já aconteceram, o que explica por que, em geral, os tempos verbais estão no passado.

Os relatos orais costumam ser espontâneos e coloquiais. Como a língua falada não permite que o enunciador estruture sua fala, pense na frase nem reveja o vocabulário, ocorrem várias pausas, hesitações e interrupções de ideia no meio das frases, como indica o trecho a seguir. Veja:

> "Essas imagens... esses lugares, esses ta... esses tamanhos de lugares que nos of... que nos é oferecido, né?... que nos... que nos cerca."

Além das marcas de oralidade, há outras que podem estar em um relato oral, como: interjeições (*nossa!, hummm, oh!, ah, ai!* etc.); reduções de palavras (*pra, tá* etc.); expressões de apoio (*né?, OK?* etc.); prolongamentos de sons da fala; repetições de palavras. Veja:

> "Começou a ter algumas manifestações em Angola, de jovens, professores, praaa... tirar o presidente da república, pelo tempo que ele tááá... no, na presidência".

Em se tratando de contextos informais, é possível perceber que nem sempre são seguidas as regras de concordância, regência, colocação pronominal e outras, porque há diferenças entre o uso estabelecido pela gramática normativa e o emprego cotidiano pelos falantes. Veja estas construções na língua falada que não estão de acordo com a gramática normativa.

> "Vamo vê que que tá acont... né?!"
>
> "Corre atrás dos teus sonho, independentemente."

Na locução verbal "vamo vê" (primeiro trecho) o auxiliar está grafado sem a letra **s** e o infinitivo do verbo principal está conjugado como "vê" e não como *ver*. Na construção "teus sonho" (segundo trecho), o substantivo "sonho" fica no singular e apenas o determinante "teus" que antecede esse substantivo se flexiona em número. Apesar de apresentarem construções diferentes do recomendado na norma-padrão, esses usos estão adequados porque atendem a seu propósito de empregar a língua falada para relatar fatos de um modo informal que alcança o entendimento dos interlocutores.

Nas falas, é possível notar diferenças geográficas, de som (pronúncia), de vocabulário, de estrutura da frase etc., o que é comum na oralidade.

Nos relatos de experiência orais e em outros gêneros orais, o importante é que os interlocutores se comuniquem, interajam e saibam empregar a norma culta em situações que exijam isso, como uma entrevista de emprego, uma palestra, um seminário, uma apresentação oral (que você verá ainda nesta unidade), entre outras.

ORGANIZAR O CONHECIMENTO

O QUE VOCÊ JÁ SABE?

Agora, você já é capaz de...	Sim	Não	Mais ou menos
... diferenciar o relato de outros gêneros orais, indicando suas principais características?	☐	☐	☐
... detectar as marcas de oralidade presentes em relatos orais?	☐	☐	☐
... empregar adequadamente o registro formal ou informal de acordo com o contexto?	☐	☐	☐

Se você marcou não ou mais ou menos em algum caso, retome a leitura de O gênero em foco: relato oral de experiência pessoal.

- Junte-se a um colega e elaborem um esquema com as principais características do relato oral de experiência pessoal. As questões apresentadas servem para orientar essa elaboração.

Relato oral de experiência pessoal

- Como se define esse gênero textual? Quais são suas características principais?
- Em geral, o texto tem uma linguagem formal ou informal? Está em 1ª ou 3ª pessoa do singular? Apresenta verbos no presente ou no passado?
- Por que nem sempre o autor segue as regras da norma-padrão nesse gênero textual?
- Quais marcas de oralidade costuma apresentar?

E POR FALAR NISSO...

A imagem a seguir faz parte de uma instalação artística intitulada *SOS Save our Souls*, criada pelo jovem inglês Achilleas Souras quando tinha 15 anos. A proposta do artista é utilizar coletes salva-vidas descartados por imigrantes refugiados que atravessam o Mar Mediterrâneo em direção à Europa. Só em 2017 milhares desses coletes foram abandonados em praias da Ilha de Lesbos, na Grécia, tão logo esses imigrantes chegaram à terra firme. Observe a imagem e troque ideias com seus colegas.

1. Em sua opinião, o que poderia simbolizar a junção desses coletes salva-vidas para criar uma espécie de iglu ou abrigo?

2. Essa obra de Achilleas Souras foi apresentada no Brasil, na mostra *Vidas deslocadas*, no Museu do Amanhã, no Rio de Janeiro. O que você acha de uma obra como essa ser apresentada em museus e galerias ao redor do mundo?

3. Achilleas Souras cresceu brincando com blocos de montar e resolveu criar essa instalação como forma de participar da discussão acerca dos refugiados e da violação dos direitos humanos.

    a) Você acha que a arte pode despertar o engajamento das pessoas em questões sociais e políticas? Se sim, como?

    b) De que forma jovens como você podem atuar em questões tão delicadas como a dos direitos humanos? Discuta com seus colegas.

ESTUDO DA LÍNGUA: ANÁLISE E REFLEXÃO

> **COMO VOCÊ PODE ESTUDAR**
>
> 1. **Estudo da língua** não é uma seção para decorar, mas para questionar e levantar problemas.
> 2. O trabalho com os conhecimentos linguísticos requer persistência. Leia e releia os textos e exemplos, discuta, converse.

COLOCAÇÃO PRONOMINAL

- Releia este trecho do relato oral de Tatiana Tibúrcio, que você viu no início desta unidade.

> "E eu... e eu sempre tive na cabeça uma coisa assim: pra fazer televisão, tem que... pra fazer uma parada que... me respeite, que seja de... coerente com aquilo que eu sou e digo hoje."

a) Nesse trecho, encontre um pronome oblíquo átono da 1ª pessoa do singular.

b) No trecho, onde esse pronome oblíquo está localizado: antes, no meio ou depois do verbo?

c) Na sua opinião, essa colocação do pronome oblíquo está adequada a esse contexto? Por quê?

Lembre-se

Os pronomes pessoais oblíquos átonos são: *me, te, se, o(s), a(s), lhe(s), nos, vos.*

COLOCAÇÃO PRONOMINAL

Os pronomes pessoais oblíquos átonos podem aparecer antes, depois e até no meio das formas verbais que acompanham.

> A **colocação pronominal** determina a posição dos pronomes oblíquos átonos em relação aos verbos. São três as posições que esses pronomes ocupam:
> - **Antes** do verbo – **próclise**: *Hoje **me** lembrarei das coisas boas que faço.*
> - **Depois** do verbo – **ênclise**: *Quero **lembrá-lo** das coisas boas que você fez.*
> - **No meio** do verbo – **mesóclise**: ***Lembrar-me-ei** das coisas boas que faço.*

Em situações comunicativas mais informais, os falantes do português brasileiro costumam optar por uma colocação que lhes soa melhor. Por isso, há colocações que soam "estranhas" e são naturalmente evitadas pelos falantes do português. Na produção de textos orais e escritos formais é necessário seguir algumas regras específicas de colocação pronominal e o resultado nem sempre coincide com as formas que estamos acostumados a usar no dia a dia. A razão disso é que algumas dessas regras se baseiam no uso dos pronomes átonos em Portugal — que é bem diferente do nosso.

O pronome *o*

O pronome *o* — oblíquo da 3ª pessoa do singular — também pode ser um pronome demonstrativo neutro, equivalente a **isso**. Exemplo: *Queria ser sua namorada, mas, já que não posso sê-lo, contento-me com sua amizade.* (sê-lo = ser isso)

Em situações informais, diferentemente dos portugueses, os brasileiros preferem a próclise à ênclise. Observe:

Em Portugal	No Brasil
— Onde é a estação de comboios? Chama-**me** quando estiveres a sair de casa.	— Onde fica a estação de trem? **Me** avise quando estiver saindo de casa.

Como algumas regras de colocação pronominal não são intuitivas para nós, precisamos estar atentos a elas e ao contexto de comunicação. Conheça a seguir as principais regras de colocação pronominal segundo a norma-padrão.

PRÓCLISE

É usada quando o pronome oblíquo átono é colocado **antes do verbo**, porque há palavras que atraem o pronome. São elas:

- Palavras de sentido negativo — *não, nunca, jamais, nem, nenhum*: **Nunca me** senti tão indignada com tanta violência no mundo.

- Advérbios ou locuções adverbiais — *ontem, hoje, amanhã, agora, à noite*: A professora leu para os alunos o Estatuto da Criança e do Adolescente; **logo lhes** informou seus direitos fundamentais.

- Pronomes relativos — *que, cujo, qual, quem*: É esse ódio nas redes sociais **que lhe** fez pensar na intolerância das pessoas.

- Pronomes indefinidos — *alguém, ninguém, tudo, pouco, muito*: **Quem se** conhece acaba respeitando os próprios limites e capacidades.

- Pronomes demonstrativos — *este, essa, isto, isso, aquilo*: Conhecer a história dos povos ajuda a entender os horrores das guerras. **Isso nos** ensina a construir a paz.

- Conjunções subordinativas: *quando, que, segundo, se, embora*: A menina retribuiu o gesto carinhoso **quando a** elogiaram.

- Quando o verbo está em frases exclamativas, interrogativas ou optativas: **Quanto me** é penoso ver o sofrimento dos refugiados!

- Quando o verbo faz parte de locução verbal ou tempo composto: A ameaça constante contra os ativistas **havia nos preocupado**.

ÊNCLISE

É usada quando o pronome oblíquo átono é colocado **depois do verbo**, conforme as regras a seguir.

- Quando o verbo está no início da frase: **Debrucei-me** às margens do rio e senti o frescor da água.

- Quando o verbo não está no início de frase, mas é precedido de pausa: No final da trilha, **chega-se** a uma das vistas mais lindas da montanha.

- Quando o verbo está no imperativo afirmativo: Meninos e meninas, **aprontem-se** rapidamente!

- Quando o verbo está no gerúndio: Descemos até a praia, **segurando-nos** a cabos de aço nas encostas.

- Quando o verbo está no infinitivo e o pronome é *o* ou *a*, mesmo havendo uma palavra atrativa: Falamos que o passeio era cansativo mas também muito interessante, para não **desanimá-lo**.

MESÓCLISE

É usada quando o pronome oblíquo átono é colocado no **meio do verbo**, conforme a regra a seguir.

- Quando o verbo está no futuro do presente ou no futuro do pretérito, sem palavra atrativa: Depois, **abrir-se-ia** um prazo para que se pudesse recorrer na sentença.

> **Verbos com pronomes enclíticos**
> - Nos verbos terminados em **-r**, **-s** ou **-z**, os pronomes oblíquos átonos **o(s), a(s)** assumem as formas **lo(s), la(s)**.
> Vocês pediram para ele **fazer a feira**. → Vocês pediram para ele **fazê-la**.
> - Nos verbos terminados em **-am**, **-em**, **-õe** e outros com som nasal, os pronomes oblíquos átonos **o(s), a(s)** assumem as formas **no(s), na(s)**.
> Seus amigos **recitam os poemas**. → Seus amigos **recitam-nos**.

COLOCAÇÃO PRONOMINAL E NORMA-PADRÃO

Além dos exemplos já apresentados durante a seção, há outras situações comunicativas cotidianas em que o emprego da colocação pronominal difere do que é estabelecido pela norma-padrão, mas está adequado ao contexto. Leia a tira a seguir.

HAGAR
Chris Browne

[Tira: Quadro 1 — Helga: "COMO VOCÊ CHAMA ISTO?!" Hagar: "NÃO TENHO UM NOME PARA ISSO — SIMPLESMENTE JUNTEI ALGUMAS SOBRAS." Quadro 2 — Helga sentada no chão: "ME RECUSO A COMER COMIDA ANÔNIMA."]

No primeiro quadro, a comida feita com "algumas sobras" não agrada Hagar, o que é enfatizado com os pronomes demonstrativos *isto* (comida perto do locutor) e *isso* (comida mais afastada do locutor). No segundo quadrinho, o emprego incomum do adjetivo *anônimo* com o sentido de "refeição sem nome" (e, portanto, não confiável de ser ingerida) contribui para o humor. Se essa frase estivesse conforme a norma-padrão, não ocorreria a próclise, mas a ênclise (*Recuso-me*). Essa colocação pronominal na tirinha, no entanto, está adequada ao contexto, pois reproduz uma conversa espontânea entre marido e mulher.

Agora, leia dois exemplos de diálogo que apresentam estrutura comum em textos orais informais.

Cena 1 — "AMOR, O ZEZINHO ESTAVA NA PRAIA. ENCONTREI ELE TOMANDO UMA ÁGUA DE COCO."

Cena 2 — "MÃE, A BIA TERMINOU A LIÇÃO DE CASA. AJUDEI ELA NAS ATIVIDADES DE GEOGRAFIA."

Nessas frases, os pronomes *ele* e *ela* não se referem ao sujeito da ação, mas ao complemento dos verbos *encontrei* e *ajudei*. Pela norma-padrão, não seriam usados esses pronomes pessoais do caso reto da 3ª pessoa do singular, mas seus pronomes oblíquos correspondentes: *o* e *a*.

ACONTECE NA LÍNGUA

Atualmente, a mesóclise está praticamente extinta no português brasileiro, tanto na oralidade como na escrita, sobrevivendo apenas em contextos muito específicos, tais como os da área jurídica (leis, petições, sentenças). No português contemporâneo, a mesóclise foi substituída, em geral, pela próclise. Exemplo: *O vendedor **nos** solicitará uma visita* em vez de *O vendedor **solicitar-nos**-á uma visita*.

ORGANIZAR O CONHECIMENTO

O QUE VOCÊ JÁ SABE?

Agora, você já é capaz de...	Sim	Não	Mais ou menos
... perceber as diferenças entre as colocações pronominais utilizadas em contextos formais e informais de uso da língua?	☐	☐	☐
... empregar adequadamente as colocações pronominais?	☐	☐	☐
... diferenciar o uso que os portugueses fazem da colocação pronominal em relação aos brasileiros?	☐	☐	☐

*Se você marcou **não** ou **mais ou menos** em algum caso, retome a leitura de **Colocação pronominal**.*

- Junte-se a um colega e completem o esquema no caderno com exemplos de frases empregando próclise, ênclise e mesóclise.

Colocação pronominal

- **Próclise:** pronome oblíquo átono antes do verbo.
- **Ênclise:** pronome oblíquo átono depois do verbo.
- **Mesóclise:** pronome oblíquo átono no meio do verbo.

ATIVIDADES

ATITUDES PARA A VIDA

Ao responder às questões, busque exatidão e precisão para garantir que você entendeu o que estudou.

1. Leia esta tira de Laerte.

PIRATAS DO TIETÊ — LAERTE

a) O humor da tira é construído a partir de duas solicitações contraditórias à mesma personagem. Que solicitações são essas?

b) Além do texto verbal, quais elementos gráficos também marcam essa oposição?

c) A colocação pronominal também se relaciona a essa oposição e contribui para o humor do texto: em cada quadrinho, o pronome pessoal reflexivo **se** se desloca para antes e para depois do verbo. Justifique o emprego dessas colocações pronominais.

2. Leia o título de um artigo de opinião de um jornal paranaense.

Nos acostumamos a tudo

Jornal de Beltrão. Disponível em: <http://mod.lk/orj2w>. Acesso em: 13 jun. 2018.

a) De acordo com a norma-padrão, como ficaria a colocação do pronome oblíquo átono? Reescreva a oração.

b) Qual colocação pronominal é a mais usual entre os falantes brasileiros: a presente na manchete ou na oração reescrita por você no item anterior? Justifique apresentando outros exemplos de uso que você conheça.

3. Leia a manchete e responda às questões a seguir.

Uma mulher pisou em um caracol e o levou ao veterinário para "consertar" sua concha

Mistérios do mundo. Disponível em: <http://mod.lk/este4>. Acesso em: 29 jul. 2018.

ATIVIDADES

a) Qual é a classe gramatical da palavra destacada? A que elemento do texto ela se refere?

b) De acordo com a norma-padrão, esse termo deve ser colocado em qual posição?

c) Na sua opinião, qual das duas colocações do pronome é mais comum nesse caso?

4. Leia as frases I e II.

I. Há três pontes na cidade. As chuvas acabaram por destruir **as pontes**. A prefeitura prometeu reerguer **as pontes** ainda este mês.

II. Quem ainda não terminou o trabalho de matemática deve reunir-se com seu grupo para discutir **o trabalho**, concluir **o trabalho** e entregar **o trabalho** até no máximo segunda-feira.

a) Reescreva essas orações no caderno, substituindo os termos destacados por pronomes pessoais oblíquos átonos, para que o texto fique mais conciso e não tenha repetição de palavras.

b) Agora, reescreva as orações, substituindo a palavra *pontes* por um substantivo masculino no singular (na frase I) e a palavra *trabalho* por um substantivo feminino no plural (na frase II).

c) Com base no quadro abaixo, justifique a acentuação dos verbos nessas substituições.

Acentuação em verbos com os pronomes *o, a, os, as*

- Verbos da 1ª e da 2ª conjugação: o verbo perde o **-r** (desinência de infinitivo) e recebe acento circunflexo no **a**, no **e** ou no **o**. O pronome oblíquo recebe um **l**.
  Comprar + o = comprá-lo
  Enviar + as = enviá-las
  Vender + o = vendê-lo
  Comer + os = comê-los

- Verbos da 3ª conjugação: o verbo perde o **-r** (desinência de infinitivo) e não recebe acento algum. O pronome oblíquo recebe um **l**. Quando o **i** for tônico e formar hiato com a vogal anterior, deverá ser acentuado.
  Partir + o = parti-lo
  Ferir + os = feri-los
  Distrair + o = distraí-lo
  Possuir + a = possuí-la

---

d) Reescreva estas frases no caderno, substituindo os termos destacados por pronomes pessoais oblíquos átonos e empregando a ênclise.

I. As chuvas avariam **as pontes** nos meses de inverno.

II. Fui à escola e finalizei **o trabalho** com meu grupo.

5. Leia a seguir um trecho de um regulamento do Museu Afro Brasil.

> **Capítulo II**
>
> DA SELEÇÃO DE FORNECEDORES
>
> Art. 4º — A aquisição e alienação de bens e a contratação de serviços e obras efetuar-se-ão mediante Seleção de Fornecedores.
>
> [...]

Museu Afro Brasil. Disponível em:<http://mod.lk/effex>. Acesso em: 29 jul. 2018. (Fragmento).

a) Transcreva no caderno a frase em que foi empregada uma mesóclise. Essa colocação pronominal é adequada ao contexto? Por quê?

b) Reescreva a frase no caderno sem empregar a mesóclise, porém mantendo o sentido da frase.

6. Releia um trecho do relato de Cyda Baú, que você viu no início desta unidade.

> "Não assistia televisão. De vez em quando eu ligava ela. Momento de solidão, né?"

a) Na primeira oração do trecho, a regência do verbo *assistir* está de acordo com a norma-padrão? Por quê?

b) O pronome pessoal do caso reto *ela* refere-se a qual termo da oração anterior? Reescreva a segunda oração de acordo com a gramática normativa e justifique.

c) Na sua opinião, essa regência e essa colocação pronominal são comuns entre os falantes brasileiros? Você também costuma falar assim?

d) Observe as frases a seguir, que estão de acordo com a norma-padrão. Nessas frases, o verbo *assistir* é transitivo direto ou indireto? Na frase II, o sentido permanece o mesmo da frase I? Por quê?

   I. A enfermeira assistiu à televisão na sua casa.

   II. A enfermeira assistiu o paciente no hospital.

7. Leia a seguir trechos dos relatos orais das atrizes Tatiana e Cyda.

> **I.** "Eu fiquei na companhia por quatro anos, e aí eu fui fazer uma participação é... numa novela chamada *Sinhá moça*, **onde** eu conheci a Ruth de Souza, **que** foi um presente na minha vida porque ela era ídolo, né?".

ATIVIDADES

> II. "E fui! Ai, gente! Fui pro Rio de Janeiro, cheguei lá... minha tia me... foi me buscar, aquela coisa toda. Me pegou, me recebeu na casa **que** ela trabalhava."

a) Quais são os antecedentes de *onde* e *que*? O emprego desses pronomes relativos está em conformidade com a norma-padrão? Por quê?

b) Encontre pronomes pessoais de 1ª pessoa do singular nos trechos I e II. Desses, encontre o pronome oblíquo átono que aparece em três orações e indique se nelas a colocação pronominal está de acordo com a norma culta.

8. Releia mais um trecho do relato de Cyda.

> "Essas imagens... esses lugares, esses ta... esses tamanhos de lugares que nos of... que nos é oferecido, né?... que nos... que nos cerca. Eu comecei a questionar isso. Por que que nós estamos nesses lugares? Por que que nós **conseguimos chegar** só nesses lugares, né?"

a) Cyda usa muitas perguntas. Qual é o efeito de sentido obtido?

b) A quem se refere o pronome pessoal do caso reto **nós** nesse trecho?

c) Na sua opinião, o fato de a própria Cyda se incluir nessas perguntas traz alguma relevância no sentido? Por quê?

d) Observe as orações em que o pronome oblíquo átono de 1ª pessoa do plural foi usado. Se a opção fosse usar a 3ª pessoa do plural, como ficaria a frase com o pronome oblíquo correspondente?

e) A regência da locução verbal destacada no trecho está de acordo com a norma-padrão? Justifique.

9. Você vai ler, agora, outro fragmento do relato de Cyda Baú.

> Eu tenho que procurar uma escola de teatro que me ensina a ser uma atriz. Eu fiz o vestibular, prestei o vestibular, fiquei em casa, es-estudei que nem uma louca... Fiquei um mês confinada em livros, confinada, con... lendo, estudando, estudando... E eu fiz a prova e passei. Entrei, assim, muito bem colocada. Muito bem colocada mesmo. Eu fui a segunda aluna da turma... da... da... da... do... do... das notas.

Disponível em: <http://mod.lk/zx2ey>. Acesso em: 4 jun. 2018. (Fragmento).

a) Na oração "que me ensina a ser uma atriz", o pronome *que* retoma qual termo da oração anterior?

- A colocação do pronome oblíquo *me* e a concordância do verbo *ensinar* estão conforme a norma-padrão? Por quê?

b) Em um relato como esse, oral e informal, pode haver repetições de termos, hesitações, pausas, interrupções de ideia. Por quê? Justifique essa afirmação com exemplos do trecho.

TESTE SEUS CONHECIMENTOS

> Na questão a seguir, você deverá reconhecer as normas de regência verbal. Por isso, é importante observar a relação estabelecida entre os verbos e seus complementos em cada uma das orações.
>
> Leia atentamente as alternativas, responda às perguntas que as acompanham com "sim" ou "não" e, ao final, indique a alternativa cuja resposta seja **NÃO**.

(Ufam)

Indique a alternativa em que a regência verbal está **INCORRETA**.

a) Todos aspiravam a um novo tempo.

> O verbo *aspirar*, quando corresponde à expressão *ter como objetivo*, é transitivo indireto e exige objeto introduzido pela preposição *a*?

b) Havia quem preferisse mais o cinema do que o teatro.

> O verbo *preferir* é transitivo direto e exige dois objetos, um introduzido pela palavra *mais* e outro, pela expressão *do que*?

c) O governo investiu com as armas da repressão à liberdade.

> O verbo *investir*, com o sentido de *atacar*, é transitivo indireto e rege a preposição *com*?

d) Lembro-me do lançamento de livros de grandes nomes da literatura.

> O verbo *lembrar* será classificado como transitivo indireto quando for pronominal, isto é, quando estiver acompanhado de um pronome oblíquo como o *me*?

e) Como disse um poeta: o país aspirava o perfume de uma nova manhã.

> O verbo *aspirar*, quando significa *sentir o cheiro de algo ou de alguém*, é transitivo direto?

LEITURA E PRODUÇÃO DE TEXTO

A PRODUÇÃO EM FOCO

- Nesta unidade, você vai produzir uma apresentação oral. Durante a leitura, fique atento:
  a) à intenção comunicativa;
  b) aos argumentos utilizados no texto;
  c) à exposição das ideias da autora.

CONTEXTO

A apresentação oral que você vai conhecer agora foi organizada pela TED (sigla de *Technology, Entertainment, Design*). Essa fundação sem fins lucrativos realiza, anualmente, uma série de conferências na Europa, na Ásia e nas Américas.

O objetivo principal é reunir personalidades e compartilhar "ideias que merecem ser disseminadas", usando as palavras da própria organização. Depois de apresentadas para a plateia, as conferências são publicadas em canal na internet.

Uma das convidadas da TED foi Chimamanda Ngozi Adichie, uma escritora nigeriana que se apresentou em 2012 para tratar de um tema bastante discutido na atualidade. O vídeo de sua conferência já ultrapassou mais de 5 milhões de visualizações. O texto a seguir é um fragmento dessa apresentação oral de Chimamanda, que foi transcrito e traduzido para a língua portuguesa.

Todos nós devemos ser feministas

Meu irmão Chuks e meu melhor amigo Ike fazem parte da equipe de organização. Então, quando eles me convidaram para vir, eu não pude dizer não. Estou feliz por estar aqui. [...]

Vou começar contando a vocês sobre um dos meus melhores amigos, Okuloma. Okuloma morava em minha rua e cuidava de mim como um irmão mais velho. [...] Ele também foi a primeira pessoa a me chamar de *feminista*.

[...] Quando eu estava na escola primária, minha professora disse no começo das aulas que ela daria um teste à turma e aquele que tivesse a maior pontuação seria o monitor da turma. [...] . Eu queria muito ser a monitora da turma. E eu tirei a nota mais alta no teste. Para minha surpresa, a professora disse que o monitor tinha que ser um menino. Ela esqueceu de esclarecer isso antes, porque ela supôs que era... óbvio. *(Risos)* Um garoto teve a segunda nota mais alta no teste e ele seria o monitor. O que é mais interessante nisso é que o garoto era um doce, muito gentil, que não tinha nenhum interesse em patrulhar a classe [...], enquanto eu estava ansiosa para fazer isso. Mas eu era uma garota, ele um garoto e ele tornou-se o monitor da turma. E eu nunca esqueci esse incidente.

Com frequência, cometo o erro de pensar que algo que é óbvio para mim é óbvio também para todo mundo. Bem, meu querido amigo Louis é um exemplo. Louis é um homem brilhante, esclarecido, e nós conversávamos e ele me dizia: "Não sei o que quer dizer com as coisas serem diferentes ou mais difíceis para as mulheres. Talvez no passado, mas não agora". E não entendi como Louis não podia ver coisas que pareciam tão evidentes.

Então, uma noite, em Lagos, Louis e eu saímos com amigos. [...] Quando estávamos indo embora, decidi dar a ele [o homem que achou uma vaga] uma gorjeta. Eu abri minha bolsa, coloquei minha mão dentro dela, tirei meu dinheiro, que ganhei fazendo meu trabalho, e dei para o homem. E esse homem, que estava muito agradecido e muito feliz, pegou o dinheiro, olhou para o Louis, e disse: "Obrigado, senhor!" *(Risos)* Louis me olhou, surpreso, e perguntou: "Por que ele está me agradecendo? Não fui eu quem deu o dinheiro a ele." Então vi no rosto de Louis que ele havia compreendido. O homem acreditou que o meu dinheiro só poderia ter vindo de Louis, porque Louis é homem. [...]

Há um pouco mais de mulheres do que homens no mundo, aproximadamente 52% da população mundial é feminina. Mas a maioria das posições de poder e prestígio são ocupadas por homens. A falecida vencedora queniana do Prêmio Nobel, Wangari Maathai, explicou de forma simples e fácil quando disse: "Quanto mais alto você vai, menos mulheres você encontra." [...]

Então, literalmente, os homens dominam o mundo, e isso fez sentido mil anos atrás, porque os seres humanos viviam em um mundo em que a força física era o atributo mais importante para a sobrevivência. [...] Mas hoje, nós vivemos em um mundo totalmente diferente. A pessoa mais propensa a liderar não é a pessoa fisicamente mais forte, mas a mais criativa, a mais inteligente, a pessoa mais inovadora, e não há hormônios para esses atributos. O homem, tanto quanto a mulher, é capaz de ser inteligente, de ser criativo, de ser inovador. Evoluímos, mas me parece que nossas ideias sobre os gêneros não evoluíram.

Cidade de Lagos, na Nigéria, em Ilustração de Carlos Bourdiel.

Biografia

Foto da escritora em 2017.

Chimamanda Ngozi Adichie nasceu em 1977, em Enugu, na Nigéria. Seu primeiro livro, *Hibisco roxo*, foi lançado em 2003 e trata dos resquícios da colonização britânica em seu país. O romance *Meio sol amarelo*, lançado em 2007, narra a história das irmãs Olanna e Kainene durante a guerra civil ocorrida entre 1967 e 1970, quando algumas províncias nigerianas tentaram se libertar do país. Em 2014, publicou *Americanah*, que fala sobre o relacionamento entre Ifemelu e Obinze, e também sobre imigração, racismo, feminismo, entre outras. É também autora de *Sejamos todos feministas* (2014) e *Para educar crianças feministas: um manifesto* (2017).

[...] Minha bisavó, pelas histórias que eu ouvi, era feminista. Ela fugiu da casa do homem com quem não queria se casar, e acabou se casando com um homem que escolheu. Ela recusava, protestava e se posicionava sempre que sentia que estava sendo privada de acesso, terras, essas coisas. Minha bisavó não conhecia a palavra *feminista*, mas isso não significa que ela não era uma. A maioria de nós deveria reivindicar esta palavra. Minha própria definição de *feminista* é: [...] feminista é um homem ou uma mulher que diz "Sim, há um problema com os gêneros hoje, e nós devemos consertar isso. Devemos fazer melhor".

O melhor feminista que conheço é meu irmão Kennny. Ele também é um homem gentil, bonito, amável e muito masculino. Obrigada.

CHIMAMANDA NGOZI ADICHIE. Trad. Janaina Pessanha. Disponível em: <http://mod.lk/n0f5s>. Acesso em: 31 ago. 2018. (Fragmento).

O que é feminismo?

O **feminismo** é um movimento social e político em favor da *igualdade* entre homens e mulheres. O fim da violência de gênero e a equiparação salarial são pautas defendidas pelo feminismo na busca da ampliação dos direitos das mulheres.

SAIBA +

Localizada na África Ocidental, a Nigéria foi colônia da Inglaterra de 1914 a 1960. Tem a 7ª maior população do mundo (mais de 190 milhões em 2017), composta de mais de 250 etnias, o que explica sua grande diversidade cultural. Embora tenham sido identificados no país mais de 370 idiomas, a língua oficial é o inglês.

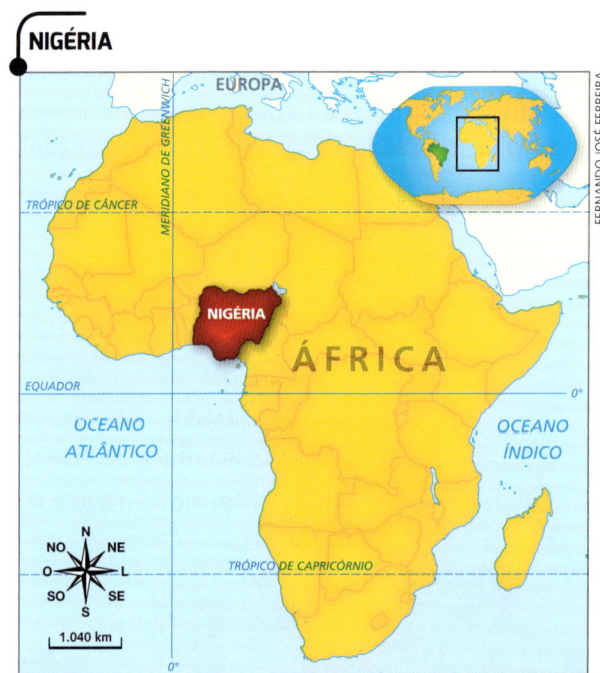

NIGÉRIA

Fonte: FERREIRA, Graça M. L. *Atlas geográfico*: espaço mundial. 4. ed. São Paulo: Moderna, 2013. p. 81.

ESTUDO DO TEXTO

ANTES DO ESTUDO DO TEXTO

1. Se não tem certeza de ter compreendido bem o texto, leia-o novamente.
2. Procure identificar as ideias apresentadas no texto e reflita: você concorda com elas? Por quê?
3. Ao responder às questões a seguir, procure empregar o que já aprendeu ao ler outros textos e seja preciso em suas respostas.

DE OLHO NAS CARACTERÍSTICAS DO GÊNERO

1. Observe o título do texto que você acabou de ler.
   a) Qual é o título do texto?
   b) Na sua opinião, o que significa usar a palavra *todos* no título?
   c) Você se incluiria nesse título? Por quê?

2. Em sua apresentação, Chimamanda Ngozi Adichie apresenta relatos que permitem refletir sobre a importância de ser feminista no mundo atual.
   - Copie no caderno o quadro a seguir e complete-o com as informações sobre cada um dos relatos apresentados pela autora.

	Primeiro relato	Segundo relato
Experiência apresentada		
Quando e onde ocorreu a experiência apresentada		
O que a escritora aprendeu com essa experiência		

3. Releia o trecho a seguir.

   > "Para minha surpresa, a professora disse que o monitor tinha que ser um menino. Ela esqueceu de esclarecer **isso** antes, porque ela supôs que era... óbvio. [...] Um garoto teve a segunda nota mais alta no teste e ele seria o monitor. O que é mais interessante **nisso** é que o garoto era um doce, muito gentil, que não tinha nenhum interesse em patrulhar a classe [...], enquanto eu estava ansiosa para fazer **isso**. Mas eu era uma garota, ele um garoto e ele tornou-se o monitor da turma. E eu nunca esqueci esse incidente."

   a) Mesmo a professora tendo agido de acordo com o que se costumava fazer nas escolas da Nigéria, por que Chimamanda ficou surpresa com essa decisão?
   b) Segundo a autora, essa decisão pareceu ir contra o que seria o desejo dela e o do seu colega. Justifique isso com frases extraídas do trecho.
   c) Na sua resposta do item **b**, qual é o termo que mostra a oposição entre os desejos das duas crianças?
   d) Observe os termos destacados. O pronome demonstrativo *isso* ajuda na coesão textual dos textos, por exemplo, evitando repetição ou remetendo a termos e frases. No trecho, o que essa palavra retoma?
   e) Em sua opinião, o fim do trecho revela qual sentimento da autora? E se no lugar da frase "E eu nunca esqueci esse incidente" a autora tivesse dito *E eu esqueci esse fato*, o efeito de sua fala seria o mesmo? Justifique suas respostas.

4. No trecho reproduzido a seguir, Chimamanda fala de sua bisavó.

> "Minha bisavó, pelas histórias que eu ouvi, era feminista. Ela fugiu da casa do homem com quem não queria se casar, e acabou se casando com um homem que escolheu. Ela recusava, protestava e se posicionava sempre que sentia que estava sendo privada de acesso, terras, essas coisas. Minha bisavó não conhecia a palavra *feminista*, mas isso não significa que ela não era uma."

   a) Como Chimamanda soube das atitudes e das ações de sua bisavó?

   b) Considerando o contexto em que a bisavó vivia, por que ela poderia ser considerada feminista, mesmo esse conceito não existindo na época? Exemplifique sua resposta com trechos do texto.

5. Releia o trecho a seguir.

> "O melhor feminista que conheço é meu irmão Kenny. Ele também é um homem gentil, bonito, amável e muito masculino."

• Que ideias estão implícitas nessa fala de Chimamanda? Aponte as alternativas corretas.

   I. Homens também devem se preocupar com a condição da mulher na sociedade.

   II. Apenas mulheres devem lutar pela igualdade de gênero.

   III. Um homem pode ser gentil e masculino; uma característica não anula a outra.

   IV. Lutar pela igualdade de gênero é papel tanto de homens como de mulheres.

A APRESENTAÇÃO ORAL

1. O texto de Chimamanda Adichie que você leu constitui uma apresentação oral diante de um público.

   a) Em que contexto esse texto foi apresentado?

   b) Que tipo de público poderia se interessar pela apresentação de Chimamanda Adichie?

   c) Identifique os trechos em que a autora saúda o público. Em que parte da apresentação eles estão localizados?

2. Releia o texto e copie no caderno trechos que indiquem que as ideias apresentadas são opiniões da autora.

3. Chimamanda Adichie é uma escritora que trata, em sua fala, da igualdade entre os gêneros.

   a) Qual parágrafo do texto tem a função de introduzir o assunto?

   b) Por que esse seria um tema relevante para a autora?

   c) Por que ela seria uma personalidade importante para falar desse tema? O que você acha que lhe daria credibilidade para tratar desse assunto?

   d) O fato de a autora do texto ser uma mulher e se definir como uma feminista dá um peso diferente às opiniões que expressa no texto? Por quê?

SAIBA +

A apresentação oral de Chimamanda Adichie, intitulada "We should all be feminists" ("Todos nós devemos ser feministas", em português) foi adaptada e editada no Brasil e em outros países. Além de ser publicada em livro, o sucesso dessa conferência fez surgir projetos pelo mundo, como na Suécia, por exemplo, com a distribuição de exemplares do livro para estudantes de escolas públicas.

Também foi musicada por Beyoncé em seu clipe "Flawless", que se refere à necessidade de as meninas e mulheres se respeitarem, se valorizarem, terem autoestima e poderem ser o que quiserem. Beyoncé utilizou trechos da conferência "Todos nós devemos ser feministas", divulgando as ideias de Chimamanda para um público ainda maior, já que a cantora conta com um número considerável de fãs.

Cantora e compositora estadunidense Beyoncé, em foto de 2018.

4. A apresentação da escritora nigeriana ocorreu em um evento anual em que diferentes personalidades e profissionais discutem determinado assunto. Posteriormente, muitas dessas apresentações são disponibilizadas na internet.

a) O que você acha que teria mobilizado a escritora a tratar desse assunto em um evento público?

b) Que fatores podem ter contribuído para que a apresentação oral de Chimamanda Adichie tenha sido considerada adequada para ser divulgada na internet?

c) Com base no boxe **Saiba +**, responda: além do canal na internet, como essa conferência foi levada a público? Em sua opinião, em quais outros meios as ideias de Chimamanda poderiam circular?

5. Chimamanda demonstra que a falta de visibilidade e a discriminação contra as mulheres estão, ainda, arraigadas culturalmente por toda a parte.

a) Como exemplo, a autora cita o pensamento de Louis. Quem é ele e por que Chimamanda o escolheu para demonstrar isso?

b) O que faz Louis compreender que essa situação da mulher não ficou no passado e ainda é muito presente?

c) Encontre, no terceiro parágrafo, o termo *porque*. Esse conectivo tem a função de unir duas orações e, nesse contexto, apresenta uma relação de causa. Copie o trecho e indique qual é a causa nesse caso.

d) Volte novamente para o texto e encontre, no terceiro e no sétimo parágrafos, esse mesmo termo. Indique qual é a causa em cada exemplo encontrado.

6. A escritora nigeriana também utiliza outros recursos argumentativos para justificar seu ponto de vista. Encontre no texto cada um dos recursos indicados abaixo.

I. Citação de uma personalidade.

II. Dado estatístico e comparação.

III. Dado científico e/ou histórico.

7. Releia os trechos a seguir.

I. "Quando estávamos indo embora, decidi dar a ele uma gorjeta. Eu abri minha bolsa, coloquei minha mão dentro dela, tirei meu dinheiro, que ganhei fazendo meu trabalho, e dei para o homem."

II. "A pessoa mais propensa a liderar não é a pessoa fisicamente mais forte, mas a mais criativa, a mais inteligente, a pessoa mais inovadora, e não há hormônios para esses atributos."

III. "Evoluímos, mas me parece que nossas ideias sobre os gêneros não evoluíram."

a) Nesses trechos, Chimamanda Adichie apresenta opiniões ou descreve situações?

b) No trecho II, a construção "não é a pessoa fisicamente mais forte, mas a mais criativa" estabelece uma oposição ou uma comparação? Isso é feito por meio de qual termo?

117

O GÊNERO EM FOCO: APRESENTAÇÃO ORAL

Como você viu, a apresentação oral de Chimamanda Adichie ocorreu em um evento público no qual personalidades e profissionais de diferentes áreas do conhecimento falam de suas experiências, compartilham ideias, divulgam conhecimentos e defendem seu ponto de vista a respeito de um tema de relevância coletiva. Como em geral as apresentações desse evento são disponibilizadas na internet, acabam tendo um alcance maior.

O texto que você acabou de ler foi transcrito e, posteriormente, traduzido; portanto, muitas marcas de oralidade foram eliminadas. Contudo, a fala original obedecia aos padrões da linguagem formal, pois era esse o registro que o contexto exigia. A apresentação oral de Chimamanda não foi espontânea e produzida na hora, mas resultado de reflexão, de trabalho, de planejamento, diferentemente dos relatos analisados no início da unidade.

> A **apresentação oral** é um gênero oral produzido para divulgar informações ou conhecimentos a um público. Pode se caracterizar como um gênero expositivo ou argumentativo, ou seja, pode expor dados ou defender um ponto de vista. É organizada de acordo com o contexto em que deve ocorrer e com uma linguagem adequada ao público. Em geral ela se origina de um trabalho de pesquisa, de organização prévia de dados e informações; portanto, é resultado de planejamento e de estratégias de organização. Dependendo do contexto de circulação, é designada como **palestra, seminário** ou **conferência**.

Uma apresentação oral tem como função principal levar o conhecimento para um determinado público; pode ocorrer nos mais diversos contextos e com as mais diferentes intenções.

Na escola, muitas vezes você tem a oportunidade de realizar exposições orais para aulas de diversas disciplinas: um seminário a respeito de fatos históricos, uma apresentação de experiência em laboratório, uma apresentação de argumentos em um debate etc.

Em geral, esse texto oral costuma ser mais formal, mas isso também pode variar dependendo do público. Os contextos informais permitem que o locutor fale sem tanto monitoramento e apresente alguns desvios da norma-padrão na regência de alguns verbos (por exemplo, *assistir, chegar, esquecer, lembrar, ir, preferir*), na concordância verbal, na colocação pronominal e em outras regras da gramática normativa. Já contextos formais solicitam que o locutor utilize a norma culta, seguindo essas regras.

Formalidade na língua falada e na língua escrita

A língua falada costuma ser mais espontânea do que a língua escrita, pois na língua escrita temos condições de escolher mais as palavras, corrigir o texto, melhorá-lo, tornar mais clara uma ideia. Isso não quer dizer que um texto escrito deva ser formal ou que um texto oral seja sempre informal. Em ambos os casos, há diferenças nos níveis de formalidade conforme a situação comunicativa e a interlocução.

Um texto escrito pode ser menos formal (como uma crônica, uma mensagem de texto para um amigo) ou mais formal (como um relatório acadêmico, um texto de divulgação científica). Isso também ocorre com um texto oral: se uma conversa entre familiares apresenta uma linguagem espontânea e repleta de marcas de oralidade, uma apresentação oral (como um seminário) exige um registro mais formal.

RECURSOS E ESTRATÉGIAS DE ARGUMENTAÇÃO ORAL

As apresentações orais podem ser expositivas ou argumentativas. Saber argumentar é muito importante para apresentar as opiniões de forma pertinente e consistente.

Na apresentação oral analisada na unidade, Chimamanda constrói sua argumentação com base em experiências pessoais, que conduzem posteriormente a uma opinião mais abrangente e universal, ajudando a plateia a compreender a finalidade de sua linha de raciocínio: a necessidade de todos buscarem a igualdade entre homens e mulheres para que o mundo se torne um lugar melhor.

Em um texto é possível empregar um ou mais tipos de argumento, como estes indicados no quadro a seguir.

> **Lembre-se**
>
> A **opinião** é uma maneira de pensar sobre alguma coisa, de julgá-la, de considerá-la de acordo com o contexto. Diferentemente da mera impressão, uma opinião precisa sempre apresentar um motivo razoável que a sustente. As razões que sustentam uma opinião são chamadas de **argumentos**.

> **Diferentes tipos de argumento**
> - **Argumento baseado em comprovação:** cita dados ou fatos que comprovam a tese apresentada.
> - **Argumento baseado em raciocínio lógico:** consiste em articular os fatos na forma de premissa e conclusão, causa e consequência etc.
> - **Argumento por exemplificação:** apoia-se em acontecimentos para demonstrar uma verdade.
> - **Argumento de autoridade:** cita a palavra de autor renomado ou de especialista em determinada área.

Para exemplificar mais alguns recursos argumentativos, leia um trecho de outra apresentação oral de Chimamanda Adichie, que mostra dois relatos vivenciados pela própria escritora: aos 8 anos, com um garoto africano que era empregado na casa dela na África; aos 19 anos, com uma colega de quarto em uma universidade nos Estados Unidos.

> Quando eu fiz oito anos, arranjamos um novo menino para a casa. Seu nome era Fide. A única coisa que minha mãe me disse sobre ele foi que sua família era muito pobre. [...]
>
> Então, um sábado, nós fomos visitar a sua aldeia [de Fide] e sua mãe nos mostrou um cesto com um padrão lindo, feito de ráfia seca pelo irmão. Eu fiquei atônita! Nunca havia pensado que alguém em sua família pudesse **realmente** criar alguma coisa. Tudo o que eu havia ouvido sobre eles era como eram pobres, assim havia se tornado impossível para mim vê-los como alguma coisa além de pobres. Sua pobreza era minha história única sobre eles.
>
> Anos mais tarde, pensei nisso quando deixei a Nigéria para cursar a universidade nos Estados Unidos. Eu tinha dezenove anos. Minha colega de quarto americana ficou chocada comigo. [...] Ela perguntou se podia ouvir o que ela chamou de "minha música tribal" e, consequentemente, ficou muito desapontada quando eu toquei minha fita da Mariah Carey. [...]

> O que me impressionou foi que ela sentiu pena de mim antes mesmo de ter me visto. Sua posição padrão para comigo, como uma africana, era um tipo de arrogância bem-intencionada, piedade. Minha colega de quarto tinha uma única história sobre a África. Uma história de catástrofes. Nessa única história, não havia possibilidade de os africanos serem iguais a ela, **de jeito nenhum**. Nenhuma possibilidade de sentimentos mais complexos do que piedade. Nenhuma possibilidade de uma conexão como humanos iguais.

Chimamanda Ngozi Adichie. Trad. Erika Rodrigues.
Disponível em: <http://mod.lk/zvp8p>. Acesso em: 31 ago. 2018. (Fragmento).

Por meio dos relatos pessoais, a escritora justifica seu ponto de vista, argumentando como algumas histórias são contadas a partir de uma visão de mundo única e quais problemas isso causa. Em outras palavras, a intenção principal nessa apresentação oral é argumentar a respeito de um tema relevante: os perigos de uma história única.

Considerando o contexto, o termo *realmente* intensifica a ideia de que a autora concorda com o que está sendo apresentado. Por sua vez, a expressão *de jeito nenhum* reforça a discordância. Tanto o termo como a expressão têm a função de organizar o texto e poderiam ser substituídos, respectivamente, por: "sem dúvida" e "de forma alguma". Há outros termos e expressões que também podem funcionar como organizadores textuais: *assim que*, *embora*, *ainda que*, *por isso*, *em primeiro lugar* etc.

Trilha de estudo
Vai estudar? Stryx pode ajudar! <http://mod.lk/trilhas>

Nas duas apresentações orais de Chimamanda, a argumentação está relacionada às intenções de produção da fala. Por isso, a própria fala da autora nigeriana é um ótimo exemplo de texto argumentativo baseado na indução: ela parte de fatos particulares para chegar a uma visão mais geral da questão tratada. Em suma, há uma passagem da experiência à teoria e nessa travessia a história pessoal da autora é importante para dar credibilidade ao texto.

Os relatos de experiência constituem, portanto, um dos principais recursos utilizados. Exemplificar vários relatos de experiência e compará-los pode ser considerado uma estratégia argumentativa, pois faz a plateia refletir sobre o assunto que se quer abordar em uma apresentação oral.

Além dos relatos e dos organizadores textuais, há outros recursos que podem ser usados para a construção da argumentação em uma apresentação oral: estabelecer relações ou semelhanças entre fatos, expor vantagens e desvantagens de uma situação, indicar causas e consequências, fazer comparações, apresentar exemplos, depoimentos, dados estatísticos, referências históricas e raciocínios lógicos.

A pontuação pode ser usada como estratégia argumentativa, assim como as perguntas retóricas, que levam à reflexão, e a citação de outro autor, que manifesta a opinião defendida no texto.

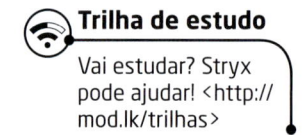

E POR FALAR NISSO...

A valorização das mulheres na sociedade contempla a luta pela igualdade de gêneros e pelo fim do assédio e da violência doméstica. Observe as imagens a seguir e leia as legendas.

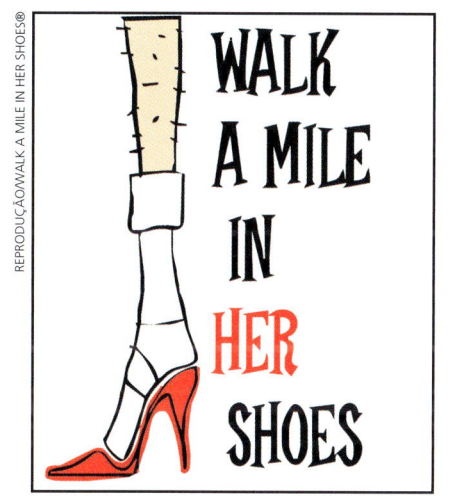

A expressão *Walk a mile in her shoes* significa, "Ande uma milha com os sapatos dela", mas também tem o sentido de "colocar-se no lugar dela". No cartaz, a expressão refere-se a uma marcha em que homens calçam sapatos femininos vermelhos e caminham uma milha (ou 1.609 m) com o calçado, para conscientizar as pessoas contra a violência doméstica.

A primeira foto tirada em Nantes (França), e a segunda, em Crema (Itália), mostram a ação de um movimento contra a violência doméstica em 2017. Cada um dos pares de sapatos representa uma mulher morta no país durante aquele ano, vítima de violência doméstica.

● Reúna-se com mais três colegas para conversar sobre as duas ações apresentadas nas imagens.

1. Qual a opinião de vocês sobre elas? Vocês se sensibilizaram com alguma delas? Essas manifestações são importantes e necessárias para a sociedade? Apresentem oralmente três argumentos que justifiquem sua posição. Ouçam respeitosamente a opinião e os argumentos dos demais colegas.

2. Agora, vocês vão fazer cartazes que conscientizem as pessoas sobre a violência contra as mulheres e outros temas que estejam ligados ao que foi estudado nesta unidade. Usem frases e imagens para transmitir a mensagem de vocês.

3. Montem painéis com todos os cartazes apresentados pela turma. Cada grupo vai explicar para o restante dos alunos, oralmente, as ideias desenvolvidas no cartaz e fundamentá-las com dois ou mais argumentos.

> No Brasil, a Secretaria Nacional de Políticas para Mulheres criou um disque-denúncia e um aplicativo para orientar mulheres vítimas de violência. O número da Central de Atendimento à Mulher é 180 e o app desenvolvido é o Clique 180.

ORGANIZAR O CONHECIMENTO

O QUE VOCÊ JÁ SABE?

Agora, você já é capaz de...	Sim	Não	Mais ou menos
... identificar as estratégias argumentativas nas apresentações orais argumentativas?	☐	☐	☐
... detectar organizadores textuais em gêneros orais percebendo sua importância na construção argumentativa (expressões como "em primeiro lugar", "em segundo lugar", "por outro lado" etc.)?	☐	☐	☐
... formular questionamentos e considerações pertinentes, em momentos adequados, ao ouvir uma apresentação oral?	☐	☐	☐
... diferenciar língua falada e língua escrita considerando os registros formal e informal da língua?	☐	☐	☐

> Se você marcou **não** ou **mais ou menos** em algum caso, retome a leitura de **O gênero em foco: apresentação oral**.

- Junte-se a um colega para fazer um esquema com as principais características da apresentação oral. As questões apresentadas servem para orientar a elaboração do esquema, mas, se preferirem, vocês podem incluir outras características.

Apresentação oral
- Como se define esse gênero textual? Quais são suas características principais?
- Por que a preparação prévia é importante na apresentação oral?
- Qual é a linguagem empregada? Ela precisa de mais ou menos monitoramento nesse gênero textual?
- Quando esse texto oral é argumentativo, quais estratégias podem ser usadas?

PRODUÇÃO DE TEXTO

APRESENTAÇÃO ORAL (SEMINÁRIO)

O que você vai produzir

Você e alguns colegas vão fazer uma apresentação oral (seminário) para sua turma ou outras turmas da escola. Se possível, a divulgação do trabalho poderá ser feita em um canal de vídeo na internet.

NA HORA DE PRODUZIR

1. Siga as orientações apresentadas nesta seção. Seu texto deve ser coerente com a proposta.
2. Lembre-se de que você já leu e analisou textos do gênero que vai produzir. Se for o caso, retome o **Estudo do texto**.
3. Diante da folha em branco, persista. Nenhum texto fica pronto na primeira versão.

PLANEJEM SUA APRESENTAÇÃO

1. Sob a orientação do professor, reúna-se com mais três colegas para escolher o tema do seminário. Vocês podem abordar um assunto relacionado ao universo adolescente ou tratar de um conteúdo de outra disciplina que mereça atenção.

2. Estipulem qual será o tempo da apresentação e como será a divisão de tarefas (apresentação, coleta de dados, organização dos materiais de apoio etc.). Mas é importante que todos conheçam todas as etapas e funções.

3. Realizem uma pesquisa sobre o assunto. Consultem livros, revistas e *sites* confiáveis. Levantem questões-chave sobre o tema para direcionar a sua busca. Anotem as referências das fontes consultadas.

4. Embora o seminário seja predominantemente expositivo, ele pode apresentar argumentos. Pensem em quais estratégias argumentativas poderiam ser interessantes durante a apresentação (dados estatísticos, comparações, exemplos). Se possível, incluam um relato de experiência oral para ser exibido durante a apresentação. Para isso, combinem previamente com a pessoa escolhida qual será o tema de sua fala e o tempo estipulado. É importante solicitar à pessoa que vai relatar que informe nome, data e local de nascimento, profissão e outros dados sobre si mesma que estejam relacionados ao tema.

5. Selecionem todas as informações e as organizem em um único texto expositivo. Esse texto não será lido, mas será a base da apresentação.

6. Elaborem um roteiro para a apresentação. Ele deverá indicar todas as etapas, a ordem das falas dos componentes e os recursos que serão utilizados (*slides*, cartazes, gráficos etc.).

ENSAIEM SUA APRESENTAÇÃO

1. Primeiramente, os ensaios devem ser feitos individualmente. Depois, realizem ensaios com todo o grupo, usando o roteiro da apresentação. Iniciem a apresentação com uma saudação e os nomes de vocês, em seguida desenvolvam o tema e terminem com uma frase de encerramento e outra saudação.

2. Pensem no contexto e no seu público. Empreguem uma linguagem adequada, que não seja extremamente formal, mas pareça natural. É bom evitar muitas marcas de oralidade, pausas e hesitações. Para explicar, reforçar, contrapor, finalizar, relacionar partes, dar continuidade, estabelecer causa e consequência, vocês poderão usar expressões que ajudam a articular as ideias, como: *isto é, por exemplo, por outro lado, dessa forma, além de, apesar de, em primeiro lugar, mas, entretanto*, entre outros.

3. Tentem dar expressividade à fala, enfatizando palavras importantes; mantenham um tom de voz adequado; permaneçam de pé, sem cruzar os braços e sem ficar de costas para o público; evitem gesticular demais; mantenham contato visual com a plateia.

> **DE OLHO NA TEXTUALIDADE**
>
> Conforme você viu na seção "Estudo da língua", as regras de colocação pronominal na norma-padrão nem sempre coincidem com o uso do português brasileiro coloquial. Logo, ao ensaiar sua apresentação, avaliem se a colocação dos pronomes soa natural e condizente com a situação comunicativa. Qual das formas a seguir, por exemplo, parece mais adequada a uma apresentação oral?
>
> **Nos chamou** a atenção, durante a pesquisa, a grande quantidade de textos sobre esse tema.
>
> **Chamou-nos** a atenção, durante a pesquisa, a grande quantidade de textos sobre esse tema.

AVALIEM E REVISEM SUA APRESENTAÇÃO

- Façam o último ensaio e avaliem a produção seguindo os critérios indicados a seguir. Se possível, gravem esse ensaio para que possa ser analisado de forma mais eficiente. Ajustem a apresentação de acordo com o que for observado.

Aspectos importantes em relação à proposta e ao sentido do texto
Apresentação oral (seminário)
1. O tema do seminário foi apresentado de maneira clara?
2. Os materiais de apoio contribuíram para a apresentação?
3. Os argumentos estavam consistentes e fortaleceram o tema apresentado?
4. Os apresentadores utilizaram um tom de voz adequado?
5. Foi empregado o registro de linguagem formal?
6. O tempo estabelecido foi respeitado?
Aspectos importantes em relação à ortografia, à pontuação e às demais normas gramaticais
1. Nos materiais de apoio escritos, a pontuação, a ortografia e a acentuação estão corretas?
2. Na apresentação oral, a concordância e a regência nominal e verbal estão de acordo com a norma culta?
3. Na apresentação oral, a colocação pronominal foi empregada adequadamente?

APRESENTEM O SEMINÁRIO

1. Testem todos os equipamentos antes da apresentação e mantenham roteiros, tabelas e esquemas à mão.

2. Façam a apresentação oral, considerando as sugestões apontadas. Não se esqueçam de cumprimentar os espectadores.

3. Antes da saudação final, abram espaço para as perguntas da plateia. Ouçam com atenção e respondam às dúvidas respeitosamente.

4. Durante os demais seminários, ouçam seus colegas educadamente, não os interrompa em momentos inadequados e façam anotações para as perguntas finais.

5. Se possível, gravem a apresentação oral e disponibilizem o vídeo na internet para que o trabalho possa ser divulgado para a comunidade escolar.

ATITUDES PARA A VIDA

Você já parou para pensar como as pessoas costumam resolver conflitos? De forma pacífica ou não pacífica? É possível resolver conflitos sem o uso da violência? Existem outras formas de violência além do uso da força física? Já parou para observar como você se expressa ao se comunicar com as pessoas? Costuma escutá-las com atenção e paciência ou reage agressivamente ao que elas lhe falam?

Para ajudá-lo nessa reflexão, leia a seguir um fragmento do prefácio escrito por Arun Gandhi para o livro *Comunicação não violenta*, do psicólogo estadunidense Marshall Rosenberg.

Comunicação não violenta

Uma das muitas coisas que aprendi com meu avô foi a compreender a profundidade e a amplitude da não violência e a reconhecer que somos todos violentos e precisamos efetuar uma mudança qualitativa em nossas atitudes. Com frequência, não reconhecemos nossa violência porque somos ignorantes a respeito dela. Presumimos que não somos violentos porque nossa visão de violência é aquela de brigar, matar, espancar e guerrear — o tipo de coisa que os indivíduos comuns não fazem.

Para me fazer compreender isso, meu avô me fez desenhar uma árvore genealógica da violência, usando os mesmos princípios usados nas árvores genealógicas das famílias. Seu argumento era que eu entenderia melhor a não violência se compreendesse e reconhecesse a violência que existe no mundo. Toda noite, ele me ajudava a analisar os acontecimentos do dia — tudo que eu experimentara, lera, vira ou fizera aos outros — e a colocá-los na árvore, sob as rubricas "física" (a violência em que se tivesse empregado força física) ou "passiva" (a violência em que o sofrimento tivesse sido mais de natureza emocional).

Em poucos meses, cobri uma parede de meu quarto com atos de violência "passiva", a qual meu avô descrevia como mais insidiosa que a violência "física". Ele explicava que, no fim das contas, a violência passiva gerava raiva na vítima, que, como indivíduo ou membro de uma coletividade, respondia violentamente. Em outras palavras, é a violência passiva que alimenta a fornalha da violência física.

Arun Gandhi em 2018.

ATITUDES PARA A VIDA

Em razão de não compreendermos ou analisarmos esse conceito, todos os esforços pela paz não frutificam, ou alcançam apenas uma paz temporária. Como podemos apagar um incêndio se antes não cortamos o suprimento de combustível que alimenta as chamas?

[...]

A não violência significa permitirmos que venha à tona aquilo que existe de positivo em nós e que sejamos dominados pelo amor, respeito, compreensão, gratidão, compaixão e preocupação com os outros, em vez de o sermos pelas atitudes egocêntricas, egoístas, gananciosas, odientas, preconceituosas, suspeitosas e agressivas que costumam dominar nosso pensamento. É comum ouvirmos as pessoas dizerem: "Este é um mundo cruel, e, se a gente quer sobreviver, também tem de ser cruel". Tomo humildemente a liberdade de discordar de tal argumento. O mundo em que vivemos é aquilo que fazemos dele. Se hoje é impiedoso, foi porque nossas atitudes o tornaram assim. Se mudarmos a nós mesmos, poderemos mudar o mundo, e essa mudança começará por nossa linguagem e nossos métodos de comunicação. [...]

ARUN GANDHI. In: MARSHALL B. ROSENBERG. *Comunicação não violenta*: técnicas para aprimorar relacionamentos pessoais e profissionais. Trad. Mário Vilela. São Paulo: Ágora, 2006. p. 13-16. (Fragmento).

1. O fragmento de texto que acabou de ler foi escrito por Arun Gandhi, neto de Mahatma Gandhi.

   a) Você já ouviu falar de Mahatma Gandhi? Se sim, compartilhe o que sabe com seus colegas. Se não, faça uma pesquisa sobre quem foi ele.

   b) Considerando-se a temática do livro de Rosenberg, qual é a importância de o neto de Gandhi ter sido escolhido para escrever o prefácio?

2. Gandhi propôs ao neto que fizessem juntos uma árvore genealógica da violência.

   a) Qual a intenção por trás da proposta do avô?

   b) Qual o argumento do avô para o neto aceitar sua proposta?

   c) Você acha que a proposta de Gandhi surtiu efeito para o neto?

3. "A violência passiva alimenta a fornalha da violência física."
   a) Ao fazer essa afirmação, que ideia Arun reitera?
   b) Você concorda com essa afirmação? Por quê?
   c) Você já experienciou ou presenciou algum episódio que caracterizaria como violência passiva? Como foi? Como se sentiu?

> A violência física e/ou emocional provoca emoções negativas e destrutivas. A não violência constitui-se em importante estratégia de promoção de mudança, já que ela preza por atitudes de tolerância e paz.

4. Arun teve uma vivência bastante especial com seu avô Gandhi e aprendeu muito com ela, o que certamente contribuiu para que ele refletisse sobre atitudes importantes relacionadas à não violência, à cultura de paz. Que atitudes das relacionadas abaixo você acha que Arun pode ter conseguido desenvolver a partir da experiência que teve com seu avô? Explique suas escolhas.

	Controlar a impulsividade
	Escutar os outros com atenção e empatia
	Pensar com flexibilidade
	Aplicar conhecimentos prévios a novas situações
	Pensar e comunicar-se com clareza
	Pensar de maneira interdependente

5. Na seção anterior, você e seus colegas produziram uma apresentação oral. Considerando a temática da comunicação não violenta, que atitudes das relacionadas anteriormente vocês procuraram utilizar no momento de se expressarem e de escutarem a apresentações dos outros grupos? Por quê?

> A comunicação não violenta é um processo que inspira ação compassiva e solidária e estimula a reflexão sobre a forma como nos comunicamos, os sentidos que construímos por meio dela, as reações que provocamos.

6. "Se mudarmos a nós mesmos, poderemos mudar o mundo, e essa mudança começará por nossa linguagem e nossos métodos de comunicação."
   a) Que atitudes das relacionadas anteriormente poderiam ser utilizadas para a promoção de mudanças na nossa linguagem e nos nossos métodos de comunicação?

ATITUDES PARA A VIDA

b) Nos relacionamentos do dia a dia, você tem atitudes que disseminam a não violência? Que atitudes são essas? Como elas contribuem para uma cultura de paz?

AUTOAVALIAÇÃO

Na segunda coluna (item 1), marque com um X as atitudes que foram mais mobilizadas por você na produção de texto desta unidade.

Na terceira coluna (item 2), descreva a forma como você mobilizou cada uma das atitudes marcadas. Por exemplo: *Arriscar-se com responsabilidade: procurei fazer escolhas com responsabilidade.*

Use o campo *Observações/Melhorias* para anotar o que pode ser melhorado tanto nos trabalhos a serem desenvolvidos nas próximas unidades como em outros momentos de seu cotidiano.

Atitudes para a vida	1. Atitudes mobilizadas	2. Descreva a forma como mobilizou a atitude assinalada
Persistir		
Controlar a impulsividade		
Escutar os outros com atenção e empatia		
Pensar com flexibilidade		
Esforçar-se por exatidão e precisão		
Questionar e levantar problemas		
Aplicar conhecimentos prévios a novas situações		
Pensar e comunicar-se com clareza		
Imaginar, criar e inovar		
Assumir riscos com responsabilidade		
Pensar de maneira interdependente		
Observações/Melhorias		

PARA SE PREPARAR PARA A PRÓXIMA UNIDADE

Atualmente, por meio da internet, muitas mobilizações vêm sendo articuladas. As cartas abertas, que você vai estudar na próxima unidade, são um exemplo disso. Prepare-se para conhecer melhor esses textos, que tornam públicas as reivindicações de interesse coletivo, acessando os *links* a seguir. Depois, leia as orientações do boxe "O que você já sabe?".

> Pesquise por cartas abertas em diferentes mídias impressas ou virtuais. Identifique o autor, o destinatário e a reivindicação apresentada no texto. Depois, compartilhe com os colegas o resultado de sua pesquisa.

1 As petições *on-line* da Avaaz permitem que milhares de ações individuais, apesar de pequenas, possam ser combinadas em uma força coletiva. Conheça o *site*: <http://mod.lk/kz55t>.

2 "Porque nenhum de nós é igual até que todos sejamos iguais." Leia a carta aberta escrita por atrizes estadunidenses pedindo ações contra a desigualdade de gênero: <http://mod.lk/cpvra>.

3 Confira neste vídeo uma divertida carta aberta ao ex-presidente dos Estados Unidos, Barack Obama, sobre o ensino de física nas escolas. Acesse: <http://mod.lk/vlpuz>.

4 **Complemento nominal**
Acesse o objeto digital sobre complemento nominal, conteúdo que será estudado na próxima unidade: <http://mod.lk/6bjhj>.

O QUE VOCÊ JÁ SABE?

Até este momento, você seria capaz de...	Sim	Não	Mais ou menos
... analisar o modo de organização textual das cartas abertas, identificando quem a assina, o destinatário, qual a reivindicação feita, as justificativas que sustentam essa reivindicação etc.?	☐	☐	☐
... posicionar-se criticamente em relação às denúncias e aos problemas veiculados nessas cartas?	☐	☐	☐
... identificar a linguagem empregada nesse gênero textual?	☐	☐	☐
De acordo com o conteúdo do objeto digital *Complemento nominal*, você seria capaz de...	Sim	Não	Mais ou menos
... reconhecer a função do complemento nominal em uma oração?	☐	☐	☐
... diferenciar complemento nominal de adjunto adnominal?	☐	☐	☐
... identificar quais classes de palavras podem representar um complemento nominal?	☐	☐	☐

UNIDADE 4
RESPEITO AOS DIREITOS DE TODOS

ESTUDO DA IMAGEM

Observe a imagem, leia a legenda, o boxe **Saiba +** e responda às questões a seguir.

1. Troque ideias com os colegas: por que uma idosa de 101 anos ganha tanto destaque ao participar de uma competição esportiva?

2. Na imagem, a atleta Man Kaur competiu sozinha, pois não havia outros corredores com mais de 100 anos para disputar com ela. Ao ser questionada sobre isso, disse: "Estou muito feliz. Vou correr de novo, não vou parar". Em sua opinião, o que explica essa vontade da atleta?

3. Em sua opinião, o que pode limitar uma pessoa? As opiniões dos outros, suas condições físicas e/ou emocionais ou a idade? Explique.

EM FOCO NESTA UNIDADE

- Carta aberta
- Complemento nominal, aposto e vocativo
- Produção: carta aberta

SAIBA +

World Masters Games é uma olímpiada voltada para idosos que acontece a cada quatro anos. Em 2017, os jogos aconteceram na Nova Zelândia. Lá, a atleta indiana Man Kaur (que começou a correr aos 93 anos de idade) completou a prova de 100 metros em 1 minuto e 14 segundos e conquistou sua 17ª medalha de ouro.

A atleta indiana Man Kaur, aos 101 anos, compete na corrida de 100 metros, no World Masters Games, na Nova Zelândia, em 2017.

LEITURA

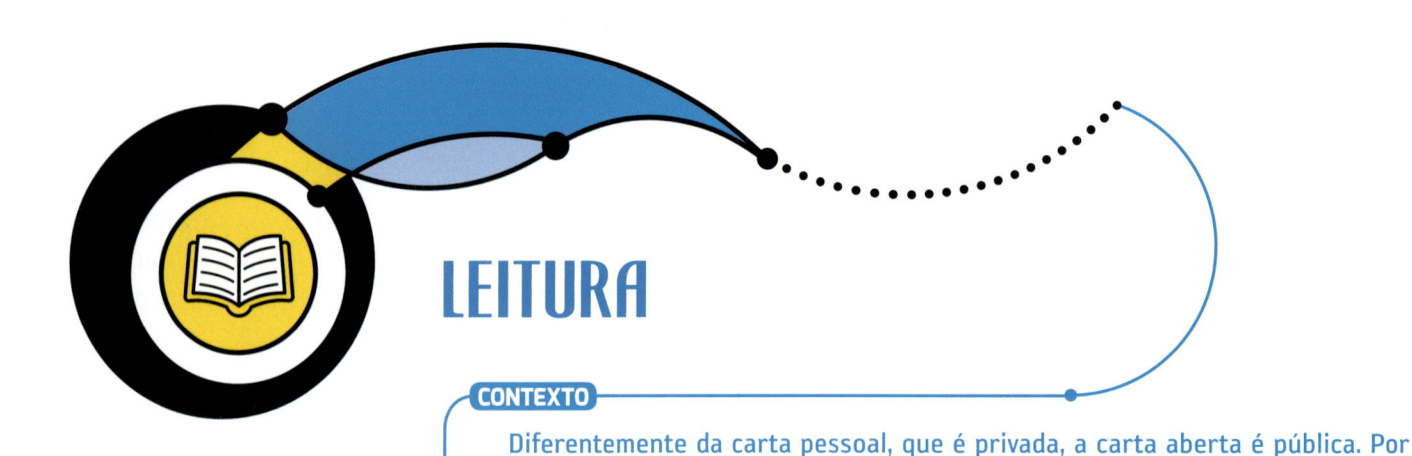

CONTEXTO

Diferentemente da carta pessoal, que é privada, a carta aberta é pública. Por isso ela é chamada "aberta". Essa carta é publicada em meios (impressos ou digitais) que podem ser visualizados por muitas pessoas. A carta aberta que você lerá a seguir foi escrita para alertar as pessoas sobre as condições enfrentadas pelos idosos em nosso país.

ANTES DE LER

1. O que leva alguém a escrever uma carta aberta?
2. Para que servem as cartas abertas?

Glossário

Plenamente: completamente.

Visibilidade: destaque.

Sensibilização: ação de tornar alguém sensível a uma situação ou a um fato.

Inserir: colocar, incluir algo.

Intergeracionais: entre diferentes gerações de pessoas.

Âmbito: plano, nível, contexto.

Carta aberta à população

A AMPID – Associação Nacional de Membros do Ministério Público de Defesa dos Direitos dos Idosos e Pessoas com Deficiência, lançou carta aberta ao povo brasileiro no Dia Internacional do Idoso, comemorado no dia primeiro de outubro, assinalando que os direitos e as necessidades dos idosos ainda não foram **plenamente** atendidos.

Prezados Cidadãos,

Todos sabemos que, embora muitos avanços tenham sido conquistados nos últimos anos, a realidade é que os direitos e as necessidades dos idosos ainda não foram plenamente atendidos.

Diante de um quadro de crescente envelhecimento populacional é urgente questionar se estamos de fato preparados para o impacto que esse fato representa em nossa sociedade. O que estamos fazendo para dar **visibilidade** a 13% da população brasileira? Será que temos uma verdadeira política pública apta a defender os direitos das pessoas idosas, principalmente oferecendo serviços que atendam às necessidades específicas desse grupo? Que comprometimento temos com a dignidade humana e quais nossas ações de prevenção e de combate a todas as formas de violência?

Por tudo isso, nós da AMPID, através de nossos associados, Membros do Ministério Público, atuantes em todas as regiões do país, além de parabenizar por este dia, queremos também manifestar nossa preocupação com o futuro dos idosos no Brasil.

Defendemos a necessidade urgente de se:

a) construir e/ou mapear uma Rede de Proteção ao Idoso, com serviços específicos, principalmente nas áreas da saúde e de assistência social;

b) adotar uma Política Nacional de Cuidados de Longa Duração, frente ao aumento de idosos dependentes e a necessidade de se oferecer apoio às famílias;

c) prevenir e combater a violência nos transportes, através da **sensibilização** e capacitação de motoristas, cobradores e empresários do setor;

d) divulgar os direitos das pessoas idosas, através de campanhas, palestras e eventos, junto à população em geral; e

e) **inserir** conteúdos voltados ao processo de envelhecimento em todos os níveis de ensino, buscando o fortalecimento dos vínculos **intergeracionais**, o respeito e a valorização do idoso, a eliminação do preconceito e a produção de conhecimento sobre a matéria.

A responsabilidade é enorme e os desafios são constantes, sendo que a nossa missão é desenvolver, em **âmbito** nacional, políticas e ações de integração com órgãos e entidades, promovendo a cultura jurídica, relacionados aos direitos das pessoas com deficiência e das pessoas idosas, esperando contribuir para um mundo mais justo, igualitário e solidário. Temos a esperança de que TODOS, principalmente gestores, governantes, legisladores e representantes da sociedade civil, reflitam urgentemente sobre a necessidade de investir nessa causa.

Iadya Gama Maio (Presidente da AMPID). *Portal do Envelhecimento*.
Disponível em: <http://mod.lk/dma3v>. Acesso em: 21 jun. 2018.

> **SAIBA +**
>
> A AMPID é uma associação que estimula e apoia ações voltadas para o aprimoramento e o conhecimento científico relacionados aos direitos de pessoas com deficiência e de idosos. Atua junto ao Congresso Nacional, à ONU (Organização das Nações Unidas) e à OEA (Organização dos Estados Americanos) para o acompanhamento de projetos e processos de convenções internacionais no âmbito das pessoas com deficiência e dos idosos.
>
> Constituído por profissionais de diversas áreas e de diferentes regiões do país, o Portal do Envelhecimento procura divulgar artigos de credibilidade e de fácil leitura. O portal oferece acesso livre e imediato ao seu conteúdo e acredita que a gratuidade desse conteúdo ajuda a fortalecer a cultura da longevidade.

ESTUDO DO TEXTO

Tipos de movimento argumentativo

- **Aprovação:** os argumentos reforçam uma posição ou ponto de vista sobre um fato.
- **Refutação:** os argumentos anulam uma posição ou ponto de vista contrário.
- **Concessão:** movimento mais complexo de argumentação que consiste em comparar pontos de vista pró e contra o posicionamento adotado, apresentando o ponto de vista contrário — algumas vezes até concordando parcialmente com ele, para, em seguida, apresentar argumentos que o derrubam.

ANTES DO ESTUDO DO TEXTO

1. Se você não tem certeza de ter compreendido bem o texto, leia-o novamente.
2. Procure identificar as ideias apresentadas no texto e reflita: você concorda com elas? Por quê?
3. Ao responder às questões a seguir, procure empregar o que já aprendeu ao ler outros textos e seja preciso em suas respostas.

COMPREENSÃO DO TEXTO

1. O que levou a AMPID a elaborar uma carta aberta à população brasileira? E que parte da carta confirma isso?

2. Que argumentos justificam a carta aberta?

3. Os textos reivindicatórios apresentam o que chamamos de **movimentos argumentativos**. Podemos identificar mais de um movimento argumentativo em um texto; porém, de modo geral, um movimento argumentativo predomina no texto.

    a) Indique qual item abaixo representa o movimento argumentativo predominante no texto.
    - Defender um posicionamento.
    - Refutar ou anular argumentos contrários ao posicionamento defendido.
    - Comparar argumentos favoráveis e contrários ao posicionamento defendido, retomando os favoráveis para reafirmá-los.

    b) Que nome recebe o movimento argumentativo predominante nesse texto?

    c) Releia este trecho do texto, indique o item que representa o movimento argumentativo predominante nele e cite o nome desse movimento.

    > "Todos sabemos que, embora muitos avanços tenham sido conquistados nos últimos anos, a realidade é que os direitos e as necessidades dos idosos ainda não foram plenamente atendidos."

    - Afirma e defende uma ideia.
    - Refuta uma ideia.
    - Reconhece um fato e, em seguida, indica que ele não representa a totalidade da realidade.

4. Em sua opinião, quem serão os prováveis leitores dessa carta aberta?

5. De acordo com essa carta aberta, é correto afirmar que:
    a) Idosos e pessoas com deficiência não têm direitos garantidos. Por isso a associação se manifesta.
    b) Idosos e pessoas com deficiência têm plenos direitos garantidos. Por isso a associação parabeniza o dia do idoso.

c) Idosos e pessoas com deficiência vêm conquistando direitos que ainda não são respeitados. Por isso a associação se manifesta.

d) Idosos e pessoas com deficiência já conquistaram muitos direitos, porém há muito o que fazer para que vivam em uma sociedade solidária e igualitária. Por isso a associação se manifesta.

6. Qual das alternativas abaixo não está entre as propostas apontadas na carta aberta?

a) Medidas educativas para a população lidar com os idosos, que se tornam cada vez mais numerosos.

b) Medidas punitivas para quem desrespeite o Estatuto do Idoso.

c) Integração entre diferentes setores de cuidado e proteção ao idoso.

d) Medidas educativas de respeito ao idoso no setor de transportes.

e) Apoio às famílias dos idosos.

f) Incentivo à convivência e interação entre idosos e pessoas em outras fases da vida.

7. Faça uma entrevista com uma pessoa idosa de sua família ou do seu círculo social, com base nas questões a seguir. Feita a pesquisa, socialize seus resultados com a turma. Converse com os colegas sobre o que os idosos mais necessitam e como isso poderia ser resolvido.

a) O que você considera uma conquista do idoso brasileiro? Em sua opinião, o que ainda precisa ser conquistado?

b) Qual sua opinião sobre cada um destes itens que defendem necessidades urgentes dos idosos? Você concorda ou discorda? Por quê?

"a) construir e/ou mapear uma Rede de Proteção ao Idoso, com serviços específicos, principalmente nas áreas da saúde e de assistência social;

b) adotar uma Política Nacional de Cuidados de Longa Duração, frente ao aumento de idosos dependentes e a necessidade de se oferecer apoio às famílias;

c) prevenir e combater a violência nos transportes, através da sensibilização e capacitação de motoristas, cobradores e empresários do setor;

d) divulgar os direitos das pessoas idosas, através de campanhas, palestras e eventos, junto à população em geral; e

e) inserir conteúdos voltados ao processo de envelhecimento em todos os níveis de ensino, buscando o fortalecimento dos vínculos intergeracionais, o respeito e a valorização do idoso, a eliminação do preconceito e a produção de conhecimento sobre a matéria."

c) Qual desses itens está mais próximo de sua realidade?

DE OLHO NA CONSTRUÇÃO DOS SENTIDOS

1. Na seção anterior, você identificou o movimento argumentativo presente no primeiro parágrafo do texto: a **concessão**, indicativa de que duas perspectivas de um mesmo fato estão sendo consideradas.
   a) Em sua opinião, que palavra indica uma concessão nesse trecho?
   b) Que outras palavras ou expressões poderiam substituí-la?
   c) Em termos de movimento argumentativo, que efeito de sentido essa palavra produz no texto?

2. No segundo parágrafo, a que se refere a expressão "13% da população brasileira"?

3. Ainda no segundo parágrafo, o texto apresenta algumas perguntas e usa a primeira pessoa do plural (**nós**): "estamos fazendo", "temos". Em sua opinião, qual é a intenção do autor, ao usar essa pessoa do verbo?

4. No último parágrafo, a palavra *todos* foi usada em letras maiúsculas. O que se pretendeu atingir com isso?

5. Conforme você leu no boxe "Saiba +", o Portal do Envelhecimento procura fortalecer a *cultura da longevidade*. O que você entende por essa expressão?

6. Observe o logo da AMPID, associação que publicou uma carta aberta no Portal do Envelhecimento.

   a) Descreva a imagem e explique a mensagem que ela pretende transmitir.
   b) Em sua opinião, o boneco usando bengala condiz com a cultura da longevidade? Por quê?

A CARTA ABERTA

1. O que significa o adjetivo **aberta** nesse tipo de carta?

2. Sobre a carta aberta, é **incorreto** afirmar que:
   a) Atende a interesses particulares ou individuais.
   b) Circula em meios de grande acesso.
   c) Tem como remetente um conjunto de pessoas que pensam do mesmo modo sobre o tema da carta.
   d) Apresenta estrutura semelhante à da carta pessoal.

3. Qual é o objetivo de uma carta aberta?

4. Das situações a seguir, indique duas que são propícias a uma carta aberta.
   a) Uma mãe que solicita revisão de valor de pensão alimentícia do filho para o pai da criança.
   b) Um grupo de moradores que sofre com a constante infestação de mosquitos transmissores de doenças diversas, devido ao acúmulo de lixo pelos próprios moradores do bairro.
   c) Portadores de uma necessidade especial que não se sentem representados em uma nova lei nacional.
   d) Morador de um prédio que sofre com o barulho provocado pelo vizinho que mora acima dele.

5. Escolha uma das situações que você indicou na questão anterior e apresente sucintamente o que se pede a seguir.
   a) O problema.
   b) A análise do problema ou suas consequências.
   c) Os argumentos que justificam a reivindicação.
   d) A reivindicação.

6. Na carta aberta lida, observe a linguagem que foi empregada.
   a) A linguagem utilizada é formal ou informal?
   b) Essa linguagem é adequada para esse tipo de texto? Por quê?

O GÊNERO EM FOCO: CARTA ABERTA

A **carta aberta** pertence ao grupo dos gêneros epistolares — relativo a diferentes tipos de cartas. Assemelha-se à carta pessoal em sua estrutura, pois se dirige a um destinatário, discorre sobre um tema e finaliza identificando o remetente. Diferentemente da carta pessoal, a carta aberta, geralmente, indica no seu título que é *aberta*.

Quanto ao tema, a carta aberta trata de assuntos de interesse coletivo. Geralmente, realiza um protesto, uma queixa, uma denúncia, um alerta ou uma reivindicação, sempre baseada na apresentação de argumentos que fortalecem a reivindicação da carta (leis, dados estatísticos, pesquisas científicas, depoimentos etc.). A carta aberta pode se dedicar, também, à expressão de uma opinião ou posicionamento (de apoio, de desagravo etc.). A intenção de quem a escreve é convencer o leitor das razões que motivaram sua escrita. Por isso, ela é uma importante ferramenta de participação social.

A carta aberta é introduzida com a apresentação do problema, queixa, opinião ou posicionamento que motivaram a sua escrita. O tema da carta aberta fica mais evidente na parte do desenvolvimento, em que é feita uma análise do problema. Nessa parte, também são encontrados a reivindicação e os argumentos que a fortalecem. No entanto, o tema pode ser apresentado já no título da carta. Veja alguns exemplos:

Carta aberta da APIWTXA sobre decisão judicial que afeta a Terra Indígena Kampa do Rio Amônia

CPI-Acre (Comissão Pró-Índio do Acre). Disponível em: <http://mod.lk/jfslz>. Acesso em: 30 jul. 2018.

Carta aberta em defesa da educação de jovens e adultos no município de Fortaleza

Geledés. Disponível em: <http://mod.lk/kyh3k>. Acesso em: 30 jul. 2018.

Carta aberta aos negros e negras que lutam pelo fim da escravidão do pensamento

Geledés. Disponível em: <http://mod.lk/a40jo>. Acesso em: 30 jul. 2018.

A carta aberta é concluída com a solicitação de uma resolução do problema apresentado ou com a solicitação de uma mudança relativa à opinião ou ao posicionamento defendido nela. Para que seja mais efetiva, é importante que aponte que tipo de solução reivindica, evitando solicitações do tipo "reivindicamos ações consistentes", que dizem muito pouco sobre a solicitação em questão.

Considerando os contextos de produção e de circulação, a carta aberta é destinada a várias pessoas ou grupos populacionais ou mesmo órgãos, instituições, autoridades etc. É publicada em um meio de grande visibilidade do público a que se destina, virtual ou impresso (*sites*, portais, redes sociais, jornais etc.) ou distribuída a grande quantidade de pessoas. Sua linguagem é sempre um registro formal e apresenta-se adequada à norma culta.

OUTRAS FORMAS DE TEXTOS REIVINDICATÓRIOS

A carta aberta é apenas uma das maneiras de mobilizar um grupo de pessoas em uma reivindicação ou luta por direitos. Para isso, existem os textos reivindicatórios coletivos, como o abaixo-assinado e a petição.

Abaixo-assinado: consiste em um documento específico para solicitação de algum interesse comum a um grupo de pessoas, no qual os interessados assinam abaixo da solicitação. Seu nome se deve à forma cristalizada do seu texto, que geralmente começa com "Nós, abaixo assinados, solicitamos...".

É direcionado a uma pessoa ou órgão que possa resolver a situação sobre a qual se faz a solicitação e tem o objetivo de mostrar que um grande número de pessoas tem interesse no que está sendo solicitado. Por isso, quanto mais assinaturas tiver, mais esse interesse coletivo estará representado.

Embora ainda sejam usados abaixo-assinados impressos, hoje em dia são muito comuns abaixo-assinados virtuais. Existem aplicativos que possibilitam não só a criação e divulgação de abaixo-assinados, mas também a visualização da contagem de assinaturas já recolhidas, além da rápida disseminação do documento.

Estruturalmente, o abaixo-assinado indica o seu destinatário e, na sequência, apresenta a solicitação no corpo do texto (que não deve ser muito longo). Em seguida, há uma área para assinaturas, geralmente acompanhadas do número do documento dos assinantes. Por fim, vêm local e data da solicitação.

Petição: é um documento ainda mais específico que o abaixo-assinado. Ele também faz uma reivindicação, mas é direcionado exclusivamente a um juiz de direito, para o cumprimento de direitos garantidos por lei. Os argumentos, nesse caso, devem ser jurídicos, ou seja, precisa haver uma base legal sobre aquilo que está sendo solicitado, preferencialmente com apresentação de provas do descumprimento de uma lei pela outra parte dos envolvidos ou testemunha.

Ela pode ser individual ou coletiva. Mas, diferentemente dos demais textos reivindicatórios vistos nesta unidade, a petição transita na esfera jurídica. Redigi-lo corretamente, com todos os elementos necessários (indicação correta do destinatário, apresentação da situação, da demanda e dos argumentos legais), é fundamental para que a situação seja compreendida e atendida. Em muitos casos, recorre-se à orientação de um advogado.

ORGANIZAR O CONHECIMENTO

O QUE VOCÊ JÁ SABE?

Agora, você já é capaz de...	Sim	Não	Mais ou menos
... analisar o modo de organização textual das cartas abertas, identificando quem a assina, o destinatário, qual a reivindicação feita, as justificativas que sustentam essa reivindicação etc.?	☐	☐	☐
... posicionar-se criticamente em relação às denúncias e aos problemas veiculados nessas cartas?	☐	☐	☐
... identificar a linguagem empregada nesse gênero textual?	☐	☐	☐

Se você marcou não ou mais ou menos em algum caso, retome a leitura de O gênero em foco: carta aberta.

- Junte-se a um colega e elaborem um esquema com as principais características da carta aberta. As questões apresentadas servem para orientar essa elaboração, mas, se quiserem, acrescentem mais informações.

Carta aberta
- Qual é sua função?
- De que forma a carta aberta apresenta suas reivindicações?
- Qual é o destinatário de uma carta aberta?
- Qual é o tipo de linguagem usado nesse gênero?

E POR FALAR NISSO...

Lata 65 é o nome de um projeto que surgiu em Lisboa, Portugal, cujo objetivo é aproximar pessoas idosas da arte urbana. A partir de *workshops*, os participantes, sempre com mais de 65 anos, são iniciados na arte do grafite. Observe algumas imagens das ações desse projeto e troque ideias com seus colegas.

Curso de curta duração.

À esquerda, mulheres grafitam em uma parede; abaixo, o desenho de Ivone, de 86 anos, em *workshop* de grafite em Portugal, em 2015. Abaixo, detalhe do grafite.

1. O grafite é uma forma de arte associada a centros urbanos e pessoas jovens. Qual a sua opinião a respeito de um projeto que leva idosos a realizarem grafite?

2. "Etarismo" é uma palavra usada para se referir a uma forma de preconceito relacionada à idade de uma pessoa. Muitos idosos sofrem esse tipo de discriminação por serem considerados dependentes e incapazes para determinadas atividades. De que forma podemos relacionar esse termo com as imagens acima?

3. Converse com seus colegas: que iniciativas semelhantes ao projeto Lata 65 vocês conhecem? Que outras iniciativas seriam importantes na sensibilização da sociedade para as questões que enfrentam os idosos hoje?

ESTUDO DA LÍNGUA: ANÁLISE E REFLEXÃO

COMO VOCÊ PODE ESTUDAR

1. **Estudo da língua** não é uma seção para decorar, mas para questionar e levantar problemas.
2. O trabalho com os conhecimentos linguísticos requer persistência. Leia e releia os textos e exemplos, discuta, converse.

COMPLEMENTO NOMINAL, APOSTO E VOCATIVO

COMPLEMENTO NOMINAL

- Observe estas capas de DVD.

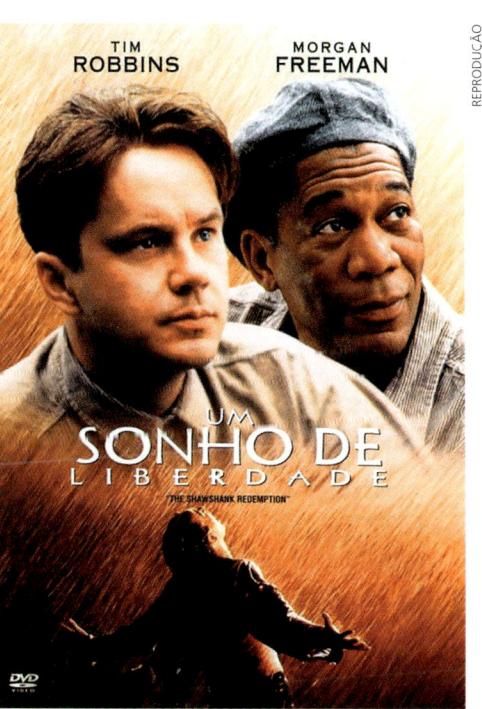

a) Ambos os filmes foram dirigidos pelo cineasta Frank Darabont. Qual é o título do primeiro filme?

b) Se eliminarmos a expressão "de um milagre" do primeiro título, ele ficaria com sentido?

c) E no caso do segundo título? A expressão "de liberdade" poderia ser eliminada?

COMPLEMENTO NOMINAL

Em certas orações, um nome pode não ter significação completa, precisando, assim, de um termo que complete seu sentido.

Nos títulos de filmes analisados na página anterior, "de um milagre" e "de liberdade" completam o sentido de nomes, por isso exercem, na oração, a função sintática de **complemento nominal**.

No trecho a seguir, da carta aberta que você analisou no início da unidade, "dos idosos" completa o sentido de *direitos* e *necessidades*, portanto também é complemento nominal. Observe:

> "Todos sabemos que, embora muitos avanços tenham sido conquistados nos últimos anos, a realidade é que os direitos e as necessidades **dos idosos** ainda não foram plenamente atendidos".

> **Complemento nominal** é o termo que complementa um nome (substantivo, adjetivo ou advérbio), indicando o alvo ou o objeto da ação expressa por ele. Esse complemento, em geral, é ligado ao nome por meio de uma preposição.

O complemento nominal pode integrar o sujeito, o predicativo, o objeto direto, o objeto indireto, o agente da passiva e o adjunto adverbial, bem como o aposto e o vocativo, que estudaremos mais adiante.

COMPLEMENTO NOMINAL X ADJUNTO ADNOMINAL

O **adjunto adnominal** é o termo que, sem o intermédio de um verbo, **caracteriza**, **especifica** ou **determina** qualquer substantivo da oração. Como ele expande o significado do substantivo, ou seja, acrescenta significados a um núcleo, sua presença não é obrigatória na oração.

Pode vir representado por:

- um artigo: **Umas** meninas combinaram de prestigiar o campeonato de vôlei.
- um adjetivo: As meninas **descontraídas** encontram-se no estádio.
- um pronome: **Essas** meninas assistem a uma partida de vôlei.
- um numeral: **Duas** meninas precisam ir embora antes do término do jogo.
- uma locução adjetiva (expressão formada por preposição + substantivo ou palavra de valor substantivo): Meninas **de Goiás** também estão na plateia do ginásio.

O **complemento nominal** é o termo que **completa o sentido de um nome**. Liga-se a substantivos, a adjetivos ou a advérbios, complementando-os.

Sempre é formado por preposição e substantivo (ou palavra de valor substantivo): Depois do jogo, houve uma queima **de fogos**.

APOSTO

◉ Leia esta tira do Minduim.

MINDUIM — Charles M. Schulz

Quadrinho 1: VEJAM, É UM RETRATO DA SALLY, A IRMÃZINHA DO CHARLIE BROWN...
Quadrinho 2: AH, NÃO É FOFINHA? / CERTAMENTE É FOFINHA. / É UM RETRATO TÃO FOFINHO!
Quadrinho 3: ELA É FOFINHA, CHARLIE BROWN. / É CLARO QUE É FOFINHA. / SIM, É REALMENTE FOFINHA.
Quadrinho 4: SE ALGUM DIA TIRAREM A PALAVRA "FOFINHA" DE NOSSA LÍNGUA, ESTAMOS ACABADOS!

a) Quem é Sally?

b) Como é possível saber isso?

c) Por que Linus diz, no último quadro, que, se retirarem a palavra *fofinha* da língua, eles estarão acabados?

APOSTO

Na tirinha da página anterior, você identificou a explicação de quem é Sally. A explicação de quem é essa personagem é um **aposto**.

> **Aposto** é o termo da oração que explica, esclarece, especifica, enumera ou resume o termo que o antecede. Vem sempre associado a um substantivo ou a uma palavra de valor substantivo, não importando a função que o substantivo ou a palavra exerça na oração: sujeito, predicativo, adjunto adnominal ou complemento nominal.

Observe, a seguir, outros exemplos de aposto.

O aposto normalmente é isolado por vírgulas, mas pode ser separado do termo que esclarece por meio de travessões, parênteses ou dois-pontos.

Charlie Brown — o irmão da Sally — é personagem da turma do Minduim.

Ele pode ser também uma oração inteira:

Minha dúvida é esta: que você não goste das tiras do cartunista Charles Schulz.

A oração que vem depois dos dois-pontos explica o termo *esta* da oração anterior, funcionando, portanto, como **aposto**.

Veja a seguir três tipos de aposto.

- **Explicativo** — explica ou esclarece o termo que o antecede. Pode vir antecedido por locução explicativa, como *isto é, por exemplo, ou seja*:

    Fernando de Noronha, arquipélago de grande riqueza geológica, é deslumbrante.
    aposto explicativo

- **Resumidor** — resume a enumeração que o antecede:

    Ele visitou museus, assistiu a diferentes espetáculos e experimentou muitas iguarias, tudo na mesma semana.

    aposto resumidor

- **Enumerativo** — enumera o termo que o antecede. Em geral, os dois-pontos isolam esse aposto do termo a que se relaciona:

    Para imitar um piloto de avião da Primeira Guerra Mundial, Snoppy só precisava disto: os óculos de aviador, o capacete, o cachecol e sua casinha.
    aposto enumerativo

VOCATIVO

- Leia este trecho de uma letra de canção de Vinicius de Moraes.

Poema dos olhos da amada

Oh, minha amada
Que os olhos teus

São cais noturnos
Cheios de adeus
São docas mansas
Trilhando luzes
Que brilham longe
Longe nos breus

[...]

Vinicius de Moraes. Disponível em:
<http://mod.lk/kfxgi>. Acesso em: 28 jun. 2018.

a) A quem se dirige o eu lírico? Qual é o verso em que é possível saber disso?

b) De que forma o eu lírico se dirige a ela?

c) Com o que o eu lírico compara os olhos da amada?

Aposto e vocativo
O objeto digital retoma e sintetiza com exemplos os conceitos de aposto e vocativo.

VOCATIVO

O termo que você identificou na atividade anterior, "minha amada", é chamado de **vocativo**.

> **Vocativo** é o termo que não se liga a nenhum outro na oração e expressa um chamado, indicando a pessoa ou o ser com quem se está falando.

O vocativo pode se referir a um ou mais seres e, em geral, vem isolado por vírgula(s). Pode ser seguido por exclamação ou reticências e não ocupa um lugar fixo nas orações. O núcleo do vocativo é sempre um substantivo ou uma palavra de valor substantivo. Na carta aberta que você leu no início da unidade, por exemplo, o vocativo é "Prezados Cidadãos".

É importante que você não confunda vocativo com sujeito. Observe este exemplo:

Beatriz, canta tua música preferida.
vocativo — verbo no imperativo (sujeito oculto – *tu*)

Beatriz canta sua música preferida.
sujeito simples — verbo no indicativo

O sujeito não deve ser separado do verbo por vírgula. Isso só acontece quando há um termo intercalado, como um aposto. Portanto, a presença da vírgula na primeira oração caracteriza o vocativo.

ORGANIZAR O CONHECIMENTO

- Pesquise, em livro, revista ou jornal, um aposto e um vocativo. Depois, compartilhe com os colegas e o professor o resultado de sua pesquisa.

O QUE VOCÊ JÁ SABE?

Agora, você já é capaz de...	Sim	Não	Mais ou menos
... reconhecer a função do complemento nominal em uma oração?	☐	☐	☐
... diferenciar complemento nominal de adjunto adnominal?	☐	☐	☐
... entender a função do aposto nas orações?	☐	☐	☐
... identificar o vocativo em diferentes textos?	☐	☐	☐

*Se você marcou não ou mais ou menos em algum caso, retome a leitura de **Complemento nominal**.*

*Se você marcou não ou mais ou menos em algum caso, retome a leitura de **Aposto**.*

*Se você marcou não ou mais ou menos em algum caso, retome a leitura de **Vocativo**.*

Complemento nominal
- Termo que complementa o sentido de um nome.
- Liga-se a substantivos, a adjetivos ou a advérbios.
- É formado por preposição e substantivo ou palavra de valor substantivo.
- Exemplo: *O objetivo **da pesquisa** é propiciar que os alunos aprofundem os conceitos trabalhados na aula.* (da pesquisa: complemento nominal)

Aposto

- Termo que explica, esclarece, especifica, enumera ou resume o termo que o antecede.
- Está sempre associado a um substantivo ou a uma palavra de valor substantivo.
- Existem três tipos de aposto: explicativo, resumidor, enumerativo.
- Exemplos:
  Sofia, **aluna do 9º ano**, vai pedir mais explicações para a professora.
  (*aluna do 9º ano:* aposto explicativo)
  Ir ao cinema, jogar no celular, falar com os amigos, **nada** *agrada mais Sofia do que ler livros e ouvir música.*
  (*nada:* aposto resumidor)
  As matérias preferidas de Sofia são estas: **Matemática, Ciências e Arte**.
  (*Matemática, Ciências e Arte:* aposto enumerativo)

Vocativo

- Não se liga a nenhum termo na oração e expressa um chamado, indicando a pessoa ou o ser com quem se está falando.
- Refere-se a um ou mais seres e, em geral, vem isolado por vírgula(s).
- Seu núcleo é sempre um substantivo ou uma palavra de valor substantivo.
- Exemplo: **Professora**, *você poderia explicar de novo como a gente deve fazer a pesquisa?*
  (*professora:* vocativo)

ATIVIDADES

ATITUDES PARA A VIDA

Ao responder às questões, busque exatidão e precisão para garantir que você entendeu o que estudou.

1. Leia este trecho que conta um pouco do período em que o inventor Thomas Alva Edison (1847-1931) era apenas um garoto de 12 anos chamado de Al.

   [...] Os tempos, porém, eram difíceis para Samuel Edison, que a essa altura já se havia mudado com a família, em busca de melhores oportunidades, para Port Huron, Michigan, junto à fronteira canadense. Não só para pagar os materiais necessários a suas experiências mas principalmente para ajudar no sustento da casa, Al arranjou emprego no trem diário que ligava Port Huron a Detroit, a futura capital mundial do automóvel. [...]

   Retrato de Thomas Edison, década de 1920.

   Superinteressante. Disponível em: <http://mod.lk/7hbh8>. Acesso em: 7 maio 2018. (Fragmento).

   a) De acordo com o trecho, por que Samuel Edison, pai de Thomas, se mudou com a família para Port Huron?

   b) Nesse trecho, quais são os complementos nominais?

   c) Indique os nomes (substantivo, adjetivo ou advérbio) que são completados pelo complemento nominal e também a preposição que foi empregada em cada caso.

2. Leia as orações a seguir e responda às questões.

   Coerentemente com seus princípios, Samanta expressou sua opinião ao grupo.

   Bernardo fez uma pesquisa **paralelamente** ao trabalho coletivo.

   a) Qual é a classe gramatical dos termos em destaque?

   b) Qual é o complemento nominal de cada um deles?

   c) Reescreva os trechos, substituindo cada palavra destacada por um adjetivo, fazendo as alterações necessárias. Os complementos nominais se mantêm?

147

ATIVIDADES

3. Leia o título e a linha fina do texto jornalístico abaixo, observando as palavras e expressões destacadas.

> **Dormir pouco contribui para o envelhecimento precoce do cérebro**
>
> Pesquisadores **chineses** também associaram **o** declínio **cognitivo** e **a** demência à duração **do sono**

Zero Hora. Disponível em: <http://mod.lk/prtsy>. Acesso em: 21 jun. 2018.

a) As palavras *envelhecimento*, *pesquisadores*, *declínio*, *demência* e *duração* são núcleos. Todas pertencem à mesma classe gramatical? Qual ou quais?

b) Quais palavras e expressões destacadas no texto referem-se a esses núcleos? Quais delas são adjuntos adnominais e quais são complementos nominais?

c) Os verbos *contribuir* e *associar* apresentam transitividade. Que complemento verbal lhes completa o sentido? Qual é a função sintática de cada um?

d) Que título parece ser mais adequado para atrair a atenção do leitor do texto jornalístico: o original ou o título a seguir? Justifique.

Dormir pouco contribui para que o cérebro envelheça precocemente.

4. Leia o trecho a seguir, que fala sobre o derretimento da cobertura de gelo.

> RIO – As mudanças **climáticas** podem matar até 80% dos 600 mil pinguins imperadores até 2100, segundo um estudo [...]. A maior ameaça **às aves** vem de alterações na cobertura **de gelo** no Oceano Antártico, o que afetará a criação **dos filhotes** e a alimentação **da espécie**.
>
> O ritmo **do declínio populacional** vai variar de acordo com as colônias, mas todas serão afetadas até o fim **do século**.
>
> No estudo, pesquisadores **americanos, britânicos e holandeses** pedem que os governos listem as espécies ameaçadas **de extinção**. Essa relação seria usada para impor restrições ao turismo e à pesca.
>
> [...]

O Globo, 1º jul. 2014. Disponível em: <http://mod.lk/gsqtd>. Acesso em: 7 maio 2018. (Fragmento).

a) No caderno, copie o quadro, classificando as expressões em destaque no texto. Veja o exemplo.

Palavra ou expressão	Complemento nominal ou adjunto adnominal	Termo a que se refere
climáticas	adjunto adnominal	mudanças

b) As expressões *às aves* e *de extinção* são precedidas da mesma preposição? As duas se referem a um substantivo ou a um adjetivo?

5. Leia o trecho de um poema de Mario Quintana.

Canção de nuvem e vento

Medo da nuvem

Medo Medo

Medo da nuvem que vai crescendo

Que vai se abrindo

Que não se sabe

O que vai saindo

[...]

Mario Quintana. *Poesia completa*. Rio de Janeiro: Nova Aguilar, 2006. p. 135. (Fragmento).

a) O que o eu lírico relata nesse poema?

b) Por que ele tem esse sentimento?

c) O termo "da nuvem" completa o sentido de que palavra? Como ela se classifica?

6. Leia um trecho da notícia a seguir.

> A seca no Rio Paraná, onde fica o lago da Usina Hidrelétrica de Itaipu, já dura dois meses. Nesse período, o nível baixou tanto que, em alguns pontos, é possível ver o fundo e caminhar no local onde ficavam as Sete Quedas, a maior cachoeira do mundo em volume d'água e que estão submersas há 30 anos, desde a formação do lago da usina.
>
> [...]

G1. Disponível em: <http://mod.lk/tgybl>. Acesso em: 7 maio 2018. (Fragmento).

a) Identifique os apostos nesse trecho.

b) Que termo da oração está sendo explicado pelos apostos?

7. Leia a HQ de Hagar e responda às perguntas a seguir.

HAGAR Dik e Chris Browne

a) Quem é o interlocutor de Hagar nessa HQ?

b) Observando a aparência de Dirk e sua conduta ao responder à dúvida de Hagar, o que poderíamos concluir a respeito de seu apelido no penúltimo quadro?

c) Com base em sua resposta anterior, indique as palavras que têm significado semelhante ao do adjetivo *sujo* no texto.

> doente   imundo   forte   desonesto

149

ATIVIDADES

d) No primeiro quadrinho, qual é a função da vírgula?

e) Por que o vocativo é importante para a construção do humor dessa história?

f) No nome da HQ, há um aposto. Qual é ele? Que características de Hagar esse aposto representa?

8. Observe o cartaz do filme "Fala sério, mãe!", uma produção brasileira de 2017 dirigida por Pedro Vasconcelos.

a) No título do filme, há um vocativo. Qual é ele?

b) Considerando o contexto em que foi usada, *Fala sério, mãe!* é uma expressão formal ou informal?

c) Em que situações essa expressão pode ser usada?

d) O que podemos concluir sobre o relacionamento entre mãe e filha ao observar a imagem das personagens e o título do filme?

Mais questões no livro digital

TESTE SEUS CONHECIMENTOS

> Para responder à questão a seguir, é fundamental que você reconheça as diferenças entre os termos que compõem as orações e, principalmente, as relações que eles estabelecem entre si.
>
> Após a leitura do texto, responda às perguntas que acompanham cada uma das alternativas. Por fim, indique a única opção cuja resposta seja **SIM**.

(IFSP – adaptado)

Leia um trecho da cantiga trovadoresca de João Garcia de Guilhade, escrita originalmente em galego-português, adaptada para o português atual.

Mãe, o meu **amigo** não chegou	Mãe, o meu amado não chegou	E hoje o prazo terminou!
E hoje o prazo terminou	E hoje o prazo passou	Por que mentiu o **perjurado**?
Ai, mãe, morro de amor!	Ai, mãe, morro de amor!	Ai, mãe, morro de amor!

No verso "Ai, mãe, morro de amor!", a função sintática do termo ***mãe*** é de:

a) sujeito.
> A palavra *mãe* estabelece concordância de pessoa com o verbo *morro*?

b) objeto direto.
> *Mãe* é um termo que completa o sentido do verbo *morro* e está ligado a ele sem preposição obrigatória?

c) adjunto adnominal.
> O termo *mãe* está ligado a um substantivo com a função de caracterizá-lo ou de determiná-lo?

d) vocativo.
> A palavra *mãe* faz referência a um possível interlocutor, alguém a quem o eu lírico dirige o seu discurso?

e) aposto.
> *Mãe* é um termo utilizado no poema para esclarecer o significado de um termo anterior, no caso, a palavra *ai*?

Glossário

Amigo: nesse texto, refere-se à pessoa amada.

Perjurado: aquele que quebrou um juramento.

LEITURA E PRODUÇÃO DE TEXTO

A PRODUÇÃO EM FOCO

- A proposta do final desta unidade será elaborar uma carta aberta solicitando algo que traga benefícios ou melhorias para a escola ou comunidade. Ao ler a carta aberta, fique atento aos itens abaixo:
  a) o tema da carta;
  b) a linguagem utilizada na carta;
  c) como os autores introduzem a carta, como apresentam a solicitação e como finalizam o texto;
  d) os argumentos usados para justificar e/ou fortalecer a solicitação;
  e) o meio em que a carta circula;
  f) a quem ela é dirigida;
  g) quem são as pessoas, organizações ou entidades que a assinam.

Glossário

Letalidade: mortandade, quantidade de mortos.
Minimizar: diminuir.
Reparação: conserto de um erro ou dano causado a alguém.
Exacerbação: exagero.
Prioritariamente: com urgência, antes de tudo.
Cordialmente: com cordialidade, de forma cortês e polida.

CONTEXTO

Como você já estudou, existem diferentes maneiras de informar um problema e reivindicar uma solução; uma delas é a carta aberta. Nesta unidade, você analisou uma carta aberta direcionada à população e a todos os interessados em uma política social que garanta qualidade de vida à população idosa. Conheça, agora, uma carta aberta direcionada às autoridades estaduais de São Paulo, que trata de uma questão social de extrema relevância para a população, sobretudo a população jovem negra.

Dia 10 de outubro de 2017, às 18h30, ALESP, Auditório Paulo Kobayashi

Carta aberta das mulheres negras de São Paulo às/aos deputadas/os da Assembleia Legislativa de São Paulo

Nós, mulheres negras de São Paulo, integrantes de diferentes movimentos sociais, em apoio a mães e familiares de vítimas da violência e da **letalidade** policial do Estado, vimos por meio desta solicitar às/aos deputadas/os estaduais apoio e agilidade na votação de projetos de lei que visam **minimizar** a violência policial e garantir os direitos de assistência e **reparação** aos familiares que tiveram seus filhos assassinados por policiais.

Vivemos um momento de **exacerbação** das práticas violentas pelos agentes do Estado, com operações diárias em comunidades, domicílios invadidos, cidadãos desrespeitados, violentados e mortos diariamente devido a atual política de segurança pública voltada para o controle social da população negra, pobre e favelada. Por isso, é urgente que medidas sejam tomadas por parte do Poder Legislativo para agilizar a tramitação e votação de projetos de lei como o PL 182/2015 e outras medidas detalhadas abaixo.

Em números oficiais, de janeiro a junho de 2017, 459 pessoas foram mortas por policiais em São Paulo. É o maior número de pessoas vitimadas pelo Estado nos últimos 14 anos. Ao se tornarem vítimas, as mães e familiares não contam com o apoio do poder público, que lhes deve assistência psicossocial, reparação financeira, acompanhamento das investigações e direito à memória de seus filhos e filhas. Se o Estado falhou ao violentar, tem ainda falhado diariamente ao negar esses direitos.

É preciso que o Estado seja responsabilizado por essas perdas e, para que isso aconteça, é necessário que a/os deputada/os da Assembleia Legislativa de São Paulo façam sua parte e deem prioridade na pauta para projetos de lei voltados para as vítimas do Estado.

A seguir, listamos algumas iniciativas legislativas que consideramos de extrema urgência para reduzir a violência policial e garantir melhorias nas investigações e assistência aos familiares:

- Aprovação do Projeto de Lei 182/2015, que determina o afastamento imediato de policiais que já respondam a processos na justiça e dispõe sobre os procedimentos que devam ser adotados pela Autoridade Policial nas ocorrências de Autos de Resistência;

- Criação de um Fundo Estadual de Reparação Econômica, Psíquica e Social aos familiares por parte do Estado, inspirado na proposta de criação de um Fundo Nacional de Assistência às Vítimas de Crimes Violentos, conforme o Projeto de Lei 3503/04, que tramita na Câmara Federal. Solicita-se, ainda, a instalação de um Grupo de Trabalho, vinculado à presidência da Casa e composto **prioritariamente** por mães e familiares de vítimas, bem como por representantes de movimentos de mulheres negras, e de juventudes negras, com um prazo de 40 dias para a redação inicial da proposta.

Contamos com o apoio dos/as senhores/as deputada/os para que a nossa luta possa ressoar efetivamente nas comissões e no plenário desta Casa, de modo que o Legislativo cumpra seu papel e contribua para mudanças positivas nas políticas públicas de segurança e assistência voltadas para o povo negro, pobre e favelado. Aguardamos um retorno o mais breve possível para que possamos prosseguir neste importante diálogo em prol dos familiares de vítimas da violência do Estado.

Cordialmente,

- Adelinas – Coletivo Autônomo de Mulheres Pretas
- Ação Educativa
- AGO LONA
- Alafiá – Alto Tietê
- APNs – São Paulo
- Articulação de ONGs de Mulheres Negras Brasileiras
- Ceert – Centro de Estudos e Relações do Trabalho
- Cojira – Comissão de Jornalistas pela Igualdade Racial/SP
- Coletiva Luana Barbosa
- Coletivo Adelinas
- Coletivo Levante Mulher
- Comitê CMPL – Mães Secundaristas
- Cooperativa de Catadoras da Granja Julieta
- Familiares de Luana Barbosa
- FOPIR – Fórum Permanente de Igualdade Racial
- Geledés – Instituto da Mulher Negra
- Grupo de Solidariedade aos Jovens Secundaristas do Centro Cultural São Paulo
- Ilu Oba De Min
- Insurgência/PSOL-SP
- Mães de Luto da Zona Leste
- Mães de Osasco
- Mães Mogianas
- MNU – SP
- Marcha das Mulheres Negras de São Paulo
- Marcha Mundial de Mulheres
- Neon Cunha – Ativista Independente e Feminista Trans
- Núcleo de Consciência Negra da USP
- PLPs – Promotoras Legais Populares de Itaquaquecetuba
- PLPs – Promotoras Legais Populares do Geledés – Instituto da Mulher Negra
- Quilombação
- Rossana Martins de Souza Rodrigues – Mãe do Douglas
- Samba Negras em Marcha

Geledés. Disponível em: <http://mod.lk/qsaij>. Acesso em: 8 maio 2018.

ESTUDO DO TEXTO

ANTES DO ESTUDO DO TEXTO

1. Se você não tem certeza de ter compreendido bem o texto, leia-o novamente.
2. Procure identificar as ideias apresentadas no texto e reflita: você concorda com elas? Por quê?
3. Ao responder às questões a seguir, procure empregar o que já aprendeu ao ler outros textos e seja preciso em suas respostas.

DE OLHO NAS CARACTERÍSTICAS DO GÊNERO

1. Quem escreve a carta?
2. Para quem a carta foi escrita?
3. O que está sendo solicitado na carta?
4. Indique, dos argumentos abaixo, aqueles que foram usados na carta para fortalecer a solicitação.
   a) Os sentimentos das famílias das vítimas de violência policial.
   b) O número de vítimas da violência policial em São Paulo, em um período do ano de 2017.
   c) A boa qualidade da assistência às famílias das vítimas.
   d) A ausência de assistência às famílias das vítimas.
   e) A existência de um projeto de lei que afasta das ruas policiais que respondam a processo judiciário e a orientação da conduta da Autoridade Policial nos casos de Autos de Resistência.
5. A solicitação feita na carta trata de um problema individual ou social? Por quê?
6. O que você pensa a respeito da solicitação feita nessa carta? Justifique seu posicionamento.
7. Que movimento argumentativo é mais evidente nessa carta aberta? Por quê?

Trilha de estudo
Vai estudar? Stryx pode ajudar!
<http://mod.lk/trilhas>

PRODUÇÃO DE TEXTO — CARTA ABERTA

O que você vai produzir

Você vai produzir uma carta aberta. Ela pode ser direcionada à direção da escola, à comunidade escolar, aos alunos da escola, às autoridades locais, aos representantes de associações de bairro etc.

NA HORA DE PRODUZIR

1. Siga as orientações apresentadas nesta seção. Seu texto deve ser coerente com a proposta.
2. Lembre-se de que você já leu e analisou textos do gênero que vai produzir. Se for o caso, retome o **Estudo do texto**.
3. Diante da folha em branco, persista. Nenhum texto fica pronto na primeira versão.

PLANEJE E DESENVOLVA SEU TEXTO

1. Converse com seus colegas de classe: há alguma questão sobre a qual você gostaria de alertar ou de solicitar providências? Exemplos: má utilização dos recipientes para lixo pelos alunos da escola; utilização de fila dupla de carros na porta do colégio; pouca participação da comunidade nos eventos escolares; necessidade de eliminar desperdício ou uso desnecessário de água em domicílios etc. Há algum problema para o qual você gostaria de pedir solução? Exemplos: falta de espaços de lazer no bairro, falta de segurança, falta de água etc.

2. Selecione alguma das sugestões ou pense em outra solicitação mais próxima do que você quer ou precisa.

3. Escolha o destinatário adequado. Ao definir a questão e a reivindicação a ser realizada, pense a quem essa carta vai ser dirigida para atender à solicitação. O destinatário pode ser uma ou mais autoridades, uma instituição, um conjunto de pessoas etc.

4. Não se esqueça de que é importante a solicitação apontar exatamente o que se quer que seja feito e não apenas "pedir providências".

5. Liste argumentos que podem fortalecer a reivindicação e registre-os. Para pensar nos argumentos, reflita se o que você solicita é amparado por alguma lei, se traz benefícios para um conjunto de pessoas, se enriquece a aula ou a torna mais dinâmica, se possibilita novos aprendizados, se economiza um recurso natural etc. Escolha, também, o movimento argumentativo mais propício à sua carta (aprovação, refutação ou concessão).

6. Pense na linguagem a ser usada, em como vai se dirigir ao destinatário (por exemplo: *Prezado/a*, *Sr.* ou *Sra.*) e em saudações iniciais e finais.

7. Com base no planejamento realizado, elabore a primeira versão da carta aberta. Se tiver dúvidas, recorra às cartas lidas nesta unidade. Também leia o boxe a seguir.

> **DE OLHO NA TEXTUALIDADE**
>
> Ao redigir sua carta aberta, busque usar recursos de **coesão sequencial** (conjunções e outros articuladores textuais) para indicar os movimentos argumentativos e expressar as relações de sentido entre as ideias; por exemplo, a conjunção *embora*, que ajuda a marcar o movimento argumentativo de concessão num texto.
>
> Veja estes exemplos da segunda carta que você leu:
>
> "Vivemos um momento de exacerbação das práticas violentas pelos agentes do Estado, com operações diárias em comunidades [...]. **Por isso**, é urgente que medidas sejam tomadas por parte do Poder Legislativo [...]." — Introduz explicação.
>
> "[...] Solicita-se, **ainda**, a instalação de um Grupo de Trabalho [...]." — Acrescenta informação.
>
> "Contamos com o apoio dos/as senhores/as deputada/os **para que** a nossa luta possa ressoar efetivamente nas comissões e no plenário desta Casa, **de modo que** o Legislativo cumpra seu papel [...]." — Expressam finalidade, consequência.

AVALIAÇÃO E DIVULGAÇÃO

1. Depois de escrita a carta, releia-a e verifique se ela apresenta todos os elementos característicos de uma carta aberta de acordo com os aspectos apontados no quadro a seguir.

Aspectos importantes em relação à proposta e ao sentido do texto
Carta aberta
1. A estrutura da carta aberta está de acordo com as características do gênero textual?
2. O problema e a solicitação estão apresentados de forma clara, de modo que o destinatário entenderá o que está sendo solicitado?
3. Os argumentos estão convincentes e ajudam a fortalecer a solicitação?
4. A carta foi assinada?
5. Foi empregada a linguagem formal?
Aspectos importantes em relação à ortografia, à pontuação e às demais normas gramaticais
1. A pontuação, a ortografia e a acentuação estão corretas?
2. O vocativo foi empregado corretamente?
3. Você utilizou complementos nominais ou apostos adequadamente (para explicar, esclarecer, especificar ou enumerar algum termo)?

2. Troque a sua carta com um colega e leia a carta dele. Apresente e aceite sugestões de melhoria nas cartas.
3. Passe a sua carta a limpo, com as correções feitas e a inclusão de sugestões do colega que você julgar necessárias.
4. Divulgue a carta aberta em um meio impresso ou virtual. O importante é que ela seja publicada em um local que será visto pelo destinatário para que ele possa tomar as providências solicitadas.

ATITUDES PARA A VIDA

Como tornar a cultura de paz parte do nosso dia a dia, das nossas relações pessoais, estudantis e profissionais? Como torná-la cada dia mais viva em nossa comunidade? O que fazer para difundir efetivamente essa cultura no mundo por meio da educação?

Para aprofundar essa discussão, leia o texto abaixo e o boxe na página seguinte. Depois, você vai responder às questões.

A educação para a paz é um tesouro

Por onde iniciar esta jornada? Vamos olhar à nossa volta. Vivemos em uma sociedade tecnocrática, que desencadeou profundos problemas sociais e ecológicos. Observando o papel da educação e da mídia, percebemos que cultivam valores tais como a competitividade, o sucesso a qualquer preço, a lógica fria, o consumo.

A cultura molda nossas ideias e atitudes. Para construir uma cultura de paz necessitamos, portanto, de uma nova coreografia: uma mudança em nossos padrões mentais e ações. Sabemos que as visões instrumentais e mecanicistas da educação, predominantes até há pouco tempo, não têm sido capazes de reverter esses valores e responder aos problemas mais essenciais da humanidade.

[...]

A educação para a paz é fundamental para resolver conflitos de forma madura e saudável, visto que eles fazem parte do cotidiano de todas as pessoas, em todos os tempos e lugares. É uma oportunidade de desenvolvermos conceitos positivos nas partes envolvidas, através da compreensão do ponto de vista do outro. É também uma oportunidade de darmos suporte emocional aos envolvidos, demonstrando o valor da confiança nas pessoas e nos processos que levam à paz.

Em nossas escolas, grande parte das vezes, os estudantes acumulam saberes de seus professores e realizam uma troca de informações. Quando a disciplina ou o curso termina os participantes esquecem uns dos outros, e a vida continua como se nada tivesse acontecido. Na proposta da educação para a paz devemos seguir um outro caminho: não importa a idade de seus educandos, o que vale é criar laços de afeto e confiança mútua. Nós, seres humanos, somos totalmente dependentes do afeto. Desde o primeiro instante de vida precisamos do calor e do cuidado que nos conforta e legitima. Para nos desenvolver de maneira saudável, precisamos da estrutura e da confiança dos adultos.

[...]

A educação para a paz está, em sua essência, comprometida com um futuro de bem-estar para a humanidade, e com o meio ambiente.

Não se pode mudar os erros do passado, mas podemos construir um futuro saudável, tão cheio de criatividade quanto a própria vida. E, talvez, a descoberta mais valiosa a ser feita pelo ser humano neste século seja que a palavra "NÓS" é a mais importante de todas.

LAURA GORRESIO ROIZMAN. *Paz, como se faz?* Semeando cultura de paz nas escolas (Org. Lia Diskin e Laura Gorresio Roizman). 4. ed. Brasília: Unesco, Associação Palas Athena, Fundação Vale, 2008. p. 19-21. Disponível em: <http://mod.lk/uu7fm>. Acesso em: 25 jun. 2018. (Fragmento).

ATITUDES PARA A VIDA

Cultura de paz

No final dos anos 1990, a Unesco foi incumbida de promover e articular uma campanha mundial em prol da cultura de paz. O lançamento dessa campanha contou com o Manifesto 2000, que propôs um convite evidenciando o poder e a responsabilidade de cada pessoa para o bem comum.

O Programa de Ação pela Cultura de Paz das Nações Unidas adotou, em 1999, oito áreas de atuação: cultura de paz através da educação; economia sustentável e desenvolvimento social; compromisso com todos os direitos humanos; equidade entre os gêneros; participação democrática; compreensão – tolerância – solidariedade; comunicação participativa e livre fluxo de informações e conhecimento; paz e segurança internacional.

Até hoje, a necessidade de construir uma nova visão de paz expressa a insuficiência que o termo *paz* carrega para o senso comum. É possível dizer que paz é a ausência das várias formas de violência, em que conflitos existentes são transformados de forma não violenta.

Fonte: LIA DISKIN (Org.). *Cultura de paz* – Redes de convivência. São Paulo: Ed. Senac. p. 16.
Disponível em: <http://mod.lk/ghslf>. Acesso em: 20 jun. 2018.

1. Leia o primeiro parágrafo do texto "A educação para a paz é um tesouro" e responda às perguntas a seguir.
    a) A que jornada se refere a autora nesse primeiro parágrafo?
    b) Por que a autora afirma que é necessária uma mudança em nossos padrões mentais e ações para se construir uma cultura de paz?

2. A educação promove mudanças. Você concorda com essa afirmação? Você se sente modificado pela educação que recebe? Justifique suas respostas.

> É importante que estejamos livres para pensar, para comunicar nossos pensamentos, sentimentos e ideias. Uma realidade opressiva inibe emoções, desejos e ações. Uma educação opressiva tende a cercear a criatividade e a aprendizagem.

3. Leia as afirmações abaixo e responda à questão a seguir.
    I. A educação para a paz preocupa-se com a criação de laços de afeto e confiança entre os estudantes, com o bem-estar da humanidade e com a preservação da natureza.
    II. Educar para a paz significa evitar os conflitos e oferecer suporte emocional aos educandos.
    III. A proposta da educação para a paz é desenvolver valores como consumo e competividade.
    IV. Estão entre os valores de uma educação para a paz a empatia e a não violência.

- Quais afirmações estão completamente contrárias às ideias defendidas pela autora, completamente de acordo com as ideias dela e parcialmente de acordo com essas ideias? Explique.

4. A autora conclui o texto com uma reflexão.
   a) Que reflexão é essa? Você concorda com ela?
   b) O que fazer para que mais pessoas entendam a importância da colaboração para a transformação da realidade?

5. Quais das atitudes abaixo estão presentes no texto "A educação para a paz é um tesouro"? Justifique suas escolhas.

Persistir
Controlar a impulsividade
Escutar os outros com atenção e empatia
Pensar com flexibilidade
Esforçar-se por exatidão e precisão
Questionar e levantar problemas
Aplicar conhecimentos prévios a novas situações
Pensar e comunicar-se com clareza
Imaginar, criar e inovar
Assumir riscos com responsabilidade
Pensar de maneira interdependente

> Buscar caminhos não violentos para resolver conflitos é um desafio diário. Construir a paz é empreender diariamente uma transformação dos mecanismos de violência em mecanismos de não violência.

6. Na seção anterior você aprendeu que a carta aberta é um gênero textual que proporciona a mobilização de pessoas em favor de interesses coletivos para a reivindicação de soluções. Que atitudes foram mobilizadas na produção da carta aberta do seu grupo? Em que momentos?

> A cultura de paz se faz pelo diálogo verdadeiro, isto é, uma comunicação livre de violência. Instrumentos e recursos que promovam a mediação de conflitos, o livre pensar, a tolerância e o respeito mútuo são soluções de paz.

ATITUDES PARA A VIDA

7. Entre as cartas abertas produzidas por sua turma, houve alguma que fez reivindicações a favor da promoção da paz? Que atitudes você acha que estão por trás dessas reivindicações?

8. Você acha que o estudo das diversas atitudes para a vida tem contribuído para a construção de uma reflexão em prol da paz? Que iniciativas você tem tomado em seu cotidiano para a propagação da não violência?

AUTOAVALIAÇÃO

Na segunda coluna (item 1) da tabela abaixo, marque com um X as atitudes que foram mais mobilizadas por você na produção de texto desta unidade.

Na terceira coluna (item 2), descreva a forma como você mobilizou cada uma das atitudes marcadas. Por exemplo: *Persistir: coloquei em prática diferentes estratégias para resolver conflitos e não desisti com a facilidade.*

Use o campo *Observações/Melhorias* para anotar o que pode ser melhorado tanto nos trabalhos a serem desenvolvidos nas próximas unidades como em outros momentos de seu cotidiano.

Atitudes para a vida	1. Atitudes mobilizadas	2. Descreva a forma como mobilizou a atitude assinalada
Persistir		
Controlar a impulsividade		
Escutar os outros com atenção e empatia		
Pensar com flexibilidade		
Esforçar-se por exatidão e precisão		
Questionar e levantar problemas		
Aplicar conhecimentos prévios a novas situações		
Pensar e comunicar-se com clareza		
Imaginar, criar e inovar		
Assumir riscos com responsabilidade		
Pensar de maneira interdependente		
Observações/Melhorias		

PARA SE PREPARAR PARA A PRÓXIMA UNIDADE

De que maneira um cronista usa os recursos expressivos da linguagem para provocar lágrimas de alegria ou tristeza? É sobre questões relacionadas à construção do humor e do lirismo em um texto que você vai refletir na próxima unidade. Para se preparar para esse estudo, acesse os *links* indicados e, depois, leia as orientações do boxe "O que você já sabe?".

Pesquise em livros, *sites*, *blogs*, *podcasts* e canais de *booktubers* diferentes crônicas e aponte o fato do cotidiano que serviu de base para o texto. Identifique o meio pelo qual o humor foi construído: situações absurdas, exageros, surpresas, ironias etc. Nas crônicas que não forem engraçadas, identifique qual seria a situação ou o acontecimento que motivou o cronista a escrevê-las. Depois, compartilhe com seus colegas o resultado de sua pesquisa.

1 A famosa estátua do poeta Carlos Drummond de Andrade, que fica na praia de Copacabana, no Rio de Janeiro, é personagem da crônica que você vai ler na próxima unidade. Saiba mais sobre ela nesta reportagem: <http://mod.lk/2iOdn>.

2 *Recordação*
Na próxima unidade, você vai ler a crônica "Recordação", de Antonio Prata. O texto inspirou um vídeo que você pode acessar pelo QRCode ou neste *link*: <http://mod.lk/c3hur>. Assista a uma leitura desta crônica feita pelo próprio autor em: <http://mod.lk/nghig>.

3 O cronista Xico Sá fala em uma divertida crônica visual, chamada "O fracasso não dá Ibope", sobre o falso paraíso de felicidade das redes sociais, no qual tudo parece perfeito e o fracasso é "proibidão". Confira: <http://mod.lk/vfi1j>.

4 *Pronome relativo*
Acesse o objeto digital sobre pronomes relativos, conteúdo que será estudado na próxima unidade: <http://mod.lk/1tad2>.

O QUE VOCÊ JÁ SABE?

Até este momento, você seria capaz de...	Sim	Não	Mais ou menos
... identificar os recursos expressivos que contribuem para o humor ou o lirismo em uma crônica?	☐	☐	☐
... reconhecer a presença de valores sociais e culturais e as diferentes visões de mundo contidos nas crônicas?	☐	☐	☐
De acordo com o conteúdo do objeto digital *Pronome relativo*, você seria capaz de...	**Sim**	**Não**	**Mais ou menos**
... identificar o uso do pronome relativo em textos orais e escritos?	☐	☐	☐
... relacionar o pronome relativo e seu antecedente?	☐	☐	☐
... estabelecer a relação entre pronomes relativos e preposições?	☐	☐	☐

UNIDADE

5

PARA RIR OU REFLETIR

ESTUDO DA IMAGEM

1. Você vê ao lado a estátua do poeta Carlos Drummond de Andrade na praia de Copacabana, no Rio de Janeiro.

   a) Descreva a estátua e o local onde ela está.

   b) Que impressões tal escultura, disposta nesse cenário, pode causar nas pessoas que passam por ali?

2. Charge é um gênero textual que faz uma crítica à realidade por meio de imagem e texto humorísticos. A charge apresentada na página seguinte faz referência à estátua de Drummond.

   a) Qual situação essa charge retrata?

   b) Que crítica pode ser identificada nessa situação?

   c) Reúna-se com os colegas e procurem explicar como o humor foi construído na charge.

EM FOCO NESTA UNIDADE

- Crônica de humor e crônica lírica
- Pronomes relativos
- Produção: crônica lírica

Da série **Noites de Autógrafos** — A estátua do Drummond

HOJE NÃO VOU PODER DAR AUTÓGRAFO: ROUBARAM MEUS ÓCULOS DE NOVO.

LEITURA

CONTEXTO

No volume 7, você conheceu o gênero crônica, que pode ser predominantemente narrativo ou argumentativo. A crônica nasce de fatos do cotidiano e, muitas vezes, tem origem em uma notícia de jornal.

Neste volume, você vai observar aspectos particulares desse gênero textual: a construção do humor e a utilização de recursos líricos e poéticos.

A crônica a seguir foi escrita a partir da constatação de um fato comum: a presença de estátuas de escritores famosos em diferentes cidades. Esse texto, com o título "Estátuas", faz parte de uma coletânea chamada **Diálogos impossíveis**.

Confira como o cronista Luis Fernando Verissimo escreveu sobre isso de maneira bem-humorada e descontraída.

ANTES DE LER

- Esta crônica trata do encontro das estátuas dos escritores Carlos Drummond de Andrade, Fernando Pessoa e Mario Quintana.

a) Você já leu algum texto desses escritores?

b) Como imagina uma conversa entre as três estátuas?

c) O que torna uma história engraçada?

Estátuas

Há uma estátua do **Carlos Drummond de Andrade** sentado num banco da praia de Copacabana, uma estátua do **Fernando Pessoa** sentado em frente ao café "A Brasileira" em Lisboa, uma estátua do **Mario Quintana** sentado num banco da Praça da Alfândega de Porto Alegre. Salvo um **cataclismo** inimaginável, as três estátuas jamais se encontrarão. Mas, e se se encontrassem?

— Uma estátua é um **equívoco** em bronze — diria o Mario Quintana, para começar a conversa.

— Do que nos adianta sermos eternos, mas imóveis? — diria Drummond.

Pessoa faria "sim" com a cabeça, se pudesse mexê-la. E acrescentaria:

— Pior é ser este corpo duro sentado num lugar duro. Eu trocaria a eternidade por uma almofada.

— Pior são as câimbras — diria Drummond.

— Pior são os passarinhos — diria Quintana.

* * *

— Fizeram estátuas justamente do que menos interessa em nós: nossos corpos mortais.

— Justamente do nosso exterior. Do que escondia a poesia.

— Do que muitas vezes atrapalhava a poesia.

— Espera lá, espera lá — diz Drummond. — Minha poesia também vinha do corpo. Minha cara de padre era um disfarce para a sensualidade. Minha poesia dependia do corpo e dos seus sentidos. E o sentido que mais me faz falta, aqui em bronze, é do tato. Eu daria a eternidade para ter de volta a sensação na ponta dos meus dedos.

Pessoa:

— O corpo nunca ajudou minha poesia. Eu e meus heterônimos habitávamos o mesmo corpo, com a sua cara de professor de geografia, mas não nos envolvíamos com ele. Nossa poesia era à revelia dele. E fizeram a estátua do professor de geografia.

Quintana:

— Pra mim, o corpo não era nem inspiração nem **receptáculo**. Acho que já era a minha estátua, esperando para se livrar de mim.

* * *

— Pessoa — diria Drummond —, estamos há meia hora com você nesta mesa do **Chiado**, e você não nos ofereceu nem um cafezinho.

— Não posso — responderia Pessoa. — Não consigo chamar o garçom. Não consigo me mexer. Muito menos estalar os dedos.

— Nós também não...

— Não posso reagir quando sentam à minha volta para serem fotografados, ou retribuir quando me abraçam, ou espantar as crianças que me chutam, ou protestar quando um turista diz "Olha o Eça de Queiroz"...

— Em Copacabana é pior — diria Drummond. — Fico de costas para a praia, só ouvindo o ruído do mar e o tintilar das mulheres, sem poder me virar...

— Pior, pior mesmo — diria Quintana — é estar cheio de poemas ainda não escritos e não poder escrevê-los, nem em cima da perna.

Os três concordam: o pior é serem poetas eternos, monumentos de bronze à prova das agressões do tempo, fora poluição e vandalismo — e não poderem escrever nem sobre isto. As estátuas de poetas são a sucata da poesia.

E ficariam os três, desolados e em silêncio, até um turista apontá-los para a mulher e dizer:

— O do meio eu não sei, mas os outros dois são o **Carlos Gardel** e o **José Saramago**.

LUIS FERNANDO VERISSIMO. *Diálogos impossíveis*.
Rio de Janeiro: Objetiva, 2012. p. 155-157.

Glossário

Carlos Drummond de Andrade (1902-1987): mineiro de Itabira, ficou conhecido pelo tom amargo e irônico de boa parte de sua poesia. Escreveu poemas eróticos para serem publicados só depois de sua morte. É um dos mais importantes poetas brasileiros.

Fernando Pessoa (1888-1935): um dos grandes poetas da língua portuguesa, criou personalidades poéticas, chamadas de heterônimos, como Ricardo Reis, Álvaro de Campos e Alberto Caeiro. Cada heterônimo tem temática e estilo próprios.

Mario Quintana (1906-1994): autor gaúcho considerado o "poeta das coisas simples".

Cataclismo: desastre, catástrofe.

Equívoco: erro.

Receptáculo: recipiente, lugar em que se recolhem coisas.

Chiado: bairro tradicional de Lisboa, Portugal.

Carlos Gardel (1890-1935): um dos mais famosos cantores de tango argentino.

José Saramago (1922-2010): escritor português conhecido internacionalmente.

ANTES DO ESTUDO DO TEXTO

1. Se não tem certeza de ter compreendido bem o texto, leia-o novamente.
2. Ao responder às questões a seguir, procure empregar o que já aprendeu ao ler outros textos e seja preciso em suas respostas.

ESTUDO DO TEXTO

COMPREENSÃO DO TEXTO

1. Considerando o título do texto, você imaginou que ele pudesse tratar de um diálogo entre as personagens? Por quê?

2. Releia a frase de Quintana que abre o diálogo entre os poetas.

    "— Uma estátua é um equívoco em bronze."

    a) Com que intenção se constroem estátuas de personalidades?

    b) Essa frase de Quintana resume a opinião das três personagens a respeito de suas estátuas. Qual é essa opinião? Explique.

3. O texto de Verissimo está organizado em três partes, separadas por asteriscos.

    a) Em cada uma delas, os poetas discutem um aspecto relacionado à condição de estátua em que se encontram. Quais são esses aspectos?

    b) A estrutura das três partes é semelhante. Como é essa estrutura?

4. De quem são as três primeiras falas da segunda parte? Como é possível identificar a personagem que diz isso?

5. Explique o efeito de humor produzido pela última frase do texto, considerando o contexto em que ela é dita.

DE OLHO NA CONSTRUÇÃO DOS SENTIDOS

1. Leia um dos poemas mais conhecidos de Mario Quintana.

    ### Poeminho do contra

    Todos esses que aí estão
    Atravancando o meu caminho,
    Eles passarão...
    Eu passarinho!

    MARIO QUINTANA. *Antologia poética*. 6. ed. Rio de Janeiro: Ediouro, 1998. p. 61.

    a) Na crônica "Estátuas", há uma fala da personagem Mario Quintana em que se faz referência a esse poema. Identifique a fala do poeta que o caracteriza por essa referência e esclareça seu significado no contexto.

    b) O repertório do leitor (conhecimento de mundo, valores da comunidade em que vive etc.) é importante para que ele entenda o humor do texto. Se essa mesma fala fosse dita por Drummond ou Pessoa, o efeito de sentido teria sido o mesmo? Explique.

Biografia

O escritor gaúcho em 2016.

Luis Fernando Verissimo nasceu em Porto Alegre (RS) em 1936. É cartunista, tradutor, roteirista, romancista e um dos mais conhecidos cronistas da atualidade. Seus mais de 60 livros, na maioria crônicas, caracterizam-se pelo humor e pela sátira de costumes e já atingiram a marca de cinco milhões de exemplares vendidos.

> **O humor como efeito de sentido**
>
> O humor é um efeito produzido com base em vários elementos: o duplo sentido, o jogo de palavras, o absurdo de certas situações, as comparações surpreendentes, o inesperado, o exagero, o sarcasmo, a zombaria, a ironia (recurso que consiste em dizer o contrário do que se quer dar a entender), o estereótipo (ideia que rotula e tenta categorizar determinados grupos de pessoas) etc.

2. A sensualidade na poesia de Drummond só se revelou nos livros publicados após sua morte. Na crônica, qual fala desse poeta faz referência a essa face até então não revelada de sua poesia?

3. O humor é característica marcante nas crônicas de humor. Quais dos recursos apresentados no quadro abaixo foram empregados nos trechos reproduzidos a seguir?

sarcasmo	surpresa	exagero

   a) "— Pior é ser este corpo duro sentado num lugar duro. Eu trocaria a eternidade por uma almofada."

   b) "— [...] Minha poesia também vinha do corpo. Minha cara de padre era um disfarce para a sensualidade. [...]"

   c) "— O do meio eu não sei, mas os outros dois são o Carlos Gardel e o José Saramago."

4. Analise a linguagem empregada na crônica.

   a) Essa linguagem é formal ou informal? Justifique sua resposta com trechos do texto.

   b) Ela parece adequada ao contexto? Por quê?

5. Releia o trecho a seguir.

   > "[...] As estátuas de poetas são a sucata da poesia."

   a) Que figura de linguagem é empregada nessa afirmação?

   b) Essa figura é um recurso muito usado na poesia. Na sua opinião, o emprego dela na crônica é intencional? Por quê?

> **Lembre-se**
>
> O autor não é narrador! **Narrador** é uma entidade de ficção, que só existe no texto. Não pode ser considerado autor.
>
> Os fatos apresentados pelo narrador, assim como os elementos da paisagem e as relações estabelecidas entre os acontecimentos, são sempre uma interpretação da realidade.

A CRÔNICA DE HUMOR

1. A crônica "Estátuas" apresenta elementos cotidianos em uma situação absurda, irreal: três estátuas encontram-se e conversam à mesa de um café, em Lisboa. Com que intenção se fez esse arranjo improvável?

2. As crônicas trazem uma visão pessoal do autor e revelam seu ponto de vista sobre assuntos do cotidiano. Quais são as críticas à sociedade transmitidas pela crônica "Estátuas" por meio dos argumentos apresentados pelas personagens?

3. O narrador dessa crônica é personagem ou observador? Por quê?

O GÊNERO EM FOCO: CRÔNICA DE HUMOR

Como você viu, a crônica é um gênero narrativo que permite ao cronista dar um toque humorístico, crítico ou poético à recriação das mais variadas situações do cotidiano: uma notícia, o preço do feijão, uma conversa com o motorista do ônibus, o desaparecimento de um cachorro, uma cena vista do banco de um parque, o resultado de um jogo de futebol...

Mas isso não quer dizer que não haja nada inventado, ou fictício, no texto; o autor pode dar mais intensidade e emoção à narrativa ao ampliar e distorcer um pouco os fatos, por exemplo.

Em sua origem, a crônica buscava inspiração nas notícias publicadas em jornais. Por ser um texto curto, despretensioso e com uma linguagem mais informal, a crônica funciona ainda como um "respiro", uma pausa para descontração em meio aos assuntos sérios apresentados nos periódicos.

Provavelmente, muitas pessoas já leram uma crônica e talvez não façam ideia do que seja isso. Esse gênero literário, atualmente, ganhou espaço em *blogs* e continua circulando muito em jornais e revistas.

Embora a crônica seja um gênero narrativo (com enredo, foco narrativo, personagens, tempo e espaço), há diversos tipos de crônicas que exploram outras possibilidades, tais como: crônica lírica, poética, jornalística, histórica, humorística, entre outras. Nesta unidade, vamos estudar dois tipos: a **crônica de humor** e a **crônica lírica**.

> A **crônica de humor** (ou **crônica humorística**) é uma narrativa curta na qual o cronista emprega elementos que produzam efeitos de humor. Em geral, é narrado algum fato comum relacionado à rotina de alguma personagem (que vai à feira ou leva o filho à escola, por exemplo), sob um registro irônico dos costumes, revelando uma ótica satírica ou cômica.

Tal narrativa curta traz uma linguagem simples e coloquial, com tempo e espaço reduzidos. Quando há personagens, elas costumam ser tipos comuns.

Esse tipo de crônica é repleto de detalhes e pormenores que enriquecem a história de forma bem-humorada e tiram o leitor de seu lugar confortável para que ele perceba melhor um acontecimento que parece (mas não é) óbvio demais.

A crônica "Estátuas" está estruturada como um diálogo e não apresenta as partes da narrativa de forma tradicional. Há uma situação inicial — a conversa entre os poetas — que constitui uma reflexão, e não exatamente um conflito seguido de clímax. O desfecho é a fala final do turista.

A origem da crônica

A crônica surgiu nos jornais da França no século XIX. Nessa época, havia um espaço na parte de baixo da página em que se publicava uma coluna chamada *folhetim*, usada para divulgar capítulos de romances ou textos críticos e bem-humorados sobre as notícias mais discutidas.

ORGANIZAR O CONHECIMENTO

O QUE VOCÊ JÁ SABE?

Agora, você já é capaz de...	Sim	Não	Mais ou menos
... identificar os elementos que constroem o humor em uma crônica?	☐	☐	☐
... reconhecer a presença de valores sociais e culturais e as diferentes visões de mundo contidos nas crônicas?	☐	☐	☐
... escrever comentários sobre as crônicas, expressando sua apreciação estética e identificando sua preferência por temas e autores?	☐	☐	☐

Se você marcou não ou mais ou menos, revise esses aspectos estudados em O gênero em foco: crônica de humor.

- Junte-se a um colega e montem o esquema a seguir, no caderno, respondendo às questões. Ao final, vocês terão um resumo com as principais características da crônica de humor. As questões apresentadas servem para orientar a elaboração do esquema, mas, se preferirem, vocês podem incluir outras características.

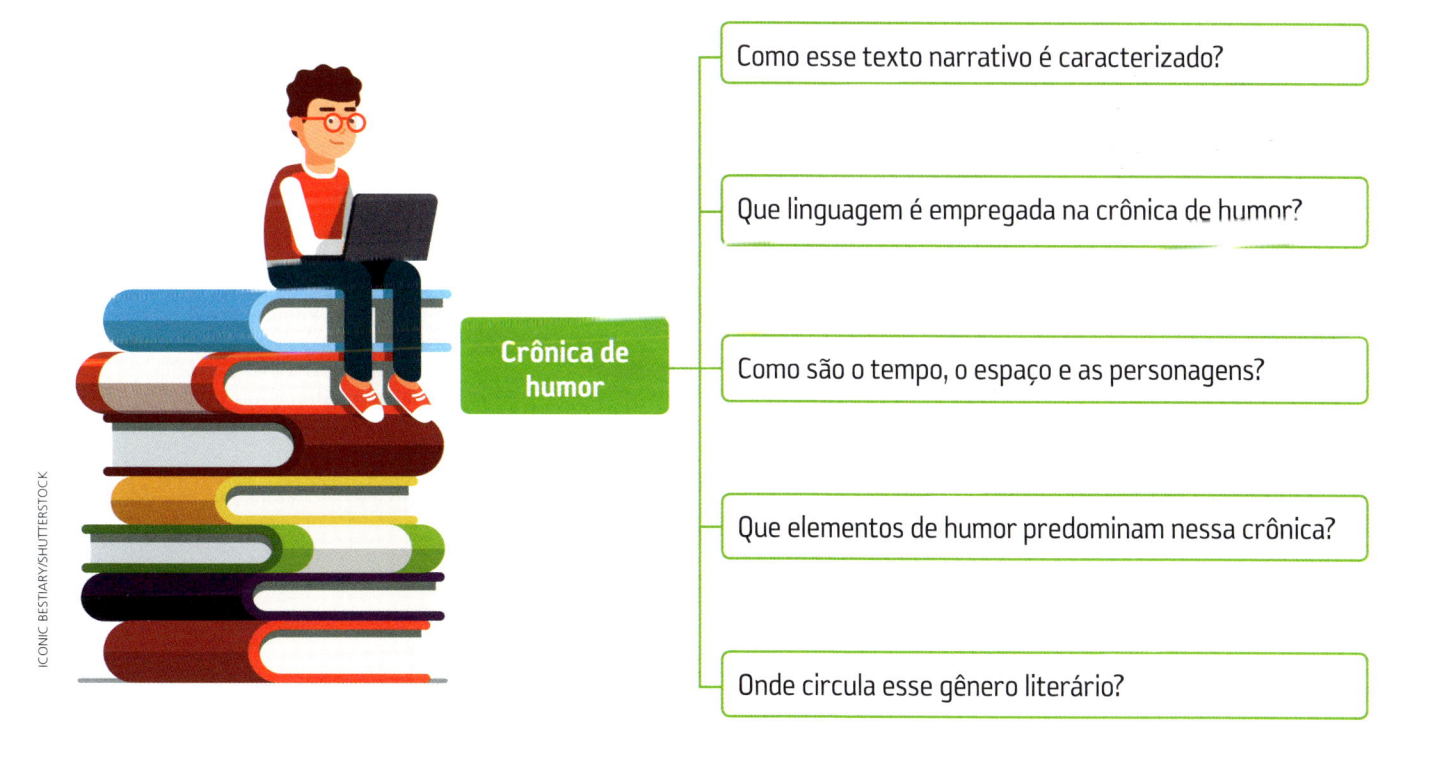

Crônica de humor
- Como esse texto narrativo é caracterizado?
- Que linguagem é empregada na crônica de humor?
- Como são o tempo, o espaço e as personagens?
- Que elementos de humor predominam nessa crônica?
- Onde circula esse gênero literário?

E POR FALAR NISSO...

Em março de 2011, um terremoto e um *tsunami* atingiram o Japão, causando destruição e morte. Após a tragédia, o jornal *Folha de S.Paulo* publicou uma charge de João Montanaro inspirada numa famosa xilogravura japonesa. A charge acabou provocando polêmica. Observe as imagens:

XILOGRAVURAS JAPONESAS – A ONDA JOÃO MONTANARO

A charge de João Montanaro, acima, publicada na *Folha de S.Paulo*, em 12 de março de 2011, inspira-se na xilogravura *A grande onda de Kanagawa*, de Katsushika Hokusai (1760-1849), ao lado, produzida entre 1829 e 1833.

1. Considerando as relações entre as duas imagens, levante hipóteses a respeito das questões a seguir.
   a) Que tipo de polêmica a charge de João Montanaro pode ter gerado?
   b) Qual poderia ter sido o teor das críticas?
   c) Em sua opinião, a intenção de João Montanaro foi produzir humor ou expressar uma opinião a respeito da tragédia? Explique.

2. Converse com seus colegas: em que outras situações o riso pode ser incômodo e gerar conflitos?

ESTUDO DA LÍNGUA: ANÁLISE E REFLEXÃO

COMO VOCÊ PODE ESTUDAR

1. **Estudo da língua** não é uma seção para decorar, mas para questionar e levantar problemas.
2. O trabalho com os conhecimentos linguísticos requer persistência. Leia e releia os textos e exemplos, discuta, converse.

PRONOMES RELATIVOS

1. Releia uma oração presente na crônica "Estátuas":

    — Não posso [...] espantar as crianças **que** me chutam.

    a) A palavra destacada no trecho serve para retomar outras palavras ou expressões citadas no texto. Qual palavra o termo **que** retoma?

    b) Se você tivesse que reescrever o trecho substituindo o termo destacado por outro equivalente, qual poderia ser?

2. Leia o parágrafo a seguir, extraído de uma publicação que orienta famílias de baixa renda a produzir hortas. Ele servirá para responder às questões a seguir.

    > Em horta caseira é mais indicado o uso de adubo orgânico, para fornecer os nutrientes **que** as plantas necessitam. A matéria orgânica serve também para manter a terra fofa, o que facilita a aeração e a infiltração da água.

    Nozomu Makishima e outros. *Projeto horta solidária*: cultivo de hortaliças. Jaguariúna. Embrapa Meio Ambiente, 2010, p. 8. Disponível em: <http://mod.lk/gdake>. Acesso em: 6 jun. 2018. (Fragmento).

    a) Identifique — com números, barras ou outros recursos — os períodos e as orações desse parágrafo.

    b) Leia os trechos a seguir.

    I. "Em horta caseira é mais indicado o uso de adubo orgânico, para fornecer os nutrientes *que as plantas necessitam*."

    II. Em horta caseira é mais indicado o uso de adubo orgânico, para fornecer os nutrientes *necessários às plantas*.

    • Comparando o texto original (I) com o texto reescrito (II), que mudanças você percebeu quanto à função nos trechos destacados em itálico?

    c) O sentido original foi preservado?

    d) Qual das duas formas você considera melhor: I ou II? Por quê?

171

PRONOMES RELATIVOS

Nesta manchete, observe o uso da palavra destacada.

> **Para onde vai a gordura *que* queimamos?**
>
> BBC Brasil, 4 abr. 2018. Disponível em: <http://mod.lk/84m47>.
> Acesso em: 6 jun. 2018. (Adaptado).

A palavra *que* estabelece uma relação entre duas orações retomando um termo anterior (*gordura*). Por exercer essa função, é chamada **pronome relativo**. O termo que o pronome relativo retoma é chamado **antecedente**. Observe:

Para onde vai a gordura que queimamos?
                      antecedente   pronome relativo
                      (substantivo)

Em geral, o antecedente do pronome relativo é um **substantivo**, como no exemplo da manchete. Além do substantivo, frequentemente o antecedente de um pronome relativo é um **pronome substantivo**, isto é, um pronome com função de substantivo. Observe esta outra manchete:

> **Saiba *tudo que* a ciência já descobriu sobre as calorias**
>
> Portal G1, 7 fev. 2016. Disponível em: <http://mod.lk/0f1np>.
> Acesso em: 6 jun. 2018.

Nessa manchete, o pronome substantivo *tudo*, do grupo dos indefinidos (que inclui, entre outros, *algum*, *algo*, *cada*, *certo*, *nenhum*, *todo*) é o antecedente, retomado na oração seguinte pelo pronome relativo *que*. Podemos representar essas relações da seguinte forma:

Saiba tudo que a ciência já descobriu sobre você.
    antecedente pronome
   (pronome) relativo
  substantivo)

O pronome relativo pode, ainda, ter como antecedente uma oração inteira. Nesse caso, normalmente é antecedido pelo pronome demonstrativo **o**. Veja, como exemplo, este período extraído do texto da página anterior:

                            antecedente   pronome relativo
                         (segunda oração) (antecedido do demonstrativo *o*)

"A matéria orgânica serve também para manter a terra fofa, *o* **que** facilita a aeração e a infiltração da água."

EMPREGO DOS PRONOMES RELATIVOS

O pronome *que* é o mais utilizado dos relativos. No entanto, há pronomes relativos com funções específicas que convém conhecermos, para que possamos empregá-los adequadamente em cada situação.

172

Existem pronomes relativos **variáveis** (flexionam-se em gênero e número) e **invariáveis** (não se flexionam), conforme apresentados no quadro.

Pronomes relativos				
Variáveis				Invariáveis
Masculino singular	Feminino singular	Masculino plural	Feminino plural	que
o qual	a qual	os quais	as quais	quem
quanto	quanta	quantos	quantas	onde

A seguir, você vai conhecer o emprego de alguns dos principais pronomes relativos.

O QUAL, A QUAL, OS QUAIS, AS QUAIS

Quando exerce a função de relativo, o pronome *que* sempre pode ser substituído por *o qual* (e suas variações flexionadas).

Geralmente a escolha entre *que* e *o qual* (e suas variações) é uma questão de estilo e depende do ritmo da frase, da eufonia (a pronúncia que soa melhor) e de qual opção garante maior clareza ao enunciado.

As formas *o qual*, *a qual*, *os quais* e *as quais* devem ser escolhidas, em vez do relativo *que*, nas seguintes situações:

- Quando o pronome relativo é precedido de uma *preposição* com mais de uma sílaba ou de uma **locução prepositiva**:

    *O rio cortava duas imensas áreas sobre **as quais** cresceram, mais tarde, dois bairros rivais.*

- Como **partitivo**, isto é, para indicar parte de um todo; nesse caso, não se utiliza *a* nem *o* antes do relativo:

    *Com rápido exame, o mecânico sabia **quais** peças tinham conserto e **quais** eram irrecuperáveis.*

QUEM

O relativo *quem* é usado para referir-se a pessoa ou a algo personificado:

*Foi Débora **quem** escreveu aquele livro.*

*É o Amor **quem** conduz teus passos?*

Se usado como simples relativo, ou seja, como referência a um antecedente explícito, é empregado **com preposição**:

*Vovó Maria, a **quem** todos amavam e admiravam, viveu longos noventa anos.*

ONDE, AONDE

O relativo *onde* deve ser usado exclusivamente com referência a lugar e pode ser substituído por *em que*:

*Meu coração bateu mais forte por Viena, **onde** museus e parques deslumbrantes não faltam.*

Assim como *quem*, *onde* pode ser empregado sem antecedente explícito, equivalendo a *o* (ou *no*) *lugar em que*:

***Onde** moro é que me sinto bem.*

Além de *onde*, também se pode empregar *aonde* para se referir a lugares, desde que o verbo exija a preposição *a*:

*Foi duro, mas importante, conhecermos Auschwitz, **aonde** haviam chegado mais de um milhão de vítimas na Segunda Guerra.*

CUJO, CUJA, CUJOS, CUJAS

O pronome *cujo* (e suas formas flexionadas), além de relativo, também estabelece sentido de *posse*. Esse relativo equivale a *do qual*, *de que*, *de quem*. Na oração, *cujo* concorda com a coisa possuída em gênero e número, como neste exemplo:

*As obras **cujos autores** tenham falecido há pelo menos 70 anos são de domínio público.*
— os autores das obras

Atualmente o pronome relativo *cujo* (e suas flexões) é restrito a contextos formais e seu emprego em situações informais pode até sugerir pedantismo, exibicionismo. Conforme a gramática normativa, é importante observar que não se utilizam expressões como *cujo seu*, *cujo o*, *cuja a*, *cuja sua* etc., pois esse relativo não admite artigo nem pronome possessivo (como explicado, *cujo* transmite por si a ideia de posse):

O político cujo ~~o~~ mandato seja cassado não se mostra digno de seus eleitores.

No sábado visitaremos o colega cujos ~~seus~~ pais adoeceram.

PRONOME RELATIVO E PREPOSIÇÃO

Na gramática normativa, quando o pronome relativo retoma um termo que é complemento de um verbo ou de um nome que exige **preposição**, deve-se manter essa preposição **antes do pronome**. Observe os exemplos:

*Boa parte da população consome mais calorias diárias **de que** precisa para viver saudavelmente.*
(precisa *de* calorias)

*Meu sobrinho, **a quem** doei o computador, tem feito bom uso do equipamento.*
(doei o computador *a* meu sobrinho)

*Sonho conhecer o país **donde** vieram meus antepassados africanos.*
(país *de* onde vieram meus antepassados)

AMBIGUIDADE DOS PRONOMES RELATIVOS

Observe a frase:

*Nós nos hospedamos no apartamento de Mônica, **que** já conhecíamos.*

Essa frase deixa algumas dúvidas em seu leitor: já conhecíamos o *apartamento* em que nos hospedamos ou *Mônica*, a nossa anfitriã? Ou ambos, *apartamento* e *Mônica*, já eram nossos conhecidos?

O pronome relativo pode gerar ambiguidade quando existem dois ou mais termos na oração que podem ser seus antecedentes. No exemplo dado, tanto *apartamento* quanto *Mônica* podem ser o antecedente de *que*.

Uma das formas de eliminar essa ambiguidade é substituir o pronome relativo por outro, considerando o contexto. Poderíamos, então, experimentar as seguintes trocas:

*Nós nos hospedamos no apartamento de Mônica, **o qual** já conhecíamos.* (referente: *apartamento*)

*Nós nos hospedamos no apartamento de Mônica, **a qual** já conhecíamos.* (referente: *Mônica*)

*Nós nos hospedamos no apartamento de Mônica, **a quem** já conhecíamos.* (referente: *Mônica*)

*Nós nos hospedamos no apartamento de Mônica, **os quais** já conhecíamos.* (referentes: *o apartamento* e *Mônica*)

Qual a melhor construção para resolver a ambiguidade da frase inicial? Na frase original, o fato de cada possível referente (*apartamento* e *Mônica*) serem de gêneros diferentes, o emprego de *o qual* ou *a qual* é suficiente para eliminar a ambiguidade. Já o emprego de *quem* torna *Mônica* o único referente possível, pois esse pronome só pode ser empregado com pessoa. Se a ideia que se quer passar é outra, a de que tanto o *apartamento* quanto *Mônica* eram nossos conhecidos, o relativo adequado é *os quais*, que permite a concordância nominal adequada com os dois antecedentes.

Há, entretanto, situações em que a mera troca de pronome relativo por outro não é suficiente para resolver a ambiguidade, sendo, então, necessário reformular a frase toda. Veja esta outra frase:

Gabriel acabou sendo alojado na casa de Débora, que também é acolhedora.

Nessa frase, há dois antecedentes possíveis: *casa* e *Débora*. Como ambos têm mesmo número e gênero (singular e feminino), o uso do relativo equivalente (*a qual*) mantém a ambiguidade da frase. A solução, então, é desmembrá-la, explicitando no texto que *acolhedora* se refere a *casa*.

Gabriel acabou sendo alojado na casa de Débora. A casa dela também é acolhedora.

Outra possibilidade de reescrita, caso se queira atribuir a qualidade de *acolhedora* apenas ao referente *Débora*, é eliminar a última oração do período e incluir suas informações nas orações anteriores:

Gabriel acabou sendo alojado na casa da também acolhedora Débora.

ACONTECE NA LÍNGUA

> Gostou desse livro? Como é a essa história?

> É sobre duas famílias que eram inimigas e que se chamavam Montéquio e Capuleto. Um rapaz que era dos Montéquio se apaixonou por uma moça que era dos Capuleto, o que iniciou um romance que...

Em situações de fala espontânea, normalmente os interlocutores abrem mão de construções sintáticas e vocabulares mais elaboradas, já que a produção flui sem que haja muito tempo para refletir sobre sua organização. Uma das características que podem estar presentes em situações informais é a repetição do pronome relativo *que*, recurso utilizado pelo falante para garantir a coesão do seu discurso, ou seja, para dar unidade a ele, evitando que a conversa seja apenas uma série de ideias sem uma ligação entre elas.

Em um contexto de maior rigor, esse uso dos relativos é considerado problemático. Recebe até um nome pouco elogioso: **queísmo**.

Na produção escrita, o queísmo pode ser evitado com o uso de diferentes recursos linguísticos, como a troca da oração adjetiva por um simples adjetivo, ou a substituição de orações desenvolvidas por formas reduzidas de gerúndio ou de particípio. A solução, na escrita, também pode ser a simples eliminação de palavras e trechos prolixos (não essenciais) e da mudança na pontuação do texto.

Se na escrita o queísmo é um problema, na fala — desde que não cause ruído na conversação e não comprometa a compreensão entre os falantes — a repetição de relativos, de conjunções (e... e...), de marcadores (aí... aí...; então... então...) ou de outras palavras e expressões pode ser aceitável.

ORGANIZAR O CONHECIMENTO

O QUE VOCÊ JÁ SABE?

Agora, você já é capaz de…	Sim	Não	Mais ou menos
… usar o pronome relativo em textos orais e escritos?	☐	☐	☐
… identificar a relação entre o pronome relativo e seu antecedente?	☐	☐	☐
… identificar a relação entre pronomes relativos e preposições?	☐	☐	☐

> Se você marcou não ou mais ou menos, retome a leitura do item **Emprego dos pronomes relativos**.

> Se você marcou não ou mais ou menos, retome a leitura do item **Pronome relativo e preposição**.

- Junte-se a um colega e, no caderno ou em uma folha avulsa, copiem o esquema a seguir, completando as lacunas.

Pronome relativo

- Relaciona duas orações, retomando um termo anterior, o antecedente, que pode ser: um substantivo, um pronome substantivo ou uma oração. Exemplo: ▇▇▇▇▇▇▇.
- O principal pronome relativo é ▇▇▇▇▇▇▇.
- Classificação
  - ▇▇▇▇▇▇▇: o(s) qual(is), a(s) qual(is).
  - ▇▇▇▇▇▇▇: que, quem, onde/aonde.

ATIVIDADES

ATITUDES PARA A VIDA

Ao responder às questões, busque exatidão e precisão para garantir que você entendeu o que estudou.

1. Leia as manchetes a seguir.

I.
Médico que lidera combate ao ebola na África contrai a doença

Disponível em: <http://mod.lk/4u2rq>. Acesso em: 6 jun. 2018.

II.
Pacientes com câncer de laringe que tiraram cordas vocais formam coral

Disponível em: <http://mod.lk/mojh8>. Acesso em: 6 jun. 2018.

III.
Cientistas suíços descobrem gene que reduz obesidade em roedores

Disponível em: <http://mod.lk/eehly>. Acesso em: 6 jun. 2018.

IV.
Técnica permite restaurar regiões do cérebro que foram danificadas

Disponível em: <http://mod.lk/b4ueg>. Acesso em: 6 jun. 2018.

a) Observe, abaixo, como foram divididas as orações da manchete I. Depois, copie as manchetes II a IV no caderno, dividindo-as do mesmo modo.

"Médico que lidera combate ao ebola na África contrai a doença."

- Oração 1: *Médico lidera combate ao ebola na África.*
- Oração 2: *Médico contrai a doença.*

b) Que pronome relativo articula as orações que você dividiu no item *a*?

c) Qual é a palavra ou expressão citada anteriormente que o pronome relativo retoma em cada caso? E qual é a classe gramatical dessas palavras? No caso das expressões, considere a palavra mais importante, ou seja, o núcleo.

d) Volte às orações que você escreveu no item *b* e compare-as com as manchetes originais. Que vantagem o uso do pronome relativo apresenta nessas manchetes e nos textos em geral?

2. Leia o texto a seguir.

> Havia anos que Ramón y Cajal se dedicava a seus estudos [...], produzia pequenos cubos de tecido cerebral **que** eram, então, tratados em uma série de reações químicas. Essas reações primeiro endureciam o tecido e depois o coravam, de maneira que as principais células **que** formam o cérebro pudessem ser visualizadas posteriormente, sob a luz de um microscópio [...].
>
> Após concluir esse processo, Ramón y Cajal usava uma lâmina de metal muito afiada para fatiar cada bloco e produzir uma enorme sequência de fatias finíssimas [...] colocadas na superfície de lâminas de vidro recobertas com gelatina. A gelatina fazia com que as fatias de tecido ficassem bem aderidas às lâminas de vidro, permitindo **que** Ramón y Cajal as recobrisse com uma camada de vidro muito fina. Desse modo, ele podia observar as fatias de cérebro no seu microscópio favorito e passar a maior parte do dia desenhando todos os detalhes dos primeiros circuitos de células cerebrais jamais vistos por qualquer outro par de olhos humanos.
>
> [...]

MIGUEL NICOLELIS e GISELDA LAPORTA NICOLELIS. *O maior de todos os mistérios*. São Paulo: Companhia das Letras, 2013. p. 23-24. (Fragmento).

- Observe as três ocorrências destacadas no texto e explique em que caso o termo em destaque não é pronome relativo. Justifique sua resposta com base no boxe "Lembre-se" abaixo.

Lembre-se

Pronome relativo *que* x conjunção integrante *que*

Diferentemente do pronome relativo **que**, que retoma um elemento anterior e pode sempre ser substituído por **o qual** e suas variações, a conjunção integrante **que** é vazia de significado, servindo apenas para unir a oração subordinada substantiva à oração principal.

3. Leia uma nota sobre certa exposição que esteve em cartaz em um museu francês.

Em busca dos manuscritos de Proust

Na entrada do Musée des Lettres et Manuscrits, em Paris, atualmente com a exposição "Proust du Temps Perdu au Temps Retrouvé", encontra-se uma frase do escritor francês Marcel Proust (1871-1922) que, numa tradução livre, diz: O acervo privado deve ser transformado em museu, caso contrário, a sociedade ficará frustrada.

A mostra com a qual o museu inaugura seu novo endereço no boulevard Saint-Germain é justamente uma tentativa de atender ao desejo do escritor. No total, são 160 documentos expostos, incluindo muitas cartas inéditas, manuscritos, fotos raras e desenhos retirados das coleções particulares de André Maurois, que foi biógrafo de Proust, de Suzy Mante-Proust, sua sobrinha, e de Simone de Caillavet, filha de um amigo do escritor, que o inspirou na criação da personagem Mademoiselle de Saint-Loup.

Descobrir entre cartas escritas pelo próprio Proust a forte ligação que ele tinha com a mãe e ainda as sucessivas correções e observações que ele fez nos originais de *Em busca do tempo perdido* é uma experiência incrível. Realmente, eu ficaria frustrada se soubesse que eu jamais poderia contemplar esta documentação por ela estar em acervos particulares.

ANNA LEE. Disponível em: <http://mod.lk/3mjlr>. Acesso em: 6 jun. 2018,

Glossário

Acervo: conjunto de artigos (documentos, obras de arte, livros etc.) que compõem o patrimônio de uma pessoa ou de uma instituição, como um museu ou biblioteca.

SAIBA +

Marcel Proust (1871-1922) é um dos mais importantes autores da literatura francesa. O título da nota jornalística acima ("Em busca dos manuscritos de Proust") faz referência à sua mais famosa obra, *Em busca do tempo perdido*, um romance autobiográfico dividido em sete volumes. O nome da exposição no museu francês comentado pela jornalista também alude a essa obra: "Proust du Temps Perdu au Temps Retrouvé" significa, em português, "Proust: do tempo perdido ao tempo recuperado".

179

ATIVIDADES

a) Qual é, segundo a jornalista, o interesse em conhecer documentos privados de um artista como o escritor Marcel Proust?

b) Por que a jornalista introduz a última frase da nota com o advérbio *realmente*?

c) Releia o trecho a seguir e preste atenção ao pronome relativo destacado.

> "No total, são 160 documentos expostos, incluindo muitas cartas inéditas, manuscritos, fotos raras e desenhos retirados das coleções particulares de André Maurois, que foi biógrafo de Proust, de Suzy Mante-Proust, sua sobrinha, e de Simone de Caillavet, filha de um amigo do escritor, **que** o inspirou na criação da personagem Mademoiselle de Saint-Loup."

I. Quem inspirou Proust na criação da personagem mencionada? Simone de Caillavet ou o pai dela, que era amigo do escritor? Explique como chegou à sua resposta. Se necessário, pesquise na internet o significado da palavra francesa ***mademoiselle***.

II. Imagine que Proust tivesse amizade com a mãe de Simone de Caillavet, e não com o pai. Reescreva o trecho no caderno de acordo com essa hipótese e explique por que, nesse caso, o pronome *que* causaria ambiguidade.

4. Baseie-se na leitura da tira para responder aos itens a seguir.

O MELHOR DE CALVIN   BILL WATTERSON

a) Observe as expressões de Susan no primeiro e no terceiro quadrinhos. Que transformação houve nela de um quadrinho para outro?

b) O que motivou essa mudança?

c) No terceiro quadrinho, Calvin propõe a troca de seu sanduíche pelo de Susan. No contexto da tira, ele realmente parece querer fazer a troca? Qual poderia ser a intenção dele com essa pergunta?

d) Na tira, há tanto palavras típicas de uma linguagem informal como estruturas características de uma linguagem bastante rigorosa quanto à gramática normativa. Localize e copie um trecho que exemplifique cada uma dessas linguagens.

e) Essa mistura de dois tipos de linguagem é adequada? Explique.

f) Transcreva dos balões de fala os pronomes relativos e seus referentes.

5. Leia a letra da canção "Meu barracão" e numere seus versos.

Meu barracão

Faz hoje quase um ano
Que eu não vou visitar
Meu barracão lá da **Penha**
Que me faz sofrer
Até mesmo chorar por
Pensar na alegria
Que eu sentia
Um forte laço de amor
Que nos prendia
Não há quem tenha
Mais saudades lá da Penha
Do que eu, juro que não
Não há quem possa
Me fazer **perder a bossa**
Só saudade do barracão
Mas vi lá da Penha hoje uma pessoa
Que trouxe uma notícia
Do meu barracão
Que não foi à toa
Já cansado de esperar
Saiu do lugar
Eu desconfio que ele foi me procurar...

Noel Rosa. Disponível em:
<http://mod.lk/lqop6>. Acesso em: 6 jun. 2018.

> **Glossário**
>
> **Penha:** na canção, refere-se a um bairro da cidade do Rio de Janeiro.
>
> **Perder a bossa:** nesse contexto, perder a alegria.

> **Biografia**
>
> Noel Rosa, em 1921.
>
> **Noel** de Medeiros **Rosa** (Rio de Janeiro, 1910-1937) foi compositor, músico e cantor de bastante sucesso no rádio e no teatro musical, apesar de ter morrido aos 26 anos. Conseguiu fazer com que o samba, gênero musical até então restrito às favelas da cidade e bastante discriminado, conquistasse diferentes classes sociais. Suas composições, carregadas de humor e crítica aos costumes da época, são gravadas até hoje por importantes artistas brasileiros.

a) De acordo com a canção, como a moradia do autor provavelmente era quando ele estava na Penha?

b) O que o eu lírico sente em relação à sua antiga moradia?

c) Os três últimos versos dessa composição podem ser interpretados de diferentes maneiras. No seu entendimento, o que aconteceu com o barracão?

d) Organize uma tabela dos pronomes relativos usados nessa canção com as seguintes informações:

Pronome relativo	Verso	Referente	Verso

Ao encontrar um *pronome relativo* na canção, copie-o, indique o número do verso em que ele está, copie o *referente* (substantivo ou pronome substantivo) desse pronome relativo e o número do verso em que está esse referente. Cada pronome relativo que você encontrar no poema equivalerá a uma nova linha na tabela.

ATIVIDADES

6. Na seção "Acontece na língua", foi explicado o que é **queísmo**. O texto que você vai ler a seguir apresenta esse fenômeno linguístico.

Por que aviões comerciais não possuem paraquedas?

O motivo principal é que seria necessário um treinamento dos passageiros que deveria acontecer antes do voo. Também não daria para abrir, em pleno voo, as portas que ficam na aeronave, porque a estrutura não aguentaria a pressão que faria dentro do avião. Mesmo que os passageiros conseguissem pular, as condições do ambiente que encontrariam fora da aeronave seriam severas: altitude que apresentaria baixa pressão, que ofereceria pouco oxigênio e que representaria frio que costuma chegar a $-34\ °C$. Como se não bastassem tantos motivos que impediriam o salto, um único paraquedas teria peso que poderia chegar a 18 kg, e um avião comercial que fosse grande teria um peso extra que somaria 4 toneladas. Resumindo o que foi escrito: uma missão que não seria possível!

LIGIA DOS ANJOS. *Mundo Estranho*. 12 abr. 2018.
Disponível em: <http://mod.lk/usypl>. Acesso em: 6 jun. 2018.

Mais questões no livro digital

- Reescreva esse texto procurando resolver os trechos problemáticos. As sugestões dadas na seção "Acontece na língua" podem ser úteis na reescrita.

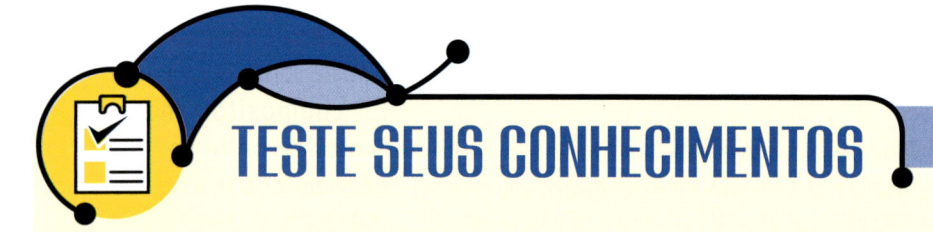

TESTE SEUS CONHECIMENTOS

A fim de responder adequadamente à questão a seguir, é necessário que você tenha compreendido as propriedades dos pronomes relativos e reconheça a função deles na composição dos períodos compostos.

Leia atentamente o texto reproduzido, o questionamento proposto, as alternativas e as perguntas relacionadas a cada alternativa. Responda às perguntas que acompanham cada alternativa com **sim** ou **não**. A alternativa correta será a que você tiver respondido **não**.

(ITA-SP – adaptado)

Leia o trecho a seguir.

 Alastair Reid, editor administrativo do *site* First Draft, que é uma coalizão de organizações que se especializam em checar informações e conta com o apoio do Google, disse que parte do problema é que qualquer pessoa que publique em plataformas como o Facebook tem a capacidade de atingir uma audiência tão ampla quanto aquelas que são atingidas por uma organização jornalística. "Pode tratar-se de alguém tentando desviar propositalmente a pauta jornalística por motivos políticos, ou muitas vezes são apenas pessoas que querem os números, os cliques e os compartilhamentos porque querem fazer parte da conversa ou da validade da informação", disse ele. "Eles não têm quaisquer padrões de ética, mas têm o mesmo tipo de distribuição."

Disponível em: <http://mod.lk/zpeui>. Acesso em: 6 jun. 2018. (Adaptado).

A palavra QUE constitui pronome relativo, EXCETO em:

a) [...] que é uma coalizão [...]

> A palavra *que* retoma a expressão "*site* First Daft" e pode ser substituída adequadamente por *o qual*?

b) [...] que se especializam [...]

> A palavra *que* refere-se ao termo antecedente *organizações*, restringindo-lhe o significado e poderia ser substituída por *as quais*, sem prejuízo ao sentido original da oração?

c) [...] que parte do problema [...]

> A palavra *que* tem como antecedente um termo da oração anterior e, nesse caso, pode ser substituída pela expressão *o qual* sem que haja mudança de sentido da oração original?

d) [...] que publique em plataformas [...]

> A palavra *que* retoma o termo *pessoa*, que está na oração anterior, e pode ser adequadamente substituída pela expressão *a qual*?

e) [...] que são atingidas por uma organização jornalística.

> A palavra *que* retoma o pronome *aquelas* e pode ser substituída pela expressão *as quais*, sem que haja mudança de sentido da oração original?

LEITURA E PRODUÇÃO DE TEXTO

A PRODUÇÃO EM FOCO

- Ao final da unidade, você produzirá uma crônica lírica. Durante a próxima leitura, fique atento:
    a) aos elementos narrativos da crônica;
    b) aos elementos que servem de base a um texto lírico;
    c) à linguagem empregada.

CONTEXTO

Antonio Prata é um dos autores relevantes da nova geração. Nesta crônica, o leitor pode vivenciar a transformação de um assunto trivial em um texto surpreendente, inspirado no cotidiano.

"Recordação", crônica lírica publicada em 2013, no jornal *Folha de S.Paulo*, foi escolhida pelo autor para a compilação de crônicas do livro *Trinta e poucos*, lançado em 2016 pela editora Companhia das Letras. Essa obra leve e divertida mostra um pouco da ironia, da perspicácia e do lirismo de Prata, aproximando o autor de seu leitor, com algumas provocações reflexivas.

Recordação

"Hoje a gente ia fazer 25 anos de casado", ele disse, me olhando pelo retrovisor. Fiquei sem reação: tinha pegado o táxi na Nove de Julho, o trânsito estava ruim, levamos meia hora para percorrer a Faria Lima e chegar à rua dos Pinheiros, tudo no mais asséptico silêncio, aí, então, ele me encara pelo espelhinho e, como se fosse a continuação de uma longa conversa, solta essa: "Hoje a gente ia fazer 25 anos de casado".

Meu espanto, contudo, não durou muito, pois ele logo emendou: "Nunca vou esquecer: 1º de junho de 1988. A gente se conheceu num barzinho, lá em Santos, e dali pra frente nunca ficou um dia sem se falar! Até que cinco anos atrás... Fazer o que, né? Se Deus quis assim...".

Houve um breve silêncio, enquanto ultrapassávamos um caminhão de lixo e consegui encaixar um "Sinto muito". "Obrigado. No começo foi complicado, agora tô me acostumando. Mas sabe que que é mais difícil? Não ter foto dela." "Cê não tem nenhuma?" "Não, tenho foto, sim, eu até fiz um álbum, mas não tem foto dela fazendo as coisas dela, entendeu? Que nem: tem ela no casamento da nossa mais velha, toda arrumada. Mas ela não era daquele jeito, com penteado, com vestido. Sabe o jeito que eu mais lembro dela? De avental. Só que toda vez que tinha almoço lá em casa, festa e alguém aparecia com uma câmera na cozinha, ela tirava correndo o avental, ia arrumar o cabelo, até ficar de um jeito que não era ela. Tenho pensado muito nisso aí, das fotos, falo com os passageiros e tal e descobri que é assim, é do ser humano, mesmo. A pessoa, olha só, a pessoa trabalha todo dia numa firma, vamos dizer, todo dia ela vai lá e nunca tira uma foto da portaria, do bebedor, do banheiro, desses lugares que ela fica o tempo inteiro. Aí, num fim de semana ela vai pra uma praia qualquer, leva a câmera, o celular e tchuf, tchuf, tchuf. Não faz sentido, pra que que a pessoa quer gravar as coisas que não são da vida dela e as coisas que são, não?

Tá acompanhando? Não tenho uma foto da minha esposa no sofá, assistindo novela, mas tem uma dela no *jet ski* do meu cunhado, lá na Guarapiranga. Entro aqui na Joaquim?" "Isso."

"Ano passado me deu uma agonia, uma saudade, peguei o álbum, só tinha aqueles retratos de casório, de viagem, do *jet ski*, sabe o que eu fiz? Fui pra Santos. Sei lá, quis voltar naquele bar." "E aí?!" "Aí que o bar tinha fechado em 94, mas o proprietário, um senhor de idade, ainda morava no imóvel. Eu expliquei a minha história, ele falou: 'Entra'. Foi lá num armário, trouxe uma caixa de sapatos e disse: 'É tudo foto do bar, pode escolher uma, leva de recordação'."

Paramos num farol. Ele tirou a carteira do bolso, pegou a foto e me deu: umas 50 pessoas pelas mesas, mais umas tantas no balcão. "Olha a data aí no cantinho, embaixo." "Primeiro de junho de 1988?" "Pois é. Quando eu peguei essa foto e vi a data, nem acreditei, corri o olho pelas mesas, vendo se achava nós aí no meio, mas não. Todo dia eu olho essa foto e fico danado, pensando: será que a gente ainda vai chegar ou será que a gente já foi embora? Vou morrer com essa dúvida. De qualquer forma, taí o testemunho: foi nesse lugar, nesse dia, tá fazendo 25 anos, hoje. Ali do lado da banca, tá bom pra você?"

Antonio Prata. *Folha de S.Paulo*, 5 maio 2013.
Disponível em: <http://mod.lk/1ljku>. Acesso em: 6 jun. 2018.

Biografia

O escritor em 2015.

Antonio Prata nasceu na cidade de São Paulo, em 1977. Já escreveu crônicas para vários periódicos. Entre seus livros publicados, estão: *Meio intelectual, meio de esquerda* (crônicas) e *Felizes quase sempre* (infantil, ilustrado por Laerte), ambos pela Editora 34; *Nu, de botas* e *Trinta e poucos*, obras de crônicas, pela Companhia das Letras. Atualmente, escreve roteiros para televisão e cinema, além de manter uma coluna em um jornal de grande circulação.

ANTES DO ESTUDO DO TEXTO

1. Se não tem certeza de ter compreendido bem o texto, leia-o novamente.
2. Ao responder às questões a seguir, procure empregar o que já aprendeu ao ler outros textos e seja preciso em suas respostas.

ESTUDO DO TEXTO

DE OLHO NAS CARACTERÍSTICAS DO GÊNERO

1. Na crônica "Recordações", há uma situação cotidiana. O leitor pode identificar isso por meio do diálogo estabelecido entre as personagens.

    a) Qual é essa situação cotidiana?

    b) Quem é o protagonista e as demais personagens dessa crônica lírica?

2. Há diálogos entremeados na crônica. Leia alguns trechos a seguir.

    I. "Sinto muito". "Obrigado. No começo foi complicado, agora tô me acostumando. Mas sabe que que é mais difícil? Não ter foto dela." "Cê não tem nenhuma?"

    II. "Fui pra Santos. Sei lá, quis voltar naquele bar." "E aí?!" "Aí que o bar tinha fechado em 94, mas o proprietário, um senhor de idade, ainda morava no imóvel. Eu expliquei a minha história, ele falou: 'Entra'. Foi lá num armário, trouxe uma caixa de sapatos e disse: 'É tudo foto do bar, pode escolher uma, leva de recordação'."

    a) Quais são as personagens que falam em cada trecho?

    b) Qual é o sinal de pontuação empregado para indicar mudança de turno nessas falas? Em geral é mais comum usar qual sinal de pontuação nos diálogos?

    c) No trecho II, como uma fala foi citada dentro de outra fala? Explique.

3. Nessa crônica lírica, há várias **marcas de oralidade**, expressões típicas da língua falada que se encontram em um texto escrito, como abreviações, repetições, interjeições etc. Encontre no texto exemplos de marcas de oralidade e justifique sua escolha.

4. Agora, leia alguns trechos das falas do protagonista da crônica e responda às questões a seguir.

    I. "Não, tenho foto, sim, eu até fiz um álbum, mas não tem foto dela fazendo as coisas dela, **entendeu**?"

    II. "A pessoa, **olha só**, a pessoa trabalha todo dia numa firma, **vamos dizer**, todo dia ela vai lá e nunca tira uma foto [...] desses lugares que ela fica o tempo inteiro."

    III. "Não faz sentido, pra que que a pessoa quer gravar as coisas que não são da vida dela e as coisas que são, não? **Tá acompanhando?**"

    IV. "Aí, num fim de semana ela vai pra uma praia qualquer, leva a câmera, o celular e **tchuf, tchuf, tchuf**."

V. "Ano passado me deu uma agonia, uma saudade [...], **sabe o que eu fiz**?"

VI. "**Olha** a data aí no cantinho, embaixo."

VII. "**Pois é**. Quando eu peguei essa foto e vi a data, nem acreditei [...]"

VIII. "De qualquer forma, **taí o testemunho**: foi nesse lugar, nesse dia, tá fazendo 25 anos, hoje."

a) Esses exemplos sugerem que o protagonista esteja interagindo com quem? Por que, provavelmente, o cronista usou esse recurso estilístico?

b) Algumas palavras e expressões têm apenas a função de garantir o canal de comunicação na construção de um texto. Quais palavras destacadas nas frases serviram para o taxista checar sua interlocução com o passageiro?

c) Considerando tais destaques, quais trechos não entraram na sua resposta do item *b*? Por quê?

d) Considerando os trechos de I a IV, o que a personagem sente a respeito de tirar fotos e de registar um momento?

e) O questionamento existencial do protagonista provoca o leitor e pode levá-lo a fazer reflexões sobre o uso da *selfie*, a exposição em redes sociais, a equivalência do que é postado no mundo virtual e do que é de fato vivenciado no mundo real. Qual é sua opinião sobre isso?

A CRÔNICA LÍRICA

1. Compare as crônicas "Estátuas" (no início desta unidade) e "Recordações" (que você acabou de ler).

   a) O narrador do primeiro texto é personagem e está na 3ª pessoa? Por quê?

   b) No segundo texto, o narrador é personagem. Por que em geral esse modo é mais adequado para uma crônica lírica?

2. Analise a linguagem empregada no texto.

   a) A linguagem da crônica é mais formal ou informal? Transcreva trechos que confirmem sua resposta.

   b) Esse tipo de linguagem é adequado ao contexto e ao efeito produzido na crônica? Explique.

3. Quais dos elementos listados no quadro abaixo predominam nessa crônica lírica?

nostalgia	medo
saudade	
ternura	repulsa

O GÊNERO EM FOCO: CRÔNICA LÍRICA

Ainda hoje, a crônica é publicada diariamente em vários jornais e revistas impressos e virtuais e, portanto, está muito relacionada ao jornalismo; mas é indiscutível que se trata de um gênero literário. Entre os tipos de crônica, um exemplo contundente, do ponto de vista literário, é a crônica lírica.

Assim como a crônica de humor, a crônica lírica está ligada à vida cotidiana. O leitor interage com os acontecimentos e até pode se identificar com as ações da personagem; isso aproxima o cronista do público. A palavra **crônica** deriva de *chronos* (que significa "tempo"), o que explica seu caráter contemporâneo, sua narrativa de curta duração, sua relação com fatos cotidianos.

Quando há personagens, em geral elas são tipos comuns. Nessa narrativa, o tempo e o espaço são reduzidos. Pode haver o uso de marcas de oralidade na escrita, já que a linguagem é mais informal, direta e despretensiosa.

Uma das características da crônica lírica e de outros tipos é usar a frivolidade (insignificância, futilidade) como recurso, é utilizar "alguma coisa insignificante em si" – utilizando as palavras de Carlos Drummond de Andrade — como ponto de partida para um texto.

> De fato, tenho certa prática em frivoleiras matutinas a serem consumidas com o primeiro café. [...] É preciso que em meio à **catadupa** de desastres venha **de roldão** alguma coisa insignificante em si, mas que adquira significado pelo contraste com a monstruosidade dos desastres. Pode ser um pé de chinelo, uma pétala de flor, duas conchinhas da praia, o salto de um gafanhoto, uma caricatura, o rebolado de uma corista, o assobio do rapaz da lavanderia [...] pode ser tanta coisa!
>
> CARLOS DRUMMOND DE ANDRADE. In: José Carlos de Azeredo. *Ensino de português*: fundamentos, percursos, objetos. Rio de Janeiro: Jorge Zahar, 2007. p. 193. (Fragmento).

Glossário

Catadupa: derramamento, jorro.
De roldão: de repente.

A crônica lírica apresenta traços poéticos e metafóricos. A saudade, a emoção, a nostalgia e outras sensações e sentimentos aparecem no texto, quando os sentimentos são interpretados de forma poética.

> A **crônica lírica** caracteriza-se pela utilização de elementos subjetivos (como a saudade e a nostalgia, por exemplo) expressados diante de um fato. Esse texto curto emprega uma linguagem metafórica e lírica para descrever uma situação cotidiana, que em geral foi vivenciada por uma ou poucas personagens.

Como já estudado, os acontecimentos diários também constituem a base de uma crônica; entretanto, nas crônicas líricas, o contato com a realidade é de outra natureza: há uma dose de lirismo, ficção, poesia, com uma sensibilidade própria dos textos literários. O cronista dá seu toque pessoal aos fatos com mais espontaneidade e com elementos da ficção, como se fosse o poeta de acontecimentos diários.

O foco narrativo desse gênero textual é, em geral, em 1ª pessoa, já que o narrador-personagem conta sua experiência, traz suas emoções e seus sentimentos.

Trilha de estudo

Vai estudar? Stryx pode ajudar!
<http://mod.lk/trilhas>

ORGANIZAR O CONHECIMENTO

O QUE VOCÊ JÁ SABE?

Agora, você já é capaz de...	Sim	Não	Mais ou menos
... diferenciar as crônicas líricas das crônicas de humor?	☐	☐	☐
... identificar os recursos expressivos presentes em crônicas líricas?	☐	☐	☐
... criar uma crônica lírica usando os conhecimentos sobre a estrutura e os recursos expressivos típicos desse gênero?	☐	☐	☐

Se você marcou não ou mais ou menos, revise esses aspectos estudados em O gênero em foco: crônica lírica.

- Junte-se a um colega e, no caderno ou em uma folha à parte, copiem o esquema a seguir, substituindo as perguntas pelas respectivas respostas. Ao final, vocês terão um resumo com as principais características da crônica lírica. As questões apresentadas servem para orientar a elaboração do esquema, mas, se preferirem, vocês podem incluir outras características.

Crônica lírica
- Quais são as principais características desse gênero?
- Qual é a linguagem da crônica lírica?
- Como são o tempo, o espaço e as personagens?
- Quais são os elementos subjetivos que predominam nesse gênero textual?
- Onde circula esse gênero?

PRODUÇÃO DE TEXTO

CRÔNICA LÍRICA

O que você vai produzir

Nesta unidade, você vai produzir uma crônica lírica que fará parte de um vídeo. Se houver os recursos necessários, o vídeo poderá ficar disponível na internet.

NA HORA DE PRODUZIR

1. Siga as orientações apresentadas nesta seção.
2. Lembre-se de que você já leu e analisou textos do gênero que vai produzir. Se for o caso, retome o **Estudo do texto**.
3. Diante da folha em branco, persista. Nenhum texto fica pronto na primeira versão.

PLANEJE E ESCREVA SUA CRÔNICA LÍRICA

1. Selecione uma situação comum do dia a dia que já tenha acontecido há algum tempo com você, como uma discussão com um familiar de quem gosta muito ou um conflito com sua (seu) melhor amiga(o).

2. Faça um texto curto e organize-o considerando os principais momentos da ação: situação inicial, conflito, clímax e desfecho.

3. Estabeleça o foco narrativo em 1ª pessoa. Com um narrador-personagem é possível transmitir as emoções no texto de forma mais pessoal, estabelecendo um "diálogo" com o leitor.

4. Utilize os recursos que revelem o lirismo: a nostalgia, a saudade e outros sentimentos e emoções.

5. Elabore um final que surpreenda o interlocutor de sua crônica.

6. Não se esqueça de dar título à sua produção.

AVALIE SUA PRODUÇÃO

1. Revise sua crônica lírica de acordo com os aspectos apresentados no quadro a seguir.

Aspectos importantes em relação à proposta e ao sentido do texto
Crônica lírica
1. Apresenta situação inicial, conflito, clímax e desfecho?
2. Está concisa?
3. Narra um acontecimento corriqueiro, cotidiano?
4. Usa recursos que revelam sentimentos das personagens (nostalgia, saudade etc.)?
5. Emprega uma linguagem mais metafórica e poética?
6. Está escrita de forma mais informal e espontânea?
Aspecto importante em relação à ortografia, à pontuação e às demais normas gramaticais
1. Está livre de problemas relacionados a regras já estudadas?
2. Se houver diálogos, os turnos de fala estão com pontuação adequada?

2. Passe o texto a limpo, corrigindo o que for necessário.

PRODUZA O VÍDEO COM A LEITURA EM VOZ ALTA

1. Forme dupla com um colega. Vocês vão escolher uma das duas crônicas para fazer uma leitura em voz alta.

2. Decidam como essa leitura será realizada:
   - Cada um de vocês lê um trecho do texto.
   - Os dois filmam e leem ao mesmo tempo.
   - A leitura é acompanhada de imagens, como um clipe.
   - Outras maneiras, desde que tanto você quanto seu colega façam a leitura em voz alta.

3. Ensaiem algumas vezes, para garantir que a leitura em voz alta seja feita de forma expressiva e fluente, enfatizando o ritmo e a entonação, respeitando a pontuação e os turnos de fala (caso haja diálogos na crônica). Também é importante vocês ficarem atentos às expressões faciais e corporais.

4. No dia combinado, filmem a crônica lírica conforme os ensaios. Para isso, usem uma filmadora, um celular ou uma máquina fotográfica que tenha o recurso de filmar.

5. Decidam com a turma e o professor como compartilhar as produções. Vejam algumas sugestões:
   - As duplas postam o vídeo da leitura da crônica em um canal de vídeo da turma. Todos os alunos poderão assistir e postar comentários sobre as produções.
   - As duplas apresentam os vídeos em sala de aula. Os comentários da turma sobre as produções podem ficar disponíveis em um mural para a leitura de todos.

ATITUDES PARA A VIDA

Comunicação vem do latim *communicare* e quer dizer "tornar comum", "partilhar", "transmitir algo". A comunicação humana realiza-se em um processo de interação entre pessoas que pensam, sentem e se emocionam. Mas ela não está livre de "ruídos". Vamos conversar mais sobre isso durante esta seção. Antes, leia um trecho do romance *Extraordinário*, de R. J. Palacio, e outro de uma crônica de Rubem Alves.

Ouvindo claramente

Como descrever o que ouvi quando o médico ligou meu aparelho auditivo? Ou o que não ouvi? É muito difícil encontrar as palavras. O mar não estava mais dentro da minha cabeça. Havia sumido. Dava para ouvir os sons como luzes brilhantes na minha mente. Foi como estar em um quarto em que uma das lâmpadas no teto queimou – você não percebe como está escuro, até que alguém troca a lâmpada e você fica, tipo: "Uau, como está claro aqui!". Não sei se é aplicável, em termos de audição, a palavra "claro", mas acho que sim, porque eu estava ouvindo claramente.

R. J. PALACIO. *Extraordinário*. Trad. Rachel Agavino. Rio de Janeiro: Intrínseca, 2013, p. 221.

Escutatória

Sempre vejo anunciados cursos de oratória. Nunca vi anunciado curso de escutatória. Todo mundo quer aprender a falar. Ninguém quer aprender a ouvir. Pensei em oferecer um curso de escutatória. Mas acho que ninguém vai se matricular. Escutar é complicado e sutil [...]

Parafraseio o Alberto Caeiro: 'Não é bastante ter ouvidos para ouvir o que é dito; é preciso também que haja silêncio dentro da alma'. Daí a dificuldade: a gente não aguenta ouvir o que o outro diz sem logo dar um palpite melhor, sem misturar o que ele diz com aquilo que a gente tem a dizer.

Nossa incapacidade de ouvir é a manifestação mais constante e sutil de nossa arrogância e vaidade: no fundo, somos os mais bonitos…

RUBEM ALVES. *O amor que acende a Lua*. Campinas: Papirus, 2013.

1. Os dois textos têm a mesma temática: a audição.

   a) Descreva o contexto de cada um deles.

   b) Eles tratam do mesmo tipo de audição?

   c) Você se identifica mais com o primeiro ou com o segundo texto? Costuma ouvir pacientemente ou se antecipa a falar em vez de escutar com atenção?

2. Explique o sentido da metáfora no primeiro texto: "O mar não estava mais dentro da minha cabeça".

3. Segundo o autor de "Escutatória", "Todo mundo quer aprender a falar. Ninguém quer aprender a ouvir."

   a) Você concorda com essa afirmação? Por quê?

   b) O que significa as palavras *oratória* e *escutatória*?

   c) Você se matricularia em um curso de oratória ou "escutatória"? Ou em ambos? Por quê? Justifique sua resposta.

> A comunicação é efetiva quando a mensagem emitida é compreendida por quem a recebeu. Porém, nem sempre esse processo tem sucesso, pois acontece de às vezes essa mensagem não ser transmitida eficazmente e não ser compreendida em função de "ruídos". Os ruídos podem estar do lado de quem transmite a mensagem, por não haver clareza na transmissão de uma ideia, ou de quem a recebe, por não conseguir entender bem o que foi dito.

4. Que atitudes você **não** relacionaria aos trechos de textos lidos? Explique suas escolhas.

	Controlar a impulsividade
	Escutar os outros com atenção e empatia
	Questionar e levantar problemas
	Pensar e comunicar-se com clareza
	Imaginar, criar e inovar
	Pensar de maneira interdependente

ATITUDES PARA A VIDA

5. Durante a escrita de sua crônica, na seção anterior, quais atitudes você acha que foram mais importantes no momento da produção? Por quê?

- Ao se relacionar com os outros colegas, você teve alguma dificuldade em ouvi-los ou em ser ouvido? Como foi?

> Ruídos são esperados no processo de comunicação e muitas vezes eles são uma oportunidade para as pessoas se entenderem. No entanto, quando há ruídos demais, é sinal de que é hora de refletir e melhorar.

6. Que atitudes das mencionadas anteriormente já fazem parte de seu cotidiano? Cite situações em que você se viu agindo de forma natural utilizando tais atitudes. Compartilhe-as com seus colegas.

7. "Não é bastante ter ouvidos para ouvir o que é dito; é preciso também que haja silêncio dentro da alma".

a) Como você entende essa frase?

b) Você acha que "escutar com a alma" pode contribuir para a difusão da paz entre as pessoas? Por quê?

> Silenciar nossos pensamentos para receber o pensamento dos outros é um ato de respeito, é escutar verdadeiramente. Quando o fazemos, abrimos espaço para a alteridade e contribuímos para a construção da solidariedade e de um senso de comunidade.

AUTOAVALIAÇÃO

Na segunda coluna (item 1), marque com um X as atitudes que foram mais mobilizadas por você na produção de texto desta unidade.

Na terceira coluna (item 2), descreva a forma como você mobilizou cada uma das atitudes marcadas. Por exemplo: *Pensar de maneira interdependente: procurei considerar o pensamento dos outros na discussão de estratégias para resolução de atividades.*

Use o campo *Observações/Melhorias* para anotar suas observações quanto às atitudes que você julga importante melhorar nas próximas unidades e em outros momentos de seu cotidiano.

Atitudes para a vida	1. Atitudes mobilizadas	2. Descreva a forma como mobilizou a atitude assinalada
Persistir		
Controlar a impulsividade		
Escutar os outros com atenção e empatia		
Pensar com flexibilidade		
Esforçar-se por exatidão e precisão		
Questionar e levantar problemas		
Aplicar conhecimentos prévios a novas situações		
Pensar e comunicar-se com clareza		
Imaginar, criar e inovar		
Assumir riscos com responsabilidade		
Pensar de maneira interdependente		
Observações/Melhorias		

LEITURA DA HORA

O texto é uma crônica da escritora carioca Heloísa Seixas, nascida em 1952. O lugar citado na narrativa localiza-se na cidade do Rio de Janeiro. O narrador fala das sensações da personagem em relação ao vento, inserindo na história um episódio que provoca, na personagem quando adulta, uma reflexão sobre a vida.

O amigo do vento

Não gostava de vento. Quando era criança, sempre que ventava ela se enfiava debaixo da cama e rezava, na certeza de que o prédio iria desabar. Sua mãe ria. Ela, não. Não achava graça alguma. Tinha horror àquela movimentação dos ares, àquela inquietude do mundo cuja razão não conseguia alcançar.

Mesmo depois, já adolescente, continuou tendo aquela sensação estranha, indefinida, diante do vento. E não precisava ser uma ventania. Bastava que estivesse caminhando e começasse a soprar contra ela uma brisa um pouco mais forte para se sentir atingida, desafiada. Não conseguia evitar o sentimento, por mais absurdo que lhe parecesse.

Um dia, já adulta, leu numa revista que os orgulhosos detestam o vento. Achou que fazia sentido. De fato, quando sentia uma rajada mais forte lhe batendo no rosto, no corpo, tinha a sensação de que havia algo maior do que ela querendo vergá-la, vencê-la. Era isto. Era orgulho.

Pouco mais de uma semana depois, saiu para uma caminhada pela beira da praia, num domingo de manhã. Era bem cedo, ainda, e o calçadão estava quase vazio, pois chovera na véspera e o acinzentado do céu não trazia um augúrio do sol. Mas ela foi assim mesmo. Gostava de mormaço, de dias plúmbeos. Só não gostava de vento.

E foi justamente o que encontrou ao chegar à praia. Das ruas de dentro não se podia ter ideia, mas ali, na orla, soprava um vento forte, inesperado. Era o Sudoeste — sinal de mais chuva. A mulher suspirou. Pensou em desistir, mas afinal decidiu ir em frente, em direção ao final do Leblon. Talvez lá, sob o abrigo dos morros, ventasse menos. Seguiu.

Mas quanto mais andava, mais forte soprava o vento. Por pura teimosia, foi em frente. Remando contra o ar revolto, o corpo vergado, o rosto baixo, sentindo já as primeiras picadas de areia nas pernas, no espaço entre a meia soquete e a calça de malha, que terminava pouco abaixo do joelho. Estava a ponto de dar meia-volta e ir para casa quando, olhando na direção do mar, avistou um menino. Era magrinho e negro, não devia ter mais do que doze anos. Estava na beira d'água, tentando equilibrar-se num disco de madeira que o vento e o mar empurravam sobre a areia molhada. Mas alguma coisa no jeito dele chamou a atenção da mulher. Parecia tão perfeitamente harmônico no cenário inóspito, hostil, que ela parou para observar melhor. Parou e sentou num banco de pedra, abrigando o rosto com a mão.

Era fascinante. Aquele menino, tão franzino e despojado, parecia — muito ao contrário dela — perfeitamente integrado à natureza. Dava-se ao vento e às ondas para deles tirar proveito, deixando-se levar sem tentar ir contra, mas também sem se abater.

Parecia, visto assim, da calçada, tão parte da paisagem que a mulher não pôde deixar de pensar em si própria, no próprio orgulho que a tolhia e travava. Queria poder ser diferente. Queria ser como aquele menino — livre. Amigo do vento.

HELOISA SEIXAS. *O amigo do vento*: crônicas. São Paulo: Moderna, 2015. p. 17-19.

PARA SE PREPARAR PARA A PRÓXIMA UNIDADE

Até chegar às salas de cinema, um filme passa por várias etapas. Uma delas é a elaboração de um roteiro cinematográfico, como você verá na próxima unidade. Antes disso, dê uma olhada nos *links* selecionados e, depois, responda às questões do boxe "O que você já sabe?".

> Pesquise em livros, revistas e *sites* alguns filmes de que você tenha gostado e descubra o nome dos roteiristas. Se você encontrar o roteiro de algum filme, selecione também. Depois, compartilhe com a turma o que você descobriu.

1 Ator, ilusionista e diretor, Georges Méliès (1861-1938) foi um dos nomes mais importantes da história do cinema. Saiba mais em: <http://mod.lk/yr4t1>.

2 Neste vídeo, a escritora e roteirista Sabina Anzuategui comenta as diferenças entre as profissões de roteirista e escritor. Confira: <http://mod.lk/1ge2c>.

3 Estudante de cinema e *youtuber*, Leonardo Gonzaga criou o canal Filmometria, em que explica aspectos técnicos da produção cinematográfica. Acesse: <http://mod.lk/kuxdj>.

4 Vamos comparar um roteiro com uma cena? Assista a um trecho do filme *Encontros e desencontros* (Estados Unidos, 2003. Direção de Sofia Coppola): <http://mod.lk/l8occ>.

5 Orações subordinadas adjetivas
Este objeto digital trata das orações subordinadas adjetivas. Acesse: <http://mod.lk/kkh69>.

O QUE VOCÊ JÁ SABE?

Até este momento, você seria capaz de...	Sim	Não	Mais ou menos
... concluir que o roteiro de cinema é escrito por um roteirista?	☐	☐	☐
... reconhecer que o roteiro é fundamental para orientação de atores, diretor e equipe de produção?	☐	☐	☐
... reconhecer que os roteiros de cinema são escritos para serem interpretados e só assim atingem seu objetivo plenamente?	☐	☐	☐
... identificar as falas das personagens e as anotações técnicas (as rubricas) em um roteiro cinematográfico?	☐	☐	☐
De acordo com o conteúdo do objeto digital *Orações subordinadas adjetivas*, você seria capaz de...	**Sim**	**Não**	**Mais ou menos**
... perceber que as orações adjetivas equivalem sempre a um adjetivo ou a uma locução adjetiva?	☐	☐	☐
... diferenciar as orações adjetivas explicativas das restritivas?	☐	☐	☐

UNIDADE 6

NO ESCURINHO DO CINEMA

Como se produz um filme de cinema?

O cinema é uma arte coletiva: os filmes nascem do trabalho em equipe de técnicos e artistas. "Cada equipe vai para um lado produzir diferentes aspectos do filme, e o que garante que todos estejam fazendo a mesma história é o roteiro", conta Luiz Bolognesi, escritor e roteirista cinematográfico.

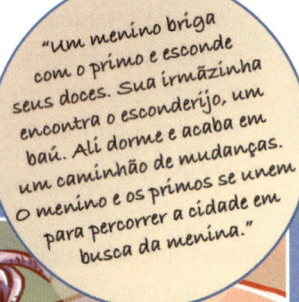

"Um menino briga com o primo e esconde seus doces. Sua irmãzinha encontra o esconderijo, um baú. Ali dorme e acaba em um caminhão de mudanças. O menino e os primos se unem para percorrer a cidade em busca da menina."

1. Roteiro

Tudo começa com a **ideia de uma história**, escrita em um parágrafo curto, só com o essencial.

O **roteirista** escreve a história, acrescentando diálogos, ações e descrições das cenas. Assim surge o roteiro, que será a base das filmagens.

Depois de muita escrita e reescrita, chega-se ao texto final. Os detalhes de cada cena (local, período do dia, ações, diálogos etc.) são descritos na ordem em que devem aparecer no filme.

> 1. EXT. CASA DE PRAIA DO BETO/FRENTE/DIA
>
> **ANA**, 35 anos, sai do carro empoeirado carregando **NINA**, 2 anos, e várias sacolas. **PEDRO**, 12 anos, sai correndo e bate em uma sacola, que rasga. Doces caem.
> ANA (tentando segurar os doces)
> – Ai, não, não, não... Pedro! Volta aqui!
>
> **BETO JÚNIOR** (surge correndo e pega os doces do chão)
> – Eu ajudo, tia!

Um **ilustrador** é chamado para desenhar cada cena do roteiro, como se fosse uma história em quadrinhos do filme. Na indústria do cinema, isso é chamado de ***storyboard***.

Enquanto isso, o **produtor** do filme cuida das partes técnica e financeira, calculando quanto vai ser gasto com os equipamentos, a mão de obra, as locações e outros recursos.

O **diretor** lidera toda a produção. Ele coordena o trabalho dos técnicos, decide como será cada cena, orienta os atores e tem a palavra final sobre todas as etapas.

198

2. Pré-produção

Com o texto final do roteirista, o diretor e o produtor fazem um cronograma das filmagens, providenciam o que falta para começar as gravações e montam diferentes **equipes** com funções específicas.

A **equipe de produção** executa o que foi planejado pelo diretor, realizando tarefas que vão desde achar as locações para a gravação das cenas até contratar figurantes.

Os **atores** estudam o roteiro com as suas falas e ensaiam cada cena do filme antes da gravação.

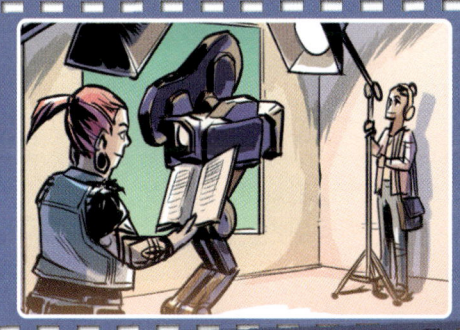

A **equipe técnica** cria um mapa de luz, que indica onde cada refletor ficará posicionado, faz testes de som com os microfones e ajusta câmeras e filtros.

Nessa etapa a **equipe de arte** cuida dos cenários e dos objetos das cenas, enquanto os **figurinistas** providenciam as roupas e os acessórios dos atores.

3. Produção

Com tudo pronto, começam as gravações. O diretor dirige todas as cenas seguindo o texto do roteiro.

4. Pós-produção

Terminadas as gravações, o filme passa por uma edição. O diretor e o **editor** selecionam os melhores trechos gravados e organizam as cenas de acordo com o roteiro.

Depois da edição, o filme ganha os toque finais: ajuste de cor e iluminação, trilha sonora, efeitos especiais e créditos, entre outros elementos.

5. Finalização

Na última etapa, o filme é legendado ou dublado e passa para uma película em alta resolução para ser projetado no cinema. Agora é a hora de o público conferir a história que saiu do roteiro para as telonas.

ILUSTRAÇÕES: ALUISIO CERVELLE

Fontes: ASCHER, Steven; PINCUS, Edward. *The filmmaker's handbook:* a comprehensive guide for the digital age. 4. ed. EUA: Plume, 2012. MAMET, David. *On directing film.* Londres: Penguin, 1992.

ESTUDO DA IMAGEM

1. Observe o infográfico que abre esta unidade. Você tinha ideia da quantidade de pessoas envolvidas na produção de um filme?

2. Nesse processo, um elemento especialmente importante é o roteiro. Quando um filme se baseia em um livro publicado, na sua opinião, o roteiro é necessário? Por quê?

3. Discuta com seus colegas: que conhecimentos você acha que um roteirista precisa ter?

4. Observe o cartaz. O ator Selton Mello (na foto) faz o papel do protagonista, o palhaço Pangaré. Elabore uma hipótese para justificar o fato de ele não aparecer pintado como palhaço no cartaz.

EM FOCO NESTA UNIDADE

- O roteiro de cinema
- Orações subordinadas adjetivas
- Produção: roteiro de uma cena

LEITURA

CONTEXTO

Para fazer um filme, as ideias que deram origem a ele são organizadas em um roteiro. É a qualidade do roteiro, muitas vezes, que determina a qualidade de um filme. Leia a seguir um trecho de um roteiro.

ANTES DE LER

- Você vai ler um roteiro de filme. Converse com seus colegas a respeito, usando as questões abaixo como guia.
    a) Observe o título do texto que você vai ler. O que ele sugere a respeito do enredo?
    b) Qual a função de um roteiro de filme?

O palhaço

1. **EXT.** ESTRADA DE TERRA | CANAVIAL | DIA

GLÓRIA, 27 anos, cortadora de cana, trabalha sob um sol escaldante. Outros cortadores de cana estão ali trabalhando também. Ela observa a caravana do Circo Esperança vindo em sentido contrário. A **caravana** passa por ela.

[...]

2. **INT.** ACAMPAMENTO | CAMARIM DE BENJAMIM | DIA

Plano geral fixo de um pequeno camarim de circo.

Pela fresta da janela semifechada entra um pouco de luz. O calor é grande.

Uma **miniarara** com roupas, malas e bolsas muito usadas, uma cadeira. Foto da **trupe** em um porta-retrato velho. Uma bancada e espelho pequenos. Tudo meio improvisado.

BENJAMIM, 35 anos, se levanta da cama com dificuldade, por conta do velho problema no joelho esquerdo, e atravessa o **quadro**.

Com uma metade dos óculos na mão, Benjamim termina de pintar o rosto.

LOLA, 28 anos, entra **intempestivamente**. Toda folgada, senta-se numa banqueta e põe os pés para cima.

LOLA (olhando em volta)

— Quente aqui dentro, né?

Benjamim abre um portal de tecido, respirando um pouco de ar.

A luz invade e possibilita uma visão melhor do ambiente.

LOLA

— Cê devia ter um ventilador...

Lola se levanta calmamente e sai.

Benjamim segue seu ritual de preparação.

Pelo espelho, se materializa metade do palhaço PANGARÉ.

Um tempo em Benjamim se olhando no espelho.

3. **INT.** ACAMPAMENTO/CIRCO | **COXIA** | DIA

Pangaré caminha **taciturno** na direção do picadeiro e cruza com TONY LO BIANCO, 36 anos, mágico. O diálogo a seguir é ágil, em movimento e sem suspender as passadas rápidas.

Ao fundo vemos MEIO-QUILO, 30 anos, treinando malabares.

Glossário

EXT.: cena externa.

Caravana: grupo de pessoas ou de veículos que viajam juntos.

INT.: cena interna.

Plano geral: conjunto de personagens e cenário.

Miniarara: pequeno cabideiro horizontal, geralmente portátil, onde se penduram roupas.

Trupe: grupo de artistas.

Quadro: espaço abrangido pela câmera.

Intempestivamente: subitamente; de maneira imprevista.

Coxia: espaço nas laterais e atrás do palco, que não é visto pelo público.

Taciturno: triste, calado; carrancudo.

Biografia

O ator e diretor em 2009.

Selton Mello nasceu em Passos (MG), em 1972. Na televisão, atuou em telenovelas e minisséries. No cinema, protagonizou e participou de diversas produções nacionais (*O auto da compadecida*, *Meu nome não é Johnny*, *A mulher invisível*, *Billi Pig*, *Feliz Natal*, *O palhaço* etc.). Como diretor de cinema, estreou com o premiado filme *Feliz Natal*. Em *O palhaço* também conquistou prêmios no festival de cinema de Paulínia (SP).

Glossário

Off: nesse caso, quando uma personagem fala sem estar na cena.

Grila: fica cismado; fica incomodado.

Bacharéis: pessoas que completaram um curso universitário.

Metafísica: estudo filosófico do princípio e das causas das coisas.

Psicodélica: referente a roupa ou objeto de cores muito vivas, diferente do que é considerado tradicional.

Salamaleques: cumprimentos exagerados; mesuras, reverências.

Proscênio: à frente do palco; onde se passa a cena.

Moçoila: moça jovem.

Sagacidade: inteligência; perspicácia.

PANGARÉ

— *Quantas pessoas?*

TONY LO BIANCO

— *Cinquenta e sete, contando o prefeito Romualdo. A mulher dele é a Nanci, cabeleireira. Ele é meio cegueta e usa óculos fundo de garrafa. O povo adora ele.*

[...]

Os dois chegam na coxia. A música cresce.

3A. EXT. CIRCO | COXIA | DIA

CHICO LOROTA, 45 anos, e seu irmão JOÃO LOROTA, 27 anos, tocam de tudo na sua bandinha de dois, fazendo a trilha sonora ao vivo do espetáculo. Ao lado dos músicos, uma plaquinha diz: "PROIBIDO ATIRAR NOS MÚSICOS".

Pangaré vê, de costas, o palhaço PURO-SANGUE, 60 anos [...].

O casal de trapezistas — ROBSON FELIX, 30 anos, e LARA LANE, 25 anos — termina seu número de trapézio.

CHICO LOROTA (off)

— *Esses foram os trapezistas Robson Felix e Lara Lane!*

A música aumenta. Pangaré entra com tudo em cena.

4. INT. CIRCO | PICADEIRO | DIA

Pangaré entra com tanta vontade que se espatifa em cima da primeira fila, levando a criançada à loucura.

PANGARÉ

— *Respeitável públi...*

Pangaré **grila** com a voz que saiu fina. BORRACHINHA, 22 anos, entra — tipo um mordomo com a bandeja, um copo de água cheio e um *spray*. Pangaré pega o copo com água, bebe e faz o número da água; depois pega o *spray* e faz o número do *spray*. Borrachinha se retira.

PANGARÉ

— *Respeitável público, o grande Circo Esperança tem a coragem, a bravura e a ousadia de apresentar o número mais espetacular de toda a América Latina e também da Europa e também de Santa Rita de Ibitipoca. Pessoas com os nervos fracos, peço a gentileza que se retirem.*

A plateia ri, encantada.

PANGARÉ

— *O que os senhores verão só é possível ser realizado por homens de alma nobre e que sejam **bacharéis** em cardiologia e **metafísica**. Peço suas palmas calorosas para esse mito, esse homem que atravessou desertos sem dormir, subiu montanhas sem comer, atravessou mares sem mentir, e que agora se apresenta com exclusividade aos olhos de vocês. Recebam o grande, o fabuloso, o sensacional Puro-Sangue!*

Aplausos efusivos.

Puro-Sangue entra com sua maleta **psicodélica** e faz seu número. Abre a maleta e sai uma bexiga. Ele agradece os aplausos, tal qual um oriental se curvando, de forma grotesca, em **salamaleques** interermináveis e fazendo com que os aplausos não terminem nunca, até que encontra uma moeda no chão e guarda no bolso.

Puro-Sangue se aproxima do **proscênio**, onde estão sentados o prefeito ROMUALDO, 45 anos, ao lado de sua esposa, NANCI, 35 anos.

PURO-SANGUE

— *Tudo bem?*

ROMUALDO (timidamente)

— *Tudo bem.*

PURO-SANGUE

— *Não falei com o senhor, falei com a linda moça que está ao seu lado.*

A plateia ri. O casal fica sem graça.

PURO-SANGUE

— *Tudo bem?*

NANCI (constrangida)

— *Tudo.*

PURO-SANGUE

— *Qual é o seu nome,* **moçoila** *vistosa?*

NANCI

— *Nanci.*

PANGARÉ

— *E isso lá é nome que se apresente?*

A criançada vai ao delírio com sua **sagacidade**.

PURO-SANGUE

— *Só falta a senhora me dizer que é esposa do maior prefeito da América do Sul e das Áfricas!*

O prefeito fica orgulhoso. Todos se divertem.

PURO-SANGUE

— *Caro prefeito Ronaldo...*

PANGARÉ

— *É Romualdo, seu jegue!*

PURO-SANGUE

— *Não começa a me irritar que eu te dou na cara.*

PANGARÉ

— *Ah, dá?*

PURO-SANGUE

— *Dou.* [...]

PANGARÉ

— *Aproveita que ele tá dando de graça, gente!*

[...]

Selton Mello; Marcelo Vindicatto. *O palhaço*. São Paulo: Edições Sesc SP/Rio de Janeiro: Ouro sobre Azul, 2012. p. 13-20. (Fragmento).

Biografia

O roteirista, em foto de 2005.

Marcelo Vindicatto nasceu em Porto Alegre (RS), em 1966. Ator, compositor e roteirista, atua na televisão e no cinema. Foi roteirista de *Os penetras* (2012), *O palhaço* (2011) e *Feliz Natal* (2009), além dos curtas: *Quando o tempo cair* (2006), cujo roteiro foi elaborado em parceria com Selton Mello, e *O mundo de Afonso Brazza* (2004), homenagem ao bombeiro e cineasta brasileiro conhecido como o pior cineasta do mundo.

ANTES DO ESTUDO DO TEXTO

1. Se não tem certeza de ter compreendido bem o texto, leia-o novamente.
2. Ao responder às questões a seguir, procure empregar o que já aprendeu ao ler outros textos e seja preciso em suas respostas.

ESTUDO DO TEXTO

COMPREENSÃO DO TEXTO

1. Você sabe o que é uma cena, em televisão ou cinema? Veja esta definição, extraída de um dicionário.

   > [...] divisão de uma peça teatral, filme cinematográfico, obra literária, telenovela etc. que forma uma unidade de ação dramática [...]
   >
   > INSTITUTO ANTÔNIO HOUAISS DE LEXICOGRAFIA (Org.). *Pequeno dicionário Houaiss da língua portuguesa*. 1. ed. São Paulo: Moderna, 2015. (Fragmento).

   - O trecho de roteiro que você leu apresenta quatro cenas. Elas aparecem numeradas e em letras maiúsculas. A primeira é externa. Uma cortadora de cana está trabalhando e vê passar a caravana do circo. Que informações essa cena traz para o espectador sobre o circo?

2. Na cena 2, o que mostra o plano geral do camarim de Benjamin? Essa descrição do camarim confirma a ideia que o espectador pode ter sobre o circo na cena inicial?

3. Por que a cena 3 aparece dividida?

4. Pelas cenas 1, 2 e 3 apresentadas, o que você conclui sobre as condições financeiras do circo? Por quê?

5. O espetáculo circense é um acontecimento importante para a localidade onde o circo se instala.

   a) Que fato do texto confirma essa afirmação?

   b) Que trecho mostra que os palhaços estão habituados a brincar com as autoridades das cidades por onde o circo passa?

6. No filme, Benjamim está em crise com sua profissão e não sabe como revelar a seu pai, o palhaço Puro-Sangue, a decisão de abandonar a trupe. As emoções de Benjamim e da personagem Pangaré, que ele representa, são distintas. Como isso fica evidente no roteiro?

7. A quem é dirigida a orientação transcrita a seguir e o que ela indica que seja feito?

   > "Pelo espelho, se materializa metade do palhaço PANGARÉ."

8. Considerando o texto citado na questão anterior e a orientação do roteiro, que vem em seguida, "Um tempo em Benjamim se olhando no espelho", que sentidos podemos atribuir a essas orientações de cena, tendo em vista a história narrada no filme?

DE OLHO NA CONSTRUÇÃO DOS SENTIDOS

1. O que significa a parte destacada no fragmento abaixo? Para responder, considere o fato de que Benjamim está no camarim, antes de entrar em cena.

   > "Benjamim segue seu **ritual de preparação**."

2. Releia o trecho a seguir.

> "A música aumenta. Pangaré **entra com tudo em cena**."

- De acordo com o que você já viu ao vivo ou pela TV sobre espetáculo circense, o que significa um palhaço "entrar com tudo" em cena?

3. Releia o trecho a seguir.

> "— Respeitável público, o grande Circo Esperança tem a coragem, a bravura e a ousadia de apresentar o número mais espetacular de toda a América Latina e também da Europa e também de Santa Rita de Ibitipoca."

a) Qual é a intenção de Pangaré ao empregar os substantivos *coragem*, *bravura* e *ousadia* para anunciar o número?

b) O que torna engraçada a comparação entre América Latina, Europa e Santa Rita de Ibitipoca?

4. Ao longo da cena 4, o roteirista constrói a reação da plateia evidenciando sua crescente empolgação com o espetáculo.

a) Encontre, no texto, trechos que mostram isso e registre-os.

b) Que efeito tem para a história do filme mostrar tamanha empolgação da plateia?

O ROTEIRO DE CINEMA

1. Com base no roteiro de cinema lido, que informações são dadas para cada cena?

2. Releia a rubrica da cena 3.

> "3. INT. **ACAMPAMENTO/CIRCO | COXIA** | DIA
>
> Pangaré caminha taciturno **na direção do picadeiro** e cruza com TONY LO BIANCO, 36 anos, mágico. O diálogo a seguir é ágil, em movimento e sem suspender as passadas rápidas.
>
> **Ao fundo** vemos MEIO-QUILO, 30 anos, treinando malabares."

a) Nessa rubrica são nomeadas três personagens, mas apenas uma delas tem o nome escrito só com a letra inicial maiúscula. Explique.

b) Qual seria a importância da indicação da idade das personagens na rubrica?

3. Como a linguagem usada no diálogo entre Pangaré e Puro-Sangue contribui para a composição de cada personagem? Por quê?

4. Leia novamente a rubrica reproduzida na questão 2.

a) Nesse trecho, descreve-se como deve ser o diálogo entre as personagens e que ações elas devem executar enquanto falam. Se esse texto fosse um conto ou uma crônica, quem forneceria essas informações ao leitor?

b) Nos contos, crônicas e romances, alguém narra a história. E no roteiro, isso também acontece? Por quê?

c) Na Grécia antiga, em algumas peças, havia um coro responsável por narrar a história. Em alguns filmes, hoje em dia, existe também uma voz ou uma personagem que narra a história. Nesse caso, você acha que é preciso haver um roteiro? Por quê?

O GÊNERO EM FOCO: ROTEIRO DE CINEMA

O roteiro de cinema, de modo geral, é escrito por um **roteirista**, profissional do cinema que escreve um texto com o objetivo de nortear a filmagem de uma história.

Além da transcrição da fala das personagens, esse texto inclui a descrição do cenário, o momento do dia em que a cena acontece, as personagens que estão na cena e suas emoções, entre outros elementos. Portanto, o roteiro de cinema permite ao leitor visualizar a cena por completo e não apenas o diálogo entre as personagens.

O roteiro deve ser objetivo e coeso, claro e fácil de ler, pois servirá de base para atores, diretor e outros envolvidos na produção do filme, como você viu no infográfico de abertura da unidade. Também deve indicar alguns recursos cinematográficos que podem ser utilizados em cada cena.

> O **roteiro de cinema** é um gênero textual que orienta os atores quanto à encenação, incluindo as falas, as emoções das personagens, a duração da cena, o cenário em que ela acontece etc. Ele pode ser original ou adaptado de romance, documentário, notícia, biografia, história em quadrinhos etc.

Além de roteiros para cinema, são elaborados roteiros para TV e para anúncios publicitários.

O roteiro é uma orientação para um trabalho que será feito por um grupo. Embora seja um documento único, ele é usado por diversos profissionais. Com o apoio do roteiro, cada um deles sabe o que lhe cabe fazer e também o que pode esperar que os colegas façam. Além disso, o roteiro permite que cada profissinal saiba o porquê de cada tarefa que vai realizar. Assim, por exemplo, o figurinista que trabalhou em *O palhaço* não conceberia para as personagens o figurino de artistas de um circo internacional e sofisticado. Cada um dos envolvidos deve agir de acordo com o objetivo comum estabelecido no roteiro.

As ideias para a **construção de um roteiro** podem surgir de uma lembrança ou experiência pessoal; de uma conversa ou história contada; de uma leitura; de uma obra de ficção (livro, revista, filme, peça de teatro); de uma proposta, de uma ideia que alguém propôs; de um interesse particular em escrever sobre determinado tema (para isso é necessário estudar ou pesquisar sobre o tema em questão).

Encontrada a ideia, é preciso fazer o **argumento**, geralmente a primeira etapa a ser desenvolvida na construção do roteiro. O argumento é o roteiro resumido com toda a história, mas sem as falas das personagens.

A escrita do roteiro só deve ser iniciada depois que o autor tiver escrito a história, preparado uma descrição resumida de cada cena e delineado o perfil das personagens.

O **perfil das personagens** ajuda o roteirista a definir como cada uma pensa e age na cena, e também a construir os diálogos. No perfil podem constar: a aparência física da personagem, como ela deve se vestir, sua postura física, como se expressa, a maneira como fala etc.

As **letras maiúsculas** são usadas no cabeçalho de cena, quando a personagem é introduzida na ação pela primeira vez e também para se referir a um som ou a um objeto utilizado ou a qualquer coisa para a qual o roteirista queira chamar a atenção.

No roteiro de cinema, é importante que estejam bem delineadas:
- as rubricas — indicam a contextualização das cenas, detalhes do cenário, as ações das personagens, a forma como os atores devem interpretar suas falas e, às vezes, a movimentação da câmera; o tempo verbal empregado é o presente do indicativo;
- a composição das personagens — quantos anos têm, como são fisicamente, suas emoções na cena etc; quando uma personagem for introduzida na cena pela primeira vez, seu nome deve aparecer em letras maiúsculas e ela deve ser descrita de forma resumida (as letras maiúsculas também são empregadas);
- a descrição da cena — quando, onde (cenário) e como se passa a cena;
- as falas das personagens — em discurso direto, antecedidas pelo nome da personagem que fala, elas permitem ao ator construir a postura da personagem em cada cena.

Observe estes exemplos extraídos do roteiro de *O palhaço*:

3. INT. ACAMPAMENTO/CIRCO | COXIA | DIA — CABEÇALHO (a indicação do número da cena é opcional).

Pangaré caminha taciturno na direção do picadeiro e cruza com TONY LO BIANCO, 36 anos, mágico. O diálogo a seguir é ágil, em movimento e sem suspender as passadas rápidas.

Ao fundo vemos MEIO-QUILO, 30 anos, treinando malabares.

— RUBRICA DE CENA (neste exemplo, cada parágrafo mostra uma parte da ação: Pangaré conversa com Tony, e Meio-Quilo treina malabares).

PURO-SANGUE
— *Tudo bem?*
NANCI (constrangida) — RUBRICA DE FALA (neste exemplo, indica a emoção da personagem).
— *Tudo.*

— FALA DA PERSONAGEM

SAIBA +

Em um filme, a escolha de **planos cinematográficos** é trabalho quase exclusivo do diretor. Alguns dos planos mais usados são:

Close-up ou *close* — é o detalhe dominando a imagem. Exemplo: *pavio de dinamite*.

Plano geral — inclui o cenário e as personagens envolvidas na ação. Exemplo: *praia onde vai acontecer a ação*.

Travelling — a câmera acompanha a personagem na mesma velocidade em que esta se movimenta. Exemplo: *mocinho foge de moto*.

Plano médio — mostra a personagem da cintura para cima. Exemplo: *mocinha abre uma gaveta*.

Panorâmica — a câmera se movimenta de um lado para outro, ao contrário do plano geral, fixo. Exemplo: *um acidente geográfico*.

Ponto de vista — mostra como a personagem vê e se movimenta dentro do cenário. Exemplo: *imagem de dentro da água, do ponto de vista de um garoto (dentro da piscina) que vê uma pessoa fora da piscina*.

"Exemplificando:

Panorâmica: A câmera passeia por uma floresta até localizar dois garotos.

Plano médio: A câmera apanha os dois garotos, parados, conversando.

Ponto de vista: Partindo do ponto de vista de um dos garotos, algo se move sobre a vegetação.

Close: A câmera pega em primeiro plano uma cobra.

Travelling: Os meninos fogem acompanhados pela câmera.

Plano geral: Visão total duma hospedaria onde os meninos chegam."

Texto baseado em Marcos Rey.
O roteirista profissional: televisão e cinema. 3. ed. São Paulo: Ática, 1997. p. 50-51.

O palhaço

Acompanhe neste audiovisual uma análise de trechos do roteiro e do filme.

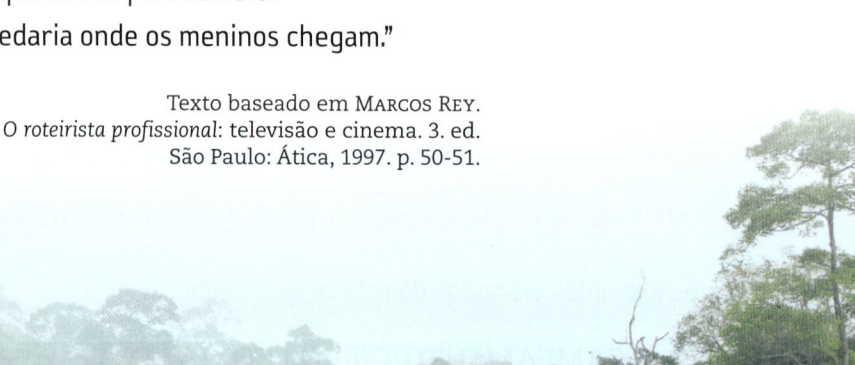

ORGANIZAR O CONHECIMENTO

O QUE VOCÊ JÁ SABE?

Agora, você já é capaz de...	Sim	Não	Mais ou menos
... concluir que o roteiro de cinema é escrito por um roteirista?	☐	☐	☐
... reconhecer que o roteiro é fundamental para orientação dos atores, diretor e equipe de produção?	☐	☐	☐
... identificar as falas das personagens e as anotações técnicas (as rubricas) em um roteiro cinematográfico?	☐	☐	☐
... concluir que os roteiros de cinema são escritos para serem interpretados e só assim atingem seu objetivo plenamente?	☐	☐	☐

Se você marcou não ou mais ou menos, retome o estudo de O gênero em foco: roteiro de cinema.

- Junte-se a um colega, copiem o esquema abaixo no caderno e completem com as principais características do roteiro de cinema. As questões apresentadas servem para orientar a elaboração do esquema. Se preferirem, vocês poderão incluir outras características.

Roteiro de cinema
- O roteiro de cinema é produzido por qual profissional?
- Por que as rubricas são fundamentais em um roteiro de cinema?
- Qual é o contexto de circulação, ou seja, onde é possível encontrar esse gênero textual e quais pessoas têm acesso a ele?

E POR FALAR NISSO...

O cinema foi, progressivamente, a arte que mais agiu no imaginário das pessoas. Ao longo do século XX, os atores passaram a ser vistos como "celebridades", ditaram moda e se tornaram modelo de beleza ou de comportamento. Veja como o artista pop Andy Warhol refletiu, em uma de suas obras, sobre as celebridades:

WARHOL, Andy. *Díptico de Marilyn*. 1962. Serigrafia e tinta polímera sobre tela, 210,19 cm × 573,15 cm (com moldura).

1. Um díptico é uma obra criada a partir da junção de duas tábuas com desenhos que se relacionam tematicamente. No *Díptico de Marilyn*, o que chama a sua atenção a respeito das duas partes da obra?

2. "Massificação" é um termo usado para referir um processo capaz de transformar produtos e serviços acessíveis a diversas classes sociais. Geralmente, esse termo tem uma carga negativa, associado a consumo exacerbado e a produtos culturais de pouco valor. Warhol retratou esse processo em um quadro como este:

- Com a ajuda do professor e dos colegas, discuta de que maneira a obra de Andy Warhol nos faz pensar sobre massificação.

Galerias de imagens
- Andy Warhol.

WARHOL, Andy. *100 latas de sopa Campbell's*. 1962. Tinta polímera sobre tela, 51 cm × 41 cm.

ESTUDO DA LÍNGUA: ANÁLISE E REFLEXÃO

COMO VOCÊ PODE ESTUDAR

1. **Estudo da língua** não é uma seção para decorar, mas para questionar e levantar problemas.
2. O trabalho com os conhecimentos linguísticos requer persistência. Leia e releia os textos e exemplos, discuta, converse.

Lembre-se

No livro 8, você conheceu as orações subordinadas e as orações subordinadas substantivas. Vamos retomar esses conceitos antes de estudarmos as orações subordinadas adjetivas?

No **período composto por subordinação**, a oração subordinada exerce a função sintática (sujeito, predicado, adjunto adnominal etc.) de determinado termo da oração principal. A **oração subordinada substantiva** exerce, em relação à oração principal, função sintática própria de um substantivo e pode classificar-se em:

- Subjetiva, função de sujeito: *Não se sabe **como o cachorro chegou lá em cima***.
- Objetiva direta, função de objeto direto: *Espero **que o ônibus chegue logo***.
- Objetiva indireta, função de objeto indireto: *Lembro-me **de que minha avó contava histórias de circo***.
- Completiva nominal, função de complemento nominal: *Tenho receio **de que ela não venha***.
- Predicativa, função de predicativo: *A boa notícia é **que viajo amanhã***.
- Apositiva, função de aposto: *Só tenho uma certeza: **que a chuva está forte***.
- Agente da passiva, função de agente da passiva: *Os melhores lugares foram ocupados **por quem chegou cedo***.

Os termos que podem introduzir esse tipo de oração são as conjunções integrantes (**que** e **se**), os pronomes interrogativos e indefinidos (**quem**, **qual**, **quanto** etc.) e os advérbios interrogativos (**quando**, **como**, **por que** etc.).

A oração subordinada substantiva pode ser desenvolvida, quando o verbo vem flexionado em um dos tempos do infinitivo ou do subjuntivo e vem introduzida por conjunção ou pronome: *Tive receio **de que você desistisse***. Pode também ser reduzida, quando o verbo está em uma de suas formas nominais (infinitivo, gerúndio ou particípio), dispensando a conjunção ou pronome: *Fiquei receoso **de você desistir***.

ORAÇÕES SUBORDINADAS ADJETIVAS

1. Releia estes períodos retirados do roteiro "O palhaço", que você leu no início da unidade.

   Período I: "Pangaré grila com a voz **que** saiu fina. BORRACHINHA, 22 anos, entra – tipo um mordomo com a bandeja, um copo de água cheio e *spray*."

   Período II: "Peço suas palmas calorosas para esse mito, esse homem **que** atravessou desertos sem dormir, subiu montanhas sem comer, atravessou mares sem mentir [...].

   Período III: "— E isso lá é nome **que** se apresente?"

   a) Nos períodos, o pronome relativo destacado introduz uma oração subordinada. Qual é essa oração em cada período?

b) Qual é o antecedente de cada pronome relativo destacado?

c) Todas essas orações possuem função restritiva e são essenciais para a compreensão de toda a frase. Agora, leia o período I escrito de outra forma:

Pangaré, **que soltou uma voz fina**, grila com a plateia.

- O antecedente do pronome relativo *que* continua sendo o mesmo? Se a oração subordinada destacada for eliminada, a compreensão do sentido da oração principal é prejudicada? Justifique suas respostas.

2. Leia o trecho de uma notícia no item I. Em seguida, leia, no item II, uma possível forma de reescrever esse trecho.

I. Usando a imaginação **que desafia** as leis da gravidade, o elenco do Circo da China não economiza quando se trata de impressionar os fãs com números de tirar o fôlego. [...]

Disponível em: <http://mod.lk/sk3qn>. Acesso em: 6 jun. 2018. (Fragmento).

II. *Usando a imaginação **desafiadora** das leis da gravidade, o elenco do Circo da China não economiza quando se trata de impressionar os fãs com números de tirar o fôlego.*

a) O termo destacado no item I é semelhante ao do item II. Indique qual é essa semelhança.

b) Qual é a classe morfológica da palavra *desafiadora*? Qual é a função sintática dela na oração da qual faz parte?

3. Leia um trecho retirado do livro *Quanta história numa história!*, de Ana Luísa Lacombe.

Cada um que ouve uma história pode interpretá-la ou aproveitar dela aquilo com que se identifica, aquilo que lhe diz respeito.

Ana Luísa Lacombe. *Quanta história numa história!*. São Paulo: É Realizações Editora, 2015. p. 49. (Fragmento).

a) Quais são as orações subordinadas do trecho? Elas têm função explicativa ou restritiva?

b) Em uma das orações, o pronome relativo é antecedido por uma preposição. Identifique essa oração e indique a preposição.

c) Reescreva o trecho acrescentando uma oração com função explicativa.

ORAÇÕES SUBORDINADAS ADJETIVAS

Observe os exemplos a seguir, em que foi qualificado o sujeito *as vozes*.

As vozes dos artistas se espalham nas redes sociais.
    adjunto adnominal de **vozes**

                    oração principal
As vozes que vêm dos vários artistas podem ser ouvidas por muitas pessoas.
            oração subordinada adjetiva
    (atua como adjunto adnominal de vozes, pertencente à oração principal)

Nos dois casos, *as vozes* foram qualificadas, porém de diferentes maneiras: na primeira frase, por meio de uma locução adjetiva ("dos artistas") e, na segunda, mediante uma oração ("que vêm dos vários artistas").

Assim como os adjetivos e as locuções adjetivas, as orações subordinadas adjetivas exercem a função de **adjunto adnominal** de um termo da oração principal.

As orações subordinadas adjetivas são introduzidas por pronomes relativos: *que, quem, o qual* e suas flexões, *onde, aonde* etc. O advérbio *como* com o sentido de "por que" e "pelo(a) qual" também pode introduzir orações subordinadas adjetivas. Veja:

*Preocupo-me com o modo **como (pelo qual)** a mídia apresenta certos fatos.*

> As orações que, em um período composto, equivalem a um adjetivo ou locução adjetiva são chamadas **orações subordinadas adjetivas**.

CLASSIFICAÇÃO DAS ORAÇÕES SUBORDINADAS ADJETIVAS

Existem apenas dois tipos de oração adjetiva, mas há uma diferença muito importante entre eles. Para conhecer essa diferença, leia um trecho do roteiro de *O palhaço*.

Preste atenção nas orações adjetivas destacadas e na relação que elas mantêm com o termo antecedente.

> "GLÓRIA, que tem 27 anos, trabalha sob um sol escaldante. Outros trabalhadores, que conhecem Glória, estão ali também. Ela observa a caravana do Circo, que se chama Esperança. A caravana que traria alegria para a cidade e esperança para Glória passa pelos trabalhadores."

Das quatro orações adjetivas destacadas, a única que apresenta uma informação essencial para a identificação do antecedente é a assinalada em verde:

> "A caravana que traria alegria para a cidade e esperança para Glória passa pelos trabalhadores."

Nos outros casos, as orações adjetivas não são essenciais para a identificação do antecedente, elas oferecem informações complementares, adicionais, sobre ele.

Veja: a oração que tem 27 anos fornece uma informação adicional sobre Glória; a oração que conhecem Glória dá uma informação adicional sobre os outros trabalhadores; e, finalmente, que se chama Esperança oferece uma informação complementar sobre o circo.

A maior diferença entre esses dois tipos de oração adjetiva é que as assinaladas em azul poderiam ser eliminadas do texto sem grandes prejuízos para a compreensão, ao passo que a oração assinalada em verde não poderia. Comprove lendo o mesmo texto sem as quatro orações adjetivas:

> GLÓRIA trabalha sob um sol escaldante. Outros trabalhadores estão ali também. Ela observa a caravana do Circo. A caravana passa pelos trabalhadores.

Note que os períodos dos quais foram retiradas as orações assinaladas em azul ficaram menos completos e continuam compreensíveis. Já no período do qual foi retirada a oração assinalada em verde, ainda que se possa compreender seu sentido, ficou faltando uma informação importante sobre a caravana que tem relação com a cidade e com a personagem Glória: dizer apenas que a caravana passa pelos trabalhadores é bem diferente de dizer que ela, além de passar pelos trabalhadores, traria alegria para a cidade e esperança para Glória. Perceba que se trata de um dado que pode transformar tanto a cidade quanto a vida de Glória, por isso é essencial para o sentido da oração principal.

> As orações subordinadas adjetivas que trazem informações complementares sobre o antecedente, não essenciais para sua identificação, são chamadas **orações subordinadas adjetivas explicativas**. Elas ampliam o sentido do termo antecedente, acrescentando-lhe detalhes ou explicações.
>
> As orações subordinadas adjetivas que trazem uma informação essencial para a identificação do antecedente são chamadas **orações subordinadas adjetivas restritivas**. Elas restringem, particularizam, limitam o sentido do antecedente.

Das orações adjetivas examinadas, "que traria alegria para a cidade e esperança para Glória" é a única restritiva; as demais são explicativas. Note que todas as explicativas são separadas por vírgula do restante do período. Esse sinal de pontuação (que pode ser substituído por travessões ou parênteses) é usado para marcar as orações adjetivas explicativas, distinguindo-as das restritivas.

ORAÇÃO EXPLICATIVA E APOSTO

Por oferecerem informações complementares e não essenciais sobre um termo anterior, as orações explicativas assemelham-se muito aos apostos. Quando elas são iniciadas por pronome *que* + verbo *ser*, essa parte pode ser omitida em nome da concisão e, assim, a oração explicativa transforma-se em aposto. Veja:

João, sempre o primeiro a terminar a prova, desta vez levou quase três horas.

oração adjetiva passa a ser aposto

ORAÇÕES SUBORDINADAS ADJETIVAS REDUZIDAS

Leia um trecho do texto "Em busca da paz", de Walcyr Carrasco.

> Um casal de amigos tinha um sítio na cidade de Ibiúna, em São Paulo, conhecida por seu clima ameno, onde esperava passar a velhice.
>
> Casa simples e três cachorros, que a dona chamava carinhosamente de "meus filhos peludos". Acabaram sequestrados juntamente com os caseiros. Os "filhos peludos" mantiveram-se a distância, abanando o rabo para os meliantes.

WALCYR CARRASCO. *Pequenos delitos e outras crônicas.* 2. ed. São Paulo: Moderna, 2015. p. 29. (Fragmento).

Observe a utilização, pelo autor, de uma construção com particípio: "tinha um sítio na cidade de Ibiúna, em São Paulo, **conhecida** por seu clima ameno". O autor também construiu uma oração com o uso de gerúndio: "Os 'filhos peludos' mantiveram-se a distância, **abanando** o rabo para os meliantes". Essas construções poderiam ser reescritas do seguinte modo:

[...] cidade de Ibiúna [...] **conhecida** por seu clima ameno [...]

[...] cidade de Ibiúna [...], **que era conhecida** por seu clima ameno [...]

Os "filhos peludos" mantiveram-se a distância, **abanando** o rabo [...]

Os "filhos peludos", **que abanavam** o rabo para os meliantes, mantiveram-se a distância [...]

Pode-se perceber, então, que as construções com particípio e com gerúndio equivalem a orações subordinadas adjetivas.

> As orações adjetivas podem se apresentar **desenvolvidas**, quando introduzidas por pronomes relativos e com o verbo flexionado em um dos tempos do indicativo ou do subjuntivo, ou **reduzidas**, quando introduzidas sem pronomes relativos e com o verbo em uma das formas nominais.

Além de orações adjetivas reduzidas de particípio e de gerúndio, existem as reduzidas de infinitivo. Em todos os casos, elas são classificadas como as desenvolvidas — ou seja, podem ser explicativas ou restritivas.

Confira mais exemplos:

*O documento estabelece dez metas **a serem alcançadas pelas escolas**.*

oração subordinada adjetiva restritiva reduzida de infinitivo
= *que devem ser alcançadas*

*O motorista, **transtornado com o acidente**, gritou com os passageiros.*

oração subordinada adjetiva explicativa reduzida de particípio
= *que estava transtornado com o acidente*

*Sonhei a noite toda com um anjinho **sorrindo**.*

oração subordinada adjetiva restritiva reduzida de gerúndio
= *que sorria, sorridente*

ORGANIZAR O CONHECIMENTO

O QUE VOCÊ JÁ SABE?

Agora, você já é capaz de...	Sim	Não	Mais ou menos
... concluir que as orações adjetivas equivalem sempre a um adjetivo ou locução adjetiva?	☐	☐	☐
... diferenciar as orações subordinadas adjetivas explicativas das restritivas?	☐	☐	☐

Se você marcou não ou mais ou menos, retome a leitura de Orações subordinadas adjetivas.

Se você marcou não ou mais ou menos, retome a leitura de Classificação das orações subordinadas adjetivas.

- Junte-se a um colega, copiem o esquema abaixo no caderno e completem com orações que exemplifiquem os conceitos indicados.

Orações subordinadas adjetivas
Desempenham, em relação à oração principal, a mesma função de adjetivos e locuções adjetivas, ou seja, a função de adjunto adnominal.

Restritivas — são essenciais para a identificação do antecedente.

Explicativas — não são essenciais para a identificação do antecedente. São separadas por vírgulas da oração principal.

ATIVIDADES

ATITUDES PARA A VIDA

Ao responder às questões, busque exatidão e precisão para garantir que você entendeu o que estudou.

1. Leia o fragmento de poema.

   Não me deixes!
   Debruçada nas águas dum regato
   A flor dizia em vão
   À corrente, onde bela se mirava...
   "Ai, não me deixes não!
   Comigo fica ou leva-me contigo
   Dos mares à amplidão,
   Límpido ou turvo, te amarei constante
   Mas não me deixes, não!"
   [...]

   GONÇALVES DIAS. *Poesia e prosas completas*.
   Rio de Janeiro: Nova Aguiar, 1998. p. 279. (Fragmento).

   a) Para a flor, importa se a corrente é límpida ou turva? O que interessa a ela?

   b) Qual é o pronome relativo nos versos "A flor dizia em vão / À corrente, onde bela se mirava..."?

   c) Escreva e classifique no caderno a oração adjetiva que o pronome relativo introduz.

   d) Reescreva a mesma oração usando outro pronome relativo para iniciá-la.

2. Leia esta manchete.

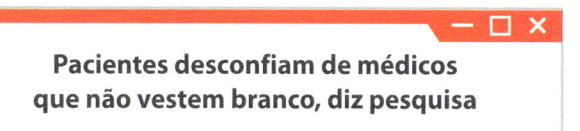

   Pacientes desconfiam de médicos que não vestem branco, diz pesquisa

   Disponível em: <http://mod.lk/zwbgt>.
   Acesso em: 6 jun. 2018.

   a) De acordo com a pesquisa, os pacientes desconfiam de todos os médicos? Explique.

   b) Como se classifica, portanto, a oração adjetiva empregada na manchete?

   c) No caderno, escreva uma frase contendo uma oração adjetiva que também se refira ao antecedente *médicos*, mas que seja classificada de outro modo.

ATIVIDADES

> **Morcegos e vampiros**
>
> A associação entre morcegos e vampiros no imaginário popular deve-se, provavelmente, aos hábitos noturnos do animal e à existência de algumas espécies (pouquíssimas, na verdade) que se alimentam de sangue. Mas o morcego está muito longe de ser uma ameaça ao ser humano; pelo contrário: destruindo as florestas e abusando de pesticidas em áreas rurais, nós é que temos ameaçado de extinção diversas espécies de morcego.

3. Leia a tira.

NÍQUEL NÁUSEA — FERNANDO GONSALES

a) Ao ler o primeiro quadro, o leitor imagina que os vampiros "odeiam a hora da missa" por qual motivo?

b) Como o texto visual (o desenho) do primeiro quadro contribui para a criação dessa expectativa?

c) No último quadro, a legenda usa uma oração adjetiva para restringir o sentido do que foi dito anteriormente. Qual é ela?

d) Por que a restrição indicada por essa oração torna-se engraçada nesse contexto?

4. Leia este conto de Marina Colasanti.

A honra passada a limpo

Sou compulsiva, eu sei. Limpeza e arrumação.

Todos os dias boto a mesa, tiro a mesa. Café, almoço, jantar. E pilhas de louça na pia, e espumas redentoras.

Todos os dias entro nos quartos, desfaço camas, desarrumo berços, lençóis ao alto como velas. Para tudo arrumar depois, alisando colchas de crochê.

Sou caprichosa, eu sei. Desce o pó sobre os móveis. Que eu colho na flanela. Escurecem-se as pratas. Que eu esfrego com a camurça. A aranha tece. Que eu enxoto. A traça rói. Que eu esmago. O cupim voa. Que eu afogo na água da tigela sob a luz.

E de vassoura em punho gasto tapetes persas.

Sou perseverante, eu sei. À mesa que ponho ninguém senta. Nas camas que arrumo ninguém dorme. Não há ninguém nesta casa, vazia há tanto tempo. Mas sem tarefas domésticas, como preencher de feminina honradez a minha vida?

MARINA COLASANTI. In: *Contos de amor rasgados*. Rio de Janeiro: Rocco, 1986. p. 187.

a) Segundo a narradora-protagonista desse conto, em que consistiria a "honra" de uma mulher? Justifique com passagens do texto.

b) A narradora se diz "compulsiva", "caprichosa" e "perseverante". Que outra característica dela o penúltimo parágrafo do conto nos permite inferir?

c) Releia este trecho do texto.

> "Sou caprichosa, eu sei. Desce o pó sobre os móveis. Que eu colho na flanela. Escurecem-se as pratas. Que eu esfrego com a camurça. A aranha tece. Que eu enxoto. A traça rói. Que eu esmago. O cupim voa. Que eu afogo na água da tigela sob a luz."

I. Escreva no caderno o antecedente de cada um dos pronomes relativos.

II. Esses antecedentes estão em períodos simples, e as ações da narradora para "combatê-los" estão em orações adjetivas. Que ideia cada uma dessas estruturas sintáticas sugere nesse contexto? Copie a opção adequada entre as apresentadas a seguir.

- Períodos simples: vitalidade; orações adjetivas: repressão.
- Períodos simples: alegria; orações adjetivas: tristeza.
- Períodos simples: destruição; orações adjetivas: construção.

III. O arranjo sintático desse parágrafo proporciona ritmos diferenciados às ações dos "inimigos" da limpeza e às da narradora. Seria possível obter o mesmo efeito com períodos compostos convencionalmente? Por quê?

5. Leia a tira a seguir.

RECRUTA ZERO — GREG & MORT WALKER

(Quadro 1) Tenho uma teoria sobre a vida... As pessoas que vivem no primeiro andar têm uma visão reduzida da vida...

(Quadro 2) As pessoas que vivem em andares mais altos têm uma visão mais ampla das coisas e uma vida melhor.

(Quadro 3) Aqueles que vivem por trás de cortinas perdem muita coisa, e não deveriam escrever livros dizendo a outras pessoas como viver.

a) Qual é a teoria de Otto sobre a vida?

b) Localize, no primeiro quadro, a oração subordinada adjetiva restritiva, indicando qual é o termo antecedente do pronome relativo que introduz a oração. Em seguida, reescreva-a substituindo o pronome relativo *que* por *as quais* e o verbo *viver* por *ver*. Faça as adaptações necessárias.

c) Acrescente no período do segundo quadro uma oração subordinada adjetiva explicativa com o uso do pronome relativo *cujo*.

d) No último quadro, há uma oração subordinada reduzida. Identifique-a e classifique-a. Em seguida, transforme-a em uma oração desenvolvida.

TESTE SEUS CONHECIMENTOS

> Na questão a seguir, você deverá reconhecer as diferenças entre orações subordinadas substantivas e orações subordinadas adjetivas. Assim, é preciso observar as relações de sentido estabelecidas entre as orações principais e as subordinadas.
>
> Leia atentamente o texto reproduzido, o que é solicitado na questão principal, cada uma das alternativas e as perguntas relacionadas a elas. Responda a cada uma das perguntas. Ao final, indique a alternativa correta – aquela que tenha como resposta **SIM**.

(Fatec-SP)

> É boa a notícia para os fãs da natação, vôlei de praia, futebol, hipismo, ginástica rítmica e tiro com arco **que buscam ingressos para os Jogos Olímpicos Rio 2016**. Entradas para catorze sessões esportivas dessas modalidades, que tinham se esgotado na primeira fase de sorteio de ingressos, estão à venda.
>
> Disponível em: <http://mod.lk/ce46h> Acesso em: 6 jun. 2018. (Adaptado).

A oração subordinada destacada nesse fragmento é:

a) adjetiva restritiva.

> Ela é introduzida por um pronome relativo e diz respeito somente aos fãs dos esportes mencionados e que estão em busca de ingressos?

b) adjetiva explicativa.

> Ela é introduzida por um pronome relativo e destaca uma característica comum a todos os fãs de esporte, isto é, todos eles estão em busca de ingressos?

c) substantiva subjetiva.

> Ela é introduzida por uma conjunção integrante e funciona como sujeito do verbo da oração principal?

d) substantiva apositiva.

> Ela é introduzida por uma conjunção integrante e constituiu um aposto, isto é, uma explicação que amplia o sentido da palavra *fã*, presente na oração principal?

e) substantiva predicativa.

> Ela é introduzida por uma conjunção integrante e apresenta uma característica em relação à palavra *notícia*, que é o núcleo do sujeito da oração principal?

LEITURA E PRODUÇÃO DE TEXTO

A PRODUÇÃO EM FOCO

- Nesta unidade, você produzirá um roteiro de uma cena de filme. Durante a leitura do texto a seguir, fique atento:
  a) à sequência narrativa das cenas;
  b) às falas das personagens;
  c) às rubricas e à descrição das cenas.

CONTEXTO

O ano em que meus pais saíram de férias é um filme brasileiro, de 2006, dirigido por Cao Hamburguer, mesmo diretor de *Castelo Ra-Tim-Bum — o filme*.

A história de Mauro (Michel Joelsas) ocorre em 1970, época da ditadura militar. Seus pais precisam se esconder do regime ditatorial, por isso saem com o menino de Belo Horizonte (MG) e o deixam sob os cuidados do avô, em São Paulo (SP).

O título do filme remete ao pretexto usado pelos pais para justificar a saída intempestiva de casa, sem causar pânico no filho.

O ano em que meus pais saíram de férias

Pequena nota sobre a versão publicada

Esta versão do roteiro foi utilizada para as filmagens. Compará-la com o filme acabado mostrará como o processo de realização de um filme é dinâmico e vivo. Para efeito de publicação, o roteiro teve sua formatação original ligeiramente alterada.

Roteiro

EXT. TÚNEL DE ESTÁDIO DE FUTEBOL — DIA

(FLASHBACK — 1969)

MÃO DE HOMEM ADULTO segura MÃO DE CRIANÇA: pai e filho de mãos dadas enquanto caminham pelo túnel que dá acesso às arquibancadas do estádio.

Burburinho de VOZES.

TORCEDORES passam a caminho das arquibancadas. Todos vestidos com a camisa do uniforme do time do Santos.

Aos poucos, revelam-se os "donos" das mãos: MAURO — menino branco e franzino, de 10, 11 anos — olha para seu pai, DANIEL — 30 e poucos anos — enquanto andam em direção à saída no túnel, na contraluz.

INT. SALA DE JANTAR, CASA DE MAURO / ARQUIVO — JOGO

MONTAGEM ALTERNA:

ARQUIVO — SANTOS *VERSUS* VASCO DA GAMA (MARACANÃ, 1969)

O ESTÁDIO DO MARACANÃ está lotado.

Closes de CHUTEIRAS disputando jogadas e dos torcedores.

PELÉ entra na grande área e é derrubado. O JUIZ marca pênalti. Euforia da torcida.

MAURO (V.O.)

O maior jogador de todos os tempos pode estar prestes a marcar

seu milésimo gol.

Os jogadores do Santos se dirigem para o meio de campo.

Glossário

Flashback: técnica narrativa em que a ação do filme é momentaneamente interrompida para mostrar uma ação do passado relacionada com o presente.

Closes: imagens em plano fechado, primeiro plano; imagens de perto, bem próximas.

Pelé: Edson Arantes do Nascimento, o maior artilheiro da seleção brasileira e o único jogador de futebol a ter feito parte de três equipes campeãs de Copa do Mundo.

V.O.: "Voice over" (em inglês). Narração em *off*, ou seja, a fala de personagem que está fora da cena.

NA MESA DE JANTAR —

A MÃO de MAURO reproduz a cena que acontece no estádio, num jogo de futebol de botão.

NO MARACANÃ —

Pelé apanha a bola e a posiciona na marca do pênalti. Mauro narra as ações do jogo com grande emoção.

NA MESA DE JANTAR —

MAURO (V.O.)

Pelé vai bater o pênalti!

Mauro coloca o botão de Pelé na posição para bater o pênalti.

NO MARACANÃ —

O juiz apita. Pelé corre, dá sua famosa *paradinha*, e chuta para dentro do gol.

MAURO (V.O.)

É gooooooooooool!

NA MESA DE JANTAR —

Forte RUÍDO do telefone batendo no gancho distrai Mauro. Ele vacila no controle da PALHETA quando dispara o botão de Pelé em direção à bola.

A pequena BOLINHA DE PLÁSTICO passa por cima do gol.

MÍRIAM (30) — a mãe de Mauro — com cara de preocupada, junto ao telefone, fala em tom bem sério com o filho.

MÍRIAM

Vamos ter que viajar...

MAURO

Agora?

MÍRIAM

Agora.

MAURO

Mas e o papai?

MÍRIAM

Pra variar está sempre atrasado.

Míriam está **apreensiva**: ouve um SOM DE CARRO.

Vai até a —

JANELA —

Míriam espia pela janela e vê —

JANELA — **P.V.** DE MÍRIAM

Um **FUSCA** AZUL estaciona diante da casa.

JUNTO À JANELA —

Míriam suspira aliviada.

PELA PORTA —

DANIEL, pai de Mauro, entra aflito na sala.

DANIEL

Pega suas coisas. Nós vamos sair de férias!

Mauro fica **perplexo** e animado ao mesmo tempo, e começa a recolher seus botões e a colocá-los em sacos.

MAURO

Como férias? Amanhã tem aula.

Enquanto Mauro guarda os botões, os pais carregando roupas e objetos pessoais.

MÍRIAM

Anda Mauro!

Mauro pega os sacos com botões e caminha em direção à porta. Para. Volta para mesa. Coloca os sacos com os botões sobre a mesa. Mauro se abaixa e pega, sob a mesa, uma BOLA DE FUTEBOL.

Daniel volta à sala carregando as malas.

DANIEL

Não ouviu o que a sua mãe tá dizendo? Isso aqui não é brincadeira! Vamos embora!

Na pressa, Mauro se atrapalha ao recolher os sacos de botões que estão sobre a mesa. Daniel volta e puxa o filho pelo braço. Mauro vai com o pai, deixando para trás um dos sacos com os botões.

I/E. ESTRADA / FUSCA AZUL — FIM DE TARDE

NA ESTRADA —

O fusca da família de Mauro segue por uma estrada asfaltada.

[...]

DENTRO DO CARRO, NO BANCO DA FRENTE —

Daniel dirige, tenso. Míriam vai ao lado.

O RÁDIO transmite um programa esportivo.

COMENTARISTA (V.O.)

A grande dúvida é se Pelé e **Tostão** podem jogar juntos...

A tensão dos pais permanece a mesma ao longo de toda a viagem.

NO BANCO DE TRÁS —

Mauro olha a paisagem e masca chicletes.

NA ESTRADA —

FUSCA AZUL desliza pela estrada.

DENTRO DO CARRO —

Daniel está tenso.

[...]

Por um tempo, o único som que se escuta no carro é o da ventania.

Mauro masca chiclete enquanto olha a paisagem, com o vento forte batendo na cara dele.

NA ESTRADA —

Glossário

Apreensiva: preocupada; aflita; inquieta.

P.V.: cena do ponto de vista de uma personagem.

Fusca: carro lançado pela Volkswagen na Alemanha, nos anos 1930, que marcou o início do desenvolvimento social e industrial. A produção do Fusca, no Brasil, começou em 1959 até parar, definitivamente, em 1996. Foi o carro mais vendido no mundo.

Perplexo: abismado, chocado; surpreso.

I/E.: cena interna/externa.

Tostão: Eduardo Gonçalves de Andrade, jogador de futebol, tricampeão na Copa de 1970.

O fusca azul corre em alta velocidade pela estrada vazia.

PASSAGEM DE TEMPO —
DENTRO DO CARRO —
Mauro está entediado, olhando pelo vidro traseiro.

>MAURO
>Quero fazer xixi.

>MÍRIAM
>Segura mais um pouco, tá bom?

>MAURO
>Tá chegando?

>MÍRIAM
>Mais um pouquinho.

NO VOLANTE —

>DANIEL
>Vem cá... Esquisito... Esse marcador de gasolina tá funcionando direito?

>MÍRIAM
>Às vezes.

>DANIEL
>Como, às vezes?

>MÍRIAM
>Às vezes.

>DANIEL
>Mas como eu vou saber se tem ou não gasolina?

>MÍRIAM
>Tem.

>DANIEL
>Como você sabe?

>MÍRIAM
>Eu pus ontem.

PASSAGEM DE TEMPO —

Mauro se apoia entre os dois bancos da frente.

PELO PARA-BRISA —

Ele vê um fusca ultrapassando o carro.

>MAURO
>FUSCA! Quatro a um pra mim!

MÍRIAM

Assim cê vai ganhar, hein, filho!

Daniel está **absorto**, desconectado da conversa.

MAURO

Paiê! Quatro a um pra mim!

DANIEL

Parabéns, filhão! Parabéns!

PELO PARA-BRISA —

Mauro vê um CAMINHÃO DO EXÉRCITO, parado no acostamento, mais à frente. Ele aponta na direção do caminhão.

MAURO

Olha!

[...]

O semblante de Daniel fica sério. Míriam e Daniel se entreolham preocupados. A tensão aumenta à medida que —

PELO PARA-BRISA —

O caminhão do exército fica cada vez mais e mais próximo.

Míriam olha para Daniel, que segura tenso o volante, enquanto o fusca passa pelo caminhão parado no acostamento.

NA ESTRADA —

O fusca azul segue sozinho. O caminhão do exército fica para trás.

DENTRO DO CARRO —

Daniel e Míriam se olham aliviados.

NA ESTRADA —

O fusca passa por um OUTDOOR com a famosa frase que caracterizou o espírito da **ditadura militar**:

BRASIL, AME-O OU DEIXE-O.

[...]

INT. FUSCA AZUL — FIM DE TARDE (CENA OPCIONAL)

NO BANCO DE TRÁS —

Mauro dorme, deitado no colo de Míriam.

Daniel continua ao volante.

DANIEL

Estamos chegando. Já vou parar, filhão.

EXT. MOTEL DE BEIRA DE ESTRADA — FIM DE TARDE

O fusca azul para diante de um motel de beira de estrada.

[...]

CLÁUDIO GALPERIN; BRÁULIO MANTOVANI; ANNA MUYLAERT; CAO HAMBURGUER.
O ano em que meus pais saíram de férias. São Paulo: Imprensa Oficial, 2008. p. 24-35. (Fragmento).

Glossário

Absorto: concentrado em seus pensamentos.

Ditadura militar: foi imposta em 1964 pelas Forças Armadas, que derrubaram o governo do presidente João Goulart. Até 1985, esse período foi marcado por um constante clima de tensão, medo e violência. Muitos jovens que lutaram contra esse regime autoritário foram presos, torturados e mortos. Para manter-se no poder, o governo contou com campanhas publicitárias de massa, com frases de efeito como: "Brasil: ame-o ou deixe-o".

ESTUDO DO TEXTO

ANTES DO ESTUDO DO TEXTO

1. Se não tem certeza de ter compreendido bem o texto, leia-o novamente.
2. Ao responder às questões a seguir, procure empregar o que já aprendeu ao ler outros textos e seja preciso em suas respostas.

DE OLHO NAS CARACTERÍSTICAS DO GÊNERO

1. O trecho do roteiro é iniciado pela imagem de duas mãos. O rosto das personagens não aparece.

    a) Quem são e onde estão essas pessoas?

    b) Que efeito é produzido pelo fato de as personagens não aparecerem de imediato de corpo inteiro?

    c) Qual é o cabeçalho dessa cena? O que ele descreve da cena?

2. As cenas se alternam entre a partida de futebol realizada em campo e a partida "encenada" pelo garoto.

    a) De que modo essas cenas contextualizam a narrativa do filme?

    b) Que efeito essa alternância produz?

3. Conforme você observou, os cabeçalhos geralmente indicam se a cena se passa durante o dia ou à noite. Por que essa indicação é importante?

4. Releia as falas a seguir.

    > "DANIEL
    > Pega suas coisas. Nós vamos sair de férias!
    > Mauro fica perplexo e animado ao mesmo tempo [...]
    > MAURO
    > Como férias? Amanhã tem aula.
    > [...]
    > MÍRIAM
    > Anda Mauro!
    > [...] Mauro se abaixa e pega, sob a mesa, uma BOLA DE FUTEBOL. Daniel volta à sala carregando as malas.
    > DANIEL
    > Não ouviu o que a sua mãe tá dizendo? Isso aqui não é brincadeira! Vamos embora!
    > Na pressa, Mauro se atrapalha [...]. Daniel volta e puxa o filho pelo braço."

    - O pai de Mauro afirma que eles sairiam de férias. Era isso mesmo o que eles iriam fazer? Justifique sua resposta com base no trecho relido.

5. Releia outro trecho do roteiro.

    > "PELO PARA-BRISA —
    > Mauro vê um CAMINHÃO DO EXÉRCITO, parado no acostamento, mais à frente. Ele aponta na direção do caminhão.
    > MAURO
    > Olha!
    > [...]
    > O semblante de Daniel fica sério. Míriam e Daniel se entreolham preocupados. A tensão aumenta à medida que —

PELO PARA-BRISA —

O caminhão do exército fica cada vez mais e mais próximo.

Míriam olha para Daniel, que segura tenso o volante, enquanto o fusca passa pelo caminhão parado no acostamento.

NA ESTRADA —

O fusca azul segue sozinho. O caminhão do exército fica para trás.

DENTRO DO CARRO —

Daniel e Míriam se olham aliviados."

a) O caminhão do exército é visto pelo para-brisa e fica cada vez mais próximo do fusca. Que clima é definido pelo roteiro para essa cena?

b) Se a cena fosse filmada por câmera externa, mostrando o carro da família se aproximando do caminhão do exército, o efeito seria o mesmo? Por quê?

6. Os pais de Mauro passam por um caminhão do exército e ficam tensos. Depois passam por um *outdoor* com a famosa frase: "Brasil, ame-o ou deixe-o". Esses elementos sugerem que a história das personagens ocorre em que momento da história do Brasil?

- As personagens de *O palhaço* vivem lutando com grandes dificuldades financeiras e muitas frustrações para seguir seus ideais e tentar realizar seus sonhos. E as personagens de *O ano em que meus pais saíram de férias:* eles também vivem em situação instável? Por quê?

Trilha de estudo

Vai estudar? Stryx pode ajudar! <http://mod.lk/trilhas>

7. Releia um trecho do roteiro. O que indicam as letras maiúsculas em algumas palavras?

"O ESTÁDIO DO MARACANÃ está lotado.

Closes de CHUTEIRAS disputando jogadas e dos torcedores.

PELÉ entra na grande área e é derrubado. O JUIZ marca pênalti. Euforia da torcida."

8. Releia este outro trecho do roteiro.

"NO MARACANÃ —

Pelé apanha a bola e a posiciona na marca do pênalti. Mauro narra as ações do jogo com grande emoção.

NA MESA DE JANTAR —

MAURO (V.O.)

Pelé vai bater o pênalti!

Mauro coloca o botão de Pelé na posição para bater o pênalti.

NO MARACANÃ —

O juiz apita. Pelé corre, dá sua famosa *paradinha*, e chuta para dentro do gol.

MAURO (V.O.)

É gooooooooooool!"

a) Que recurso é utilizado para diferenciar as falas das outras informações sobre a cena?

b) O que acontece no jogo de brincadeira de Mauro?

PRODUÇÃO DE TEXTO

ROTEIRO DE UMA CENA

O que você vai produzir

Em grupo com outros dois ou três colegas, você vai produzir um roteiro de uma cena.

NA HORA DE PRODUZIR

1. Siga as orientações apresentadas nesta seção. Seu texto deve ser coerente com a proposta.
2. Lembre-se de que você já leu e analisou textos do gênero que vai produzir. Se for o caso, retome o **Estudo do texto**.
3. Diante da folha em branco, persista. Nenhum texto fica pronto na primeira versão.

ESCOLHAM E PREPAREM O ROTEIRO

1. Você e os demais membros do grupo vão avaliar qual destas opções mais interessa ao grupo, sempre tendo em mente o tema proposto.
   a) Elaborar um roteiro original partindo das ideias da equipe, de situações que vocês viveram, observaram ou já conhecem. O roteiro pode ou não ser fiel ao fato original.
   b) Adaptar um romance, uma notícia, uma história em quadrinhos ou outra obra já existente.

2. Definam uma das duas opções.
   a) Se optarem por um roteiro original, levem em conta a facilidade do grupo para criar um fato e organizá-lo em uma sequência.
   b) Se optarem por uma adaptação, avaliem a disponibilidade de um texto já existente que apresente uma cena não muito longa para adaptar. Lembrem-se de que seu *game* favorito também é um texto e pode virar um filme; vocês podem até acrescentar, no filme, um elemento que ajude a solucionar algo no *game*.

3. Agora, preparem o texto-base para o roteiro. Esse será o argumento de vocês.
   a) No caso do roteiro original, redijam a narrativa que será transformada em roteiro de cena. Ela deve conter os elementos principais para a criação da cena.
   b) No caso da adaptação, leiam com atenção o texto que têm em mãos, para se apropriar dos detalhes mais importantes e reproduzi-los na cena.

4. Releiam o texto-base para o roteiro. Dividam a cena em várias partes, como vocês viram nos roteiros analisados. Se quiserem, numerem as partes para facilitar a identificação de acordo com o que acontece em cada uma.

5. Em cada parte, observem a descrição da cena: se é dia ou noite; se o ambiente é externo ou interno; onde (local) e quando (tempo) se passa a cena.

6. Observem as personagens: quais estão presentes; quais estão atuando diretamente na cena; quais estão ao fundo e não estão interagindo com outras etc.

7. Ainda em relação às personagens, façam um perfil curto de cada uma. Para isso, é importante:
   a) a composição de cada personagem (tanto características físicas quanto psicológicas);
   b) a emoção de cada personagem na cena (indiferença, preocupação, sofrimento, dor, cansaço etc.);
   c) o que elas fazem durante a atuação (andar, pentear-se, cantar, dirigir, fazer compras, ler jornal etc.);
   d) o que conversam (as falas da cena), em que momento a fala começa na cena, por quem começa, se falam uma de cada vez ou mais de uma ao mesmo tempo, se gesticulam etc.

8. Elaborem os diálogos entre as personagens envolvidas em cada parte da cena.

   a) Para organizar essa etapa, sugerimos um quadro para preencher com os dados de cada parte da cena. Se quiserem, usem esse quadro ou adaptem-no à montagem de sua cena.

   b) Vocês podem repeti-lo para cada parte, colocando um quadro em cada folha, para visualizar a sequência que está sendo construída.

Número da parte descrita	...
Locação ou ambiente	Externo, interno (em casa, no campo, no escritório, no cinema, na rua etc.).
Personagens presentes ou personagens envolvidas na cena	Citar os nomes e suas relações com as demais (pai, mãe, amigo etc.).
O que cada personagem sente (emoção)	Irritação, cansaço, tristeza etc.
O que cada personagem faz na cena (ação)	Caminha, lava a louça, lê jornal, vê TV etc.
O que conversam (fala)	Diálogo entre as personagens.

ESCREVAM A CENA

1. Agora vocês já têm a maioria dos elementos de que precisam para produzir a cena. Com o argumento pronto, vocês vão transformá-lo em roteiro, marcando o ambiente onde a cena se passa e informando o que ocorre de importante nesse ambiente.

2. Façam o cabeçalho com a referência da locação (se a cena é externa ou interna), o local onde a cena se passa, a referência sobre o tempo (noite ou dia).

3. Abaixo desse cabeçalho, escrevam as outras rubricas, colocando somente o que for importante na cena: descrição do cenário, caracterização de personagens; indicação de local. As rubricas não precisam ser muito detalhadas, pois, se a cena está bem escrita, o ator saberá dar entonação adequada à sua fala.

4. Procure sempre escrever a cena com começo, meio e fim. Lembre-se de que a descrição da ação ou ambiente deve sempre se referir a imagens.

REVISEM E AVALIEM A CENA

1. Releiam a cena criada e avaliem seu texto de acordo com a tabela a seguir.

Aspectos importantes em relação à proposta e ao sentido do texto
Roteiro de uma cena de filme
1. A cena tem começo, meio e fim?
2. As partes da sequência narrativa estão bem encadeadas umas com as outras?
3. O cabeçalho dá as informações necessárias (se a cena é externa ou interna, se é dia ou noite, onde é a locação)?
4. As outras rubricas trazem informações relevantes (quais personagens estão em cena, quais são as ações das personagens, quais são os objetos de cena etc.)?
5. O nome das personagens está escrito com letras maiúsculas na primeira vez em que aparece?
6. As falas estão indicadas adequadamente em discurso direto, com o nome da personagem antecedendo cada uma?
7. As falas apresentam uma linguagem e um nível de formalidade de acordo com a composição das personagens e com o contexto da situação?
8. A pontuação contribui para indicar a entonação e as intenções das personagens (duvidar, afirmar, ordenar, demonstrar incerteza etc.)?
9. Existe fala em *off* de algum personagem ou de um narrador? Está indicada?
10. O texto do roteiro está coeso, claro e coerente com a sequência narrativa?
11. É possível imaginar e compreender a cena apenas lendo o roteiro?
12. As informações do roteiro são suficientes para garantir que, ao ver o filme, o espectador vai entender a história?
Aspectos importantes em relação à ortografia, à pontuação e às demais normas gramaticais
1. Está livre de problemas de ortografia e pontuação relacionados a regras já estudadas?
2. Foram feitas as concordâncias verbal e nominal?

2. Promovam, com os demais grupos, uma roda de leitura dos roteiros. Assim, todos vão divulgar – e também avaliar – o que foi produzido. Você e seus colegas podem dar e receber sugestões sobre pontos que não ficaram claros, ou partes em que o diálogo esteja confuso ou divergindo da proposta inicial da cena.

3. Outra opção é um grupo encenar o roteiro produzido por você e seus colegas, para que vocês verifiquem se um leitor externo (um ou mais atores) conseguiria compreender e executar as ações e os diálogos previstos no roteiro. Registrem os comentários por escrito. Depois, é a vez de vocês ajudarem o outro grupo.

4. Retomem a autoavaliação que seu grupo fez com base na tabela, bem como os comentários registrados no momento da encenação. Com a ajuda do professor, revisem o roteiro reescrevendo o que vocês acharem necessário.

5. Depois, passem o texto a limpo, reescrevendo o roteiro do grupo de vocês.

ATITUDES PARA A VIDA

As **Atitudes para a vida** que você vem estudando certamente têm contribuído muito nas diversas esferas da sua vida familiar, escolar, social como um todo, não é mesmo? A apreensão, o desenvolvimento e a prática dessas atitudes favorecem as relações humanas e a tomada consciente de decisões e contribuem para um melhor enfrentamento das adversidades e conflitos do dia a dia. Praticar essas atitudes é semear uma convivência não violenta, portanto, é contribuir para um mundo mais tolerante, respeitoso e amoroso: um mundo melhor!

Pensando em tudo isso, leia a tira a seguir.

ARMANDINHO ALEXANDRE BECK

> ENTÃO VOCÊ QUER MUDAR O MUNDO SOZINHO?
>
> NÃO ESTOU SOZINHO, SÓ ESTAMOS ESPALHADOS...
>
> ...MAS JÁ COMEÇAMOS A NOS REUNIR!

1. Em sua opinião, qual a mensagem principal da tira? Se quiser, compartilhe com os colegas.
2. O que Armandinho tem nas mãos? O que você acha que isso pode representar no contexto da tira?
3. Na sua opinião, uma pessoa pode mudar o mundo sozinha?

> As nossas atitudes produzem efeitos não apenas em nós, mas ao nosso redor. As nossas ações podem influenciar negativa ou positivamente na vida de outras pessoas.

4. Escolha as atitudes que, em sua opinião, têm relação com a tira lida e justifique suas escolhas.

	Persistir
	Pensar com flexibilidade
	Esforçar-se por exatidão e precisão
	Questionar e levantar problemas
	Pensar e comunicar-se com clareza
	Assumir riscos com responsabilidade
	Pensar de maneira interdependente

ATITUDES PARA A VIDA

5. Seus colegas escolheram as mesmas atitudes que você? Conversem sobre isso.

> Responsabilizar-se pelos próprios atos é uma importante forma de começar a empreender mudanças no mundo. Não podemos esperar que o outro mude, a mudança precisa começar em cada um de nós.

6. Na "Produção de texto", você e seu grupo roteirizaram uma cena.

a) Como foi a experiência de trabalhar em equipe para você? Houve alguma situação que lhe chamou a atenção ou algum problema de interação? Qual?

b) Qual atitude das elencadas anteriormente você acha que foi fundamental para uma boa interação com os colegas nessa tarefa? Por quê?

c) Há alguma atitude que não consta da lista, mas que foi importante no momento de avaliação dos roteiros na roda de leitura?

> Todos nós, individualmente, somos parte do mundo e, como tal, temos valor para ele. Cada pessoa precisa se conscientizar de que sendo parte do mundo deve se responsabilizar por ele e por suas próprias ações. Quando empreendemos mudanças no nível individual, isso transborda para o social. O mundo é aquilo que fazemos dele, portanto, ele pode ser o que queremos que ele seja.

7. Para empreendermos mudanças positivas nas relações sociais, primeiro é preciso mudarmos a nós mesmos.

a) Cite uma mudança de comportamento ou ação que você vem fazendo e que tem modificado positivamente o seu entorno.

b) Qual das atitudes listadas você considera a mais característica de pessoas agentes de transformação no mundo? Justifique sua resposta.

c) O que fazer para que mais pessoas desenvolvam essa atitude que você mencionou? Como contribuir nessa direção?

AUTOAVALIAÇÃO

Na segunda coluna (item 1) da tabela abaixo, marque com um X as atitudes que foram mais mobilizadas por você na produção de texto desta unidade.

Na terceira coluna (item 2), descreva a forma como você mobilizou cada uma das atitudes marcadas. Por exemplo: *Persistir: tentei diferentes estratégias para resolver problemas difíceis e não desisti com facilidade.*

Use o campo *Observações/Melhorias* para anotar suas observações quanto às atitudes que você julga importante melhorar nas próximas unidades e em outros momentos de seu cotidiano.

Atitudes para a vida	1. Atitudes mobilizadas	2. Descreva a forma como mobilizou a atitude assinalada
Persistir		
Controlar a impulsividade		
Escutar os outros com atenção e empatia		
Pensar com flexibilidade		
Esforçar-se por exatidão e precisão		
Questionar e levantar problemas		
Aplicar conhecimentos prévios a novas situações		
Pensar e comunicar-se com clareza		
Imaginar, criar e inovar		
Assumir riscos com responsabilidade		
Pensar de maneira interdependente		
Observações/Melhorias		

LEITURA DA HORA

São apresentados a seguir dois textos em páginas paralelas. Na página à esquerda, um fragmento do roteiro do filme *Escaravelho do diabo*, escrito por Melanie Dimantas e Ronaldo Santos. Na página à direita, o fragmento correspondente do livro homônimo, escrito por Lúcia Machado de Almeida. O roteiro do filme foi baseado na história do livro. Leia os textos e compare o seu conteúdo.

O ESCARAVELHO DO DIABO [ROTEIRO]

6   INT. QUARTO DE HUGO, CASA DE ALBERTO — NOITE   6

Barulho de chuveiro. Hugo toma banho. Alberto entra no quarto. Sobre a cama a roupa que Hugo vai vestir e a sua indefectível jaqueta de couro surrada.

Alberto veste a jaqueta e, diante do espelho, imita um gesto específico que Hugo, o irresistível, faz com os cabelos.

HUGO (O.S.)

Alberto... fora!

Alberto sorri e vai caminhando até a escrivaninha perto da janela. Pega um perfume e passa no sovaco. Cheira. Gosta do que sente. Em meio à correspondência, Alberto vê uma caixa de aspecto curioso.

ALBERTO

(*alto*)

Que isso? Que que tem dentro dessa caixa? Posso ver, posso ver...?

Hugo aparece na porta do banheiro de calça apenas e barba feita.

HUGO

(*maroto*)

Abre...

Alberto abre e dá de cara com um besouro negro com uma espécie de chifre na cabeça alfinetado numa rolha.

ALBERTO

Caraca!... É um besouro com chifre na cabeça.

Onde você arrumou essa parada, Hugo?

HUGO

Recebi pelo correio... Louco, né?

ALBERTO

Quem mandou isso para você? Que maluquice!

(CONTINUED)

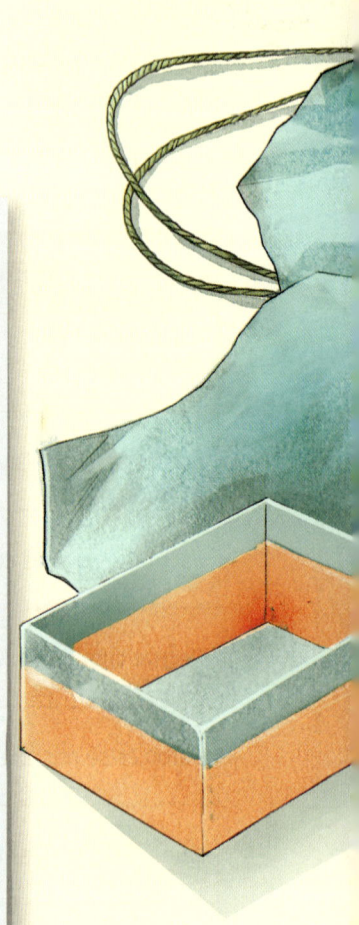

O ESCARAVELHO DO DIABO [LIVRO]

— HUGO, UM PACOTE PARA VOCÊ! — gritou Alberto, recebendo um pequeno embrulho das mãos do carteiro. Assinou o nome do irmão no papelzinho e foi levar-lhe a encomenda.

Hugo, que acabara de fazer a barba, mirava-se no espelho, ensaiando olhares longos e fatais para lançar às garotas na primeira oportunidade. O cristal refletia um rosto sardento de 18 anos, extremamente simpático e sadio, aureolado por cabelos tão vermelhos que o moço era conhecido por Foguinho.

— Deve ser presente de alguma admiradora, disse ele, alegremente, examinando o endereço escrito à máquina.

O barbante foi desatado, o embrulho desfeito e apareceu uma pequena caixa de forma retangular.

— Oba! Que é isso? Que coisa esquisita! Um bicho... — gritou Foguinho, tirando de dentro um grande besouro negro com uma espécie de chifre na testa.

A carapaça do inseto tinha reflexos azulados e seu corpo media cerca de quatro centímetros. Um comprido alfinete entomológico fixava-o a um pedaço de rolha, o que provava ter ele sido retirado de alguma coleção.

Os dois rapazes aproximaram-se da janela aberta a fim de melhor examinarem o estranho besouro.

— Veja se isto é cara que se apresente em público! — disse Hugo, um tanto desapontado. — Queria saber qual foi o camarada que me pregou essa peça...

— Jogue fora o estuporzinho logo, de uma vez! — aconselhou Alberto.

6   CONTINUED: 6

>   HUGO
> Deve ser o convite de uma festa lá na Biologia.

Alberto vira a caixa do avesso procurando algum remetente.

>   ALBERTO
> Dã... que coisa idiota! E como a pessoa vai saber quando e onde? Nada a ver...

>   HUGO
> Pode ser um enigma pra decifrar. Fica pra você.

O telefone celular de Hugo toca bem na frente de Alberto. Ele faz menção de pegar o aparelho, mas o irmão se precipita sobre ele e atende.

>   HUGO (AO TELEFONE) (CONT'D)
>   (*meloso*)
> Oi... Tava esperando você ligar. E aí? Vai dar?
>   [...]
>   CORTA PARA:

18   INT. QUARTO DE ALBERTO, CASA DE ALBERTO — MAIS TARDE   18

Alberto, pela janela, vê a sombra de Hugo projetada para fora da garagem. Hugo levanta a motocicleta. Alberto pega uma caixa de sapato no seu armário e coloca na cama. Depois, pega um bloco e uma caneta e começa a escrever.

19   INT. QUARTO DE HUGO, CASA DE ALBERTO — EM SEGUIDA   19

P.O.V DO ASSASSINO

Através das frestas de treliça do armário, Alberto entra no quarto e deixa a caixa de sapatos com o bilhete sobre a cama de Hugo.

VOLTA À CENA

Alberto escuta passos na escada e sai correndo porta afora.

Hugo entra no quarto, vê um BILHETE e a caixa de sapato.

P.O.V DO ASSASSINO

Pelas mesmas frestas da treliça, Hugo lê o bilhete irritado, e amassa o papel, jogando-o na lixeira.

VOLTA À CENA

Hugo tira a roupa, lá fora venta e ele nota com estranhamento que a janela está ABERTA. Ele a fecha.

P.O.V. DO ASSASSINO

Hugo de costas fechando a janela e virando-se em direção ao armário. Hugo abre a porta quando uma mão, envolvida em luva, segura um pano que lhe tapa o nariz e a boca.

                                            (CONTINUED)

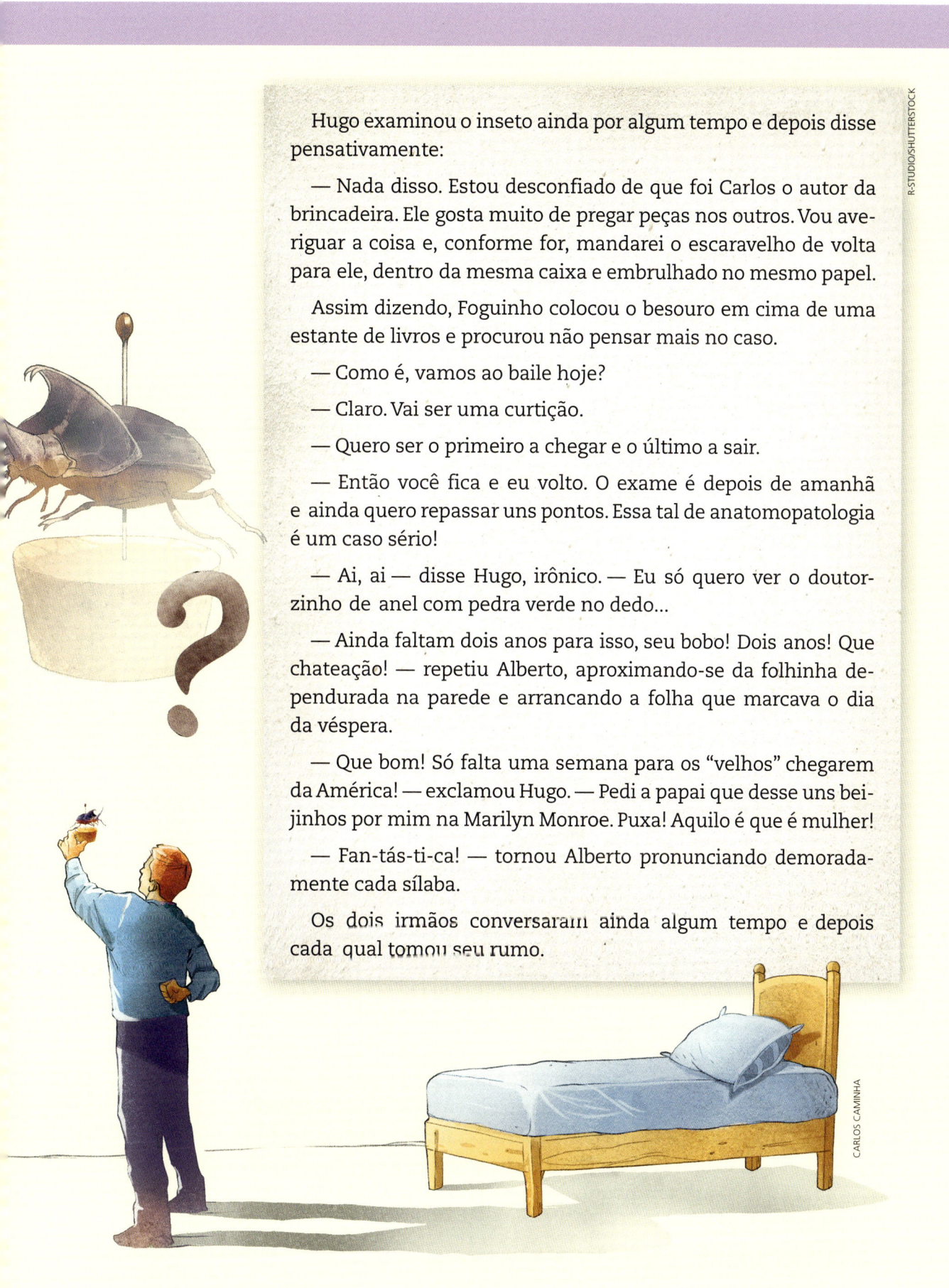

Hugo examinou o inseto ainda por algum tempo e depois disse pensativamente:

— Nada disso. Estou desconfiado de que foi Carlos o autor da brincadeira. Ele gosta muito de pregar peças nos outros. Vou averiguar a coisa e, conforme for, mandarei o escaravelho de volta para ele, dentro da mesma caixa e embrulhado no mesmo papel.

Assim dizendo, Foguinho colocou o besouro em cima de uma estante de livros e procurou não pensar mais no caso.

— Como é, vamos ao baile hoje?

— Claro. Vai ser uma curtição.

— Quero ser o primeiro a chegar e o último a sair.

— Então você fica e eu volto. O exame é depois de amanhã e ainda quero repassar uns pontos. Essa tal de anatomopatologia é um caso sério!

— Ai, ai — disse Hugo, irônico. — Eu só quero ver o doutorzinho de anel com pedra verde no dedo...

— Ainda faltam dois anos para isso, seu bobo! Dois anos! Que chateação! — repetiu Alberto, aproximando-se da folhinha dependurada na parede e arrancando a folha que marcava o dia da véspera.

— Que bom! Só falta uma semana para os "velhos" chegarem da América! — exclamou Hugo. — Pedi a papai que desse uns beijinhos por mim na Marilyn Monroe. Puxa! Aquilo é que é mulher!

— Fan-tás-ti-ca! — tornou Alberto pronunciando demoradamente cada sílaba.

Os dois irmãos conversaram ainda algum tempo e depois cada qual tomou seu rumo.

| 19 | CONTINUED: | 19 |

CORTA PARA:

| 20 | INT. COZINHA, CASA DE ALBERTO — DIA | 20 |

Café da manhã na mesa, Alberto entra tímido, medo de encontrar o irmão.

                ALBERTO

O Hugo já foi?

                ZEFA

Não desceu ainda não.

                ALBERTO

                (preocupado)

Será que ele não vai me levar na escola?

                ZEFA

Você vai nem que eu tenha que te levar nas costas... Deus me livre você fuçando em casa o dia todo...

CORTA PARA:

| 21 | INT. *HALL* DOS QUARTOS, CASA DE ALBERTO — DIA | 21 |

Alberto hesita diante da porta do quarto do irmão. Bate com timidez.

                ALBERTO

                (cantarolando)

                Hugo...

Silêncio do outro lado. Ele bate novamente, com mais força.

                ALBERTO (CONT'D)

                (mais alto)

Hugo, a gente tá atrasado...

Silêncio.

                ALBERTO (CONT'D)

Tá bolado ainda?

Abre a porta aos poucos, com cuidado.

                ALBERTO (CONT'D)

Eu juro que —

No quarto levemente iluminado pela manhã que invade pela janela, uma estranha espada em primeiríssimo plano.

No espelho da porta aberta do armário, vemos Alberto que descobre o corpo inerte de Hugo sobre a cama. A espada cravada no peito. Choque.

FADE OUT:

***

—Dez horas e Seu Hugo ainda não se levantou — disse a arrumadeira. — A gente desde cedo no batente e o mocinho no bem-bom... Isso até é desaforo.

— Deixe o rapaz dormir — falou o jardineiro. — Com certeza chegou tarde esta noite.

— Não chegou não. O baile foi antes de ontem. Você protege o menino um bocado, hem? — tornou a moça, passando a enceradeira elétrica no chão da sala.

— Quem sabe se está doente?

— Ele que se arrume!...

Pouco depois do meio-dia Alberto chegou da faculdade de medicina e foi diretamente para o quarto do irmão a fim de comentar com ele a prova que acabara de fazer.

Estranhando encontrar a porta fechada por dentro, deu nela duas pancadas e chamou:

— Hugo! Hugo! — insistiu ele, vagamente inquieto.

— Hugo! Hugo! Abra, sou eu, Alberto.

Ninguém respondeu.

— Ele não se levantou até agora — disse a arrumadeira, aproximando-se.

Aflito, Alberto afastou-se da porta e, num forte impulso, atirou-se violentamente contra ela. A madeira cedeu e... um quadro horrível apresentou-se diante daqueles dois olhos assustados: Hugo estava deitado no leito, com uma comprida espada fincada no peito, do lado esquerdo!

Sem se incomodar com a arrumadeira, que soltara um grito agudo e caíra no chão desacordada, Alberto correu para o irmão, procurando encontrar-lhe o pulso. Em vão: o corpo estava frio; Hugo já era cadáver. Sem se conter, Alberto caiu de joelhos e se pôs a soluçar.

— O que foi? O que é isso? — perguntavam a um tempo o copeiro, a cozinheira e o jardineiro, que vieram correndo.

Alberto olhou-os sem responder, e depois, num esforço violento, levantou-se e saiu do quarto, dizendo com voz trêmula:

— Não toquem em nada. Deixem tudo como está.

Correu para o telefone e agitadamente se pôs a procurar um número.

— Está bem — respondeu o Delegado de plantão. — Vou requisitar imediatamente a polícia técnica e avisar o Serviço de Medicina Legal.

Em poucos instantes a casa ficou cheia de parentes e vizinhos. O que mais intrigava a todos era aquela enorme espada cravada no peito do morto. Por que teria sido deixada ali?

FADE IN:

22 INT. QUARTO DE HUGO, CASA DE ALBERTO — DIA   22

O zíper de um saco plástico preto é fechado com o corpo de Hugo.

A Perícia examina o quarto. Um delegado, PIMENTEL, entre 65 e 75 anos, mexe na escrivaninha com uma luva. Sua aparência é correta, mas há algo de desleixo na sua roupa mal-ajambrada. Um policial de uns quarenta anos, ALMEIDA, se aproxima e mostra a espada, agora num saco plástico transparente. NETO, outro policial, um pouco mais jovem, anota numa agenda o que apura com os peritos.

                NETO

Apurei que o jovem era Hugo Maltese, da família Maltese, a maior produtora de flores da região. Marta Maltese assumiu a presidência da empresa depois da morte do marido há 10 anos.

Pimentel parece um pouco avoado, farejando o ar.

                PIMENTEL

Vocês estão sentindo um cheiro meio adocicado?

                ALMEIDA

                  (*inspirando*)

Clorofórmio!

Pimentel fareja o ar e vai na direção do armário.

                PIMENTEL

Está mais forte aqui.

                ALMEIDA

                  (*para Neto*)

Manda tirar as digitais aqui no armário.

Pimentel vasculha a lixeira. Vê o bilhete amassado. Abre-o. Entrega para Almeida.

                ALMEIDA (CONT'D)

O menino acordou, está lá embaixo.

MELANIE DIMANTAS e RONALDO SANTOS. Roteiro do filme *O escaravelho do diabo*.
Original do texto fornecido pelos autores — terceiro tratamento, 2014. (Fragmento).

Minutos depois chegavam os dois peritos da polícia técnica, um médico e um enfermeiro. Ninguém, além deles e de Alberto, entrou mais no quarto.

— Hum... — fez o médico, depois de examinar o corpo com minúcia. — Hemorragia interna... E o óbito deve ter ocorrido há umas 12 horas, mais ou menos. À meia-noite, provavelmente.

— É estranho — observou um dos peritos. — Não há o menor sinal de luta.

O médico ficou pensativo, inspirou lenta e profundamente, e depois disse:

— Vocês não estão sentindo um leve cheiro de clorofórmio?

De fato. Um odor discreto, ligeiramente enjoativo e adocicado se fazia sentir, confirmando a suposição do médico.

— Vocês querem dizer que meu irmão morreu narcotizado?

— Sim e não. O assassino provavelmente encontrou-o dormindo, aplicou-lhe um lenço embebido em clorofórmio e em seguida cravou-lhe a espada no peito. E o sujeito tinha boa pontaria, pois o golpe foi direitinho no coração.

— Não é possível morrer assim, estupidamente, à toa!... — exclamou Alberto angustiado. — Meu irmão não tinha inimigos, todo mundo gostava dele! O que não posso absolutamente compreender é a razão pela qual o criminoso usou essa espécie de arma, fazendo questão de deixá-la assim junto da vítima. Seria algum louco o assassino? E que espada é essa?

Um dos peritos abriu com cuidado o pano branco onde a lâmina estava depositada e examinou detidamente o punho esculpido com arte.

— É uma espada espanhola, provavelmente fabricada em Toledo, em princípios do século XVII — disse ele. — Venho fazendo muitos estudos nesse sentido. Acabei de ler um livro em que vi uma fotografia igualzinha a ela.

— Duvido que o assassino tenha deixado impressões digitais — comentou o médico.

— Com certeza foi bem precavido e usou luvas — disse o enfermeiro.

Alberto saiu do quarto a fim de tentar uma ligação telefônica para Washington, onde seus pais se achavam. Como contar-lhes um acontecimento tão trágico e tão... estranho?

Os peritos terminaram o levantamento topográfico do quarto e retiraram-se.

LÚCIA MACHADO DE ALMEIDA. *O escaravelho do diabo*. 28. ed. São Paulo: Ática, 2017. p. 9-14.

PARA SE PREPARAR PARA A PRÓXIMA UNIDADE

Em algum momento, você já precisou opinar sobre um assunto polêmico e recente? Na próxima unidade, você vai analisar dois textos argumentativos: o editorial e o artigo de opinião e saber mais sobre *fake news*. Para começar, acesse os *links* indicados e responda às questões do boxe "O que você já sabe?".

> Converse com dois amigos da sua idade e com dois adultos e pergunte o que eles fazem para verificar se uma notícia é verdadeira ou falsa. Compartilhe as respostas que você obteve com a turma.

1 Como distinguir as informações confiáveis das falsas, as chamadas *fake news*? Confira essa trilha *on-line* sobre o assunto: <http://mod.lk/tmjdo>.

2 O jornalista Ricardo Ampudia dá dicas de como detectar notícias falsas. Acesse: <http://mod.lk/sus3f>.

3 Será que tudo o que é publicado nos jornais e nas revistas é sempre verdade? Alguns estudantes fizeram uma experiência interessante para verificar a transparência em uma pesquisa de opinião. O resultado é surpreendente! Veja aqui:<http://mod.lk/m9yz4>.

4 O compartilhamento de notícias falsas tem movimentado a área de comunicação. Esta matéria do *site Politize*! explica a importância da checagem de fatos para o jornalismo em tempo de redes sociais. Leia: <http://mod.lk/yv9vb>.

5 A *Pública* é uma agência de jornalismo investigativo sem fins lucrativos criada em 2011. A seção Truco é dedicada à checagem de informações que circulam na internet. Acesse: <http://mod.lk/bxuwq>.

7 Orações subordinadas adverbiais I

Este objeto digital apresenta conteúdo sobre algumas das orações subordinadas adverbiais que você irá estudar na próxima unidade. Acesse: <http://mod.lk/obh4v>.

6 *Aos Fatos* é uma agência de checagem de informação. Em 2018 ela desenvolveu a Fátima – um perfil-robô que identifica a publicação de *fake news* no *Twitter*. No menu do *site*, sob a aba "Checamos", é possível navegar por categorias como "verdadeiro", "impreciso", "exagerado", "contraditório", "insustentável" e "falso", utilizadas para classificar as informações checadas. Acesse: <http://mod.lk/5c5xz>

O QUE VOCÊ JÁ SABE?

Até este momento, você seria capaz de...	Sim	Não	Mais ou menos
... reconhecer a importância em checar as fontes de notícias e mensagens e compartilhar algo apenas quando se tem certeza da veracidade do conteúdo?	☐	☐	☐
... identificar, em textos argumentativos, os argumentos e estratégias para convencer o leitor sobre determinado ponto de vista?	☐	☐	☐

De acordo com o conteúdo do objeto digital *Orações subordinadas adverbiais I*, você seria capaz de...	Sim	Não	Mais ou menos
... reconhecer que as orações subordinadas adverbiais exercem a função de adjunto adverbial da oração principal?	☐	☐	☐
... perceber que as orações adverbiais são sempre introduzidas por conjunções ou locuções conjuntivas?	☐	☐	☐

UNIDADE

7

O FENÔMENO DAS FAKE NEWS

EM FOCO NESTA UNIDADE

- Editorial
- Orações subordinadas adverbiais
- Produção: artigo de opinião

ESTUDO DA IMAGEM

A ilustração destas páginas foi produzida pelo artista Zé Otávio para uma reportagem sobre *fake news*.

1. Você sabe o que significa a expressão *fake news*?

2. Descreva a imagem. Em sua opinião, como o significado da expressão *fake news* se relaciona à ilustração?

3. Troque ideias com os colegas: por que as *fake news* se alastram tão rapidamente pela internet e como é possível combatê-las?

LEITURA

CONTEXTO

Provavelmente você já ouviu falar em *fake news* ou notícias falsas, um tema que tem sido bastante discutido nos últimos anos. Nesta unidade, você vai analisar dois textos opinativos sobre esse assunto. O primeiro, reproduzido a seguir, é um editorial do jornal *GaúchaZH*. Leia-o e responda às questões propostas.

ANTES DE LER

1. De 2014 a 2017, a tiragem impressa dos onze principais jornais do Brasil caiu 41,4%, e o número de assinaturas digitais não compensou essa queda. Em sua opinião, por que as pessoas de modo geral estão menos dispostas a comprar jornais, sejam impressos, sejam digitais?

2. A queda no faturamento das empresas jornalísticas pode prejudicar a qualidade das notícias e das reportagens produzidas. Você concorda com essa afirmativa? Por quê?

3. Em sua opinião, a possibilidade de encontrar notícias falsas é maior em jornais e revistas tradicionais ou nas redes sociais e em outros meios alternativos?

4. Você vai ler a seguir um editorial – gênero textual que expressa o ponto de vista de um veículo da imprensa (nesse caso, um jornal) sobre determinado tema da atualidade. Pense nas respostas que você deu às questões anteriores e formule uma hipótese: qual ponto de vista sobre notícias falsas foi apresentado por esse jornal tradicional?

Só a verdade é notícia

Uma mentira só se transforma em notícia quando é desmascarada. Aí, é a fraude e seus efeitos danosos, às vezes irreparáveis, que viram notícia. Essa, infelizmente, é a realidade cada vez mais frequente do mundo interconectado em que as chamadas *fake news* (notícias falsas) proliferam na internet e nas redes sociais, nascidas da má intenção e disseminadas por ingenuidade, ignorância ou má-fé. Nesse contexto, o jornalismo profissional e responsável, embasado em métodos comprovados de apuração e checagem de informação, reafirma-se como fonte segura para o público matar a sua sede de verdade. A celebração de mais um Dia do Jornalista, nesta sexta-feira [7 abr. 2017], é uma ótima oportunidade para a renovação do compromisso dos profissionais de imprensa e das empresas de comunicação com o direito dos cidadãos de receberem informações corretas, imparciais e verdadeiras.

Ninguém pode pretender o monopólio da verdade. Mas a imprensa clássica, com o seu histórico de atuação, seu compromisso com o público e sua dependência da própria credibilidade, tem mais motivos para perseguir a exatidão e a veracidade de tudo o que divulga. Além disso, os veículos tradicionais estão mais sujeitos à cobrança dos consumidores de informação do que os produtores de conteúdos para os usuários de redes sociais, muitas vezes expostos a textos e vídeos anônimos ou repassados por terceiros.

Boatos e inverdades tornaram-se uma epidemia mundial a partir da popularização da internet e do perfil anárquico da rede. Na maioria dos casos, as informações distorcidas ou inventadas servem apenas para brincadeiras, mas não são poucos os casos em que provocam danos coletivos e individuais. Veja-se, por exemplo, o caso recente das eleições presidenciais norte-americanas, em que as chamadas *fake news* tiveram influência decisiva no resultado. Os esforços anunciados pelos gigantes digitais Google e Facebook para achar soluções são uma gota no oceano da desinformação e se mostram mais como iniciativas de relações públicas do que como disposição efetiva para consertar o problema.

A apuração, a verificação, a checagem, a autocorreção, a diversidade de fontes e o pluralismo de opiniões são alguns princípios editoriais que o jornalismo profissional já incorporou na sua atividade diária, proporcionando ao público uma espécie de certificação das notícias que divulga. [...]

Acreditamos que informar é transformar — e que somente a informação certificada, checada, verdadeira, real e responsável transforma uma sociedade para melhor.

GaúchaZH. Disponível em: <http://mod.lk/hjnpq>.
Publicada em: 7 abr. 2017. Acesso em: 11 jun. 2018. (Fragmento).

ANTES DO ESTUDO DO TEXTO

1. Se não tem certeza de ter compreendido bem o texto, leia-o novamente.
2. Procure identificar as ideias apresentadas no texto e reflita: você concorda com elas? Por quê?
3. Ao responder às questões a seguir, procure empregar o que já aprendeu ao ler outros textos e seja preciso em suas respostas.

Pasquino. Século III. Estátua em mármore.

Fake news só existem na internet?

Na atualidade, a internet e as redes sociais facilitaram a rápida propagação das *fake news*, o que não significa que, no passado, não houvesse notícias falsas. Ao longo dos séculos, em várias ocasiões e em diversos lugares do mundo, surgiram histórias inverídicas, criadas para difamar adversários, para beneficiar seus próprios criadores ou, simplesmente, para divertir o público.

A foto mostra a estátua do guerreiro Pasquino, localizada na praça de mesmo nome, em Roma, na Itália. O jornalista Pietro Aretino (1492-1556) tornou-se famoso no século XVI por afixar nessa estátua poemas satíricos com invenções (ou exageros) de acontecimentos envolvendo figuras públicas da cidade. A atitude de Aretino fez surgir o termo *pasquinada* ou *pasquim* — um jornal de má qualidade, que publica mentiras.

ESTUDO DO TEXTO

COMPREENSÃO DO TEXTO

1. Qual das frases a seguir resume melhor o principal **ponto de vista** defendido no editorial? Indique-a no caderno.

   a) Os jornais tradicionais podem ajudar os leitores a detectar notícias falsas.

   b) Diante do fenômeno das *fake news*, a imprensa clássica reafirma seu valor.

   c) Somente jornais de grande circulação são capazes de garantir a veracidade das notícias.

2. Editoriais geralmente comentam fatos recentes. Qual acontecimento do dia deu origem à publicação desse texto?

3. Releia: "Uma mentira só se transforma em notícia quando é desmascarada. Aí, é a fraude e seus efeitos danosos, às vezes irreparáveis, que viram notícia".

   a) Agora, observe este título de uma notícia falsa que circulou no Brasil no início de 2018: "Vacina contra febre amarela paralisa o fígado, diz médico de Sorocaba" (disponível em: <http://mod.lk/mbf6h>). Quais "efeitos danosos" esse boato poderia ter?

   b) Como esse boato sobre a vacina da febre amarela poderia ser desmascarado? Quem tomaria essa iniciativa e por quê?

   c) Considere sua resposta anterior e explique por que o editorial diz que "Uma mentira só se transforma em notícia quando é desmascarada.".

4. O segundo parágrafo é iniciado com a frase "Ninguém pode pretender o monopólio da verdade.". Qual ideia está subentendida nela? Indique no caderno a opção adequada.

   a) A imprensa clássica também está sujeita a falhas; além disso, pode haver fontes de informação relevantes e confiáveis fora dos meios tradicionais.

   b) Os cidadãos não podem confiar apenas em *sites* e perfis de redes sociais que publicam notícias. Também é preciso considerar a imprensa tradicional.

5. A frase apresentada logo após "Ninguém pode pretender o monopólio da verdade", no segundo parágrafo, é a seguinte: "***Mas*** a imprensa clássica [...]". Considere sua resposta ao item anterior para explicar por que essa frase é iniciada com a conjunção ***mas***, indicando oposição de ideias.

6. Ainda sobre o texto do segundo parágrafo, ele apresenta algumas características que distinguem os veículos de imprensa tradicionais dos produtores de conteúdo para redes sociais.

   a) Quais são essas características?

   b) A apresentação dessa lista de características é um argumento a favor de qual ideia?

7. No terceiro parágrafo do editorial, é utilizado um **argumento por exemplificação**. Qual é esse argumento e que ideia ele pretende sustentar?

8. Agora, explique com suas palavras o título escolhido para o editorial: "Só a verdade é notícia".

O que é *crowdfunding*

Ultimamente, tem sido cada vez mais comum o surgimento de veículos de imprensa independentes facilitados pela internet. Muitos desses veículos fazem uso do chamado *crowdfunding*, um sistema de financiamento coletivo. Por meio desse sistema, determinado projeto (de jornalismo, de cultura, de fundo social) é apresentado ao público. Havendo interesse das pessoas, elas contribuem com certa quantia (há várias opções de valores) e recebem, após a conclusão do projeto, algum produto, serviço ou benefício. O trecho a seguir fala de um projeto coletivo de financiamento, feito por um veículo de imprensa independente, para a produção de conteúdos jornalísticos com a participação dos que colaboraram financeiramente com ele. Assim, além de leitoras, essas pessoas tornam-se também redatoras das matérias. Leia:

> Há uma inquietação no ar. Nas redes sociais as pessoas afirmam posições, denunciam, discutem, exigem transparência, acusam os meios de comunicação tradicionais de parcialidade, superficialidade, irrelevância.
>
> [...]
>
> É essa a razão de ser do Reportagem Pública 2015, quando a redação da Pública se abre à colaboração do leitor, que vai eleger os temas das investigações e contribuir com a produção das reportagens, em um diálogo constante com editores e repórteres, por ele financiados. O que parecem ser as condições ideais para a produção de informação livre e independente.

Pública. Disponível em: <http://mod.lk/oqnum>. Publicado em: 21 jan. 2015. Acesso em: 25 maio 2018. (Fragmento).

DE OLHO NA CONSTRUÇÃO DOS SENTIDOS

1. O prefixo *re-* é usado para indicar repetição, como em *re*abrir ou *re*capturar.
   a) Localize duas palavras iniciadas com esse prefixo no primeiro parágrafo do editorial.
   b) O que o emprego dessas palavras sugere sobre o momento que a imprensa clássica vive, segundo o editorial?

2. Ao referir-se às ações anunciadas "pelos gigantes digitais Google e Facebook" para combater as notícias falsas, o texto utiliza uma **metáfora**, ou seja, uma aproximação entre ideias que apresentam alguma semelhança simbólica. Identifique essa metáfora e explique o que ela expressa, no contexto.

3. Releia o que é dito sobre o gênero textual *editorial* na questão 4 do boxe "**Antes de ler**" e responda: por que foi usada a primeira pessoa do plural no início do último parágrafo do texto ("**Acreditamos** que informar é transformar")?

Combate às *fake news*

Pressionadas pela opinião pública, algumas grandes empresas de comunicação digital comprometeram-se a combater notícias falsas. Algumas das iniciativas anunciadas são: eliminar perfis falsos das redes sociais, deixar de direcionar receita de publicidade para *sites* que publicam *fake news* e instalar ferramentas que permitam ao público identificar e denunciar boatos.

O EDITORIAL

1. Antes de ler o texto, você formulou uma hipótese sobre qual ponto de vista um jornal tradicional assumiria diante do tema das *fake news*. Sua hipótese se confirmou ou não? Explique sua resposta.

2. Por meio dos editoriais, os veículos de imprensa posicionam-se sobre assuntos polêmicos do cotidiano; por exemplo, a promulgação de uma nova lei, certa medida tomada pelo governo, uma proposta feita por determinado candidato a algum cargo público etc.

    a) Em sua opinião, o fato de um jornal assumir posições claras diante dos temas prejudica a imparcialidade das notícias e das reportagens produzidas por sua equipe? Explique sua resposta.

    b) Imagine que um jornal publique um editorial defendendo determinado ponto de vista e, no dia seguinte, publique um artigo de opinião escrito por um de seus colaboradores que defenda uma posição contrária. Você acha que essa atitude demonstra incoerência ou aumenta a credibilidade do jornal? Explique sua resposta.

3. Em sua opinião, por que os leitores de um jornal ou de uma revista teriam interesse em ler um editorial?

4. Compare a linguagem desse editorial com a das notícias e reportagens que você está acostumado a ler. Depois, indique qual das opções a seguir melhor descreve essa comparação: *A linguagem do editorial é...*

    a) um pouco mais simples e informal que a das notícias e reportagens.

    b) tão complexa e formal quanto a das notícias e reportagens.

    c) um pouco mais complexa e formal que a das notícias e reportagens.

O GÊNERO EM FOCO: EDITORIAL

Você leu e analisou um texto que representa um dos principais gêneros argumentativos do campo jornalístico, o editorial.

> O **editorial** é um gênero textual que apresenta o ponto de vista do órgão no qual circula (jornal, revista, emissora de rádio ou TV, *site* jornalístico etc.) acerca de certo tema ou acontecimento da atualidade. O texto é redigido por um **editorialista**, pessoa que geralmente ocupa um cargo de alta responsabilidade no veículo; porém, o nome do autor não é identificado, pois o editorial tem o objetivo de expressar a opinião do órgão de imprensa como um todo.

Assim como outros gêneros argumentativos, os editoriais podem adotar diferentes tipos de argumento para sustentar o ponto de vista apresentado. No editorial lido, você observou que foi apresentado um **argumento por exemplificação** (exemplo das eleições estadunidenses) para comprovar que as notícias falsas podem causar graves danos à população, além de **argumentos baseados em raciocínio lógico**, que propunham uma comparação entre produtores de conteúdo para redes sociais e os veículos da imprensa tradicional – demonstrando que estes últimos têm mais motivos e condições para garantir a credibilidade das informações.

Veja, no editorial do *Diário de Pernambuco*, mais alguns tipos de argumento que podem ser usados.

Lembre-se

Alguns dos tipos de argumento que podem ser usados para sustentar um ponto de vista (tese) são:
- **argumento baseado em comprovação**: cita números, estatísticas ou fatos.
- **argumento baseado em raciocínio lógico**: estabelece relações entre as ideias (comparação, causa-consequência, premissa-conclusão etc.).
- **argumento baseado em exemplificação**: dá exemplos que comprovam a ideia defendida.
- **argumento de autoridade**: cita a palavra de um especialista, de uma autoridade pública, um documento oficial etc.

O necessário combate a notícias falsas

O que na sua origem parecia um problema pontual e de menor relevância, transformou-se em algo que pode ser decisivo em eleições, inclusive nas presidenciais – estamos falando das chamadas *fake news*, notícias falsas que são divulgadas na internet como se tivessem sido produzidas por veículos jornalísticos. Tão importante tornou-se o problema que o Tribunal Superior Eleitoral (TSE) está preparando uma força-tarefa para combatê-lo nas eleições de 2018. As *fake news* recebem o impulso de robôs, que são programas encarregados de multiplicar mensagens na internet. <u>Nas eleições passadas, esses programas provocaram cerca de 20% do debate político na rede social Twitter, segundo um estudo da Diretoria de Análises de Políticas Públicas (DAPP), da Fundação Getúlio Vargas (FGV).</u> [argumento baseado em comprovação]

Em Brasília, [...] o ministro Luiz Fux disse que a justiça eleitoral vai criar mecanismos de obstrução à proliferação de *fake news*. Ressalvou, no entanto, que os instrumentos que estão sendo pensados para este fim não ameaçam de forma alguma a liberdade de expressão. <u>"É um tema delicado porque uma notícia falsa não tem nenhum interesse público na sua divulgação e efetivamente pode influenciar negativamente numa candidatura legítima"</u>, afirmou ele. [argumento de autoridade] O fenômeno das notícias mentirosas teve impacto em duas eleições presidenciais [...]: nos EUA, em que o eleito foi Donald Trump, e na França, onde o vitorioso foi Emmanuel Macron.

Diário de Pernambuco. Disponível em: <http://mod.lk/odjxp>. Acesso em: 11 jun. 2018. (Fragmento).

ORGANIZAR O CONHECIMENTO

- Junte-se a três colegas para fazer uma pesquisa sobre o tema do editorial lido: as *fake news*.

1. Existem alguns *sites* dedicados a desmascarar notícias falsas, como o e-Farsas (‹e-farsas.com›) e o Boatos (‹www.boatos.org›). Procurem casos recentes de *fake news*, em um desses *sites*, ou então façam uma busca por "notícia falsa" em veículos de imprensa confiáveis. Escolham um exemplo de notícia falsa que lhes pareça interessante ou curioso.

2. Leiam a matéria sobre a falsa notícia e, com base nela, busquem responder às seguintes questões.
    a) Qual era o fato divulgado? Ele tinha potencial para provocar fortes emoções no público, como raiva, medo ou espanto?
    b) O fato tinha alguma conexão com notícias verdadeiras?
    c) O texto citava alguma instituição conhecida (Organização Mundial da Saúde, Ministério do Trabalho etc.) ou figura pública respeitada, como um médico ou artista famoso?
    d) Havia *hyperlinks* ou indicação precisa dessas fontes supostamente consultadas?
    e) Os dados básicos do fato (onde ocorreu, quando, com quem) eram específicos?
    f) Em que tipo de mídia a notícia foi divulgada (áudio, vídeo, texto)? A produção do material parecia profissional e bem cuidada?
    g) Onde a falsa notícia circulou? Em redes sociais, aplicativos de mensagens, *sites*? Se possível, tentem localizá-la na internet para observá-la da forma como o público a recebeu.
    h) Criadores de notícias falsas adotam várias estratégias para dar aparência de veracidade aos textos, como usar um *site* com nome ou URL (endereço eletrônico) semelhante ao de um *site* de notícias conhecido. Isso ocorreu na notícia analisada?

3. Após terminarem a análise, apresentem oralmente suas conclusões ao restante da classe. Após todas as apresentações, cada grupo vai produzir, com base no que observaram, uma **lista de cuidados que se deve ter para evitar enganos quanto a notícias falsas**. Vocês podem expor a lista em um mural da escola, para que colegas de outras turmas também aproveitem as dicas.

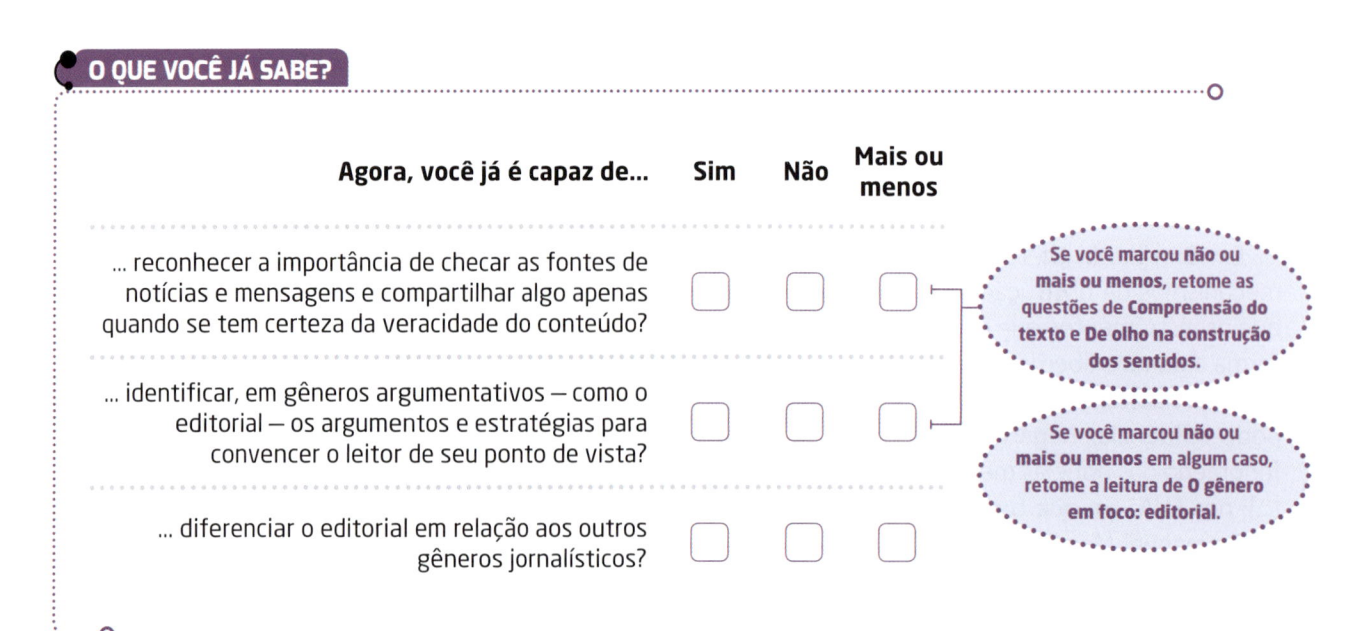

O QUE VOCÊ JÁ SABE?

Agora, você já é capaz de...	Sim	Não	Mais ou menos
... reconhecer a importância de checar as fontes de notícias e mensagens e compartilhar algo apenas quando se tem certeza da veracidade do conteúdo?	☐	☐	☐
... identificar, em gêneros argumentativos — como o editorial — os argumentos e estratégias para convencer o leitor de seu ponto de vista?	☐	☐	☐
... diferenciar o editorial em relação aos outros gêneros jornalísticos?	☐	☐	☐

Se você marcou não ou mais ou menos, retome as questões de **Compreensão do texto** e **De olho na construção dos sentidos**.

Se você marcou não ou mais ou menos em algum caso, retome a leitura de **O gênero em foco: editorial**.

- Junte-se a um colega e elaborem, no caderno, um esquema com as características do editorial. As questões apresentadas servem para orientar essa elaboração.

Editorial
- Qual o objetivo desse gênero textual?
- Que temas são abordados no editorial?
- De que forma o autor do editorial sustenta seu ponto de vista?
- Que tipo de linguagem é empregado nesse gênero textual?

E POR FALAR NISSO...

Leia abaixo uma charge de autoria do ilustrador João Montanaro, publicada em 2018, e converse com os colegas sobre as questões a seguir.

FAKE NEWS — João Montanaro

1. Descreva a cena apresentada na charge. Que sentimentos essa charge suscitou em você?

2. Um elemento da imagem é bastante simbólico na representação das pessoas em contato com seus aparelhos eletrônicos. Que elemento é esse e como ele se relaciona ao título da charge?

3. A charge é um gênero textual que tem como característica a apresentação de uma crítica à sociedade. Qual é essa crítica? Você concorda com ela? Já se viu em uma situação parecida?

4. Em sua opinião, a sociedade, ao compartilhar conteúdo falso na internet, também acaba se tornando vítima das *fake news*? Por quê?

MUITOS LADOS DA MESMA MOEDA

A verdade sobre qualquer assunto é sempre muito mais complexa do que qualquer uma de suas versões. Em textos que circulam no campo jornalístico não é diferente: notícias e reportagens, muitas vezes, apresentam apenas uma parte dos fatos ou tendem à parcialidade. Por isso, é sempre bom exercitar nosso espírito crítico comparando o que lemos com outras fontes e opiniões.

16 abr. 2018 — 1ª matéria

educação | enem

Filosofia e sociologia obrigatórias derrubam notas em matemática

Segundo pesquisa, exigência no ensino médio prejudica desempenho de alunos

16 abr. 2018 às 2h00

A inclusão de filosofia e sociologia como disciplinas obrigatórias do ensino médio em 2009 prejudicou a aprendizagem de matemática dos jovens brasileiros, principalmente os de baixa renda. A conclusão é dos pesquisadores Thais Waideman Niquito e Adolfo Sachsida, em estudo inédito que será publicado pelo Ipea (Instituto de Pesquisa Econômica Aplicada).

Segundo eles, a mudança levou a nota de jovens residentes em municípios com muito baixo Índice de Desenvolvimento Humano (IDH), que engloba aspectos de renda, escolaridade e saúde, a cair 11,8%, 8,8% e 7,7% em redação, matemática e linguagens (que inclui português, língua estrangeira e outras), respectivamente.

COMENTÁRIOS

- Para chegar a essa conclusão, os pesquisadores devem odiar a filosofia e sociologia. Mas talvez seja só interpretação do jornal, defendendo sua própria posição.

- Concordo com a matéria. Houve coincidências, e essas coincidências remetem a uma crise de aprendizado.

- Estou aguardando a publicação da pesquisa completa para avaliar a metodologia da pesquisa, para saber se faz sentido ou não.

Publicado em: *Folha de S.Paulo*, 16 abr. 2018.

Nunca é demais desconfiar de números. Mais importante que os percentuais é saber qual foi o método que os pesquisadores utilizaram para chegar às suas conclusões.

Isso porque nem sempre comparar estatísticas entre dois acontecimentos em determinado período de tempo é suficiente para concluir que existe uma relação de causalidade (dizer que um aconteceu por causa do outro).

Se esse tipo de relação fosse uma regra, seria correto afirmar, por exemplo, que, segundo pesquisas, quanto mais se consome queijo muçarela nos Estados Unidos, mais engenheiros civis concluem seu doutorado no país.

educação | enem

Pesquisador vê tropeços ao atribuir nota ruim em matemática à sociologia

Para economista, questões sociais nem sempre cabem em modelos estatísticos

24 abr. 2018 às 2h00

24 abr. 2018 — 2ª matéria

Avaliar os resultados de políticas públicas é fundamental, mas os pesquisadores que se dedicam a isso devem estar atentos a questões sociais complexas que podem não caber em modelos estatísticos.

Para o economista Ernesto Martins Faria, 30, que faz esse alerta, um estudo de pesquisadores do Ipea (Instituto de Pesquisa Econômica Aplicada), que avaliou o impacto da inclusão obrigatória de filosofia e sociologia em todos os anos do ensino médio, tropeçou em limites dessa natureza que afetam suas conclusões. [...]

O trabalho, cujos resultados foram noticiados pela Folha, analisou os resultados de formados antes e depois da mudança, no Enem (Exame Nacional do Ensino Médio) de 2009 e 2012.

Publicado em: *Folha de S.Paulo*, 24 abr. 2018.

*Será que o jornal **publicaria sobre o mesmo assunto** se a repercussão negativa não fosse tão grande?*

__Questionar informações__ é uma alternativa para encontrar a veracidade dos fatos?

*Noticiar apenas **parte da verdade** induz o leitor a falsas conclusões?*

17 abr. 2018 — Nota da SBS

17/4/2018
NOTA DA SBS SOBRE A PESQUISA DO IPEA

O Comitê de Ensino Médio da Sociedade Brasileira de Sociologia – SBS vem a público se manifestar divulgando uma nota, no *link* abaixo, sobre a notícia da pesquisa que relaciona a piora do desempenho de estudantes no Enem em matemática com a obrigatoriedade do ensino de sociologia e filosofia no Ensino Médio.

Nota SBS

Publicado em: *site* da Sociedade Brasileira de Sociologia (SBS), 17/4/2018.

Nota da SBS sobre a notícia

A *Folha de S.Paulo* veiculou uma notícia, dia 16 de abril de 2018, acerca de uma pesquisa a respeito do desempenho de estudantes em matemática no Exame Nacional do Ensino Médio-Enem, comparando períodos divididos segundo o critério de implantação da lei que obrigava o ensino de Filosofia e de Sociologia nas três séries/etapas do Ensino Médio (2008). [...]

O título da matéria já adianta uma possível correlação, mas de forma conclusiva, "Filosofia e sociologia obrigatórias derrubam notas em matemática". Uma correlação que poderia ser apresentada como hipótese a ser explorada, aprofundada em pesquisas qualitativas. As correlações a partir de dados de desempenho em larga escala servem muito mais para levantar problemas e hipóteses do que conclusões [...].

Comitê de Ensino Médio da Sociedade Brasileira de Sociologia (SBS) – 16 de abril de 2018

Fontes: VIGEN, Tyler. *Spurious correlations*. Disponível em: <http://tylervigen.com/spurious-correlations>. FRAGA, Érica. "Filosofia e sociologia obrigatórias derrubam notas em matemática". In: *Folha de S.Paulo*. 16 abr. 2018. Disponível em: <https://www1.folha.uol.com.br/educacao/2018/04/filosofia-e-sociologia-obrigatorias-derrubam-notas-em-matematica.shtml>. "Pesquisador vê tropeços ao atribuir nota ruim em matemática à sociologia". In: *Folha de S.Paulo*. 24 abr. 2018. Disponível em: <https://www1.folha.uol.com.br/educacao/2018/04/pesquisador-ve-tropecos-ao-atribuir-nota-ruim-em-matematica-a-sociologia.shtml>. Sociedade Brasileira de Sociologia (SBS). "Nota da SBS sobre a notícia da pesquisa que relaciona a piora do desempenho de estudantes no Enem em matemática com a obrigatoriedade do ensino de sociologia e filosofia no Ensino Médio". Disponível em: <http://www.sbsociologia.com.br/home/userfiles/Nota%20da%20SBS%20-%20IPEA(1).pdf>. Acessos em: jun. 2018.

Texto
Como reconhecer notícias falsas em quatro passos.

ESTUDO DA LÍNGUA: ANÁLISE E REFLEXÃO

COMO VOCÊ PODE ESTUDAR

1. **Estudo da língua** não é uma seção para decorar, mas para questionar e levantar problemas.
2. O trabalho com os conhecimentos linguísticos requer persistência. Leia e releia os textos e exemplos, discuta, converse.

ORAÇÕES SUBORDINADAS ADVERBIAIS

- Veja a contracapa do CD do grupo de *hip-hop* Ohuaz.

> WWW.OHUAZ.COM.BR – CONTATO@OHUAZ.COM.BR
>
> 1 - O RAP É TÃO GRANDE QUE QUALQUER PALCO FICA PEQUENO
>
> 2. ESTADO DE SÍTIO 3. NORMAS E APARTHEID 4. CINDERELA BANGUELA 5. INFLUÊNCIAS 6. PRA NINGUÉM NO MUNDO DE TODOS 7. IRONIA SONORA (SKIT) 8. SONS, VINHOS E RISOS 9. AMO VIDA 10. DIZERES 11. DANÇA DOS SONS 12. SKIT 13. OLHOS DE MARIETA 14. ZUMBIS LETRADOS 15. AOS QUINZE 16. VÍTIMAS EM FABRICAÇÃO 17. ESTRANGEIRO DE MIM

Reprodução proibida. Art.184 do Código Penal e Lei 9.610 de 19 de fevereiro de 1998.

a) Quais são as duas orações presentes na contracapa?

b) Uma das orações apresenta uma consequência em relação ao que é afirmado pela outra. Qual delas explicita essa consequência?

c) Explique o que as orações querem dizer.

ORAÇÕES SUBORDINADAS ADVERBIAIS

Na atividade anterior, você identificou algumas das diferentes relações de sentido estabelecidas entre as orações subordinadas adverbiais e sua respectiva oração principal. Agora, você vai conhecer a importância dessas orações em um texto e de que forma elas atuam na construção dos sentidos.

> As orações subordinadas que exercem, em relação à oração principal, função de adjunto adverbial são chamadas de **orações subordinadas adverbiais**.

As orações subordinadas adverbiais geralmente são introduzidas por uma conjunção ou locução conjuntiva:

Não conseguiu dormir **porque** ficou pensando na resposta a noite toda.
Se quiser pensar hoje a respeito, eu espero uma resposta para amanhã.
Vou responder hoje por e-mail, **conforme** prometi a você.

É importante prestarmos atenção nessa conjunção ou locução conjuntiva, porque ela nos indica o tipo de circunstância que a subordinada adverbial expressa em relação à principal. Ela também nos ajuda a classificar a oração adverbial em uma das categorias possíveis: temporal; comparativa; conformativa; proporcional; causal; consecutiva; final; condicional; concessiva.

Lembre-se

Adjunto adverbial é o termo da oração que indica as circunstâncias (de lugar, tempo, causa, modo etc.) em que se dá o processo verbal. Pode ser representado por um advérbio ou uma locução adverbial ou, dentro de um período composto, por uma oração subordinada adverbial.

CLASSIFICAÇÃO DAS ORAÇÕES SUBORDINADAS ADVERBIAIS

ORAÇÃO SUBORDINADA ADVERBIAL TEMPORAL

Indica a circunstância temporal em que ocorre o fato expresso na oração principal. Ela é introduzida pelas conjunções e locuções conjuntivas *quando, assim que, logo que, desde que, enquanto* etc. Veja este exemplo extraído do editorial que você analisou no início da unidade:

> "Uma mentira só se transforma em notícia **quando** é desmascarada."

ORAÇÃO SUBORDINADA ADVERBIAL COMPARATIVA

Introduz uma comparação em relação ao fato expresso na oração principal. Ela pode ser introduzida pelas conjunções e locuções conjuntivas *do jeito que, que nem, como, assim como, que, do qual, tal qual* etc. Observe.

> O estudante observava a projeção no observatório **como** uma criança vendo o céu repleto de estrelas.

Esse tipo de oração também pode ser introduzido pelas conjunções *que, do que* ou pelo advérbio *quanto*. Nesse caso, é estabelecida uma correlação com *tão, tanto, mais, menos, pior, melhor, maior, menor* etc., da ação principal. Veja um exemplo.

> Foi <u>mais</u> fácil chegar ao local a pé **do que** <u>de carro</u>.

ORAÇÃO SUBORDINADA ADVERBIAL CONFORMATIVA

Apresenta ideia de conformidade com o fato expresso na oração principal. Em geral, esse tipo de oração é introduzido pelas conjunções *conforme*, *como*, *segundo* ou *consoante* (todas com o mesmo valor de *conforme*). Veja um exemplo:

Conforme foi previsto pelos meteorologistas, choveu muito em grande parte do país.

ORAÇÃO SUBORDINADA ADVERBIAL PROPORCIONAL

Indica uma relação de proporcionalidade com a oração principal. As orações adverbiais proporcionais também podem ser introduzidas pelas locuções conjuntivas *conforme*, *à medida que*, *à proporção que*, *ao passo que*. Observe.

Conforme *a população cresce*, a cidade precisa expandir a rede de água e esgoto.

Minha esperança aumentava **à proporção que** *eu via a chuva cair na plantação*.

A temperatura caía **ao passo que** *nos aproximávamos do pico da montanha*.

Outra maneira de introduzir a oração subordinada adverbial é usando as locuções conjuntivas *quanto mais...*, *quanto menos...* (ou *tanto mais*, *tanto menos*). Nesse caso, elas manterão *correlação* com os advérbios *mais* ou *menos*, colocados na oração principal. Veja exemplos na tira a seguir.

NÍQUEL NÁUSEA   Fernando Gonsales

As locuções conjuntivas *quanto menos* e *quanto mais*, presentes nas orações subordinadas proporcionais "Quanto menos banho eu tomo" e "Quanto mais ensebado [eu fico]", correlacionam-se com o advérbio *menos*, colocado nas orações principais ("menos banho eu tomo", "menos a água penetra").

ORAÇÃO SUBORDINADA ADVERBIAL CAUSAL

Apresenta a causa para o fato expresso na principal. As conjunções e locuções conjuntivas que podem indicar relação de causa são *uma vez que*, *porque*, *visto que*, *como*, *já que* etc. Veja os exemplos:

Nós conversamos sobre vários assuntos, **porque** *é interessante trocar ideias*.

Como *o viajante parecia perdido*, os moradores lhe ofereceram ajuda.

Entre as conjunções ou locuções conjuntivas que introduzem orações causais, a conjunção *como* é a única que só pode ser usada quando a oração subordinada vem antes da principal. As outras conjunções podem, em geral, ser colocadas antes ou depois da principal. Veja os exemplos:

Já que posso escolher, vou querer o sorvete de creme.

Vou querer o sorvete de creme, *já que* posso escolher.

ORAÇÃO SUBORDINADA ADVERBIAL CONSECUTIVA

Indica uma consequência resultante de um fato expresso na oração principal. Veja o exemplo destacado na tira a seguir.

HAGAR — Dik Browne

DR. ZOOK, ESTOU TÃO FORA DE FORMA QUE NÃO CONSIGO NEM SUBIR UM LANCE DE ESCADAS!

AH-HÁ! O QUE ISSO QUER LHE DIZER?

QUE DEVO VENDER MEU CASTELO?

A oração subordinada "**que** não consigo nem subir um lance de escadas" apresenta a consequência do fato de Hagar estar fora de forma. Essa oração mantém correlação com o advérbio de intensidade colocado na oração principal (*tão*). Veja outros exemplos de orações subordinadas construídas desse modo:

A fome era tão grande **que** não esperou a chegada do garçom.

Os meninos aprontaram tamanha confusão **que** acabaram levando uma bronca da mãe.

Também é possível expressar a consequência de um fato por meio das locuções conjuntivas *de forma que, de modo que, de sorte que* etc. Observe.

Cheguei ao ponto atrasado, **de modo que** perdi o ônibus.

ORAÇÃO SUBORDINADA ADVERBIAL FINAL

Indica a finalidade ou o propósito do que se declara na oração principal. Veja um exemplo na manchete a seguir.

Deputados lançam frente parlamentar *para discutir políticas sobre a água*

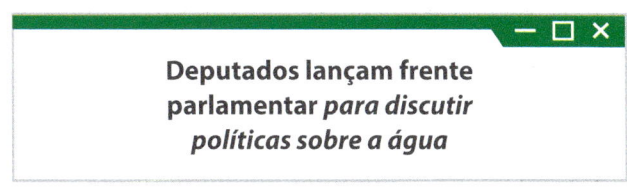

O Nordeste. Disponível em: <http://mod.lk/wlkc0>. Acesso em: 11 jun. 2018.

A discussão de políticas sobre a água é o propósito dos deputados ao lançarem a frente parlamentar. Logo, a oração subordinada destacada exprime o propósito, a finalidade do fato expresso na oração principal antecedente.

ORAÇÃO SUBORDINADA ADVERBIAL CONDICIONAL

Exprime uma condição ou exigência para a realização do fato da oração principal. Além da conjunção *se*, para introduzir orações com esse sentido, podemos usar *caso*, *salvo se*, *desde que*, *exceto se*, *contanto que*, *a menos que*, *a não ser que*, *uma vez que*. Veja estes exemplos.

> ***Caso** seja chamado*, você deve comparecer à secretaria.
> ***A não ser que** me ajudem*, não conseguirei terminar essa tarefa.
> Seu cão é bem-vindo, ***desde que** fique na coleira*.
> ***Uma vez que** tenha feito o exame médico*, o visitante poderá utilizar livremente a piscina do clube.

Mais do que as outras conjunções condicionais, a locução conjuntiva *uma vez que* indica uma sequência cronológica entre o fato da subordinada e o fato da principal: no último exemplo, primeiro faz-se o exame médico, depois pode-se frequentar a piscina.

ORAÇÃO SUBORDINADA ADVERBIAL CONCESSIVA

Expressa um fato que contraria o da oração principal, mas não chega a impedi-lo, representando uma ressalva, uma concessão àquele fato. Veja um exemplo no período a seguir.

> Subi a escadaria até o final, ***embora tivesse mais de trezentos degraus.***

Observe que na oração principal afirma-se que o sujeito (*eu*) subiu a escadaria até o final, mesmo com a oração subordinada apresentando a ressalva de que a escadaria tinha mais de trezentos degraus.

A oração subordinada que exprime esse tipo de relação de sentido pode ser introduzida pela locução conjuntiva *embora*, como ocorre no exemplo, ou por *apesar de*, *ainda que*, *posto que*, *se bem que*, *mesmo que*, *por mais que*, *conquanto* etc. Veja mais exemplos.

> ***Apesar de** tudo o que passou naquele lugar*, não quis se mudar.
> ***Por mais que** tivesse sono*, não conseguia dormir de jeito nenhum.
> ***Mesmo que** estivesse com muito medo*, fez a viagem de avião.

ORAÇÕES SUBORDINADAS ADVERBIAIS DESENVOLVIDAS E REDUZIDAS

Assim como as orações subordinadas substantivas, as orações subordinadas adverbiais também podem se apresentar na forma reduzida, porém são expressas nas três formas nominais (infinitivo, gerúndio ou particípio). Elas são classificadas do mesmo modo que as desenvolvidas e muitas vezes são formadas sem conjunção nem locução conjuntiva. Veja exemplos no quadro.

Tipos de oração adverbial	Reduzidas de infinitivo	Reduzidas de gerúndio	Reduzidas de particípio
Temporais	*Ao entrar na cozinha*, deu de cara com a barata.	*Saindo de casa*, percebi que chovia.	*Terminada a aula*, os alunos saíram em alvoroço.
Causais	*Por temer a reação da mãe*, o menino não lhe contou a verdade.	*Temendo a reação da mãe*, o menino não lhe contou a verdade.	*Irritado com o irmão*, Paulo preferiu ir ao cinema sozinho.
Consecutivas	Estava tão feliz *a ponto de dar piruetas pela rua*.	–	–
Finais	Fizeram um ultrassom *para descobrir o sexo do bebê*.	–	–
Condicionais	Nenhum aluno poderá deixar a sala *sem assinar a lista de presença*.	*Precisando de alguma coisa*, basta me telefonar.	*Confirmada a hipótese de haver água*, os cientistas começarão a explorar o planeta.
Concessivas	*Apesar de ter nascido na África*, Chimamanda escrevia sobre neve e maçãs.	*Mesmo não sendo amigo íntimo de José*, gostaria de convidá-lo para minha formatura.	*Mesmo lavada várias vezes*, a roupa continuava malcheirosa.

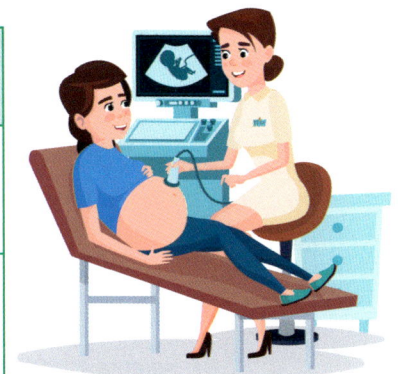

As orações adverbiais podem se apresentar com o verbo flexionado no infinitivo ou no subjuntivo e, nesse caso, serão consideradas **orações subordinadas adverbiais desenvolvidas**. Elas também podem se apresentar com o verbo em uma das formas nominais e, então, serão classificadas como **orações subordinadas adverbiais reduzidas**.

Lembre-se

As orações subordinadas substantivas, quando reduzidas, sempre apresentam o verbo no infinitivo.

ACONTECE NA LÍNGUA

EMPREGO DAS ADVERBIAIS REDUZIDAS

Certas construções com adverbiais reduzidas são frequentes, sendo mais comuns do que as desenvolvidas na linguagem cotidiana. São exemplos disso a final reduzida de infinitivo e a concessiva reduzida de gerúndio.

Nesses casos, as construções desenvolvidas correspondentes conferem um tom mais formal ao texto. Exemplos: "a fim de que descubra" e "mesmo que seja" são mais formais do que "para descobrir" e "mesmo sendo".

Orações subordinadas adverbiais II

Este audiovisual retoma com exemplos as orações subordinadas adverbiais consecutivas, concessivas, finais e reduzidas.

ORGANIZAR O CONHECIMENTO

O QUE VOCÊ JÁ SABE?

Agora, você já é capaz de...	Sim	Não	Mais ou menos
... reconhecer que as orações subordinadas adverbiais exercem a função de adjunto adverbial da oração principal?	☐	☐	☐
... perceber que as orações adverbiais são sempre introduzidas por conjunções ou locuções conjuntivas?	☐	☐	☐
... caracterizar os diferentes tipos de oração subordinada adverbial e identificar suas conjunções ou locuções conjuntivas?	☐	☐	☐
... diferenciar as orações subordinadas adverbiais reduzidas de acordo com sua forma nominal (infinitivo, gerúndio ou particípio)?	☐	☐	☐

Se você marcou não ou mais ou menos, retome a leitura de Orações subordinadas adverbiais.

● Junte-se a um colega, copiem o esquema no caderno e completem com orações que exemplifiquem os conceitos indicados.

Orações subordinadas adverbiais
(mesma função de um adjunto adverbial)

- **Consecutiva** — Expressa consequência.
- **Concessiva** — Expressa uma concessão.
- **Final** — Indica uma finalidade.
- **Causal** — Expressa circunstância.
- **Condicional** — Expressa condição ou exigência.
- **Temporal** — Expressa circunstância de tempo.
- **Proporcional** — Expressa proporção.
- **Comparativa** — Expressa comparação com um dos termos da oração.
- **Conformativa** — Expressa conformidade com o pensamento da oração principal.

ATIVIDADES

ATITUDES PARA A VIDA

Ao responder às questões, busque exatidão e precisão para garantir que você entendeu o que estudou.

1. Transforme os trechos destacados, que contêm adjuntos adverbiais, em orações subordinadas adverbiais. Depois, classifique as orações.
   a) **Por causa da queda do sinal**, não conseguiu enviar nenhuma mensagem.
   b) **De acordo com o pensamento daquele filósofo**, a vida seria uma ilusão.
   c) Gritou **loucamente** quando a banda entrou no palco.
   d) Logo após a **entrada da banda no palco**, gritou loucamente.
   e) **Com tanta gentileza das pessoas ao redor**, ele foi ficando cada vez mais gentil.

2. Em quais das manchetes a seguir a conjunção *conforme* tem sentido de proporcionalidade (poderia ser trocada por *à proporção que*)? E em quais manchetes essa mesma conjunção tem sentido de conformidade (poderia ser trocada por *segundo* ou *de acordo com*)?

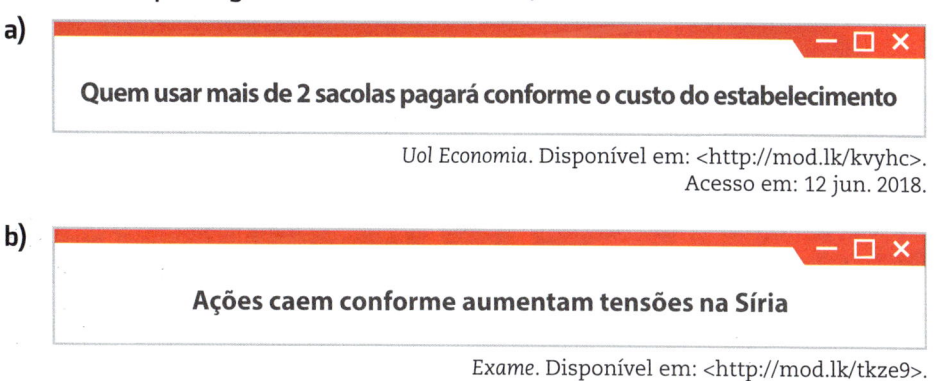

   a) **Quem usar mais de 2 sacolas pagará conforme o custo do estabelecimento**

   Uol Economia. Disponível em: <http://mod.lk/kvyhc>. Acesso em: 12 jun. 2018.

   b) **Ações caem conforme aumentam tensões na Síria**

   Exame. Disponível em: <http://mod.lk/tkze9>. Acesso em: 12 jun. 2018.

   c) **EUA recuperam empregos perdidos na recessão conforme economia avança**

   Estadão. Disponível em: <http://mod.lk/gdlux>. Acesso em: 12 jun. 2018.

3. Leia a tira e responda às perguntas a seguir.

   NÍQUEL NÁUSEA — FERNANDO GONSALES

   ENQUANTO PRÁTICO FAZ SUA CASA DE TIJOLOS...
   ...SEUS IRMÃOS CHAFURDAM ALEGREMENTE!
   MEU CIMENTO, IDIOTAS!

   263

ATIVIDADES

a) Se *chafurda* quer dizer "chiqueiro" ou "lamaçal", o que significa o verbo *chafurdar*? Use o dicionário se for preciso.

b) Uma das orações da tira indica o momento em que os irmãos chafurdavam. Copie-a no caderno e classifique-a.

c) Essa oração indica uma circunstância temporal e ajuda a caracterizar a personagem. Explique por quê.

d) Na tira, o verbo *chafurdar* não foi empregado exatamente com o mesmo sentido que você identificou no item **a**. Explique por que e indique como isso contribui para a construção do humor da tira.

4. Leia este anúncio produzido, em 2011, em comemoração ao Ano Mundial de Proteção às Florestas.

Quanto mais o homem evolui, mais próximo fica da sua extinção.

a) As ilustrações no plano horizontal formam uma sequência. O que essa sequência representa? Justifique.

b) Como o plano horizontal e o vertical foram integrados na imagem? E qual é a relação dessa montagem com a oração proporcional no texto verbal?

c) Qual é o objetivo desse anúncio?

d) Em sua opinião, esse objetivo foi cumprido? Justifique.

5. Retiramos conjunções e advérbios do texto. Leia o conto e depois responda às questões.

> Passeavam por um bambuzal um mestre zen e seu discípulo quando, não mais que de repente, um urso irrompe pelo mato e começa a perseguir os dois.
>
> "Mestre, mestre!", grita o discípulo, "e agora, o que faremos? Nunca vamos conseguir correr ✦ rápido ✦ esse urso!"
>
> "Como assim 'vamos conseguir', pequeno gafanhoto?", replica o mestre zen. "Esqueça esse negócio de 'nós'. Eu só preciso correr ✦ rápido ✦ você."
>
> [...]

REINALDO JOSÉ LOPES. Disponível em: <http://mod.lk/acv9h>. Acesso em: 12 jun. 2018.

a) Copie no caderno as frases com lacunas e complete-as, formando construções com orações comparativas que sejam coerentes com o sentido do conto.

b) Comparando essas orações do item **a**, conseguimos entender a "filosofia" do mestre zen. Indique duas das frases a seguir que poderiam ser a "moral" dessa história, sob o ponto de vista do mestre.

　I. Em vez de dar o peixe, dê uma vara e ensine a pescar.

　II. Não é preciso ser o melhor de todos; basta ser melhor que a concorrência.

　III. A verdadeira bondade está em ser bom para si mesmo.

c) Esse texto pode ser considerado um conto oriental tradicional ou uma paródia desse tipo de conto? Justifique sua resposta.

Lembre-se

Paródia é a imitação de uma produção cultural qualquer (um conto, um poema, uma música, um filme, um quadro) com intenção de produzir humor.

6. No caderno, construa períodos compostos por subordinação, relacionando as orações a seguir entre si. Fique atento às circunstâncias solicitadas e faça as adaptações necessárias.

a) Ele lavou a louça. A louça ia sendo colocada na pia. (conformidade)

b) Ela gosta de escrever cartas. Há muitos anos, a avó dela gostava de escrever cartas. (comparação)

c) Patrícia e Adriana não eram amigas. Elas iam viajar juntas. (concessão)

d) Rodrigo estava estudando muito. Ele queria passar num concurso. (finalidade)

e) Os dois estavam exaustos. Eles não conseguiram subir a enorme escadaria. (consequência)

7. Escreva no caderno a circunstância indicada pela conjunção *como* nas frases a seguir.

a) Macabéa parecia brilhar como uma estrela.

b) Como esqueceu o celular, conversou alegremente com todos os presentes.

c) Guardou o segredo do amigo como disse que faria.

8. Leia o início de uma resenha crítica sobre o livro *O dia em que o* rock *morreu*.

> O papo de que o *rock* morreu é mais velho que andar pra frente, e vira e mexe volta à baila, rendendo muitas discussões. Mas se é fato que bandas e artistas novos do estilo surgem todos os dias, sua importância cultural há tempos foi para a terra dos pés-juntos.
>
> É disso que trata o primeiro livro do jornalista André Forastieri, *O dia em que o* rock *morreu*, não de sua morte literal, e sim do fim de sua relevância sociocultural. Ele não é mais um estilo de massas, aglutinador. Não é mais rebelde, não faz mais nenhum adolescente querer empunhar uma guitarra e mudar o mundo. [...]

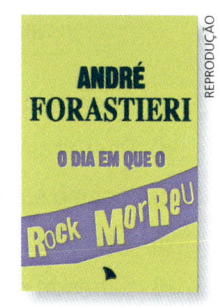

CARLOS CYRINO. *Delfos*. Disponível em: <http://mod.lk/tbdpr>. Acesso em: 12 jun. 2018.

ATIVIDADES

a) Qual seria o público do *site* Delfos, no qual foi publicada essa resenha? Justifique com elementos do próprio texto.

b) No caderno, transcreva do primeiro parágrafo um trecho que poderia ser usado como argumento por quem acha que o *rock* não morreu.

c) Transcreva, ainda do primeiro parágrafo, um trecho que poderia ser usado como argumento por quem acha que o *rock* morreu, sim.

d) Qual conjunção foi usada para articular os dois trechos que você copiou?

e) Normalmente, que tipo de relação de sentido essa conjunção expressa? Isso se verifica também nesse caso? Explique sua resposta.

f) Agora, com base no texto, construa um período em que a conjunção *se* expresse uma condição.

9. Leia a tira.

CALVIN **BILL WATTERSON**

[Tira em quadrinhos do Calvin:
Q1: ME DEIXARAM SEM TV POR UMA SEMANA! QUE INJUSTIÇA!
Q2: ELES ACHAM QUE VENCERAM, MAS NÃO VENCERAM!
Q3: EU VOU MOSTRAR PRA ELES! EU NÃO APRENDI A LIÇÃO!
Q4: EU SOU INDOMÁVEL! ELES NÃO CONSEGUEM ME DOBRAR!
Q5: VOU SENTAR EM FRENTE À TV A SEMANA INTEIRA, MESMO QUE NÃO POSSA LIGÁ-LA!]

a) Por que Calvin está tão chateado?

b) Releia sua última fala. Nela, qual oração indica a proibição dos pais e qual indica a solução encontrada pelo menino?

c) Reescreva a última fala de Calvin no caderno, substituindo a locução conjuntiva *mesmo que* por outra de sentido equivalente.

d) O que essa fala de Calvin nos permite inferir sobre sua personalidade? Como isso se relaciona ao humor da tira?

10. Nas frases a seguir, identifique a circunstância que a oração adverbial reduzida expressa em relação ao fato da principal. Utilize as opções do quadro.

> causa   concessão ou ressalva   tempo   condição

a) Querendo conversar, me telefone a hora que quiser.

b) Desfeitas as malas, os recém-chegados puderam finalmente descansar.

c) Mesmo sabendo dos riscos, o soldado aceitou a missão.

d) Sabendo dos riscos, o soldado preferiu recusar a missão.

e) Sabendo dos riscos, eu teria recusado aquela missão.

TESTE SEUS CONHECIMENTOS

> A questão a seguir trata da classificação das orações subordinadas adverbiais com base no sentido atribuído a elas pelas conjunções que as introduzem.
>
> Sendo assim, leia com atenção o texto apresentado na questão a seguir, o que é solicitado e cada uma das alternativas, observando as substituições propostas. Em seguida, responda às perguntas que as acompanham e, ao final, assinale a alternativa cuja resposta seja **SIM**.

(Unifesp)

Quando o falante de uma língua depara um conjunto de duas palavras, intuitivamente é levado a sentir entre elas uma relação sintática, mesmo que estejam fora de um contexto mais esclarecedor.

Assim, além de captar o sentido básico das duas palavras, o receptor atribui-lhes uma gramática – formas e conexões. Isso acontece porque ele traz registrada em sua mente toda a sintaxe, todos os padrões conexionais possíveis em sua língua, o que o torna capaz de reconhecê-los e identificá-los. As duas palavras não estão, para ele, apenas dispostas em ordem linear: estão organizadas em uma ordem estrutural.

A diferença entre ordem estrutural e ordem linear torna-se clara se elas não coincidem, como nesta frase que um aluno criou em aula de redação, quando todos deviam compor um texto para *outdoor*, sobre uma fotografia da célebre cabra de Picasso: "Beba leite de cabra em pó!". Como todos rissem, o autor da frase emendou: "Beba leite em pó de cabra!".

Pior a emenda do que o soneto.

FLÁVIA DE BARROS CARONE. *Morfossintaxe*. São Paulo: Ática, 1998. (Adaptado).

Considere as seguintes passagens do texto:

> [...] é levado a sentir entre elas uma relação sintática, **mesmo que** estejam fora de um contexto mais esclarecedor.
>
> **Como** todos rissem, o autor da frase emendou [...].

As conjunções destacadas expressam, respectivamente, relação de:

a) alternância e conformidade.

> Na primeira ocorrência, a expressão *mesmo que* poderia ser substituída por *ou* e, na segunda, a palavra *como* por *de acordo com* sem que houvesse alteração de sentido das orações originais?

b) conclusão e proporção.

> Na ordem em que foram empregados, os termos *mesmo que* e *como* poderiam ser substituídos, respectivamente, por *portanto* e *à medida que* sem que isso alterasse o sentido original das orações?

c) concessão e causa.

> É possível substituir a expressão *mesmo que* por *ainda que* e a palavra *como* por *porque* nas orações em que foram utilizadas e manter o sentido original das orações?

d) explicação e comparação.

> Na primeira oração, pode-se substituir *mesmo que* por *pois* e, na segunda, a palavra *como* pela expressão *tal como* sem que isso altere o sentido das orações?

e) adição e consequência.

> Na primeira ocorrência, a expressão *mesmo que* poderia ser substituída por *e*, e, na segunda, a palavra *como* por *tanto que* sem que houvesse alteração de sentido das orações originais?

LEITURA E PRODUÇÃO DE TEXTO

A PRODUÇÃO EM FOCO

- No final da unidade, você vai escrever um artigo de opinião. Durante a leitura do texto a seguir, fique atento:
  a) aos argumentos utilizados pela autora do artigo;
  b) à forma como ela os organiza no texto.

CONTEXTO

Assim como o editorial, o artigo de opinião também é um gênero argumentativo, mas com uma importante diferença: é um texto assinado, deixando clara a sua autoria. É possível um único veículo de imprensa apresentar editorial e artigo de opinião sobre o mesmo assunto, mas com posicionamentos diferentes. Leia, a seguir, um **artigo de opinião** sobre o tema dessa unidade: as *fake news*.

Preparar as crianças contra as "fake news"

Se perdermos a nova geração para as "fake news", que líderes formaremos e o que eles farão pelo país?

1 A propagação de notícias falsas já mostrou seu poder de influenciar eleições e dividir sociedades, potencializando preconceitos e ódios. Que efeito terá em crianças e jovens que não receberam uma formação para a leitura de notícias?

2 Sem entender o que se passa ao redor, as crianças não se sentem parte da sociedade. Elas ouvem, principalmente pela televisão, e leem na internet o que está circulando no momento. Percebem quando algo de grave ocorre, até porque podem viver em casa o problema estampado nas manchetes dos jornais, como o desemprego dos pais.

3 Já ouviram falar de "fake news", mas não sabem em quem confiar nem como identificar a credibilidade de uma informação.

4 As marcas de grandes veículos de comunicação não significam muito quando as crianças são questionadas a distinguir notícias falsas das reais. Os fatos que parecem absurdos, principalmente os vindos do universo da política, não as chocam. Diferenciar informação de opinião é difícil para elas.

5 Como muitos adultos também se mostram incapazes de detectar uma notícia falsa, as crianças acabam muitas vezes sem orientação. Ficam à margem do debate.

6 Encontra-se aí um grave problema: se elas não tiverem formação para ler notícias e não exercitarem o senso crítico para se protegerem de informações mentirosas, iremos perder uma geração inteira que poderia (e deveria) promover as mudanças que tanto queremos.

7 As crianças são curiosas por natureza e querem se informar. Além disso, têm o direito de acesso às mídias e de participação no debate público assegurado pela Convenção Internacional sobre os Direitos da Criança, aprovada pela Assembleia-Geral da ONU em 1989 e assinada pelo Brasil em 1990.

8 Há mais de uma década edito periódicos destinados ao público infantojuvenil. Um deles é o jornal "Joca", que trata, quinzenalmente, dos principais assuntos da mídia em uma linguagem adequada aos jovens e às crianças.

9 A experiência mostra que, tendo acesso a notícias adequadas aos seus repertórios e contextualizadas, sentem-se parte da sociedade e tornam-se mais autônomas.

10 Em várias ocasiões, impressionei-me com o protagonismo dos leitores mirins. Crianças de uma região carente do interior de São Paulo, que leram os textos sobre a crise dos refugiados sírios no "Joca", organizaram um brechó com suas próprias roupas e entregaram o dinheiro a algumas famílias de refugiados que estão no Brasil.

11 [...]

12 O problema das "fake news" é mais grave do que se imagina. Caso não seja combatido desde a base, teremos crianças e jovens deixando de ler ou descrentes até de veículos com credibilidade.

13 Isso os deixará paralisados, sem saber como agir e vulneráveis a toda espécie de manipulação.

14 Jovens e crianças bem informados entendem o que se passa ao redor, formam as próprias opiniões e se tornam cidadãos críticos e ativos. Lutam por seus direitos, cumprem seus deveres e têm as ferramentas necessárias para construir um futuro melhor para o nosso país.

15 Não há maneira de controlar o que nossos filhos leem ou veem o tempo todo, mas podemos incluí-los no debate, compartilhar e discutir notícias com eles, ensinando-os a buscar fontes confiáveis e a exercitarem o senso crítico. [...]

16 Se perdermos essa geração para as "fake news", que líderes teremos e o que eles farão pelo Brasil daqui a 20 anos?

Stéphanie Habrich é fundadora e sócia-diretora da Magia de Ler, organização que produz o jornal *Joca*, voltado para jovens e crianças.

STÉPHANIE HABRICH. Disponível em: <http://mod.lk/3qdsa>. Acesso em: 25 jun. 2018.

ANTES DO ESTUDO DO TEXTO

1. Se não tem certeza de ter compreendido bem o texto, leia-o novamente.
2. Procure identificar as ideias apresentadas no texto e reflita: você concorda com elas? Por quê?
3. Ao responder às questões a seguir, procure empregar o que já aprendeu ao ler outros textos e seja preciso em suas respostas.

ESTUDO DO TEXTO

DE OLHO NAS CARACTERÍSTICAS DO GÊNERO

1. Dentro do tema das *fake news*, qual aspecto é focalizado no artigo?

2. Stéphanie Habrich não trabalha no jornal *Folha de S.Paulo*. Por que ela teria sido convidada para escrever um artigo sobre esse tema?

3. Qual é a faixa etária do público ao qual o artigo se dirige: crianças, adolescentes ou adultos? Justifique sua resposta com um trecho do texto.

4. Resuma em uma ou duas frases o **ponto de vista (tese)** defendido nesse artigo.

5. Copie o quadro a seguir no caderno e complete-o com trechos do artigo que apresentam justificativas para cada afirmação.

a) O público infantil é mais vulnerável às *fake news*	b) É possível transformar as crianças em leitoras críticas de conteúdo jornalístico

6. O editorial que você leu no início deste capítulo argumenta que "os veículos tradicionais estão mais sujeitos à cobrança dos consumidores de informação". De acordo com Stéphanie Habrich, esse argumento faz sentido quando o público leitor são crianças? Justifique sua resposta com uma passagem do artigo.

7. Releia: "O problema das 'fake news' é mais grave do que se imagina. Caso não seja combatido desde a base, teremos crianças e jovens deixando de ler ou descrentes até de veículos com credibilidade".

   a) Por que as crianças e os jovens nascidos em época de *fake news* podem tornar-se descrentes até de veículos sérios?

   b) Pense na seguinte situação: um jornal respeitável noticiou um estudo científico segundo o qual determinado projeto de infraestrutura (uma usina ou um oleoduto, por exemplo) será prejudicial ao meio ambiente. Como os grupos interessados nesse projeto poderiam se aproveitar do fenômeno das *fake news* para defendê-lo?

   c) Com base em sua resposta anterior, explique por que "o problema das 'fake news' é mais grave do que se imagina".

8. No sétimo e no décimo parágrafos do texto, Habrich usa respectivamente um argumento de autoridade e um argumento por exemplificação. Explique como ela faz isso e que ideias pretende sustentar com tais argumentos.

9. Nesse artigo, a experiência da autora à frente do jornal *Joca* contribui para a argumentação? Explique.

O ARTIGO DE OPINIÃO

1. Artigos de opinião são sempre assinados e, em geral, apresenta-se no final um pequeno currículo do autor, como ocorre no texto lido. Por que essas informações são importantes nesse gênero textual?

2. Vamos analisar agora como Habrich construiu seu texto. Reveja o primeiro parágrafo:

   > "A propagação de notícias falsas já mostrou seu poder de influenciar eleições e dividir sociedades, potencializando preconceitos e ódios. Que efeito terá em crianças e jovens que não receberam uma formação para a leitura de notícias?"

   - A primeira frase introduz o tema geral do artigo (as notícias falsas). Explique o papel da segunda frase, que consiste em uma pergunta retórica.

3. O texto também se encerra com uma pergunta retórica. Nesse caso, que papel ela cumpre na organização geral do artigo?

4. No artigo de opinião, as ideias precisam ser organizadas em uma sequência lógica. Reconstrua a linha de raciocínio do texto lido, indicando os números dos parágrafos que preenchem corretamente o quadro a seguir.

a)		Problema das *fake news* / foco do artigo: crianças e jovens.	Introdução
b)		Como as crianças se sentem diante das notícias em geral.	Desenvolvimento
c)		Como lidam com *fake news*.	
d)	4 e 5	Dificuldades das crianças para detectar notícias falsas.	
e)	6	Consequências de as crianças não aprenderem a detectar *fake news*.	
f)		Por que devemos/podemos ajudá-las a tornarem-se leitores críticos.	
g)		Relato sobre a experiência pessoal da autora.	
h)		Reafirmação do ponto de vista.	Conclusão
i)		Sugestões para os pais.	
j)		Pergunta retórica para persuadir o leitor.	

> **Lembre-se**
>
> **Perguntas retóricas** são perguntas feitas sem a intenção de obter uma resposta do interlocutor.

O GÊNERO EM FOCO: ARTIGO DE OPINIÃO

Nesta seção, vamos retomar e aprofundar o que você já sabe sobre o gênero textual *artigo de opinião*.

> O **artigo de opinião** é um gênero argumentativo do campo jornalístico. Ele pode ser produzido por um profissional que escreve regularmente para o jornal ou revista (às vezes chamado de *colunista*) ou por alguém convidado para escrever sobre um tema que domina. Seja como for, o autor é sempre identificado e, muitas vezes, apresenta-se um pequeno currículo ao lado ou abaixo do nome dele, para que os leitores avaliem se se trata realmente de alguém que tenha domínio sobre o assunto, de alguém que representa os interesses de determinado grupo etc.

A estrutura dos artigos de opinião pode variar bastante, mas em geral há um ou mais **parágrafos introdutórios**, que apresentam o tema e o recorte que lhe será dado. Nesses primeiros parágrafos, o autor também pode indicar o ponto de vista ou a tese que vai defender, ou, então, pode deixar para fazer isso ao longo do artigo.

Após a introdução há os **parágrafos de desenvolvimento**, nos quais o autor apresenta seus argumentos. Por fim, há um ou mais **parágrafos de conclusão**, em que geralmente se retomam as ideias principais e/ou se faz uma proposta de solução para a problemática descrita.

Assim como ocorre no editorial (gênero que estudamos na primeira parte desta unidade) e em outros gêneros argumentativos, o autor do artigo pode utilizar-se de **argumentos** de diferentes tipos e de variadas **estratégias** para convencer o leitor de seu ponto de vista. No texto lido, por exemplo, você observou que Habrich emprega **perguntas retóricas** para enfatizar ao interlocutor a importância de ajudarmos as novas gerações a se tornarem leitores críticos.

O artigo de opinião pode ser inteiramente escrito na terceira pessoa, quando se busca um tom impessoal. Mas o autor também pode usar a primeira pessoa do plural, caso queira se inserir na argumentação: "Não há maneira de controlar o que **nossos** filhos leem ou veem [...]. Se **perdermos** essa geração [...]". Em alguns casos, o texto pode ser escrito sob um ponto de vista mais pessoal ainda, empregando-se a primeira pessoa do singular, como faz Habrich ao falar de sua experiência como editora: "Há mais de uma década **edito** periódicos destinados ao público infantojuvenil".

A linguagem varia conforme o público-alvo, mas geralmente é formal e objetiva, adequada à discussão de temas de interesse coletivo.

A argumentação em comentários

Evidentemente, apenas um pequeno número de pessoas tem a oportunidade de publicar artigos nos veículos de imprensa. No entanto, todos podemos nos posicionar diante de temas da atualidade no **espaço para comentários** que a grande maioria dos *sites* jornalísticos disponibiliza.

O **comentário** é um texto argumentativo curto em que se apresenta, de modo sintético, um ponto de vista a respeito de outro texto, ou então a respeito do tema abordado. Para que o comentário de fato se preste ao debate de ideias, deve ser respeitoso e construtivo. Veja um exemplo.

"Eu, como mãe de dois filhos pequenos, sinto grande dificuldade na orientação sobre quais notícias eles podem acessar ou não, pois eu mesma me perco com a inundação de notícias diárias e sobre a veracidade delas."

Em poucas linhas, ficou expresso o ponto de vista de quem o escreveu: na opinião da pessoa, é de fato um grande desafio identificar notícias falsas.

Sempre que possível, você pode praticar a habilidade de argumentar sobre temas da atualidade escrevendo comentários na internet. Procure ser sucinto e objetivo, bem como evitar ofensas ou preconceitos.

Editorial e artigo de opinião

Semelhanças: o editorial e o artigo de opinião fazem parte do campo jornalístico, são textos argumentativos, tratam de temas polêmicos da atualidade, apresentam uma estrutura básica similar e objetivam convencer o leitor sobre certo ponto de vista.

Diferenças: o editorial não é assinado, pois não representa a opinião do autor, e sim a do veículo de imprensa. Já o artigo de opinião é assinado e expressa a opinião pessoal do autor — que, aliás, pode divergir da defendida pelo jornal ou revista que publica seu texto. Outra diferença é que artigos de opinião podem ser escritos na primeira pessoa do singular, característica que nunca se observa em editoriais. Por fim, os artigos têm extensão variada, sendo muitas vezes mais longos que um editorial.

Trilha de estudo

Vai estudar? Stryx pode ajudar!
<http://mod.lk/trilhas>

ORGANIZAR O CONHECIMENTO

O QUE VOCÊ JÁ SABE?

Agora, você já é capaz de...	Sim	Não	Mais ou menos
... perceber que o nome do autor é sempre identificado em um artigo de opinião?	☐	☐	☐
... identificar que, no artigo de opinião, o autor pode utilizar vários argumentos e estratégias de argumentação?	☐	☐	☐
... diferenciar editoriais de artigos de opinião?	☐	☐	☐

Se você marcou não ou mais ou menos em algum caso, retome a leitura de O gênero em foco: artigo de opinião.

Se você marcou não ou mais ou menos, retome a leitura do boxe Editorial e artigo de opinião.

- Junte-se a um colega e, no caderno, elaborem um esquema com as características do artigo de opinião. As questões apresentadas servem para orientar essa elaboração.

Artigo de opinião
- Qual o objetivo desse gênero textual?
- Como está estruturado?
- Em que pessoa pode ser escrito?
- Que tipo de linguagem é empregado nesse gênero textual?

PRODUÇÃO DE TEXTO

ARTIGO DE OPINIÃO

O que você vai produzir

Stéphanie Habrich apoiou-se em sua experiência e escreveu um artigo dirigido aos pais (e adultos em geral) sobre a relação das crianças com as *fake news*. Nesta produção, você vai usar sua experiência e seu ponto de vista para escrever um artigo dirigido a jovens como você. O tema será a relação entre **os adolescentes e o fenômeno das notícias falsas**.

Os primeiros leitores de seu artigo serão seus colegas de turma, os quais vão produzir um comentário sobre o texto. Cada um de vocês vai comentar por escrito o artigo de pelo menos um colega.

NA HORA DE PRODUZIR

1. Siga as orientações apresentadas nesta seção. Seu texto deve ser coerente com a proposta.
2. Lembre-se de que você já leu e analisou textos do gênero que vai produzir. Se for o caso, retome o **Estudo do texto**.
3. Diante da folha em branco, persista. Nenhum texto fica pronto na primeira versão.

PLANEJE SUA ARGUMENTAÇÃO

1. Reúna-se com um ou dois colegas e discutam as seguintes questões:
   a) Na opinião de vocês, como os adolescentes, de modo geral, relacionam-se com conteúdos jornalísticos? Eles têm interesse em acompanhar os acontecimentos da atualidade? Como se informam?
   b) Em comparação com as crianças, jovens de sua idade já tiveram contato maior com textos jornalísticos, tanto na escola como em casa. Na opinião de vocês, isso é suficiente para que os adolescentes, em geral, sejam capazes de identificar notícias falsas? Por quê?
   c) O que pais e educadores podem fazer para ajudar os adolescentes a desenvolver sua capacidade de leitura crítica? E os próprios jovens — qual é a responsabilidade deles?

2. Tome nota das ideias que discutirem e, individualmente, pense no **ponto de vista** que vai defender em seu texto. Lembre-se de que você vai se dirigir a pessoas de sua idade.

3. Em seu texto, você poderá usar as ideias que discutiu com os colegas como argumentos de raciocínio lógico. Para enriquecer a argumentação, faça uma pesquisa na internet: busque dados e estatísticas sobre o tema, exemplos, citações de especialistas etc.

PLANEJE SEU ARTIGO DE OPINIÃO

1. Em geral, é bastante útil planejar um texto argumentativo antes de começar a escrevê-lo. Porém, não existe um método único para fazer isso: algumas pessoas preferem simplesmente fazer uma lista de ideias, outras preferem um mapa conceitual; outras, quadros ou tabelas. Veja, a seguir, uma sugestão de como organizar as ideias para seu artigo em um **mapa conceitual**. Tomamos como referência os pontos apresentados por Stéphanie Habrich no artigo lido.

Consequências se não tomarmos providências
- Crianças e jovens de hoje podem se tornar adultos paralisados e vulneráveis.

Crianças x *fake news*
- Elas não têm senso crítico desenvolvido.
- Não conhecem as grandes empresas de comunicação.
- Não conseguem diferenciar informação e opinião.
- Os pais nem sempre conseguem orientá-las.

É essencial ajudarmos as crianças e os jovens a se tornarem consumidores críticos de informação.

Possíveis soluções
- Compartilhar e discutir notícias com as crianças.
- Ensiná-las a buscar fontes confiáveis.

Podemos e devemos formar leitores críticos
- As crianças são curiosas.
- Têm direito de acesso às mídias (Convenção Internacional sobre os Direitos da Criança).
- Experiências mostram que, quando bem orientadas, elas tornam-se engajadas e ativas.

2. Experimente fazer um mapa semelhante a este para organizar seu ponto de vista (no centro) e seus argumentos (ao redor).

3. Em seguida, analise o mapa e pense em que ordem você vai apresentar essas ideias. A sequência adotada por Habrich pode ser tomada como referência:
   - **Introdução:** apresentação do tema e do recorte.
   - **Desenvolvimento:** abordagem dos vários aspectos da questão.
   - **Conclusão:** retomada das ideias e proposta de ação para os leitores.

ESCREVA E REVISE SEU ARTIGO DE OPINIÃO

1. Escreva o artigo com base no planejamento feito. Evite frases excessivamente longas e procure usar a ordem direta. Como você vai se dirigir a leitores da sua idade, pode usar um tom mais pessoal, com emprego da primeira pessoa (plural ou singular). Busque, contudo, manter uma linguagem formal e objetiva.

2. Utilize recursos de **coesão referencial** (pronomes, sinônimos etc.) para retomar as ideias ao longo do texto e os recursos de **coesão sequencial** (conjunções, articuladores textuais) para estabelecer relações lógicas entre elas.

3. Verifique se os parágrafos estão bem equilibrados e refletem a organização em **introdução**, **desenvolvimento** e **conclusão**. Escolha um título atraente para o texto.

DE OLHO NA TEXTUALIDADE

Volte ao artigo "Preparar as crianças contra as 'fake news'" e reveja como a autora estabeleceu conexão entre os parágrafos do texto. Veja alguns exemplos:

a) em algumas ocasiões, ela repetiu uma palavra do parágrafo anterior, demonstrando a continuidade do tema:

> "[...] Que efeito terá em crianças e jovens que não receberam uma formação para a leitura de notícias?
>
> Sem entender o que se passa ao redor, as crianças não se sentem parte da sociedade. [...]"

b) em outros casos, a autora usou o **sujeito oculto** – pela terminação do verbo, percebe-se que está sendo retomado o sujeito *as crianças*, mencionado no parágrafo anterior:

> Já ouviram falar de "fake news", mas não sabem em quem confiar nem como identificar a credibilidade de uma informação.

c) às vezes é feita uma menção mais explícita ao conteúdo dos parágrafos anteriores:

> Encontra-se aí um grave problema: se elas não tiverem formação para ler notícias e não exercitarem o senso crítico [...].

Além desses recursos, você também pode usar palavras e expressões que ajudem a organizar suas ideias ao longo dos parágrafos: *Primeiramente... Em segundo lugar... Por fim... Por um lado... Por outro lado... Apesar disso...*

4. Antes de passar o artigo a limpo, considere os critérios deste quadro para revisá-lo.

Artigo de opinião
Aspectos importantes em relação à proposta e ao sentido do texto
1. Fica claro qual ponto de vista está sendo defendido?
2. São apresentados argumentos variados e coerentes para sustentá-lo?
3. O texto está inteligível e interessante para o público a que se destina?
4. A sequência de ideias está clara e fácil de acompanhar?
5. Na conclusão, são apresentadas sugestões ou recomendações aos leitores?
Aspectos importantes em relação à ortografia, à pontuação e às demais normas gramaticais
1. Está livre de problemas de ortografia?
2. Pontos, vírgulas e demais sinais de pontuação foram empregados corretamente?
3. Está livre de problemas de concordância?
4. As orações subordinadas adverbiais foram empregadas adequadamente?

COMPARTILHE O ARTIGO E COMENTE UM TEXTO

1. Os artigos poderão circular entre a turma de forma digital (*site* ou *blog* da escola) ou impressa (mural).

2. Após o compartilhamento, leia os textos e comente por escrito pelo menos um deles expressando concordância ou discordância em relação às ideias apresentadas; você pode acrescentar algum aspecto não abordado.

3. Os comentários podem ser postados no *site* ou *blog* da escola se os artigos forem divulgados dessa forma.

   Se os artigos forem registrados em papel, deverão ser colocados em um mural, e você poderá colocar seu comentário junto ao artigo.

ATITUDES PARA A VIDA

Você já sabe o que significa *ubuntar*? Segundo a obra *Vamos Ubuntar: um convite para a paz*, de Lia Diskin (Brasília: Unesco, Fundação Vale e Fundação Palas Athena, 2008), ubuntar vem de *ubuntu*, "uma palavra-conceito que, nas línguas africanas zulu e xlosa, significa 'Sou quem sou por aquilo que todos somos'." Ubuntar é um convite para que as pessoas retomem a conexão com as outras pessoas e o planeta, porque é a perda dessa conexão que tem levado ao surgimento de inúmeros conflitos; portanto, é um convite para o cultivo da paz.

Pensando nisso, leia os textos a seguir: um quadro que traz a diferenciação proposta por Carlos Callado entre cultura negativa e cultura positiva e um trecho de uma notícia.

Cultura tradicional (paz negativa)	Cultura de paz (paz positiva)
A paz define-se como ausência de guerras e de violência direta.	A paz define-se como ausência de todo tipo de violência (direta e estrutural) e como presença de justiça social e das condições necessárias para que exista.
A paz limita-se às relações nacionais e internacionais e sua manutenção depende unicamente dos Estados.	A paz abrange todos os âmbitos da vida, incluídos o pessoal e o interpessoal, e é, portanto, responsabilidade de todos e de cada um de nós.
A paz é o fim, uma meta a que se tende e que nunca se alcança plenamente.	A paz é um processo contínuo e permanente. "Não há caminho para a paz, a paz é o caminho." (Muste)
O fim justifica os meios. É, portanto, justificável o uso da violência para alcançar e garantir a paz.	Ao considerar a paz como um processo contínuo e não como um fim, não é justificável o uso de meios que não sejam coerentes com que se persegue. A violência não é, portanto, justificável em nenhum caso.
A paz é um ideal utópico e inalcançável, carente de significação própria e derivado de fatores externos a ela.	A paz converte-se num processo contínuo e acessível em que a cooperação, o mútuo entendimento e a confiança em todos os níveis assentam as bases das relações interpessoais e intergrupais.
O conflito é visto como algo negativo.	O conflito é independente das consequências derivadas de sua regularização. O negativo não é o conflito se não se recorrer à violência para regulá-lo.
É preciso evitar os conflitos.	O conflito é necessário. É preciso manifestar os conflitos latentes e regulá-los, mas sem recorrer à violência.

CARLOS VELÁZQUEZ CALLADO. *Educação para a paz*: promovendo valores humanos na escola através da educação física e dos jogos cooperativos. Santos: Wak Editora e Cooperação, 2004.

Cartunista filtra comentários agressivos na página de Armandinho no Facebook

Cansado de manifestações agressivas e ataques preconceituosos, o cartunista Alexandre Beck resolveu passar a filtrar os comentários inadequados escritos na *fan page* de Armandinho, personagem de [suas] tirinhas publicadas em *Zero Hora* e em outros jornais pelo Brasil.

Na última segunda-feira, Beck postou um desabafo no Facebook lamentando os confrontos entre usuários que externam opiniões carregadas de "mágoa, ironia e raiva". Apesar do alto nível da maior parte das manifestações de seus quase 700 mil seguidores, há um profundo mal-estar causado pela barulheira de uma minoria [...].

GaúchaZH. Disponível em: <http://mod.lk/p9nkxl>. Acesso em 15 jun. 2018. (Fragmento).

1. Em relação ao trecho da notícia, responda:
  a) O que foi noticiado?
  b) O que achou da decisão de Alexandre Beck? Você concorda ou não com ela?
  c) Em sua opinião, o que teria levado o cartunista a tomar tal decisão? Compartilhe sua opinião com os colegas.
  d) Você acha que a atitude de Beck contribui ou não para a disseminação da paz? Por quê?

> Todas as ações que convergem na direção da mediação de conflitos são ações que difundem a cultura de paz. Substituir atitudes violentas por não violentas é uma forma de difundir a paz todos os dias em nossas relações.

2. Em relação aos conceitos do quadro, responda:
  a) Você acha que os conceitos expressos na coluna da direita representam um avanço em relação aos conceitos da coluna da esquerda? Por quê?
  b) Escolha um par de conceitos e explique em que medida um amplia o outro.
  c) Qual dos dois tipos de paz tende a desresponsabilizar as pessoas de suas próprias atitudes e ações? Justifique sua resposta.
  d) Com um colega, pense em uma situação de conflito que tenham vivido, presenciado, assistido em filmes ou lido em jornais e que tenha sido resolvida por meio da violência. Reflitam a respeito da situação e verifiquem que outras soluções não violentas poderiam ter sido empregadas na resolução do conflito. Apresentem aos colegas o conflito e a solução não violenta imaginada por vocês.

ATITUDES PARA A VIDA

3. Leia as afirmações abaixo e explique se concorda ou discorda delas.

a) Discussões ofensivas entre usuários na internet podem levar à comunicação violenta, por isso devem ser evitadas e substituídas por atitudes não violentas e que difundam o diálogo.

b) Excluir comentários agressivos de internautas é uma forma de evitar conflitos, e tal atitude se encaixa mais na cultura de paz negativa.

c) A cultura de paz se faz todos os dias e em todos os ambientes, por isso cada pessoa individualmente deve se responsabilizar por suas manifestações públicas e privadas, pessoal ou virtualmente.

> A liberdade de expressão é o direito de emitir nossas opiniões, ideias e pensamentos sem receio de censura ou retaliação. No entanto, é fundamental que sempre haja respeito.

4. Quais atitudes das listadas abaixo os seguidores de Armandinho precisariam desenvolver em si para não se manifestarem de forma agressiva na rede? Justifique sua resposta.

	Controlar a impulsividade
	Escutar os outros com atenção e empatia
	Pensar com flexibilidade
	Esforçar-se por exatidão e precisão
	Questionar e levantar problemas
	Pensar e comunicar-se com clareza
	Assumir riscos com responsabilidade
	Pensar de maneira interdependente

5. Que atitudes você relacionaria à cultura da paz positiva? Por quê?

6. Nesta unidade você produziu um artigo de opinião sobre a temática das notícias falsas. Que atitudes das relacionadas acima você utilizou para escrevê-lo?

7. Que atitude você considera fundamental para que uma pessoa possa identificar notícias falsas?

8. Você aprendeu que as *fake news* podem ser prejudiciais para a formação leitora de crianças e jovens e que sua disseminação afeta a sociedade de forma negativa, uma vez que elas criam um cenário de desconfiança entre as pessoas. Na mesma direção estão a troca de injúrias e as manifestações agressivas e preconceituosas na internet, que podem disseminar uma cultura do ódio e do não diálogo.

a) O que fazer para que cenários como esses não se estabeleçam?

b) O que fazer para que a palavra-conceito *ubuntar* da cultura africana torne-se também parte da nossa cultura?

AUTOAVALIAÇÃO

Na segunda coluna (item 1), marque com um X as atitudes que foram mais mobilizadas por você na produção de texto desta unidade.

Na terceira coluna (item 2), descreva as atitudes que você mobilizou e seu desempenho quanto a ela. Por exemplo: *Controlar a impulsividade: eu procurei controlar minhas emoções e impulsos nos momentos em que precisei expor minha opinião sobre algum assunto*.

Use o campo *Observações/Melhorias* para anotar o que pode ser melhorado nos trabalhos a serem desenvolvidos nas próximas unidades como em outros momentos de seu cotidiano.

Atitudes para a vida	1. Atitudes mobilizadas	2. Descreva a forma como mobilizou a atitude assinalada
Persistir		
Controlar a impulsividade		
Escutar os outros com atenção e empatia		
Pensar com flexibilidade		
Esforçar-se por exatidão e precisão		
Questionar e levantar problemas		
Aplicar conhecimentos prévios a novas situações		
Pensar e comunicar-se com clareza		
Imaginar, criar e inovar		
Assumir riscos com responsabilidade		
Pensar de maneira interdependente		
Observações/Melhorias		

PARA SE PREPARAR PARA A PRÓXIMA UNIDADE

As campanhas publicitárias são produzidas com a intenção de persuadir o leitor a aceitar alguma ideia ou comprar determinado produto. Na próxima unidade, você vai analisar anúncios publicitários voltados a causas sociais. Antes disso, sugerimos alguns *links* para você.

> Pesquise em jornais, revistas ou *sites* um anúncio publicitário que tenha como objetivo a venda de determinado produto e outro que busque conscientizar o leitor. Compartilhe com a turma as semelhanças e diferenças entre os anúncios que você pesquisou.

1 A campanha "Livres & Iguais", da ONU, trata sobre a luta contra a homofobia. Assista a peças da campanha nestes *links*: <http://mod.lk/eoicu>; <http://mod.lk/e5bc1>; <http://mod.lk/zm5cu>.

2 Confira a campanha "#Menos preconceito Mais índio", do Instituto Socioambiental, que aborda a luta pelos direitos dos indígenas e preservação de sua cultura: <http://mod.lk/uuvfx>.

3 Em 2012, o Instituto Metasocial lançou a campanha "Ser diferente é normal" para celebrar as diferenças. A música tema foi gravada por vários artistas anônimos e consagrados, entre eles, o cantor Lenine. Confira: <http://mod.lk/d3oaf>.

4 A campanha "Conte até 10 nas escolas" promove a cultura de paz no ambiente escolar. Você vai analisar peças dessa campanha na próxima unidade. Acesse: <http://mod.lk/vqt4a>.

5 Neste vídeo, a filósofa Djamila Ribeiro fala sobre desigualdade, inclusão social, pluralidade e a necessidade de se romper com os silêncios. Assista: <http://mod.lk/xnbfi>.

6 Os *links* indicados a seguir estão relacionados à campanha "Por uma infância sem racismo", promovida pelo Unicef. Acesse: <http://mod.lk/nxnnu>, <http://mod.lk/xt613> e <http://mod.lk/2ewfs>.

7 **Emprego da vírgula nas orações subordinadas**

Acesse o objeto digital sobre emprego da vírgula nas orações subordinadas, conteúdo que será estudado na próxima unidade: <http://mod.lk/msdut>.

O QUE VOCÊ JÁ SABE?

Até este momento, você seria capaz de...	Sim	Não	Mais ou menos
... perceber que campanhas publicitárias com fins sociais divulgam ideias e propõem reflexões para sensibilizar o público em defesa de uma causa social?	☐	☐	☐
... concluir que campanhas publicitárias em prol de causas sociais são produzidas por órgãos públicos ou instituições sem fins lucrativos?	☐	☐	☐

De acordo com o conteúdo do objeto digital *Emprego da vírgula nas orações subordinadas*, você seria capaz de...	Sim	Não	Mais ou menos
... perceber que as orações subordinadas adverbiais são normalmente separadas por vírgulas quando vêm antes da oração principal ou estão intercaladas?	☐	☐	☐
... constatar que, no caso das orações subordinadas substantivas, apenas as apositivas são separadas da oração principal por meio da pontuação?	☐	☐	☐

UNIDADE 8
EQUIDADE: RESPEITO À DIVERSIDADE

DEIXE O SEU PRECONCEITO DE LADO E RESPEITE AS DIFERENÇAS

MAIS AMOR E MAIS RESPEITO, POR FAVOR.

Prefeitura de Fortaleza

ESTUDO DAS IMAGENS

1. As imagens desta abertura trazem três *posts*, todos publicados pela Prefeitura de Fortaleza, capital do Ceará.

   a) Leia o *post* cujo texto começa com "Deixe o seu preconceito de lado". A que tipo de preconceito você imagina que ele possa se referir?

   b) Observe a frase mais abaixo, nesse mesmo *post*: "Mais amor e mais respeito, por favor.". Em sua opinião, o amor e o respeito podem ajudar as pessoas a lidar com seus preconceitos? Explique.

   c) Que outros recursos podem ajudar as pessoas a lidar com seus preconceitos?

2. Observe agora o *post* sobre racismo.

   a) Explique a relação entre os recursos visuais (imagens, cores, etc.) desse *post* e o texto.

   b) O termo "repassem" costuma ser usado nas redes sociais e vir acompanhado de certo efeito de humor. Explique o sentido desse verbo nesse contexto do *post*.

   c) Você já ouviu piadas racistas? Caso já as tenha ouvido, como se sentiu?

EM FOCO NESTA UNIDADE

- Anúncio publicitário em prol de causas sociais
- Uso da vírgula e das conjunções nas orações subordinadas
- Produção: *post* interativo para campanha publicitária com fins sociais

Racismo em forma de piada **não é brincadeira, repassem!**

Prefeitura de Fortaleza

Não importa em quem você acredita
Ter fé é respeitar a fé do outro

Prefeitura de Fortaleza

3. Observe agora o *post* cujo texto começa com "Não importa em quem você acredita".
   a) A que tipo de preconceito se refere esse *post*?
   b) As imagens que o ilustram na parte de cima são *emojis*, elementos visuais usados nas trocas de mensagens eletrônicas que transmitem a ideia de uma palavra ou frase completa. Que *emojis* são esses? O que eles significam?
   c) Que efeito essa sequência de *emojis* produz no *post*?

4. É possível dizer que os três *posts* poderiam estar relacionados a uma mesma campanha? Qual seria o tema dessa campanha?

5. O que poderia levar a prefeitura de uma cidade a publicar *posts* como esses?

6. Em sua opinião, é papel da prefeitura publicar *posts* como esses em seus perfis nas redes sociais? Por quê?
   - Você acha que esses *posts* tiveram muitas curtidas por parte das pessoas que seguem esse perfil da prefeitura? Justifique.

7. Discuta com seus colegas.
   a) Você já foi discriminado ou conhece alguém que já tenha sido? O que aconteceu?
   b) O que você acha que causa esse tipo de situação?
   c) O que pode ser feito para resolver esse problema?
   d) De que maneira é possível relacionar esses *posts* à ideia de diversidade?
   e) Para vocês, os *posts* apresentados são convincentes? Por quê?

LEITURA

CONTEXTO

O preconceito, a discriminação e até mesmo a violência em relação às diferenças — de cor ou etnia, classe social, orientação sexual etc. — infelizmente ainda se manifestam com frequência em nossa sociedade. Leia o anúncio a seguir, produzido para destacar datas importantes, que procuram lembrar a população sobre o direito ao respeito e à igualdade: o Dia Internacional da Síndrome de Down, o Dia Internacional contra a Discriminação Racial, o Dia Estadual de Combate à Homofobia e o Dia Internacional da Diversidade Sexual.

Acreditamos que são as diferenças que possibilitam a construção de um mundo mais diverso, colorido e bonito.

Um novo mundo acontece por meio do conhecimento. E o conhecimento chega através das mais diferentes fontes, construindo igualdade, justiça e inclusão social. Conheça, aprenda, entenda.

**Respeite.
Afinal, somos todos iguais!**

VIVER AQUI É BOM DEMAIS

CRAS INTEGRAR - BOM JESUS - 3713-4288
CRAS BEATRIZ JUNGBLUT - SANTA VITÓRIA - 3711-9187
CREAS ACOLHER - ARROIO GRANDE - 3715-8068
CASA DA PASSAGEM PARA PESSOAS EM SITUAÇÃO DE RUA (ALBERGUE) - 3713-1942 APÓS 19H
ESCRITÓRIO DE DEFESA DOS DIREITOS DA MULHER - ARROIO GRANDE - 3715-9305

MUNICÍPIO DE **SANTA CRUZ DO SUL**

SECRETARIA MUNICIPAL DE COMUNICAÇÃO/PREFEITURA DO MUNICÍPIO DE SANTA CRUZ DO SUL/AGÊNCIA NAKAO

Reprodução proibida. Art.184 do Código Penal e Lei 9.610 de 19 de fevereiro de 1998.

ANTES DO ESTUDO DO TEXTO

1. Se não tem certeza de ter compreendido bem o texto, leia-o novamente.
2. Procure identificar as ideias apresentadas no texto e reflita: você concorda com elas? Por quê?
3. Ao responder às questões procure empregar o que já aprendeu ao ler outros textos e seja preciso em suas respostas.

ESTUDO DO TEXTO

COMPREENSÃO DO TEXTO

1. Observe a logomarca que aparece no canto inferior direito da imagem e identifique a instituição responsável pelo anúncio.
2. O que teria levado essa instituição a fazer um anúncio como esse?
3. A quem esse anúncio se destina?
4. Onde provavelmente esse anúncio circulou?
5. O que o anúncio propõe como solução para que as pessoas aceitem as diferenças e construam um mundo com mais respeito à diversidade?
6. Observe as instituições, acompanhadas de seus respectivos números de telefone, que aparecem na parte inferior do anúncio. Qual a utilidade dessas informações?

DE OLHO NA CONSTRUÇÃO DOS SENTIDOS

1. Observe a sequência de adjetivos usada no texto com maior destaque no anúncio: "diverso, colorido e bonito".
   a) Esses adjetivos se relacionam com as imagens do anúncio? De que maneira?
   b) Se o redator do anúncio tivesse optado por usar apenas o adjetivo "diverso", o efeito de sentido produzido seria o mesmo? Explique.
2. Observe a imagem das pessoas que aparecem no anúncio e as formas de peças de quebra-cabeça onde elas aparecem. Converse com seus colegas: o emprego desses recursos visuais reforça o conteúdo da mensagem? Justifique.

O ANÚNCIO PUBLICITÁRIO EM PROL DE CAUSAS SOCIAIS

1. Qual a intenção do anúncio analisado: convencer o público a comprar um produto, divulgar uma ideia ou vender um serviço?
2. Na abertura da unidade, você leu e analisou três *posts* no perfil de uma rede social da Prefeitura de Fortaleza. A intenção dessas postagens pode ser comparada à do anúncio analisado?
3. Considere os textos analisados na unidade e responda: o *post* se difere de um anúncio publicitário? Explique.
4. A responsabilidade pelo anúncio e pelos *posts* analisados é de instituições governamentais. Você acha que podem ter sido feitos com fins lucrativos?

O GÊNERO EM FOCO: ANÚNCIO PUBLICITÁRIO EM PROL DE CAUSAS SOCIAIS

O texto que você leu é um anúncio publicitário.

> **Anúncio publicitário** é um gênero textual que tem como objetivo persuadir o interlocutor a tomar determinada atitude. Em boa parte das vezes, os anúncios são produzidos por empresas comerciais e, nesse caso, pretende-se levar o interlocutor a comprar um produto ou serviço. Mas também há anúncios que buscam convencer o público a conscientizar-se sobre certa questão ou problema social e a tomar atitudes positivas a respeito.

Em geral, os anúncios publicitários com fins sociais são encomendados por órgãos públicos ou instituições sem fins lucrativos. Às vezes, empresas particulares também abraçam determinadas causas e produzem anúncios para apoiá-las. Nesse caso, além da preocupação social, a empresa tem a intenção de fortalecer sua própria marca, associando-a a temas nobres. O anúncio que você analisou, por exemplo, visa chamar a atenção dos interlocutores para a importância da igualdade e do respeito às diferenças e incentivá-los a buscar informações ou apoio por meio dos serviços públicos oferecidos às pessoas em situação de vulnerabilidade.

Os anúncios publicitários em prol de causas sociais utilizam basicamente os mesmos recursos dos anúncios com fins comerciais. As imagens recebem destaque e são acompanhadas por textos verbais que as complementam, propondo jogos de palavras ou associações criativas de ideias. No anúncio a favor das diferenças, você observou os efeitos de sentido produzidos por uma sequência de adjetivos, *diverso*, *colorido* e *bonito*, e pelo uso das imagens de peças de quebra-cabeça, que acabaram enfatizando a importância da diversidade na construção de um mundo melhor.

O uso de verbos no imperativo também é uma característica dos anúncios publicitários, pois têm como finalidade persuadir, convencer, o interlocutor. No caso do anúncio que você acabou de ler, esses verbos são *conheça*, *aprenda*, *entenda* e *respeite*.

Um dos grandes desafios dessas campanhas em prol de causas sociais é, justamente, sensibilizar o público para problemas que muitas vezes não o atingem diretamente. Os criadores dos anúncios buscam mostrar que todos devemos lutar pela equidade na sociedade, exigindo que os direitos humanos sejam sempre respeitados, independentemente de etnia, crença, faixa etária, gênero etc.

Veja, na próxima página, mais um exemplo desse tipo de anúncio. Nele, a Sociedade Brasileira de Geriatria e Gerontologia busca conscientizar o público de que a violência contra o idoso existe e precisa ser discutida e denunciada.

A VIOLÊNCIA CONTRA O IDOSO É UM PROBLEMA AINDA MAIOR QUANDO NINGUÉM QUER ACEITAR QUE ELE EXISTE.

> O **título** busca levar o leitor a refletir se ele pertence ao grupo de pessoas que ignoram o problema, isto é, que não admitem que existe violência contra o idoso.

> A **imagem** de um idoso enviando um pedido secreto de socorro sugere que há pessoas sofrendo em silêncio, precisando da nossa ajuda.

04 JUNHO — EVENTO GRATUITO

EVENTO DE CONSCIENTIZAÇÃO A RESPEITO DA VIOLÊNCIA CONTRA O IDOSO.

Venha participar deste encontro e traga toda a família.
Vamos conscientizar a comunidade sobre as várias questões que envolvem a violência contra o idoso. Ajude a fazer a diferença, participe.

Horário: 13h30 às 15h30.
Local: Einstein na Comunidade - Rua Manuel Antônio Pinto, 285.
Mais informações: (11) 2151 6720.

QUEBRE O SILÊNCIO. DENUNCIE.

REALIZAÇÃO
PROJETO VELHO AMIGO
Associação de Amparo ao Idoso

> Verbos no **imperativo** são usados para estimular o leitor a abandonar a indiferença e partir para a ação: "**Quebre** o silêncio. **Denuncie**".

ORGANIZAR O CONHECIMENTO

● Sob a orientação do professor, reúna-se com alguns colegas.

1. Busquem na internet anúncios em prol de causas sociais, especialmente relacionadas ao respeito aos direitos humanos. Vejam no quadro a seguir algumas sugestões de palavras-chave que podem ser usadas:

> campanha + racismo
> campanha + violência + doméstica
> anúncio + trabalho + infantil

2. Escolham três anúncios que lhes pareçam mais criativos e/ou convincentes. Organizem um quadro semelhante a este no caderno e preencham-no com dados dos anúncios. Depois, apresentem suas conclusões oralmente à turma. Tragam também os anúncios escolhidos para mostrar aos colegas.

Anúncio	A	B	C
a) Que causa o anúncio defende?			
b) Essa causa atinge diretamente o público em geral ou apenas uma parcela dele?			
c) Que estratégia os criadores do anúncio utilizaram para sensibilizar o público?			
d) Quem encomendou o anúncio?			
e) É uma entidade com fins lucrativos ou não?			
f) Por que esse anúncio despertou o interesse do seu grupo?			

O QUE VOCÊ JÁ SABE?

Agora, você já é capaz de...	Sim	Não	Mais ou menos
... definir anúncio publicitário?	☐	☐	☐
... perceber que anúncios publicitários com fins sociais divulgam ideias e propõem reflexões para sensibilizar o público em defesa de uma causa social?	☐	☐	☐
... concluir que anúncios publicitários em prol de causas sociais são produzidos por órgãos públicos ou instituições sem fins lucrativos?	☐	☐	☐

Se você marcou não ou mais ou menos, retome a leitura de O gênero em foco: anúncio publicitário em prol de causas sociais.

• Em uma folha à parte, ou no caderno, copie o esquema a seguir, substituindo as perguntas pelas respectivas respostas. Ao final você terá um resumo com as principais características do anúncio publicitário em prol das causas sociais. As questões apresentadas servem para orientar a elaboração do esquema, mas, se preferir, você pode incluir outras características.

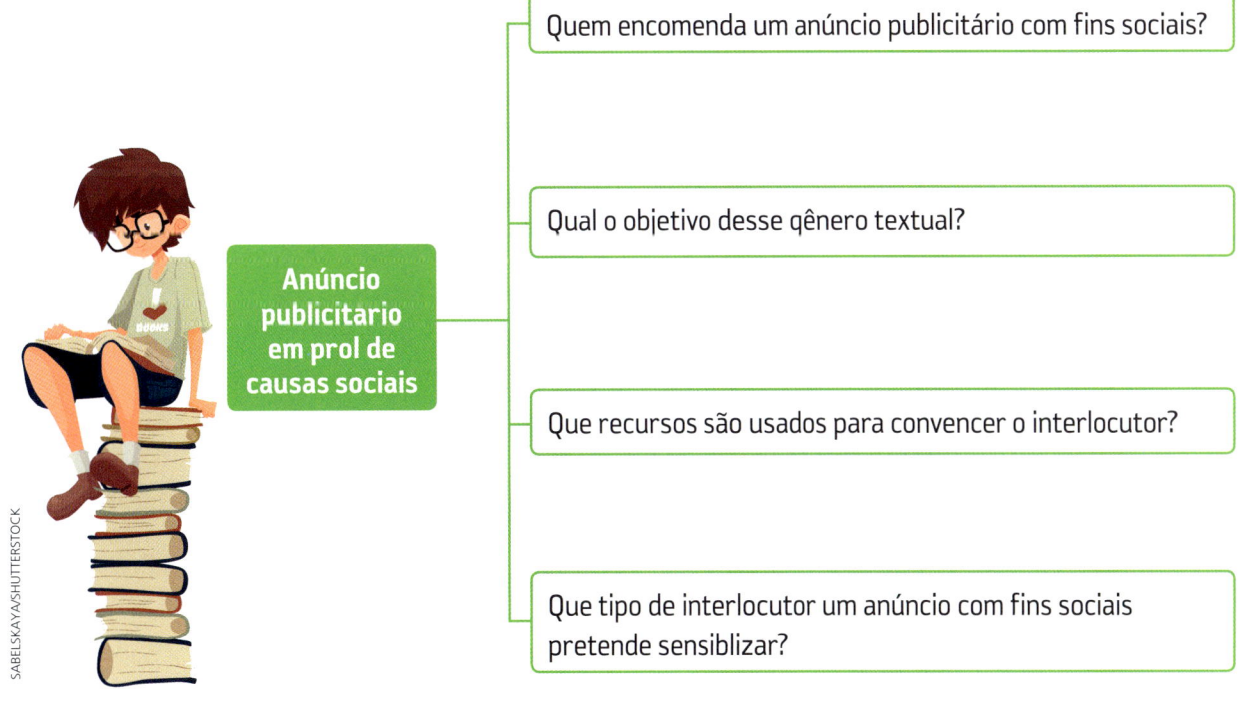

Anúncio publicitário em prol de causas sociais

- Quem encomenda um anúncio publicitário com fins sociais?
- Qual o objetivo desse gênero textual?
- Que recursos são usados para convencer o interlocutor?
- Que tipo de interlocutor um anúncio com fins sociais pretende sensiblizar?

E POR FALAR NISSO...

Com o advento da internet, novos gêneros textuais surgiram nas redes sociais. Comentários, mensagens, *posts*, *tweets* e memes ficaram mais frequentes, mesclaram linguagens e ganharam elementos artísticos em sua elaboração.

Leia a seguir os *posts* que fazem parte de uma série produzida pela *designer* Carol Rossetti publicada em sua rede social. Esse trabalho viralizou, foi traduzido em outras línguas e publicado pela imprensa internacional.

MANU TEM NANISMO E JÁ OUVIU VÁRIOS COMENTÁRIOS MALDOSOS, ESPECIALMENTE QUANDO SAI COM SEU NAMORADO (QUE NÃO TEM NANISMO).

MANU, VOCÊ TEM DIREITO AO AMOR COMO QUALQUER OUTRA PESSOA. LIGA PRA ESSE POVO NÃO, TÁ? VAI SER FELIZ COM SEU AMOR!

Carol Rossetti

> JANE OUVE DE VÁRIAS PESSOAS QUE ELA "FICARIA MUITO BONITA SE EMAGRECESSE"...
>
> JANE, SUA BELEZA E SEU AMOR-PRÓPRIO NÃO SÃO MEDIDOS EM Kg.
>
> (E É PROVÁVEL QUE QUEM TE DISSE ISSO FOSSE MAIS BONITO SE TIVESSE A LÍNGUA MENOR).
>
> Carol Rossetti

1. Quais os temas abordados nesses *posts* de Carol Rossetti?
2. Qual seria o objetivo da autora em divulgar e publicar esse trabalho em redes sociais?
3. Sabendo que todo o trabalho desenvolvido nessa série aborda a repressão feminina no cotidiano da mulher, que outros temas seriam possíveis em uma série como essa?
4. Troque ideias com os colegas: *posts* com esse tipo de mensagem podem levar os jovens a refletir sobre determinadas atitudes de maneira positiva? Por quê?
   - Você compartilharia um *post* como os de Carol Rossetti? Justifique.

ESTUDO DA LÍNGUA: ANÁLISE E REFLEXÃO

COMO VOCÊ PODE ESTUDAR

1. **Estudo da língua** não é uma seção para decorar, mas para questionar e levantar problemas.
2. O trabalho com os conhecimentos linguísticos requer persistência. Leia e releia os textos e exemplos, discuta, converse.

EMPREGO DA VÍRGULA E DAS CONJUNÇÕES NO PERÍODO COMPOSTO POR SUBORDINAÇÃO

1. Leia esta tira de Calvin.

CALVIN — BILL WATTERSON

[Quadrinho 1] OLHA, MÃE, VOU DEIXAR AS ROUPAS DE AMANHÃ NA ESCADA.

[Quadrinho 2] AÍ, QUANDO EU ACORDAR, VENHO DE CUECA A TODA VELOCIDADE E ESCORREGO PELOS DEGRAUS.

[Quadrinho 3] SE EU MIRAR BEM, JÁ CAIO NA CALÇA ENQUANTO ESTIVER BOTANDO A BLUSA E, QUANDO CHEGAR NO CHÃO, JÁ ESTOU VESTIDO PARA A AULA!

[Quadrinho 4] E, SE VOCÊ DEIXAR MEU CEREAL NA ESCADA, NÃO PRECISO SAIR DA CAMA ATÉ 30 SEGUNDOS ANTES DE O ÔNIBUS CHEGAR.
ESQUECE, CALVIN.

a) Com que intenção Calvin queria deixar as roupas na escada?

b) Considerando a fala e a expressão da mãe do menino no quarto quadrinho, o que ela achou da ideia do filho?

c) As orações subordinadas destacadas no trecho são adjetivas, adverbiais ou substantivas?

d) Classifique essas orações quanto à função que exercem em relação à oração principal.

e) O que é possível observar no que diz respeito à pontuação entre a oração principal e as orações subordinadas?

f) Pelo que se viu, em que situações as orações subordinadas adverbiais são separadas da principal por meio de vírgulas?

2. Leia agora este trecho de um conto.

> Ela mal prestou atenção nas duas primeiras aulas. Eram quase nove horas **quando os ônibus escolares pararam em frente ao portão principal**. As quatro sétimas séries da turma entraram nos veículos, orientadas pelas professoras de História e Artes. O museu era tão perto da casa de Lena **que ela poderia ter ido a pé**.
>
> TELMA GUIMARÃES CASTRO ANDRADE. Sonhos perigosos. In: Três mistérios.
São Paulo: Atual, 2006. p. 99. (Fragmento).

a) Por que Lena estava tão ansiosa que não conseguia prestar atenção nas aulas?

b) Classifique as duas orações destacadas quanto à função que exercem em relação à oração principal.

c) O que é possível observar no que respeita à pontuação entre as orações principais e suas subordinadas? Justifique.

> **Lembre-se**
>
> As **conjunções subordinativas** dividem-se em: causais (*porque, pois* etc.); concessivas (*embora, ainda que* etc.); condicionais (*se, contanto que* etc.); comparativas (*tão... quanto, como* etc.); conformativas (*conforme, como, segundo, consoante* etc.); finais (*para que, a fim de que* etc.); proporcionais (*à medida que, quanto mais...* etc.); temporais (*quando, antes que* etc.); consecutivas (*de forma que, tal que* etc.); integrantes (*que, se*).

EMPREGO DA VÍRGULA E DAS CONJUNÇÕES NO PERÍODO COMPOSTO POR SUBORDINAÇÃO

Como você já estudou em anos anteriores, em uma oração, a vírgula é empregada principalmente para:

- separar o vocativo do resto da frase;
- separar os itens de uma enumeração quando eles não vêm unidos pelas conjunções *e*, *ou* e *nem*;
- separar o aposto e outras expressões meramente explicativas (*por exemplo, isto é, ou melhor*);
- separar o adjunto adverbial antecipado, aquele que não aparece no fim da oração, como seria usual na ordem direta.

A vírgula não deve separar o sujeito do predicado nem o verbo de seus complementos. Nas orações subordinadas, há algumas regras específicas para o emprego da vírgula, como você verá a seguir.

A VÍRGULA NAS ORAÇÕES SUBORDINADAS ADVERBIAIS

Os dois exemplos que você analisou no início dessa seção são de orações subordinadas adverbiais. Observe se as respostas que você assinalou estão de acordo com as regras indicadas a seguir.

1. Se a oração subordinada adverbial vier antes da principal, a vírgula é obrigatória.

<u>conjunção</u>
<u>Embora ainda fosse muito cedo</u>, ele já havia se levantado.
 subordinada adverbial concessiva

2. Se a oração subordinada adverbial vier depois da principal, a vírgula é facultativa. Fazer uso ou não vai depender do ritmo da frase e do destaque que se quer dar a essa oração.

Ele já havia se levantado embora ainda fosse muito cedo.
(conjunção; subordinada adverbial concessiva)

Ele já havia se levantado, embora ainda fosse muito cedo.
(conjunção; subordinada adverbial concessiva)

A VÍRGULA NAS ORAÇÕES SUBORDINADAS ADJETIVAS

1. A oração subordinada adjetiva explicativa deve ser separada por vírgulas do restante do período.

Meu pai, que mora longe, veio me visitar.
(conjunção; subordinada adjetiva explicativa (A informação não é essencial.))

2. A oração subordinada adjetiva restritiva não precisa de vírgula. É, em geral, uma oração intercalada que se encaixa na principal.

Os alunos que terminaram a prova podem sair.
(conjunção; subordinada adjetiva restritiva (Nem todos foram dispensados da prova.))

A VÍRGULA NAS ORAÇÕES SUBORDINADAS SUBSTANTIVAS

1. As orações subordinadas substantivas **não** podem ser isoladas da oração principal por vírgula, porque exercem, em relação a ela, as mesmas funções sintáticas do substantivo (sujeito, objeto direto, objeto indireto, predicativo, complemento nominal).
Nessas funções, o substantivo não se separa por vírgula do termo a que está diretamente ligado.

Espero que você compreenda a situação.
(conjunção; subordinada substantiva objetiva direta)

Convém que não nos afastemos do foco da reunião.
(conjunção; subordinada substantiva subjetiva)

2. No entanto, se a subordinada substantiva vier antes da principal (ordem indireta), usa-se a vírgula.

Que ele era uma pessoa problemática, todos sabiam.
(conjunção; subordinada substantiva objetiva direta)

Observações:

1. A única oração subordinada substantiva que deve ser separada da principal por vírgula (ou dois-pontos) é a **apositiva**.

Meu ideal é este, que sejamos mais tolerantes.
(subordinada substantiva apositiva)

2. As orações subordinadas reduzidas seguem, em geral, as mesmas regras das desenvolvidas.

Saindo, feche bem as janelas.
(subordinada adverbial condicional reduzida de gerúndio (antes da principal))

Sua vontade era voltar logo para seu país.
(subordinada substantiva predicativa reduzida de infinitivo)

3. Orações intercaladas que representam, em geral, uma pequena interrupção no fluxo de informações são separadas por vírgulas do restante do período.

Eles não chegarão a tempo, *esteja certo*, a menos que os busquemos em casa.

ORGANIZAR O CONHECIMENTO

O QUE VOCÊ JÁ SABE?

Agora, você já é capaz de...	Sim	Não	Mais ou menos
... perceber que as orações subordinadas adverbiais são normalmente separadas por vírgulas quando vêm antes da oração principal ou estão intercaladas?	☐	☐	☐
... constatar que, no caso das orações subordinadas substantivas, apenas as apositivas são separadas da oração principal por meio da pontuação?	☐	☐	☐

> Se você marcou não ou mais ou menos, retome a leitura de Emprego da vírgula e das conjunções no período composto por subordinação.

● Junte-se a um colega e complementem o esquema com orações que exemplifiquem os conceitos indicados.

Emprego da vírgula e das conjunções no período composto por subordinação

- Quando a oração **subordinada adverbial** vem antes da principal, a vírgula é obrigatória. → _____

- A oração **subordinada adjetiva explicativa** deve ser separada do restante do período por vírgulas. → _____

- A oração **subordinada adjetiva restritiva** não precisa de vírgula. → _____

- A oração **subordinada substantiva** não pode ser isolada da oração principal por vírgula, porém, se vier antes da principal ou se for apositiva, deve-se usar a vírgula. → _____

ATIVIDADES

1. Reescreva os períodos a seguir no caderno, introduzindo uma oração adverbial de acordo com a circunstância indicada entre parênteses. Empregue a pontuação adequada. Veja o exemplo.

   Ficaria com sono o dia todo. (condição)

   Se estudasse até tarde da noite, ficaria com sono o dia todo.

   a) Deixamos as coisas para a última hora. (causa)

   b) Fizemos rapidamente nossa tarefa. (finalidade)

   c) Ficava cada vez mais preocupada. (proporcionalidade)

2. O fragmento que você vai ler a seguir inicia uma crônica.

   > Começar um namoro pode estressar mais do que terminá-lo. Há um número infindável de códigos a serem aprendidos. Situações novas e inusitadas lembram um campo minado. É preciso buscar a rota certa, caso não se deseje colidir com o blindado das defesas humanas. Afinal, para entrar na vida de alguém, que provavelmente teve um sem-número de encontros e relações fracassadas, é necessário pular etapas, garantir a defesa na retaguarda, cavar trincheiras, esperar o momento certo do ataque, priorizando o bombardeio das defesas inimigas, digo, da pessoa amada, cortando os seus sistemas de comunicação, as linhas de suprimentos, estabelecer postos de observação e garantir uma ponte para o desembarque da tropa. Sim, começar um namoro é uma guerra. Por isso, o estresse.
   > [...]

   Marcelo Rubens Paiva. O namoro. *Crônicas para ler na escola.* São Paulo: Objetiva, 2011. p. 39. (Fragmento).

   a) Releia esta frase: "Afinal, para entrar na vida de alguém, que provavelmente teve um sem-número de encontros e relações fracassadas, é necessário pular etapas [...]". Como ficaria o sentido da frase, caso elimiássemos as vírgulas em destaque? Esse novo sentido seria coerente com o resto do parágrafo? Explique.

   b) Copie no caderno outra oração intercalada isolada por vírgulas que aparece nesse parágrafo e explique de que forma essa frase contribui para dar um tom bem-humorado ao texto.

3. Leia os quadrinhos do Snoopy.

MINDUIM — Charles M. Schulz

Quadrinho 1: Meu amor, o que aconteceu com o amor que partilhamos?

Quadrinho 2: Aquelas horas que passamos juntos?

Quadrinho 3: De repente você disse que estava aborrecida.

Quadrinho 4: Pensei que você gostasse de jogar "Stop".

a) O último quadrinho revela aos leitores que Snoopy e sua amada não compartilhavam as mesmas expectativas no relacionamento. Explique como esse fato constrói o humor na tira.

b) Identifique e classifique a oração subordinada adjetiva que aparece no primeiro quadrinho.

c) Por que não há vírgula separando as orações?

d) Encontre, no segundo quadrinho, uma oração semelhante à que você identificou no item anterior.

e) Classifique as orações que aparecem no terceiro quadrinho.

f) Há algum sinal de pontuação separando essas orações? Por quê?

4. Leia a seguir o trecho de um conto.

> Depois foi lá dentro fazer uma coisa que estava precisando fazer, e, quando voltou para dar comida ao tuim, viu só algumas penas verdes e as manchas de sangue no cimento.

RUBEM BRAGA. Tuim criado no dedo. In: *Os melhores contos*. São Paulo: Global, 1998. p. 33. (Fragmento).

a) O tuim é uma espécie de passarinho. Com base nesse trecho, o que é possível pensar que tenha acontecido com ele?

b) Como se classifica a oração subordinada adverbial destacada nesse trecho?

c) Justifique o uso de vírgulas para separar essa oração subordinada da principal à qual ela se subordina ("viu só algumas penas verdes e as manchas de sangue no cimento").

d) Nesse trecho, há uma oração subordinada adjetiva restritiva. Transcreva-a no caderno.

Mais questões no livro digital

TESTE SEUS CONHECIMENTOS

> Na questão a seguir, você deverá reconhecer as diferenças de sentido decorrentes do uso das conjunções na composição das orações subordinadas adverbiais. Por isso, é importante observar com atenção as relações estabelecidas entre as orações principais e as subordinadas, assim como as sugestões de substituição em cada um dos casos.
>
> Para cada uma das alternativas, são apresentadas quatro perguntas. Você deve respondê-las com "sim" ou "não". Ao final, indique a alternativa em que todas as respostas sejam **SIM**.

(Acafe-SC – adaptado)

Observe as conjunções destacadas em negrito nas frases abaixo.

1. **Assim que** receber os livros, vou deixá-los à venda na Livraria Letras Finas.

2. **Embora** tenhamos boas intenções, nossos atos, às vezes, são mal compreendidos.

3. **Visto que** o dinheiro não foi suficiente para concluir a obra em conformidade com o plano inicial, os sócios optaram por abandonar o projeto de construir um novo modelo de barco.

4. **À medida que** novos casos de contaminação foram comprovados, o governo foi impelido a disponibilizar um maior volume de recursos financeiros e humanos para conter o avanço da doença.

As relações que as conjunções expressam, na sequência de cima para baixo, são de

a) proporcionalidade / concessão / conformidade / condição.

> Em 1, a expressão *assim que* indica uma relação de proporcionalidade com a oração principal e poderia ser substituída sem alteração de sentido por *à proporção que*?
> Em 2, a palavra *embora* expressa um fato que contraria o da oração principal, mas não chega a impedi-lo, representando uma ressalva em relação a ele, e poderia ser substituída sem alteração de sentido por *ainda que*?
> Em 3, a expressão *visto que* apresenta ideia de conformidade com o fato expresso na oração principal e poderia ser substituída sem alteração de sentido por *conforme*?
> Em 4, a expressão *à medida que* exprime uma condição necessária para que o fato da oração principal se realize e poderia ser substituída sem alteração de sentido por *caso*?

b) temporalidade / concessão / causalidade / proporcionalidade.

> Em 1, a expressão *assim que* indica a circunstância temporal em que ocorre o fato apresentado na oração principal e poderia ser substituída sem alteração de sentido por *quando*?
> Em 2, a palavra *embora* expressa um fato que contraria o da oração principal, mas não o impede, representando uma restrição em relação àquele fato e poderia ser substituída sem alteração de sentido por *mesmo que*?
> Em 3, a expressão *visto que* apresenta a causa para o fato expresso na oração principal e poderia ser substituída sem alteração de sentido por *já que*?
> Em 4, a expressão *à medida que* exprime uma relação de proporcionalidade com a oração principal e poderia ser substituída sem alteração de sentido por *ao passo que*?

c) consequência / concessão / causalidade / condição.

> Em 1, a expressão *assim que* exprime uma consequência resultante de um fato apresentado na oração principal e poderia ser substituída sem alteração de sentido por *que*?
> Em 2, a palavra *embora* indica um fato que se opõe ao da oração principal, mas não o impede, representando uma ressalva em relação a ele, e poderia ser substituída sem alteração de sentido por *conquanto*?
> Em 3, expressão *visto que* apresenta a causa para o fato expresso na oração principal e poderia ser substituída sem alteração de sentido por *uma vez que*?
> Em 4, a expressão *à medida que* indica uma condição necessária para que o fato da oração principal se realize e poderia ser substituída sem alteração de sentido por *contanto que*?

d) consequência / finalidade / concessão / temporalidade.

> Em 1, a expressão *assim que* exprime uma consequência resultante de um fato expresso na oração principal e poderia ser substituída sem alteração de sentido por *que*?
> Em 2, a palavra *embora* indica a finalidade ou o propósito daquilo que se declara na oração principal e poderia ser substituída sem alteração de sentido por *a fim de que*?
> Em 3, expressão *visto que* expressa um fato oposto ao da oração principal, mas não o impede e poderia ser substituída sem alteração de sentido por *mesmo que*?
> Em 4, a expressão *à medida que* indica a circunstância temporal em que ocorre o fato expresso na oração principal e poderia ser substituída sem alteração de sentido por *enquanto*?

LEITURA E PRODUÇÃO DE TEXTO

A PRODUÇÃO EM FOCO

- No final desta unidade e no projeto que vem em seguida, você e seus colegas vão elaborar uma campanha voltada à inclusão escolar de crianças e adolescentes com deficiência. Ao analisar os próximos textos, observe alguns aspectos importantes:
  a) por quais motivos foram escolhidas essas peças publicitárias (*post*, *spot* e vídeo) e como elas permitem atingir o público-alvo;
  b) quais estratégias os criadores das peças utilizaram para transmitir a mensagem em um espaço e/ou tempo reduzido (o comercial tem 60 segundos de duração, e o *spot*, apenas 30).

CONTEXTO

Os anúncios publicitários, sejam eles com fins sociais ou comerciais, são veiculados, geralmente, em jornais, revistas, *outdoors*, rádio, televisão e internet. Os criadores de campanhas publicitárias podem utilizar, além de anúncios, outras peças publicitárias e divulgá-las em diferentes mídias. A seguir, você examinará peças que fizeram parte de campanhas em prol de causas sociais promovidas por órgãos públicos brasileiros e pelo Programa Conjunto das Nações Unidas sobre HIV/Aids (Unaids). As duas primeiras peças (textos A e B) são *posts* divulgados em redes sociais; a terceira (texto C) é um *spot*, ou seja, um comercial para veiculação em rádio; e a quarta (texto D) é um comercial veiculado em canais de vídeo da internet.

Texto A – *Post*

Conselho Nacional de Justiça (CNJ). Postado em: 24 maio 2016.
Disponível em: <http://mod.lk/togyb>. Acesso em: 26 jun. 2018.

SAIBA +

A **descrição da imagem**, apresentada no texto do Conselho Nacional de Justiça (CNJ), faz parte do projeto #PraCegoVer, utilizado por essa e por outras instituições para expandir a cultura da acessibilidade nas redes sociais. Atualmente, muitos deficientes visuais utilizam programas (*softwares*) leitores de tela para navegar na internet. No entanto, com relação às imagens, o criador do *post* (ou do *blog* ou do *site*) precisa descrevê-las para que o programa faça a leitura dessa descrição para o deficiente visual.

Texto B – *Post*

Através de desenhos, imagens, *gifs*, áudios e vídeos, as pessoas podem mostrar seu apoio à #ZeroDiscriminação. Faça o *download* de um balão de fala – como aqueles das histórias em quadrinhos, que inserimos aqui – e escreva sobre os motivos que levaram você a fazer barulho, a falar sobre discriminação. Tire uma foto e poste na página da campanha [...].

UNAIDS. Postado em: 24 fevereiro 2017. Disponível em: <http://mod.lk/5zmwe>. Acesso em: 28 maio 2018.

SAIBA +

O Programa Conjunto das Nações Unidas sobre HIV/Aids (Unaids) foi criado em 1996 e tem como objetivo ajudar os países a alcançar estas metas: zero nova infecção por HIV, zero discriminação e zero morte relacionada à Aids. Para celebrar o Dia Mundial de Zero Discriminação em 2017, o Unaids lançou uma campanha interativa nas redes sociais: **Faça Barulho pela #ZeroDiscriminação**. Entre outras peças, a campanha incluía o *post* e o balão de fala apresentados no texto B. Para participar, o interlocutor deveria imprimir o balão, escrever nele os motivos que o levaram a "fazer barulho" contra a discriminação, tirar uma *selfie* segurando o balão impresso e postá-la nas redes sociais. Veja alguns exemplos de frases que participantes de diversos países publicaram:

"A diversidade é força e riqueza."

"Salários iguais para trabalhos iguais."

"Igualdade no acesso à saúde."

Texto C – Spot para rádio

Jingle: (Olha o sambão da paz aí, gente!)
O carnaval na avenida
(Que que tem?)
vem com o branco da paz.
Não desperdice a sua vida.
Carnaval é diversão.
Conte até dez, não entre em briga!

Locutor: No Brasil, milhares de pessoas são mortas por impulso. Conte até dez. A raiva passa, a vida fica. Paz no Carnaval. Essa é a atitude. Uma campanha do Conselho Nacional do Ministério Público e Enasp.

Samba enredo da paz. Jingle de 30s (áudio).
Disponível em: <http://mod.lk/npa6w>. Acesso em: 26 jun. 2018.

> **Jingle** é uma composição musical curta utilizada na publicidade e que, em geral, apresenta uma letra simples e de fácil memorização, com rimas ou refrões marcantes.

Texto D – Vídeo

Em uma briga na escola, algo inesperado acontece

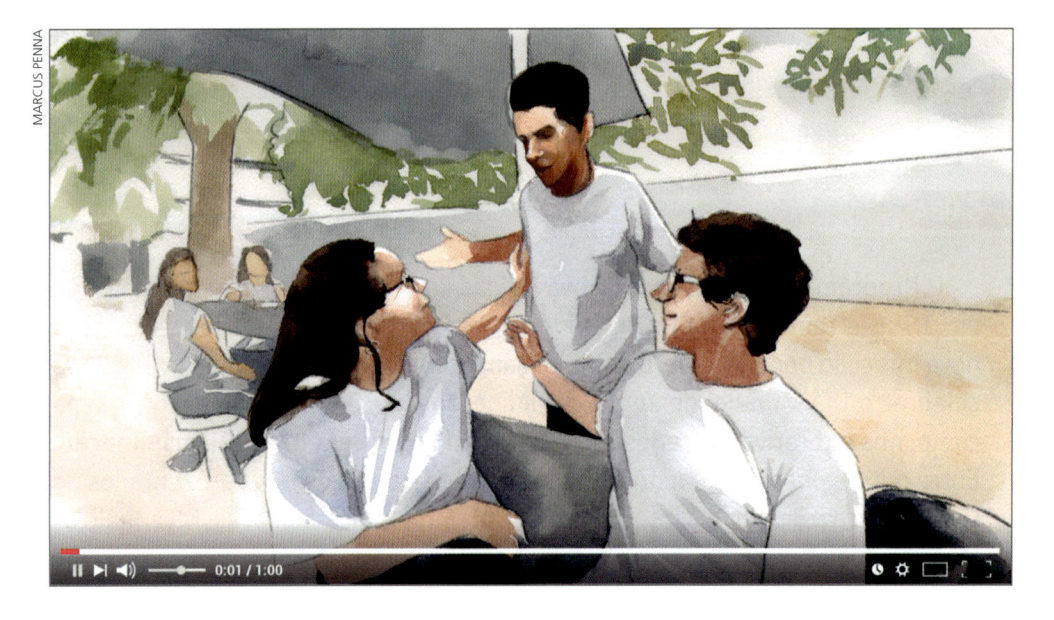

Aluno 1 *[surge por trás do aluno 2 e da aluna 3 e diz, em tom de deboche]*: Tá namorando! Tá namorando!
Restante da turma: Fica! Fica!
Aluna 3 *[incomodada e constrangida]*: Para! Para!
[Aluno 1 e aluno 2 correm para a quadra, aparentemente para uma briga física.]

Restante da turma: Briga! Briga! Vai! Vai! Bem feito!

[Aluno 1 e aluno 2 ficam frente a frente na quadra e parece que vão se agredir.]

[Começa a tocar uma música e os alunos 1 e 2 iniciam uma dança de forma coreografada. Os demais colegas aplaudem. Aparecem os dizeres: "Vale a pena lutar pela paz nas escolas. Valente mesmo é quem não briga.".]

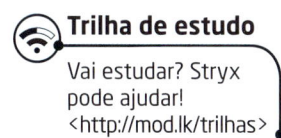

Trilha de estudo

Vai estudar? Stryx pode ajudar!
<http://mod.lk/trilhas>

CONSELHO NACIONAL DO MINISTÉRIO PÚBLICO.
Disponível em: <http://mod.lk/zjqgy>. Acesso em: 28 maio 2018.

ANTES DO ESTUDO DOS TEXTOS

1. Se não tem certeza de ter compreendido bem os textos, leia-os novamente.
2. Procure identificar as ideias apresentadas nos textos e reflita: você concorda com elas? Por quê?
3. Ao responder às questões, procure empregar o que já aprendeu ao ler outros textos e seja preciso em suas respostas.

ESTUDO DOS TEXTOS

DE OLHO NAS CARACTERÍSTICAS DO GÊNERO

1. Qual é a causa defendida em cada um dos textos?

2. Com relação ao texto A, responda.
   a) O que os símbolos que emolduram o *post* representam?
   b) Indique o item que representa a relação entre os advérbios *mais* e *menos*, utilizados na frase que aparece no centro do *post*.
      I. São sinônimos (possuem sentido semelhante).
      II. São antônimos (possuem sentido oposto).
      III. São parônimos (possuem a grafia e a pronúncia semelhantes).
      • Por que esses advérbios receberam tratamento gráfico especial?
   c) O texto explicativo que acompanha o texto A ("A intolerância religiosa é um conjunto...") é indispensável para a compreensão do *post*? Se você acha que não, explique qual seria a razão desse texto.
   d) Explique com suas palavras esta frase do texto A: "Crítica não é o mesmo que intolerância".

3. O texto B é constituído por imagens e texto explicativo. Qual é o objetivo do texto explicativo, nesse caso?

4. As imagens dos dois *posts* (textos A e B) têm algumas características em comum. Quais são elas? Indique todas as opções cabíveis.
   a) *Design* elaborado, com fotografias produzidas especialmente para o *post*.
   b) *Design* simples, com elementos gráficos disponíveis em editores de texto comuns.
   c) Frases curtas e simples, sem verbo (frase nominal) ou com apenas um (período simples).
   d) Frases longas e complexas, com articulação de várias orações (período composto).
   • As características que você marcou podem estar relacionadas às mídias em que os *posts* circulam (redes sociais)? Explique.

5. Agora, explique a diferença entre os textos A e B quanto à proposta de ação feita para o interlocutor. Qual deles é mais interativo?
   • Qual frase você escreveria no balão de fala para participar da campanha "Faça Barulho pela #ZeroDiscriminação"?

6. Com relação ao texto C, um *spot* veiculado na época do Carnaval, responda:
   a) Por que é importante realizar campanhas contra a violência durante a época do Carnaval?
   b) Qual é a principal estratégia utilizada no *spot* para chamar a atenção do público e sensibilizá-lo para o problema da violência durante o Carnaval?

7. Releia agora o texto D.
   a) Qual situação é encenada no anúncio até o momento em que os alunos ficam frente a frente na quadra? Por que é apresentada essa situação?
   b) O título do vídeo é: "Em uma briga na escola, algo inesperado acontece". O que acontece de inesperado?
   c) Qual é o público-alvo desse comercial?
   d) Observe a quantidade de texto verbal, as cenas representadas e o desfecho do comercial. Em sua opinião, esses elementos compõem uma estratégia adequada para sensibilizar o público-alvo? Justifique sua resposta.

8. A violência no Carnaval e a violência na escola podem estar relacionadas à intolerância religiosa, à homofobia, ao racismo ou a outras formas de desrespeito à diversidade? Explique sua resposta.

PRODUÇÃO DE TEXTO

POST INTERATIVO DE CAMPANHA PUBLICITÁRIA COM FINS SOCIAIS

NA HORA DE PRODUZIR

1. Siga as orientações apresentadas nesta seção.
2. Lembre-se de que você já leu e analisou textos do gênero que vai produzir. Se for o caso, retome o **Estudo do texto**.
3. Diante da folha em branco, persista. Nenhum texto fica pronto na primeira versão.

O que você vai produzir

Organizados em grupos, você e seus colegas vão planejar uma campanha para promover a inclusão, no ambiente escolar, de crianças e adolescentes com deficiência. Em uma primeira etapa, a campanha será veiculada no mural da escola ou *on-line* (conforme combinado com o professor), por meio de um *post* que convidará o público a participar interativamente. Adiante, no **Projeto em equipe: Ação social através de imagens e sons**, vocês vão complementar a campanha com um *spot* e um comercial em vídeo, de maneira que ela possa atingir um público mais amplo.

Em ambas as etapas, cada grupo produzirá suas próprias peças (*post*, *spot*, vídeo), mas todas devem estar relacionadas à mesma campanha, com o mesmo *slogan* e os mesmos objetivos.

PLANEJEM A CAMPANHA COLETIVAMENTE

Leiam o texto a seguir.

Dicas para receber bem o deficiente na escola

1. É preciso dar condições de acesso à pessoa com deficiência, tanto arquitetônicas, de sinalização e comunicação, quanto de material e equipamentos.
2. O currículo [escolar] também deve ser acessível, de acordo com a deficiência.
3. As escolas devem ter professores com formação em educação especial e inclusiva ou qualificá-los para que eles adquiram esses conhecimentos.
4. O alunado com deficiência requer ainda a construção de redes de apoio para atender às suas necessidades em campos como os da saúde, da assistência social e do transporte.
5. De maneira democrática, a comunidade e a família devem participar do projeto da escola, contribuindo para melhorar o ensino.

Rosângela Gavioli Prieto, professora do EDA (Departamento de Administração Escolar e Economia da Educação) da Faculdade de Educação da USP. *Folha de S.Paulo*, 27 set. 2010. © Folhapress.

Agora, façam o que se pede.

1. Pensem em qual **estratégia** vocês vão usar para sensibilizar a comunidade escolar e convencê-la a envolver-se com o tema proposto. Para orientar a discussão, tentem responder à seguinte pergunta: o que levaria alguém a apoiar a causa da inclusão escolar dos alunos com deficiência?

2. Com base na estratégia persuasiva que pensaram, criem um *slogan* para a campanha. Deve ser uma frase curta e marcante, capaz de sintetizar a mensagem pretendida. O próprio *slogan* pode conter um verbo no imperativo que incentive o interlocutor a tomar uma atitude positiva diante do tema. Por exemplo, tanto o texto B como o texto D analisados anteriormente fazem parte de campanhas que têm como *slogan* uma frase com verbo no imperativo, respectivamente: "**Faça** Barulho pela #ZeroDiscriminação" e "**Conte** até 10" (uma referência à ideia de que as pessoas não devem agir por impulso, e sim acalmar-se, "contando até 10" antes de ter um comportamento violento).

3. O *slogan* que vocês criarem deverá aparecer em todas as peças da campanha, proporcionando uma identidade entre elas.

PLANEJEM E ELABOREM O *POST* DO GRUPO

1. Agora, cada grupo discute as questões a seguir.
   a) Os *posts* dos grupos vão se dirigir à comunidade escolar. Porém, entre esse público geral, há pessoas com diferentes perfis: professores, funcionários, pais, colegas mais velhos, colegas mais novos, colegas com e sem deficiência. Escolham um desses segmentos para ser o público-alvo.
   b) Conforme o perfil do público escolhido, pensem: qual é a melhor estratégia para sensibilizar essas pessoas? De que maneira elas podem interagir com a campanha? Vejam algumas possibilidades no quadro a seguir.

Professores	→ Vocês podem convidá-los a compartilhar experiências que tiveram ao lecionar para alunos com deficiência.
Pais	→ Podem ser convidados a escrever, em uma frase, por que acham importante que todas as crianças e adolescentes – inclusive aqueles com deficiência – tenham direito à educação.
Colegas mais novos	→ Vocês podem propor a eles que façam um desenho, mostrando como gostariam de brincar e aprender com colegas deficientes.

2. Após a definição do público-alvo e da maneira como ele vai interagir com a campanha, o grupo deve preparar uma primeira versão do *post*. Lembrem-se de que:
   a) deve haver um texto explicativo no *post* dando instruções ao interlocutor sobre como interagir e participar da campanha;

b) o *post* deve apresentar uma imagem com ilustrações simples e uma ou duas frases curtas, que chamem a atenção do público-alvo e comuniquem de forma sintética a ideia da campanha. Utilizem o *post* da Unaids como referência;

c) o *slogan* da campanha deve aparecer no *post*.

AVALIEM O *POST*

1. Cada grupo deve entregar seu trabalho para ser avaliado por outro grupo. Em uma folha separada, copiem a tabela a seguir e respondam a cada um dos critérios, analisando as produções dos colegas. No final, examinem todas as produções e verifiquem se elas atendem ao último conjunto de critérios ("Aspectos importantes em relação à campanha como um todo").

Post interativo de campanha publicitária
Aspectos importantes em relação à proposta e ao sentido do texto
1. Fica claro a qual segmento da comunidade escolar o *post* se dirige (professores, funcionários, pais, estudantes etc.)?
2. O interlocutor compreende com facilidade como participar interativamente da campanha?
3. Essa participação interativa é motivadora e está adequada às pessoas com quem o *post* se comunica?
4. A imagem é simples e atraente, com uma ou duas frases em destaque? Essas frases chamam a atenção do público?
Aspectos importantes em relação à ortografia, à pontuação e às demais normas gramaticais
1. Os textos verbais estão livres de problemas de ortografia, pontuação e concordância?
2. Vírgulas e conjunções foram empregadas adequadamente?
Aspectos importantes em relação à campanha como um todo
1. Todas as peças contêm o *slogan* definido coletivamente?
2. A campanha como um todo está coesa e gira em torno das mesmas ideias?

2. Com base nas análises feitas, revejam o que for necessário nos *posts*.

DIVULGUEM E AVALIEM A CAMPANHA

1. Divulguem os *posts* da campanha *on-line* ou no mural da escola, conforme combinado previamente com o professor.

2. Observem como foi a participação do público e, no final de algumas semanas, discutam:

a) O público compreendeu o convite dos *posts* para a interação e respondeu conforme esperado?

b) Se vocês pudessem mudar algo do que fizeram nessa campanha, o que seria? Por quê?

PROJETO EM EQUIPE

AÇÃO SOCIAL ATRAVÉS DE IMAGENS E SONS

> **O que você vai aplicar do que aprendeu:**
> - estratégias persuasivas usadas na publicidade;
> - adequação de uma campanha publicitária a seu público-alvo.
>
> **Como é?**
> - a linguagem dos *spots* para rádio e dos comerciais para TV ou internet.

VISÃO GERAL — O QUE VAMOS FAZER

Na **Produção de texto** desta unidade, você e seus colegas planejaram uma campanha para conscientizar o público quanto à importância de acolher adequadamente os estudantes com deficiência. Vocês também produziram as primeiras peças dessa campanha: *posts* que buscavam sensibilizar a comunidade escolar para o tema e convidavam-na a interagir de diversas formas.

Agora, ainda organizados em grupos, vocês vão dar continuidade à campanha produzindo mais dois tipos de peça publicitária: *spot* para rádio e comercial para TV ou internet. Cada grupo poderá optar por produzir um *spot* ou um comercial.

VAMOS PLANEJAR O *SPOT* E O COMERCIAL

1. Releiam os exemplos de *spot* e de comercial dados na seção **Leitura e produção de texto** desta unidade. Se possível, acessem os *links* fornecidos para ouvir o áudio e assistir ao vídeo.

2. Vocês observaram que tanto o *spot* como o comercial trataram da não violência, embora tenham sido realizados com diferentes abordagens, ligadas tanto à mídia em que cada um circulou — respectivamente, rádio e canal de vídeos da internet — quanto ao público-alvo — respectivamente, pessoas que iam brincar o Carnaval e estudantes. Para sensibilizar o público, foi utilizado no *spot* um *jingle* imitando um dos símbolos do Carnaval, o *samba-enredo*. Com uma letra simples e rimada, o *jingle* é complementado pela fala do locutor, que explica o objetivo da campanha. O comercial dirigido aos estudantes traz uma situação conhecida desse público: uma briga na escola desencadeada por uma brincadeira de mau gosto. O desfecho, porém, surpreende e é engraçado: em vez de os adversários se agredirem, começam a dançar juntos. Dessa forma, ambas as peças, cada qual com sua estratégia, conseguem comunicar sua mensagem em um espaço de tempo bem curto: 30 segundos (*spot*) e 60 segundos (comercial).

3. Definam qual peça vocês vão produzir (*spot* ou comercial) e se vão manter o público-alvo que selecionaram para o *post*.

4. Com base nessas definições, pensem na estratégia persuasiva que vão adotar. Considerem os seguintes aspectos:
   - o *spot* pode conter um *jingle*, como no exemplo visto, ou um diálogo relacionado ao tema da inclusão escolar;
   - o comercial deve abordar uma situação ligada à temática e ter um final surpreendente.

VAMOS ELABORAR O ROTEIRO

1. Agora cada grupo vai elaborar um **roteiro**, com indicações minuciosas de tudo o que deverá ocorrer no *spot* ou no comercial. Vejam estes exemplos:

Exemplo de roteiro de spot (30 segundos)

[Ruídos de saída de escola: sirene tocando, alunos em alvoroço. Dois colegas com cerca de 14 anos se encontram e começam a conversar.]

Aluno: E aí, Carol, beleza? Como foi seu primeiro dia de aula?

Aluna: Vixi, Bruno, 'cê não vai acreditar... Colocaram um aluno com síndrome de Down na minha turma! Será que vamos conseguir interagir com ele?

Aluno: Claro que sim! A escola é para todos, e a diversidade só deixa nossa convivência mais rica. Acho que você deve é apoiar seu novo colega.

Aluna: Pensando bem, você tem razão, Bruno... Amanhã mesmo vou sentar perto dele e bater aquele papo.

Aluno: É isso aí, Carol! Logo, logo você vai ver que pode aprender muita coisa com esse novo amigo!

Locutor: Campanha A ESCOLA É PRA TODO MUNDO. Exija você também a inclusão escolar da criança com deficiência.

Exemplo de roteiro de comercial (60 segundos)

Cena 1 — 15 segundos — Quarto de uma casa. Uma menina está sentada em cima da cama, preparando-se para ir à escola. Ela está vestindo o uniforme e separando o material. Há uma cadeira de rodas na cena, mas está atrás da cama, de maneira que o público não consegue vê-la. O locutor fala em *off*: "Sabrina adora ir à escola".

PROJETO EM EQUIPE

Cena 2 — 5 segundos — O mesmo quarto. A menina puxa a cadeira de rodas do lado da cama e senta-se nela. O locutor fala em *off*: "Mas, para Sabrina, o caminho até a escola é mais longo que o de outras crianças".

Cena 3 — 5 segundos — Aparece a mãe da criança e fala: "Vamos, filha!". E sai empurrando a cadeira para fora de casa.

Cena 4 — 25 segundos — A mãe empurra a cadeira da criança e anda sem sair do lugar, como se estivesse em uma esteira elétrica. Faz cara de cansada. Ao fundo, alguém aparece com um relógio de parede e vai rodando os ponteiros rapidamente, como se estivesse passando um longo tempo.

O locutor fala em *off*: "Assim como muitas outras crianças brasileiras portadoras de deficiência, Sabrina não conta com transporte adequado para levá-la até a escola. A mãe é obrigada a empurrar sua cadeira por mais de três quilômetros. Nesse trajeto, as duas gastam quase uma hora. Transporte adequado até a escola é um direito de todas as crianças em idade escolar. Todas."

Cena 5 — 10 segundos — Aparece a legenda: "Campanha A ESCOLA É PRA TODO MUNDO. Exija você também a inclusão escolar da criança com deficiência".

2. Observem que a linguagem das falas deve ser natural e com um grau de formalidade adequado ao contexto.

3. À medida que forem elaborando o roteiro, pensem nos materiais de que vão precisar: figurinos, maquiagem, música de fundo, objetos para produzir efeitos sonoros etc.

4. Por fim, distribuam as tarefas pelos membros do grupo. Por exemplo, um colega pode ser o locutor; outros podem interpretar as personagens; um providencia o cenário, e assim por diante. Escolham quem será o **diretor**, isto é, o colega responsável por liderar os ensaios e coordenar a ação dos demais.

VAMOS GRAVAR E DIVULGAR O *SPOT* E O COMERCIAL

1. Gravem uma primeira versão do *spot* ou do comercial. Assistam às gravações e verifiquem se a peça ficou clara, atraente e adequada ao público-alvo. Se necessário, façam ajustes e gravem uma nova versão.

2. Combinem com o professor como será a divulgação das peças: vocês podem publicá-las no *site* ou no *blog* da escola ou, ainda, compartilhá-las com parentes e amigos. Depois, se possível, pergunte se gostaram da produção e se ela alterou a visão deles sobre inclusão escolar.

ATITUDES PARA A VIDA

Você já ouviu falar sobre Gandhi e Luther King?

Mahatma Gandhi (1869-1948), líder responsável pela fundação do moderno Estado indiano, foi um defensor do princípio da não violência, ou seja, da realização de protestos e ações transformadoras por meios não violentos.

Gandhi lidera a "Marcha do sal" (1930), protesto pacífico pela independência da Índia.

Martin Luther King Júnior (1929-1968), pastor, ativista político e líder na defesa dos direitos civis nos Estados Unidos, também, conduzia seu trabalho com base no princípio da não violência.

Martin Luther King, após a Marcha sobre Washington por Trabalho e Liberdade (agosto de 1963).

ATITUDES PARA A VIDA

Embora Gandhi e Luther King tenham lutado durante toda a vida em prol da justiça e da paz, infelizmente, ambos foram vitimados pela violência.

A lista de princípios que você vai conhecer a seguir faz parte de uma campanha anual chamada *The Gandhi King season for non violence* (SNV) (Temporada de não violência de Gandhi e King), inspirada nas ideias desses dois líderes pacifistas. A campanha ocorre desde 1998 e sua proposta é que cada pessoa procure colocar em prática um dos princípios por dia, durante 64 dias. Esse número de dias está relacionado ao intervalo entre as datas em que Mahatma Gandhi e Martin Luther King foram assassinados (30 de janeiro e 4 de abril, respectivamente).

Vamos ampliar a reflexão a respeito da cultura de não violência lendo e refletindo sobre alguns dos 64 princípios dessa campanha.

64 maneiras de construir a paz no dia a dia

1. Hoje refletirei sobre o que a paz significa para mim.
2. Hoje procurarei oportunidades para ser um pacificador.
3. Hoje praticarei a não violência e o respeito pela Terra usando com sabedoria os recursos que ela oferece.
4. Hoje separarei alguma coisa que não utilizo e doarei a alguém que poderá fazer bom uso dela.
5. Hoje plantarei sementes — de plantas ou ideias construtivas.
10. Hoje me oporei às injustiças, não às pessoas.
11. Hoje deixarei de lado estereótipos e preconceitos.
15. Hoje falarei ao telefone de modo gentil, respeitoso e paciente com todas as pessoas.
18. Hoje desencadearei um efeito dominó começando por fazer uma gentileza a alguém.
21. Hoje direi "não" a ideias ou ações que agridam a mim ou aos outros.
22. Hoje desligarei a televisão, o rádio ou a internet sempre que transmitirem algo que retrate, ou faça parecer glamurosa, a violência.
25. Hoje canalizarei construtivamente a minha raiva, frustração ou ciúme praticando atividades físicas saudáveis (por exemplo, fazendo abdominais, faxina ou caminhando).
27. Hoje falarei menos e ouvirei mais.
29. Hoje perceberei como as minhas ações afetam diretamente os outros.
30. Hoje separarei algum tempo para dizer a um membro da família ou amigo o quanto são importantes para mim.

31. Hoje agradecerei a alguém que tenha agido com gentileza.
34. Hoje conversarei com um amigo sobre não violência para trocar ideias e ver novas perspectivas.
35. Hoje farei elogios em vez de críticas.
37. Hoje procurarei me colocar na situação do outro.
39. Hoje ouvirei sem tomar a defensiva e falarei sem emitir julgamentos.
40. Hoje ajudarei alguém que estiver em dificuldades.
41. Hoje abrirei meu coração para ouvir ao menos uma pessoa.
45. Hoje me abrirei a novos modos de pensar e agir, diferentes do meu.
46. Hoje pensarei em pelo menos três alternativas de lidar com alguma situação de conflito que surgir.
48. Hoje expressarei meus sentimentos com honestidade e sem violência, respeitando a mim mesmo e aos outros.
50. Hoje darei o exemplo de um pacificador, reagindo de forma não violenta em todas as situações.
51. Hoje não usarei linguagem violenta.
52. Hoje farei as coisas parando para pensar.
55. Hoje praticarei a compaixão e o perdão pedindo desculpas a alguém que ofendi no passado.
61. Hoje procurarei aprender mais sobre ação não violenta.
64. Hoje imaginarei o mundo onde gostaria que meus filhos e todas as crianças crescessem.

Season for non violence. Trad.: Tônia van Acker. Divulgado por: Associação Palas Athena. Disponível em: <http://mod.lk/mwqha >. Acesso em: 26 jun 2018. (Fragmento adaptado).

1. Há algum princípio que você já coloca em prática no seu dia a dia? Qual?
2. Por que todos os princípios da lista da campanha são iniciados pela palavra "hoje"? Que relação há entre essa palavra e o título da lista?
3. Há uma relação entre os princípios 1 e 64, início e fim da lista. Analise esses princípios e tente explicar essa relação.

É fundamental a todo ser humano o direito à justiça, ao respeito e à igualdade. É dever de cada um lutar para que esse direito seja efetivo para todos.

ATITUDES PARA A VIDA

4. Quais das atitudes abaixo você relacionaria aos princípios da campanha? Justifique sua resposta.

	Controlar a impulsividade
	Escutar os outros com atenção e empatia
	Pensar com flexibilidade
	Assumir riscos com responsabilidade
	Pensar de maneira interdependente

a) Compartilhe suas escolhas com um colega e discutam sobre elas.

b) Você se surpreendeu com alguma relação feita por seu colega e discordou dela? Por quê?

c) E seu colega? Ficou surpreso com alguma relação que você estabeleceu? Explique o porquê.

> Ser parte de uma comunidade, de uma nação, do mundo, implica responsabilidade para todos e cada um individualmente. Estar no mundo requer empatia e respeito para se relacionar com as pessoas, persistência e flexibilidade para enfrentar as mudanças.

5. Na seção anterior, você e seus colegas planejaram juntos uma campanha cuja finalidade foi promover, no ambiente escolar, a inclusão de crianças e adolescentes com deficiência, e produziram algumas peças para essa campanha (*post, spot,* comercial). Sobre isso, responda:

a) Você acha que essa campanha é algo que contribui na direção da construção da paz? Justifique sua resposta.

b) Que atitudes para a vida não estão na relação acima, mas você utilizou ao produzir a campanha de inclusão na seção anterior? Justifique sua resposta.

c) Que princípio(s) da campanha *The Gandhi King season for non violence* vocês praticaram por meio da campanha que produziram?

d) Que atitudes para a vida você mais utilizou ao produzir a campanha de inclusão na seção anterior? Justifique sua resposta.

> As mudanças que empreendemos em nós afetam o mundo e as nossas relações. Quando nos tornamos conscientes do nosso papel como cidadãos do mundo e escolhemos nos responsabilizar por ele, podemos mudá-lo para melhor.

6. Durante todo o 9º ano você se aproximou da temática da não violência e da cultura de paz e pôde refletir sobre a possibilidade de construir a paz nas relações humanas e no mundo.

a) O que a paz significa para você? Você se considera um pacificador?

b) Que atitudes para a vida você considera importantes para que alguém possa praticar os princípios 35 e 55 da campanha *The Gandhi King season for non violence*? Justifique sua resposta.

c) Pense em soluções para que mais pessoas se (re)conectem entre si e com o mundo e deixem de lado cada vez mais os estereótipos e os preconceitos e possam se opor às injustiças e não às pessoas.

AUTOAVALIAÇÃO

Na segunda coluna (item 1) da tabela abaixo, marque com um X as atitudes que foram mais mobilizadas por você na produção de texto desta unidade.

Na terceira coluna (item 2), descreva a forma como você mobilizou cada uma das atitudes marcadas. Por exemplo: *Persistir: tentei diferentes estratégias para resolver problemas difíceis e não desisti com a facilidade.*

Use o campo *Observações/Melhorias* para anotar suas observações quanto às atitudes que você julga importante melhorar nas próximas unidades e em outros momentos de seu cotidiano.

Atitudes para a vida	1. Atitudes mobilizadas	2. Descreva a forma como mobilizou a atitude assinalada
Persistir		
Controlar a impulsividade		
Escutar os outros com atenção e empatia		
Pensar com flexibilidade		
Esforçar-se por exatidão e precisão		
Questionar e levantar problemas		
Aplicar conhecimentos prévios a novas situações		
Pensar e comunicar-se com clareza		
Imaginar, criar e inovar		
Assumir riscos com responsabilidade		
Pensar de maneira interdependente		
Observações/Melhorias		

LEITURA DA HORA

Caro(a) leitor(a),

Você acaba de encerrar o 9º ano. Uma nova etapa está a sua frente. Não sabemos exatamente como ela será, mas, como uma de nossas maiores alegrias ao produzir este livro foi encontrar textos que inspirassem você de alguma forma, selecionamos o conto a seguir na esperança de que possa se lembrar dele ao viver suas novas aventuras!

Para Maria da Graça

Quando ela chegou à idade avançada de quinze anos eu lhe dei de presente o livro: *Alice no País das Maravilhas*.

Este livro é doido, Maria. Isto é, o sentido dele está em ti.

Escuta: se não descobrires um sentido na loucura acabarás louca. Aprende, pois, logo de saída para a grande vida, a ler este livro como um simples manual do sentido evidente de todas as coisas, inclusive as loucas. Aprende isso a teu modo, pois te dou apenas umas poucas chaves entre milhares que abrem as portas da realidade. A realidade, Maria, é louca.

Nem o papa, ninguém no mundo, pode responder sem pestanejar à pergunta que Alice faz à gatinha: "Fala a verdade, Dinah, já comeste um morcego?"

Não te espantes quando o mundo amanhecer irreconhecível. Para melhor ou pior, isso acontece muitas vezes por ano. "Quem sou eu no mundo?" Essa indagação perplexa é o lugar comum de cada história de gente. Quantas vezes mais decifrastes essa charada, tão entranhada em ti mesma como os teus ossos, mais forte ficarás. Não importa qual seja a resposta; o importante é dar ou inventar uma resposta. Ainda que seja mentira.

A sozinhez (esquece essa palavra que inventei agora sem querer) é inevitável. Foi o que Alice falou no fundo do poço: "Estou tão cansada de estar aqui sozinha!" O importante é que ela conseguiu sair de lá, abrindo a porta. A porta do poço! Só as criaturas humanas, nem mesmo os grandes macacos e os cães, amestrados, conseguem abrir uma porta bem fechada, e vice-versa, isto é, fechar uma porta bem aberta.

Somos todos tão bobos, Maria. Praticamos uma ação trivial e temos a presunção petulante de esperar dela grandes consequências. Quando Alice comeu o bolo, e não cresceu de tamanho, ficou no maior dos espantos. Apesar de ser isso o que acontece geralmente às pessoas que comem bolo.

Maria, há uma sabedoria social ou de bolso; nem toda sabedoria tem de ser grave.

A gente vive errando em relação ao próximo e o jeito é pedir desculpas sete vezes ao dia: "*Oh, I beg your pardon!*". Pois viver é falar de corda em casa de enforcado. Por isso te digo, para a tua sabedoria de bolso: se gostas de gato, experimenta o ponto de vista do rato. Foi o que o rato perguntou à Alice: "Gostarias de gatos se fosse eu?".

Os homens vivem apostando corrida, Maria. Nos escritórios, nos negócios, na política, nacional e internacional, nos clubes, nos bares, nas artes, na literatura, até amigos, até irmãos, até marido e mulher, até namorados, todos vivem apostando corrida. São competições tão confusas, tão cheias de truques, tão desnecessárias, tão fingindo que não é, tão ridículas muitas vezes, por caminhos tão escondidos, que, quando os corredores chegam exaustos a um ponto, costumam perguntar: "A corrida terminou! Mas quem ganhou?". É bobice, Maria da Graça, disputar uma corrida se a gente não conseguirá saber quem venceu. Para o bolso: se tiveres de ir a algum lugar, não te preocupe a vaidade fatigante de ser a primeira a chegar. Se chegares sempre aonde quiseres, ganhaste.

Disse o ratinho: "Minha história é longa e triste!". Ouvirás isso milhares de vezes. Como ouvirás a terrível variante: "Minha vida daria um romance". Ora, como todas as vidas vividas até o fim são longas e tristes, e como todas as vidas dariam romances, pois o romance é só o jeito de contar uma vida, foge, polida, mas energicamente, dos homens e das mulheres que suspiram e dizem: "Minha vida daria um romance!". Sobretudo dos homens. Uns chatos, irremediáveis, Maria.

Os milagres sempre acontecem na vida de cada um e na vida de todos. Mas, ao contrário do que se pensa, os melhores e mais fundos milagres não acontecem de repente, mas devagar, muito devagar. Quero dizer o seguinte: a palavra depressão cairá de moda mais cedo ou mais tarde. Como talvez seja mais tarde, prepara-te para a visita do monstro, e não te desesperes ao triste pensamento de Alice: "Devo estar diminuindo de novo". Em algum lugar há cogumelos que nos fazem crescer novamente.

E escuta esta parábola perfeita: Alice tinha diminuído tanto de tamanho que tomou um camundongo por um hipopótamo. Isso acontece muito, Mariazinha. Mas não sejamos ingênuos, pois o contrário também acontece. E é um outro escritor inglês que nos fala mais ou menos assim: o camundongo que expulsamos ontem passou a ser hoje um terrível rinoceronte. É isso mesmo. A alma da gente é uma máquina complicada que produz durante a vida uma quantidade imensa de camundongos que parecem hipopótamos e de rinocerontes que parecem camundongos. O jeito é rir no caso da primeira confusão e ficar bem disposto para enfrentar o rinoceronte que entrou em nossos domínios disfarçado de camundongo. Mas como tomar o pequeno por grande e o grande por pequeno é sempre meio cômico, nunca devemos perder o bom humor. Toda pessoa deve ter três caixas para guardar humor: uma caixa grande para o humor mais ou menos barato que a gente gasta na rua com os outros; uma caixa média para o humor que a gente precisa ter quando está sozinho, para perdoares a ti mesma, para rires de ti mesma; por fim, uma caixinha preciosa, muito escondida, para as grandes ocasiões. Chamo de grandes ocasiões os momentos perigosos em que estamos cheios de dor ou de vaidade, em que sofremos a tentação de achar que fracassamos ou triunfamos, em que nos sentimos umas drogas ou muito bacanas. Cuidado Maria, com as grandes ocasiões.

Por fim, mais uma palavra de bolso: às vezes uma pessoa se abandona de tal forma ao sofrimento, com uma tal complacência, que tem medo de não poder sair de lá. A dor também tem o seu feitiço, e este se vira contra o enfeitiçado. Por isso, Alice, depois de ter chorado um lago, pensava: "Agora serei castigada, afogando-me em minhas próprias lágrimas".

Conclusão: a própria dor tem a sua medida. É feio, é imodesto, é vão, é perigoso ultrapassar a fronteira de nossa dor, Maria da Graça.

Paulo Mendes Campos. *Primeiras leituras*. São Paulo: Companhia das Letras, 2012. p. 85-88.

ATITUDES PARA A VIDA

ATITUDES PARA A VIDA

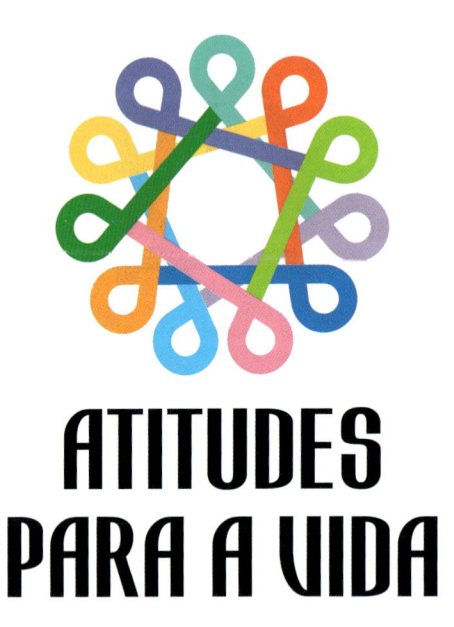

As *Atitudes para a vida* são comportamentos que nos ajudam a resolver as tarefas que surgem todos os dias, desde as mais simples até as mais desafiadoras. São comportamentos de pessoas capazes de resolver problemas, de tomar decisões conscientes, de fazer as perguntas certas, de se relacionar bem com os outros e de pensar de forma criativa e inovadora.

As atividades que apresentamos a seguir vão ajudá-lo a estudar os conteúdos e a resolver as atividades deste livro, incluindo as que parecem difíceis demais em um primeiro momento.

Toda tarefa pode ser uma grande aventura!

PERSISTIR

Muitas pessoas confundem persistência com insistência, que significa ficar tentando e tentando e tentando, sem desistir. Mas persistência não é isso! Persistir significa buscar estratégias diferentes para conquistar um objetivo.

Antes de desistir por achar que não consegue completar uma tarefa, que tal tentar outra alternativa?

Algumas pessoas acham que atletas, estudantes e profissionais bem-sucedidos nasceram com um talento natural ou com a habilidade necessária para vencer. Ora, ninguém nasce um craque no futebol ou fazendo cálculos ou sabendo tomar todas as decisões certas. O sucesso muitas vezes só vem depois de muitos erros e muitas derrotas. A maioria dos casos de sucesso é resultado de foco e esforço.

Se uma forma não funcionar, busque outro caminho. Você vai perceber que desenvolver estratégias diferentes para resolver um desafio vai ajudá-lo a atingir os seus objetivos.

CONTROLAR A IMPULSIVIDADE

Quando nos fazem uma pergunta ou colocam um problema para resolver, é comum darmos a primeira resposta que vem à cabeça. Comum, mas imprudente.

Para diminuir a chance de erros e de frustrações, antes de agir devemos considerar as alternativas e as consequências das diferentes formas de chegar à resposta. Devemos coletar informações, refletir sobre a resposta que queremos dar, entender bem as indicações de uma atividade e ouvir pontos de vista diferentes dos nossos.

Essas atitudes também nos ajudarão a controlar aquele impulso de desistir ou de fazer qualquer outra coisa para não termos que resolver o problema naquele momento. Controlar a impulsividade nos permite formar uma ideia do todo antes de começar, diminuindo os resultados inesperados ao longo do caminho.

ESCUTAR OS OUTROS COM ATENÇÃO E EMPATIA

Você já percebeu o quanto pode aprender quando presta atenção ao que uma pessoa diz? Às vezes recebemos importantes dicas para resolver alguma questão. Outras vezes, temos grandes ideias quando ouvimos alguém ou notamos uma atitude ou um aspecto do seu comportamento que não teríamos percebido se não estivéssemos atentos.

Escutar os outros com atenção significa manter-nos atentos ao que a pessoa está falando, sem estar apenas esperando que pare de falar para que possamos dar a nossa opinião. E empatia significa perceber o outro, colocar-nos no seu lugar, procurando entender de verdade o que está sentindo ou por que pensa de determinada maneira.

Podemos aprender muito quando realmente escutamos uma pessoa. Além do mais, para nos relacionar bem com os outros — e sabemos o quanto isso é importante —, precisamos prestar atenção aos seus sentimentos e às suas opiniões, como gostamos que façam conosco.

PENSAR COM FLEXIBILIDADE

Você conhece alguém que tem dificuldade de considerar diferentes pontos de vista? Ou alguém que acha que a própria forma de pensar é a melhor ou a única que existe? Essas pessoas têm dificuldade de pensar de maneira flexível, de se adaptar a novas situações e de aprender com os outros.

Quanto maior for a sua capacidade de ajustar o seu pensamento e mudar de opinião à medida que recebe uma nova informação, mais facilidade você terá para lidar com situações inesperadas ou problemas que poderiam ser, de outra forma, difíceis de resolver.

Pensadores flexíveis têm a capacidade de enxergar o todo, ou seja, têm uma visão ampla da situação e, por isso, não precisam ter todas as informações para entender ou solucionar uma questão. Pessoas que pensam com flexibilidade conhecem muitas formas diferentes de resolver problemas.

ESFORÇAR-SE POR EXATIDÃO E PRECISÃO

Para que o nosso trabalho seja respeitado, é importante demonstrar compromisso com a qualidade do que fazemos. Isso significa conhecer os pontos que devemos seguir, coletar os dados necessários para oferecer a informação correta, revisar o que fazemos e cuidar da aparência do que apresentamos.

Não basta responder corretamente; é preciso comunicar essa resposta de forma que quem vai receber e até avaliar o nosso trabalho não apenas seja capaz de entendê-lo, mas também que se sinta interessado em saber o que temos a dizer.

Quanto mais estudamos um tema e nos dedicamos a superar as nossas capacidades, mais dominamos o assunto e, consequentemente, mais seguros nos sentimos em relação ao que produzimos.

QUESTIONAR E LEVANTAR PROBLEMAS

Não são as respostas que movem o mundo, são as perguntas.

Só podemos inovar ou mudar o rumo da nossa vida quando percebemos os padrões, as incongruências, os fenômenos ao nosso redor e buscamos os seus porquês.

E não precisa ser um gênio para isso, não! As pequenas conquistas que levaram a grandes avanços foram — e continuam sendo — feitas por pessoas de todas as épocas, todos os lugares, todas as crenças, os gêneros, as cores e as culturas. Pessoas como você, que olharam para o lado ou para o céu, ouviram uma história ou prestaram atenção em alguém, perceberam algo diferente, ou sempre igual, na sua vida e fizeram perguntas do tipo "Por que será?" ou "E se fosse diferente?".

Como a vida começou? E se a Terra não fosse o centro do universo? E se houvesse outras terras do outro lado do oceano? Por que as mulheres não podiam votar? E se o petróleo acabasse? E se as pessoas pudessem voar? Como será a Lua?

E se...? (Olhe ao seu redor e termine a pergunta!)

APLICAR CONHECIMENTOS PRÉVIOS A NOVAS SITUAÇÕES

Esta é a grande função do estudo e da aprendizagem: sermos capazes de aplicar o que sabemos fora da sala de aula. E isso não depende apenas do seu livro, da sua escola ou do seu professor; depende da sua atitude também!

Você deve buscar relacionar o que vê, lê e ouve aos conhecimentos que já tem. Todos nós aprendemos com a experiência, mas nem todos percebem isso com tanta facilidade.

Devemos usar os conhecimentos e as experiências que vamos adquirindo dentro e fora da escola como fontes de dados para apoiar as nossas ideias, para prever, entender e explicar teorias ou etapas para resolver cada novo desafio.

PENSAR E COMUNICAR-SE COM CLAREZA

Pensamento e comunicação são inseparáveis. Quando as ideias estão claras em nossa mente, podemos nos comunicar com clareza, ou seja, as pessoas nos entendem melhor.

Por isso, é importante empregar os termos corretos e mais adequados sobre um assunto, evitando generalizações, omissões ou distorções de informação. Também devemos reforçar o que afirmamos com explicações, comparações, analogias e dados.

A preocupação com a comunicação clara, que começa na organização do nosso pensamento, aumenta a nossa habilidade de fazer críticas tanto sobre o que lemos, vemos ou ouvimos quanto em relação às falhas na nossa própria compreensão, e poder, assim, corrigi-las. Esse conhecimento é a base para uma ação segura e consciente.

IMAGINAR, CRIAR E INOVAR

Tente de outra maneira! Construa ideias com fluência e originalidade!

Todos nós temos a capacidade de criar novas e engenhosas soluções, técnicas e produtos. Basta desenvolver nossa capacidade criativa.

Pessoas criativas procuram soluções de maneiras distintas. Examinam possibilidades alternativas por todos os diferentes ângulos. Usam analogias e metáforas, se colocam em papéis diferentes.

Atitudes para a vida

Ser criativo é não ser avesso a assumir riscos. É estar atento a desvios de rota, aberto a ouvir críticas. Mais do que isso, é buscar ativamente a opinião e o ponto de vista do outro. Pessoas criativas não aceitam o *status quo*, estão sempre buscando mais fluência, simplicidade, habilidade, perfeição, harmonia e equilíbrio.

ASSUMIR RISCOS COM RESPONSABILIDADE

Todos nós conhecemos pessoas que têm medo de tentar algo diferente. Às vezes, nós mesmos acabamos escolhendo a opção mais fácil por medo de errar ou de parecer tolos, não é mesmo? Sabe o que nos falta nesses momentos? Informação!

Tentar um caminho diferente pode ser muito enriquecedor. Para isso, é importante pesquisar sobre os resultados possíveis ou os mais prováveis de uma decisão e avaliar as suas consequências, ou seja, os seus impactos na nossa vida e na de outras pessoas.

Informar-nos sobre as possibilidades e as consequências de uma escolha reduz a chance do "inesperado" e nos deixa mais seguros e confiantes para fazer algo novo e, assim, explorar as nossas capacidades.

PENSAR DE MANEIRA INTERDEPENDENTE

Nós somos seres sociais. Formamos grupos e comunidades, gostamos de ouvir e ser ouvidos, buscamos reciprocidade em nossas relações. Pessoas mais abertas a se relacionar com os outros sabem que juntos somos mais fortes e capazes.

Estabelecer conexões com os colegas para debater ideias e resolver problemas em conjunto é muito importante, pois desenvolvemos a capacidade de escutar, empatizar, analisar ideias e chegar a um consenso. Ter compaixão, altruísmo e demonstrar apoio aos esforços do grupo são características de pessoas mais cooperativas e eficazes.

Estes são 11 dos 16 Hábitos da mente descritos pelos autores Arthur L. Costa e Bena Kallick em seu livro *Learning and leading with habits of mind*: 16 characteristics for success.

Acesse http://www.moderna.com.br/araribaplus para conhecer mais sobre as *Atitudes para a vida*.

CHECKLIST PARA MONITORAR O SEU DESEMPENHO

Reproduza para cada mês de estudo o quadro abaixo. Preencha-o ao final de cada mês para avaliar o seu desempenho na aplicação das *Atitudes para a vida*, para cumprir as suas tarefas nesta disciplina. Em *Observações pessoais*, faça anotações e sugestões de atitudes a serem tomadas para melhorar o seu desempenho no mês seguinte.

Classifique o seu desempenho de 1 a 10, sendo 1 o nível mais fraco de desempenho, e 10, o domínio das *Atitudes para a vida*.

Atitudes para a vida	Neste mês eu...	Desempenho	Observações pessoais
Persistir	Não desisti. Busquei alternativas para resolver as questões quando as tentativas anteriores não deram certo.		
Controlar a impulsividade	Pensei antes de dar uma resposta qualquer. Refleti sobre os caminhos a escolher para cumprir minhas tarefas.		
Escutar os outros com atenção e empatia	Levei em conta as opiniões e os sentimentos dos demais para resolver as tarefas.		
Pensar com flexibilidade	Considerei diferentes possibilidades para chegar às respostas.		
Esforçar-se por exatidão e precisão	Conferi os dados, revisei as informações e cuidei da apresentação estética dos meus trabalhos.		
Questionar e levantar problemas	Fiquei atento ao meu redor, de olhos e ouvidos abertos. Questionei o que não entendi e busquei problemas para resolver.		
Aplicar conhecimentos prévios a novas situações	Usei o que já sabia para me ajudar a resolver problemas novos. Associei as novas informações a conhecimentos que eu havia adquirido de situações anteriores.		
Pensar e comunicar-se com clareza	Organizei meus pensamentos e me comuniquei com clareza, usando os termos e os dados adequados. Procurei dar exemplos para facilitar as minhas explicações.		
Imaginar, criar e inovar	Pensei fora da caixa, assumi riscos, ouvi críticas e aprendi com elas. Tentei de outra maneira.		
Assumir riscos com responsabilidade	Quando tive de fazer algo novo, busquei informação sobre possíveis consequências para tomar decisões com mais segurança.		
Pensar de maneira interdependente	Trabalhei junto. Aprendi com ideias diferentes e participei de discussões.		